汉字的性质问题
繁简字、异体字问题
独体字、部件问题
字序、笔顺问题
形声字及其他问题

通用规范汉字问题研究

邵霭吉 著

中国书籍出版社
China Book Press

图书在版编目（CIP）数据

通用规范汉字问题研究 / 邵霭吉著. -- 北京：中国书籍出版社，2024.2
ISBN 978-7-5068-9806-5

Ⅰ.①通… Ⅱ.①邵… Ⅲ.①汉字—研究 Ⅳ.①H12

中国国家版本馆CIP数据核字(2024)第048434号

通用规范汉字问题研究
邵霭吉　著

责任编辑	杨铠瑞
责任印制	孙马飞　马　芝
封面设计	东方美迪
出版发行	中国书籍出版社
地　　址	北京市丰台区三路居路97号（邮编：100073）
电　　话	（010）52257143（总编室）　（010）52257140（发行部）
电子邮箱	eo@chinabp.com.cn
经　　销	全国新华书店
印　　刷	三河市富华印刷包装有限公司
开　　本	787毫米×1092毫米　1/16
字　　数	325千字
印　　张	23.5
版　　次	2024年4月第1版
印　　次	2024年4月第1次印刷
书　　号	ISBN 978-7-5068-9806-5
定　　价	72.00元

版权所有　翻印必究

序

　　霭吉同志的这本书，是一本论文集，收入了他近几年来写的十几篇文章。霭吉同志年近八十，还在不倦地思考语言文字问题，笔耕不辍，这种精神是值得鼓励的。

　　霭吉同志的这本书，有以下几个特点。

　　一是重心突出，侧重《通用规范汉字表》研究。《通用规范汉字表》是教育部、国家语委组织研制，国务院发文公布的，是一份权威性的语言文字规范标准，是新中国成立以来语言文字规范研究的新成果，其影响巨大而深远，非常值得研究。

　　二是从多个视角，展开对汉字问题的探索。比如，汉字的性质问题，繁简字、异体字问题，独体字、部件问题，字序、笔顺问题、形声字问题、辞书的词语释义问题等，在这本书中都有涉猎，可供相关问题研究者参考和批评。

　　三是注重统计，用事实说话。本书的多篇文章，都是以国家发布的语言文字规范标准或常见的规范词典、规范字典为依据，对《通用规范汉字表》中的某一类字进行统计，从统计结果中发现问题，发表意见。我是非常赞同这种做法的。科学研究，需要摆事实，讲道理。掌握的事实材料越多，得出的结论越可靠。如果刚刚掌握了一部分事实材料，还没有来得及做全面的考察，就忙着下结论，这样的结论就不一定可靠。只有在经过全面的周密的调查和统计、掌握了尽可能多的事实材料之后，再进行科学的分析和综合，才能有正确的认知，得出可靠的结论。这是我们应该提倡的一种学风。

四是观察细致，有自己的见解。霭吉同志退休前是《盐城师范学院学报》编审，几十年的编辑生涯，养成了他咬文嚼字、字斟句酌的习惯，常常在一般人不太在意的地方发现一星半点小问题，提出一些不同看法，引发人们对它作进一步的思考。

我与霭吉同志因修订黄廖本《现代汉语》教材而相识，是多年的老朋友了。希望本书的出版，能让更多的人知道霭吉同志的学术观点，并提出批评讨论，期望汉语言文字学研究取得更多新成果。

李行健

注：李行健，教育部语言文字应用研究所研究员，《现代汉语规范词典》主编，黄廖本《现代汉语》教材领导小组组长。

前　言

　　伴随着中国特色社会主义进入新时代的春风，国务院于2013年6月公布了由教育部、国家语委组织制定的《通用规范汉字表》。从此我也开始了《通用规范汉字表》的研读之路。

　　《通用规范汉字表》是"新中国成立以来汉字规范的总结、继承和提升，也是信息化时代汉字规范的新起点和新发展"①，是"落实《中华人民共和国国家通用语言文字法》，促进国家通用语言文字规范化、标准化水平的核心规范"②。对标《通用规范汉字表》，汉字领域的许多问题，都可以展开新的探索与研究。比如说，汉字的性质问题、简化字问题、异体字问题、独体字问题、部件问题、通用规范汉字的字量字形字音字序问题、笔顺问题、形声字问题、辞书编写问题，等等，都应该联系《通用规范汉字表》展开新的探讨。

　　著名语言学家吕叔湘说过，"不管作哪种学问，总不外乎'摆事实，讲道理'六个字"③。我读《通用规范汉字表》，着重做了一些统计方面的工作，在统计中发现问题，引发思索。比如，

---

① 《教育部等十二部门关于贯彻实施〈通用规范汉字表〉的通知》，2013年10月9日。
② 王敏、陈双新《〈通用规范汉字表〉七十问》，引言，语文出版社，2016。
③ 《把我国语言科学推向前进》14页，《吕叔湘文集》第4卷，商务印书馆，1992。

我统计《通用规范汉字表》中的"非语素字",发现它数目不小,觉得汉字不是语素字的集合,而是语素字和非语素字的合集,从而对"汉字是语素文字"之说表示怀疑。汉语中,既不是每一个汉字都能够记写一个语素,也不是每一个语素都能够用一个汉字来记写,汉语中数以万计的复姓、联绵词、外来词等多音节单纯词,它们也是一个语素,但必须用几个汉字来记写。

汉字是记录汉语的书写符号系统,从它所记写的语言单位来看,有三种情况,一是记写汉语的单音节词,二是记写汉语合成词中的单音节语素,三是记写汉语多音节单纯词中的音节,而绝大多数汉字都是既记写汉语单音节词、又记写合成词中单音节语素、还记写多音节单纯词中的音节的。汉字记写汉语的这三项职能,我把它叫作"汉字三记说"。我对《通用规范汉字表》一级字表3500字的三记职能进行了统计与观察,结果也证实了这一点。在此基础上,我对汉字的性质提出了自己的看法,认为,如果从"汉字记写什么"来看,汉字是记写汉语单音节词、记写汉语合成词中单音节语素、记写汉语多音节单纯词中音节的书写符号系统。跟目前流行的"语素文字说"相比,突出了"记写汉语单音节词"一项,增加了"记写汉语多音节单纯词中音节"一项。如果结合汉字的记词方法,汉字的性质也可以这样表述,即:汉字是用单字记写汉语单音节词、用多字记写汉语多音节词的书写符号系统。跟传统的"表词文字说"相比,多了个"用多字记写汉语多音节词"的表述。汉语中所有的词,都可以用汉字来记写,单音节词用一个汉字记写,多音节词用多个汉字来记写,汉字是一个完善的用不同方法记写汉语所有的词的符号系统。

《通用规范汉字表》的"附件1"《规范字与繁体字、异体字对照表》，把规范字跟繁体字、异体字放在一张表中，使得规范字跟非规范字的字际关系一目了然，很有创意，且非常实用。不过，我在统计其中的简化字字数、笔画、来源等问题的时候，发现在"附件1"中新增加的简化字只有225个，而不是该表"说明"中所说的新增了"226个简化字"，还发现"附件1"中"2574个繁体字"中有3个各出现两次，实有繁体字2571个。我在统计《通用规范汉字表》对《第一批异体字整理表》的调整情况时，发现它总共减少了《第一批异体字整理表》的18个正异字组，减少34个异体字，规定了43个特殊的异体字。《通用规范汉字表》的"附件1"《规范字与繁体字、异体字对照表》中，"异体字"一栏共有异体字1023个（次），其中有"妳、粸、讐、尅"4个异体字各出现两次，因而实有异体字1019个。该《对照表》"规范字"一栏中跟异体字对照的规范字共有792个，因此该表其实是792个规范字对照1019个异体字。这些统计数字，或许可以给将来修订《通用规范汉字表》时做个参考。当然，白璧微瑕，瑕不掩瑜，"附件1"仍然是一份非常实用且有创意的对照字表。

关于《通用规范汉字表》中的独体字，已有一些学者关注到了，给出了几种不同的认定结果。我则分别依据《信息处理用 GB 13000.1 字符集汉字部件规范》《现代常用独体字规范》《现代常用字部件及部件名称规范》3部语言文字规范作了新的统计，得到了3种不同的结果，由此引发我对独体字的一些思考，我认为，独体字的定义应该要更确切一些，独体字的认定标准应该要更明确一些，独体字的字数应该尽量更少一些。我希望国家语言文字管理部门早日出台"通用规范汉字独体字规范"，或"通用规范汉字部件规范"，使这一问题早日得到解决。

关于部件，细读《信息处理用 GB 13000.1 字符集汉字部件规范》，觉得它有些地方还需要进一步完善，《现代常用字部件及部件名称规范》《现代常用独体字规范》也一样，而且《现代常用字部件及部件名称规范》内部也有一些自相矛盾之处，为了维护国家发布的语言文字规范的权威性，我觉得，应该对相关规范文件加以修订和完善，也可以研制和发布以《通用规范汉字表》8105 字为对象的独体字规范、部件规范。

汉字的字序（笔画序）问题，1964 年《印刷通用汉字字形表》和 1988 年《现代汉语通用字表》使用的笔画数、笔顺两条规则，解决了 90% 以上汉字的字序（笔画序）问题。1999 年《GB 13000.1 字符集汉字字序（笔画序）规范》，增加了主附笔形规则、笔画组合规则、整字结构规则 3 条规则，解决了 99% 以上的汉字的字序（笔画序）问题。2001 年，教育部、国家语委发布了《GB 13000.1 字符集汉字折笔规范》，规定了 25 种"折笔的代表笔形"，"将一些特殊折笔的从属笔形列在括号内"。在 25 种"折笔的代表笔形"中，规定了"乛"为"主笔形"，其余 24 种为"附笔形"。该规范给出了"折笔笔形的排序原则"，并依据这些原则给 25 种"折笔的代表笔形"排序，同时给出序号，这是对 1999 年《GB 13000.1 字符集汉字字序（笔画序）规范》排序规则（第3条）的有益补充，最终100%解决了汉字的字序（笔画序）排序问题。不过，2001年发布的"折笔规范"，似乎还没有引起语言文字学界足够多的重视，以致其后公布的一些语言文字规范，比如《汉字部首表》《现代常用独体字规范》《现代常用字部件及部件名称规范》《通用规范汉字表》，以及2001年之后出版的字典、词典、教材，其中皆有少许不合《GB 13000.1 字符集汉字折笔规范》的现象，为此我写了《折笔规范与〈通用规范汉字表〉的字序问题》，希望引起学界对《GB 13000.1 字符集汉字折笔规范》的重视。

关于汉字笔顺的基本规则，通常的说法是"先横后竖、先撇后捺、从上到下、从左到右、先外后内"等，但我觉得这样的说法不够妥帖。"捺"在札字法5个笔画中已经改称"点"了，应该把"先撇后捺"说成"先撇后点"才对。另外，"先横后竖、先撇后点、先外后内"规则都有很多反例，有成百上千字的笔顺是"先竖后横、先点后撇、先内后外"的。解决这些个问题的关键，我以为应该是：给每条笔顺规则加上限制语。比如改为"有上下之分者，从上到下；有左右之分者，从左到右；横竖相交者，先横后竖；撇点相交者，先撇后点"，那就没有什么问题了。值得注意的是，"先横后竖"是专为"横竖相交者"定的笔顺，"先撇后点"是专为"撇点相交者"定的笔顺，非相交的横竖、撇点相邻两笔，则是凭"有上下之分者，从上到下；有左右之分者，从左到右"规则来确定它们的笔顺。汉字笔顺的基础规则有4条，即："有上下之分者，从上到下；有左右之分者，从左到右；横竖相交者，先横后竖；撇点相交者，先撇后点"，其余笔顺规则都是可以由这4条基础规则衍生出来的。

形声字问题是汉字学术研究的一个重要课题，但有些说法互相矛盾，我觉得，现在有几种不同范畴的形声字概念。在造字之初使用形声法造出来的形声字，是"形声字1"，即字源上的形声字。从《新华字典》《现代汉语通用字表》《通用规范汉字表》中认定出来的形声字是"形声字2"，即现代通用形声字。现代汉字学著作中讲"构字法"所说的"意符+音符"的形声字，是"形声字3"，即现代汉字学形声字。现代汉字中形旁表义，声旁完全表音（声韵调完全相同）的形声字是"形声字4"，即纯形声字。我认为，在尚未确定"现代汉字总量"的情况下，就说"现代汉字中形声字占90%以上"，其实只是一种猜想，实际情况不一定是这样的。

《谈〈通用规范汉字表〉中"溚、浬、喷"的音义》一文，指出《新华字典》《现代汉语词典》没有及时增补出"溚、浬、喷"作为通用规范汉字的基本的音和义，类似的问题还有一些，希望引起其编者和辞书界的重视。

以上看法，连同本书中其他一些小发现、小看法，皆为一孔之见，抛砖引玉之谈，仅供学界批评、参考而已。

目 录

序 …………………………………………… 李行健　I
前　言 ………………………………………………… III

汉字的性质问题

《通用规范汉字表》非语素字的统计与思考
　　——兼评"汉字是语素文字"之说 ………………… 3
　　一、非语素字及其同义术语 ……………………… 3
　　二、《通用规范汉字表》中非语素字字数统计 ……… 7
　　三、关于"非语素字"的思考 …………………… 14

《通用规范汉字表》一级字的三记职能统计与思考
　　——兼谈"汉字三记说"和汉字的性质 …………… 21
　　一、关于"汉字记写什么"的问题 ……………… 21
　　二、《通用规范汉字表》一级字的三记职能统计 …… 28
　　三、关于汉字三记说 …………………………… 135
　　四、关于汉字的性质 …………………………… 144

繁简字、异体字问题

《通用规范汉字表》简化字的统计与思考
  ——兼谈《通用规范汉字表》的两个疏失 ·········· 153
  一、《通用规范汉字表》中的简化字 ·········· 153
  二、国家推行简化字的三个文献 ·········· 157
  三、《通用规范汉字表》的两个疏失 ·········· 161

《通用规范汉字表》中规范字与繁体字同形的特例
  ——谈在部分义项和用法上不简化的繁体字 ·········· 165
  一、规范字跟繁体字同形的历史回顾 ·········· 165
  二、《通用规范汉字表》的新规定 ·········· 167

《通用规范汉字表》异体字处理结果的统计与思考 ·········· 172
  一、对《一异表》的前 8 次调整 ·········· 172
  二、《通用规范汉字表》对《一异表》的调整 ·········· 181
  三、《通用规范汉字表》"附件 1"异体字相关统计 ·········· 191
  四、《通用规范汉字表》的两个小问题 ·········· 193
  五、继续整理异体字的几点建议 ·········· 195

独体字、部件问题

《通用规范汉字表》独体字的统计与思考
  ——兼谈独体字的定义和认定标准 ·········· 201
  一、依据国家语言文字规范所做的《通用规范汉字表》中独体字的字数统计 ·········· 202
  二、关于《通用规范汉字表》独体字统计的思考 ·········· 209
  三、关于独体字问题的几点思考 ·········· 211

几部语言文字规范中的问题探讨
——关于基础部件和独体字问题 ·············· 223
一、《信息处理用 GB 13000.1 字符集汉字部件规范》·········· 223
二、《现代常用独体字规范》 ·················· 227
三、《现代常用字部件及部件名称规范》 ············ 230
四、余 论 ························ 233

关于笔形、部件、整字问题
——谈黄廖本《现代汉语》文字术语的演进 ········ 235
一、从笔画到笔形 ····················· 235
二、从偏旁到部件 ····················· 238
三、从合体字独体字到整字 ················· 242

字序、笔顺问题

折笔规范与《通用规范汉字表》的字序问题
——兼谈汉字部首、部件、独体字的排序 ·········· 249
一、《GB 13000.1 字符集汉字折笔规范》············ 249
二、《通用规范汉字表》的字序（笔画序）问题 ········ 255
三、汉字部首、独体字、部件的排序问题 ··········· 259
四、关于汉字折笔的主笔形是"¬"及其应用问题 ········ 265

汉字笔顺基本规则之新表述 ················· 269
一、汉字笔顺基本规则原有表述的不足 ············ 269
二、对汉字笔顺基本规则的修补仍有不足 ··········· 271
三、汉字笔顺基本规则新表述（上）：基础规则 ········ 274
四、汉字笔顺基本规则新表述（下）：衍生规则 ········ 279
五、余论：基础规则只有 4 条，衍生规则可以增添 ······· 283

点的笔顺规则之新探索 ·· 285
    一、关于点的笔顺规则问题 ·· 285
    二、点的笔顺规则的重新审视 ·· 287
    三、点的笔顺规则的重新表述 ·· 292
    四、余论：是"先撇后捺"还是"先撇后点" ························ 301

形声字及其他问题

《通用规范汉字表》读半边字的统计与思考
  ——兼谈几种不同范畴的形声字概念 ·································· 305
    一、从"秀才识字读半边"说起 ······································ 305
    二、《通用规范汉字表》读半边字统计 ································ 307
    三、几种不同范畴的形声字概念 ······································ 318
    四、关于"现代汉字中形声字占 90% 以上"问题 ··················· 329

谈《通用规范汉字表》中"溚、浬、唝"的音义 ····················· 332
    一、溚 ··· 332
    二、浬 ··· 335
    三、唝 ··· 337

《通用规范汉字表》十年研究综述 ·· 339
    一、《通用规范汉字表》的整体研究 ································ 339
    二、《通用规范汉字表》字量字形字音字序研究 ··················· 342
    三、《通用规范汉字表》字的字际关系研究 ························ 348
    四、《通用规范汉字表》字的结构研究 ······························ 353
    五、《通用规范汉字表》的修订完善研究 ··························· 359

后   记 ·· 361

通用规范汉字问题研究

汉字的性质问题

《通用规范汉字表》非语素字的统计与思考

——兼评"汉字是语素文字"之说

语素是最小的语音语义结合体。一个汉字，如果它能够记写一个或者几个汉语语素，那么它就是一个"语素字"；如果它连一个汉语语素也不能够记写，那么它就是一个"非语素字"。汉字是"语素字"和"非语素字"的合集，汉字和语素没有一对一的对应关系，既不是每一个汉字都能记写一个汉语语素，也不是每一个汉语语素都能用一个汉字来记写。本文先对《通用规范汉字表》8105个规范字中的非语素字进行统计，然后对"汉字是语素文字"之说提出质疑。

一、非语素字及其同义术语

非语素字是国家标准《信息处理用现代汉语词类标记规范》等文献所使用的术语，其他著作中有一些同义术语。

（一）非语素字

国家标准 GB/T 20532-2006《信息处理用现代汉语词类标记规范》指出，非语素字是"汉语字符集中单独使用时不具有意义的汉字，如：垃、琵、蜘、蹄、鸳、蜻"。中国社会科学院语言研究所词典编辑室《现代汉语词典》2005年第5版"凡例"指出："单字条目在现代汉语中成词的标注词类，不成词的语素和非语素字不做标注。"[1]2012年《现代汉语词典》第6版、2016年《现代汉语词典》第7版亦然。这也就是说，单独一个汉字，可能是一个词，也可能是一个语素字，也可能是一个非语素字。

最早给词典的单字条目标注出"非语素字"的，是孙全洲（1995）《现代汉语学习词典》。该词典单字条目的标注有4类，一类是可以单独成词的，标注词类名称[名][动][形][代][副][介][连]等；第二类是不能单独成词的词根语素，标注[素]；第三类是不能单独成词的词缀语素，标注[缀]；第四类是"非语素字"，标注[字][2]。据我们统计，该词典标注出了"腌、皑、欤、瑷、暧、鹌、肮、嗷、孢、狍、蓓、荸、哔、蓖、薜、鬓"等500多个"非语素字"。

李行健（1998）《现代汉语规范字典·前言》讲到了字头的"词、语素"和"非语素字"的区分，指出："字典中的'字'，可能是一个词，也可能只是一个语素，但更多的情况既是词，同时又是语素，而绝大多数语素在古代汉语中往往就是词。为了统一起见，除了连语素都不是的字以外，都标注了词性。"[3] 其中说到的"连语素都不是的字"，就是"非语素字"。该字典"凡例"又称之为"在现代汉语中只能用于复音词的字"[4]，例如"苷、蓓"等，该字典对非语素字的做法是，只注音，不出义项，不标注词类，而是"在字头之后连带收录这个字组成的词，然后注音、释义"。

---

[1] 中国社会科学院语言研究所词典编辑室：《现代汉语词典》，商务印书馆，2005。

[2] 孙全洲：《现代汉语学习词典》1页，上海外语教育出版社，1995。

[3] 李行健：《现代汉语规范字典》前言，第8页，外语教学与研究出版社，1998。

[4] 李行健：《现代汉语规范字典》凡例，第12页，外语教学与研究出版社，1998。

（二）零义项字、无义汉字

李公宜、刘如水（1988）《汉字信息字典》的零义项字，是与非语素字同义的术语。该字典"主要参照《新华字典》释义的义项数，并参考其他字书"，统计了7785个汉字的义项数，其中义项数为0的593字，义项数为1的4139字，义项数为2的1622字，义项数为3的1023字，义项数为4的351字，义项数为5的57字。我们可以把它们依次称为：零义项字，1义项字，2义项字，3义项字，4义项字，5义项字。其中"零义项字"，即本文所说的"非语素字"，占所统计字数的7.617%[①]。该字典在卷首"说明"中指出："单字无义者，举例词注释"，"单字无义者"即"零义项字"，亦即"非语素字"，例如字头"瞌"，义项数为零，单字无义，该字典只举例词"瞌睡"进行注释，"瞌睡"义为"困倦"。

"无义汉字"也是指非语素字。邢福义（2015）《现代汉语》指出："复字单纯词虽由两个或两个以上的汉字构成，但这些汉字都是无义汉字，或是失去了原有的意义。"[②]周荐（2011）《汉语词汇趣说》中的"无义汉字"也是指非语素字，他说："复字单纯词。其中由无义汉字与无义汉字凑成的复字词一般是双字的，这就是所谓的联绵词，如'颠顶、觊觎'"[③]。所说的无义汉字"颠、顶、觊、觎"就是"非语素字"。近年来，涉及"无义汉字"的论文有：李丛《无义汉字的语素化》（《时代教育·教育教学版》2010年第12期）、姜琳《无义汉字语素化研究》（《现代语文》2010年第8期）、杜晶《无意义汉字的语素化》（《青年文学家》2011年第1期）、杜微《无义汉字的语素化及其对外汉语教学的影响》（《消费导刊》2017年第1期）、苗玉杰《无意汉字的

[①] 李公宜、刘如水：《汉字信息字典》1112页，科学出版社，1988。
[②] 邢福义：《现代汉语》102页，高等教育出版社，2015。
[③] 周荐：《汉语词汇趣说》8页，暨南大学出版社，2011。

语素化》(《文艺生活·文艺理论》2010年第11期)等。

"无义汉字"也叫"没有意义"的汉字。王宁《通用规范汉字表字典》的《凡例》中说到好几种"没有意义"的汉字[①]，它们都是"非语素字"。例如："没有适当意义可参考，但有古今名人的名字为例的"汉字，比如"铖"；"没有意义又没有人名用例的"汉字，比如"襣"；"没有意义但有地名用例的"汉字，比如"碚"。该字典《凡例》还讲到"不能分开解释的复音词"中的字，如果"专用于此词"，则该字为"没有适当意义"，例如"菝葜"中的"菝、葜"，"婆娑"中的"娑"等，还讲到有一些"双音及多音节地名"，其中一些字"专用于此词"，例如"盱眙"中的"盱"和"眙"，"九嶷"中的"嶷"等，也是"没有意义"的汉字。

(三) 单纯表音字、音节字、记音字

非语素字也可以称作"单纯表音字""音节字""记音字"。

施效人（1983）《谈同音词和同音字问题》认为，"有一类是既不能独立成词又无构词意义，单纯表音的字"，他统计《现代汉语词典》中有"单纯表音的字"1104个，其中"复音纯音字924字，译音专用字180个"[②]。

"单纯表音字"也叫"音节字"。沈孟璎（1999）《现代汉语理论与应用》指出，"现代汉字的表意功能类型"中有一类是"音节字"，"指没有独立意义，只表示一个音节的现代汉字"，"这些音节字只有同别的字结合起来才有意义"[③]。她认为，音节字包括联绵词用字、叠

[①] 王宁：《通用规范汉字字典》7—8页，商务印书馆，2013。
[②] 施效人：《谈同音词和同音字问题》，载《语文现代化》总第6辑，知识出版社，1983。
[③] 沈孟璎：《现代汉语理论与应用》168页，南京师范大学出版社，1999。

音词用字、音译词用字和拟声词用字 4 类。

　　说词解字辞书研究中心（2014）《通用规范汉字字典》把"非语素字"称为"音节字"，其"凡例"指出："现代汉语中不能单独成词的音节字（指没有独立意义，只能表示一个音节的字），在字头后收录由这个字组成的复音词，外加方括号'[　]'标示，然后注音、释义。"[①] 例如"徘"和"菝"，该字典列出复音词 [徘徊] 和 [菝葜]，并注音、释义。

　　商务国际辞书编辑部（2019）《通用规范汉字字典》把"非语素字"称为"记音字"。其"凡例"说："字头或其在某一义项下为记音字的，列出它与其他字组成的联绵词并解释。该联绵词中的其他字出条时，只标注见'×'"[②]，例如字头"玛"后列出"玛瑙"并作解释，字头"瑙"后注明"见'玛'（402 页）"。

　　上面诸说，都是"非语素字"的同义术语。

二、《通用规范汉字表》中非语素字字数统计

　　本文统计《通用规范汉字表》中的"非语素字"，主要以王宁《通用规范汉字字典》为依据。该字典由教育部语言文字信息管理司策划并委托编写，《通用规范汉字表》研制组组长王宁主持编写。用于解读《字表》，指导规范汉字的使用，配合《字表》的实施。该字典反映了国家语言文字方面的最新标准，包括字量、字用、字序、字形、字音等。王宁所写的"前言"指出：本字典"具有的阐释《通用规范汉字表》、指

[①] 说词解字辞书研究中心：《通用规范汉字字典》3 页，华语教学出版社，2014。

[②] 商务国际辞书编辑部：《通用规范汉字字典》4 页，商务印书馆国际有限公司，2019。

导规范字使用的特殊功能，其他字词典不能替代"[①]。

下面把《通用规范汉字字典》中的"非语素字"分四大类进行统计。

（一）"不能分开解释的复音词"中的非语素字

对于字头是专用于"不能分开解释的复音词"[②]的非语素字，《通用规范汉字字典》的一般做法是在字头后用【　】列出复音词加以解释，或用【　】列出复音词后注明见某字头、某页。

1."专用于"几个"不能分开解释的复音词"中的非语素字。例如【潺潺】【潺湲】中的"潺"，【吖啶】【吡啶】【嘧啶】中的"啶"。这样的非语素字有65个：

菠、吡、鹁、婵、潺、憧、瘩、澹、喋、啶、衮、啡、咐、咖、铬、胳、虼、佝、枸、鸪、蛄、菁、沆、叽、芨、犄、鹡、佼、桔、菁、蒟、苣、坷、喇、蜊、螂、莨、鞔、姥、狸、喱、璃、潦、蓤、髋、辘、蚂、砀、娜、袅、菩、嗪、蛐、挲、噻、蛸、桐、靰、惺、蜒、猺、咿、蚱、鳟、唑

2."专用于"同字重叠为"不能分开解释的复音词"中的非语素字。例如【皑皑】中的"皑"，【彬彬】中的"彬"。这样的非语素字，除去极少数已经见于上述第一小类中的以外，我们在《通用规范汉字表》中又统计到67字，它们是：

皑、嗷、彬、悖、淙、琤、淙、眈、忉、咄、怫、沨、杂、汩、蝈、喤、咳、戈、喈、竞、赳、啾、踽、仡、琅、呖、嶙、辚、飗、漭、咪、嬷、喃、囔、哝、狉、萋、嗛、骎、飒、毵、姗、诜、蕤、蹜、浠、婷、橐、娓、熙、晓、炘、悻、讻、咻、魆、栩、恢、奄、泱、懌、猗、颙、嗺、蓁、铮、孜

[①] 王宁：《通用规范汉字字典》2页，商务印书馆，2013。
[②] 王宁：《通用规范汉字字典》"凡例"7页，商务印书馆，2013。

3. "不能分开解释的复音词"中各字都是"专用于此词"的非语素字。例如【琥珀】中的"琥"和"珀"、【匍匐】中的"匍"和"匐"等。这样的非语素字有 320 字，它们是：

鲛鰊、菠蔆、莩藓、赑屃、薜荔、臇箓、蝙蝠、檽栌、鸰鹂、蛴螬、佗傺、襜褕、徜徉、砗磲、踟蹰、彳亍、瘛疭、艨艟、踌躇、挎捕、龌龊、鸱鹠、憔悴、蹉跎、褡裢、菪苁、驼鮀、圪垯、玳瑁、菡苕、蟛蚨、蹀躞、玎玲、耵聍、蝌蚪、茌芏、哆嗦、吲哚、馉饳、鹇鸰、茯苓、匍匐、蜉蝣、旮旯、尴尬、坩埚、橄榄、蜈蚣、螺蠃、鞑靼、簦篌、邂逅、囫囵、猢狲、珊瑚、鹈鹕、醍醐、觳觫、琥珀、徘徊、彷徨、馄饨、垃圾、剀剐、佶聱、鹕鸰、袈裟、鸡鹑、僬侥、鵁鷋、婕妤、鼩鼱、龃龉、骓骒、侄偬、喹啉、傀儡、蛞蝓、邋遢、褴褛、蓼苃、瘰疬、茉莉、猞猁、霹雳、傈僳、辐辏、魍魉、踉跄、嶙峋、囹圄、嘌呤、鹏鹢、曈昽、朦胧、杪椤、玛瑙、鳗鲡、骈骦、柠檬、舴艋、蕲䓕、缥缈、镆铘、蜻蜂、苜蓿、忸怩、旖旎、坤阮、喽啰、颟顸、枇杷、琵琶、潋滟、澎湃、蹒跚、袷祥、鳑鲏、蟛蜞、貔貅、泮涣、鹧鸪、蹁跹、葡萄、琶噜、崎岖、缱绻、蔷薇、蜻蜓、苆苊、蚯蚓、犰狳、氍毹、蠼螋、峥嵘、蝾螈、葳蕤、蟋蟀、怂恿、窸窣、芫荽、忐忑、倜傥、腽肭、鹦鹉、窀穸、稀罕、蜥蜴、狯狁、鸥鹭、獬豸、炱廖、鸳鸯、薏苡、氤氲、茱萸、啁啾、胼胝、踯躅、妯娌。

4. "不能分开解释的复音词"中只有一个是"专用于此词"的非语素字，例如在【令嫒】中的"嫒"，【蕞尔】中的"蕞"。这样的非语素字有 410 字，它们是：

吖、嫒、叆、暧、鹌、肮、芭、蒡、鲍、蓓、蓓、贲、荸、荜、哔、狴、蓖、蓠、苄、瘭、傧、缤、蛎、玻、蕃、礴、檗、卟、鹁、涔、刬、菖、阊、衩、嬗、怊、詙、苌、蜍、苁、璀、嵯、瘥、奼、哒、跶、骀、疸、耷、槎、菪、嘀、棣、琱、锭、仃、侗、髑、婀、噁、硪、珐、肪、腓、悱、翡、昐、呋、芙、蚨、掭、榑、哎、驸、蝮、玨、槔、皋、

仡、疙、袼、茛、轱、鹘、濲、栝、鸹、胱、皈、婑、嗨、扦、蓐、颃、
讦、纥、饸、姮、蘅、訇、荭、蕻、唒、惚、葫、蝴、骅、痪、滉、凰、
癀、蟥、茴、洄、蕙、螅、藿、矱、乩、蒺、鬾、跏、蛱、豇、礓、艽、
茭、虀、拮、蚧、蚧、荁、槿、獍、憬、痉、柏、娵、瞗、飓、鹃、孓、
獗、矍、骏、忾、稞、瞌、缂、崆、苛、蔻、骷、绔、蛞、癞、倈、斓、
啷、梛、铫、醪、栳、磊、崚、鹠、蒌、蛎、逦、鲡、俐、蛎、桊、蠊、
裣、蔹、潋、椋、粱、嘹、獠、尥、趔、琳、蛉、浏、琉、榴、茏、咙、
珑、眬、窿、蝼、噜、颅、蔍、槆、葎、猡、珞、蟆、犸、荬、颟、馒、
杧、岷、磳、牦、氂、蛮、玫、礞、蜢、狝、藦、醾、嘧、胢、黾、酩、
嫫、摩、蘑、姆、么、呐、芿、蛲、猊、鸢、薏、咛、哌、橐、滂、螃、
咆、奅、椑、砒、噼、蚍、睥、褊、螵、苤、俜、娉、苹、鄪、筘、桤、
芑、鳉、麒、觭、苘、螼、锖、桱、荞、愀、欽、芩、檎、荋、鞒、
虬、蕖、夬、蚺、苒、蘘、桡、葚、鷉、瘙、嗄、舢、蟮、裳、芍、畲、
呻、鸤、炻、腨、蒴、鸶、螄、稣、逡、娑、羧、趿、蹋、鞳、昙、
锬、羰、螳、梼、嗵、腾、甛、箚、葖、茼、葵、菟、陀、娲、佤、蜿、
豌、芄、莞、莞、椀、逶、楒、蕰、鲲、鎓、蕹、莴、蜗、唔、梧、鼯、
仵、妩、悟、牾、浙、舸、樨、螅、潟、袄、粞、醯、痫、苋、葙、逍、
魈、潇、蟏、楔、獬、潆、荇、匈、煊、獯、枸、桠、阋、珧、揶、椰、
弋、依、癔、霪、罂、喑、荶、蚰、鱿、鼬、魭、鸩、赑、篪、溠、橼、
纭、臢、糌、唣、楂、劄、咤、痄、辗、蟑、笮、啫、鹧、狰、芝、栀、
蛳、芷、轾、螽、碡、侏、苎、疰、赳、橱、蕞、

有适当意义可参考,但有古今名人的名字为例的"非语素字,一类是"没有意义又没有人名用例的"非语素字。

1."没有适当意义可参考,但有古今名人的名字为例的"[①]非语素字,例如"铖"有明代名人"阮大铖"为例,"龢"有清末名人"翁同龢"为例。这样的非语素字我们统计到 26 个。它们是:

毐(嫪毐)、铖(阮大铖)、䶮(颜䶮)、妲(妲己)、聃(老聃)、磾(金日磾)、頫(赵孟頫)、龢(翁同龢)、伋(孔伋)、勋(李勋)、颉(仓颉)、轲(孟轲)、馗(钟馗)、嫘(嫘祖)、昇(毕昇)、偓(偓佺)、焘(李焘、郭嵩焘)、肸(羊舌肸)、羲(伏羲)、颛顼(颛顼)、癸(刘癸)、歆(九方歆)、嫄(姜嫄)、吒(哪吒)、曌(武曌)。

2."没有意义又没有人名用例的"[②]非语素字(其中"人名"二字说法欠妥,应该改成"名人的名字"),比如有"1982 年全国人口普查 18 省市抽样统计"的人名用例,或者有"公安部提供"的人名用例,或者有"群众提供"的人名用例,等等。这样的非语素字有 206 个。它们是:

犇、邨、邟、斌、腚、袯、嶒、煁、潋、麇、琉、俞、貅、潨、倕、镎、郫、鎝、䃅、鞼、玓、婍、崺、甴、汜、玢、廊、晐、江、邢、牿、筅、毌、铷、凨、玲、岟、撖、鄗、鬲、邱、轷、鄂、婳、媓、膛、翙、锴、濩、枡、锞、姞、篯、藄、斨、厓、僦、傕、弡、骙、槬、蕡、堃、娓、嫪、珳、潾、昑、骎、稑、尨、鄄、巗、祕、溍、迺、伻、伲、虌、嵼、甯、偮、苀、婎、泙、菲、蚲、耧、邥、秖、涷、伲、柇、麴、洵、倽、瑢、艹、佹、駓、牪、暲、陸、祐、弎、襫、𬘘、郗、钛、隃、骦、𬸚、飗、娍、瞁、甡、楝、骓、傃、鹈、鎉、䅯、𬭁、驹、㳇、眹、洮、㹴、仝、诇、玙、骏、隤、忾、九、苈、庱、蓫、靐、璌、斌、俙
---

① 王宁:《通用规范汉字字典》"凡例" 8 页,商务印书馆, 2013。
② 王宁:《通用规范汉字字典》"凡例" 8 页,商务印书馆, 2013。

谿、鳌、酃、觿、悳、叚、椽、睨、缐、浡、偈、诉、廞、伈、畱、埗、僾、襧、嬽、鄠、烀、闫、龡、眏、飑、怡、鰭、釴、勓、鹕、繶、绲、裎、菭、廍、瀶、林、洨、鷈、於、馀、蛶、妧、鹜、籥、頮、醞、妘、楳、旎、喆、詟、䊺、抵、铨、锺、鹍、婳、绰、襚、鹭、镒、镈、

（三）"没有意义"的"用于地名"的非语素字

1. "没有意义但有地名用例的"[①] 非语素字，《通用规范汉字字典》一般不出义项，只说"用于地名"，其后举例。例如"北碚"中的"碚"，"埶店"中的"埶"。这样的非语素字，我们在《通用规范汉字表》中统计到334字。它们是：

垵、厫、冪、朳、岜、岯、岅、涇、桦、浿、碃、栟、侪、坒、芯、呲、泌、濞、碥、灉、腖、矶、邠、砵、哞、嶓、柠、埔、垵、蔀、嘈、垞、汕、澶、昷、摛、苴、鸒、椆、邮、嗵、椿、此、沘、莉、堃、楷、砐、嗒、垈、儋、崴、砀、覶、坻、茚、坫、汈、鸾、楪、茌、崇、釙、堨、涐、暍、碍、陑、唖、邥、胐、圿、尅、浲、砆、茶、洣、浮、汶、荾、戠、澉、瞪、枫、𪨊、堙、簋、薁、笪、硝、硁、肭、碬、荿、垬、邦、笙、涠、邧、埠、邰、菏、峈、埜、禥、黉、㞪、㟃、鲉、淞、峏、碒、磱、珲、漷、糌、芰、楒、趼、泽、强、岐、潎、浒、迏、坰、涧、汎、㠇、笡、岠、钜、鄄、垲、崁、塜、㳠、巵、岢、控、硿、悃、壸、俅、茉、涞、硠、垠、塱、椠、埌、崀、阆、蔉、茫、𥖨、楞、坡、浬、枊、浰、溧、潦、撩、簃、憀、嵺、㓯、䇥、坽、蚙、㳤、酃、嘹、灤、赟、哢、剓、潞、甪、箓、垏、仑、倮、漯、啇、䥯、涐、杏、浬、猋、铒、㙬、菲、猛、坭、笅、坵、肥、簰、淦、溯、邳、伾、陂、薸、埼、圮、磅、圩、杅、岈、汧、磏、轩、堑、硚、溱、勍、碃、萩、崫、胊、潅、楼、鄱、塨、岩、碏、驲、汝、堧、汭、郜、媷、莎、埏、汕、鄯、墒、垟、楒、嵊、邶、䃅、峒、虒、榹、涘、崧、潀、郯、醰、

[①] 王宁：《通用规范汉字字典》"凡例" 8 页，商务印书馆，2013。

遾、浀、淳、圢、岭、哃、烔、鮦、潼、娽、棆、猇、铊、鮀、貾、沥、沣、峞、洧、阋、鳛、硤、猇、皛、潋、銮、荥、旰、峃、琊、埵、砑、塢、滹、沇、兖、郾、棪、漃、貶、塿、垚、宧、舣、宸、峰、澂、硍、崟、潊、漈、埔、羙、祐、旴、攲、椷、涴、渝、郓、鄟、碌、鲗、鄑、抮、叄、鲊、鲞、磝、蒬、轵、栺、旹、溋、洙、硾、涿、鄐、秭、岞

2. "双音及多音节地名"中的非语素字。在《通用规范汉字字典》中,"双音及多音节地名"一般也跟"不能分开解释的复音词"一样用【 】标出来,其中的非语素字,例如【盱眙】中的"盱"和"眙",【鄱阳】中的"鄱"。这样的非语素字,我们在《通用规范汉字表》中统计到54字。

地名中两字都是"非语素字"的有:

嵖岈、峋嵝、浛洸、圚圙、锟铻、岞崓、邯郸、邛崃、廊邡、盱眙、崦嵫、崾崄、滟滪、篹篼、蚵蚄

地名中只有一字是"非语素字"的有:

阪(大阪)、町(畹町)、洱(洱海)、滏(滏阳)、垓(垓下)、漷(漷沱河)、圪(圪圪)、嵋(峨嵋)、汨(汨罗)、磻(磻溪)、菁(菁莱主山)、淞(吴淞)、涠(涠洲)、汶(大汶河、东汶河)、挝(老挝)、浠(浠水)、暹(暹罗)、玡(琅玡)、嶷(九嶷)、溧(清溧)、鍪(华鍪)、崙(昆崙)、雩(雩溪)、牁(牂牁)

(四)"用于译音"的非语素字

"用于译音"的非语素字,有一些已经作为"不能分开解释的复音词","加【 】附在字头后,然后说明"了。但也有少数几例以"用于译音"或"译音用字"解说,然后举例,共6例。它们是:

伽(伽马射线)、噶(噶伦)、戛(戛纳)、吽(佛教用字)、迦(释迦牟尼)、叻(石叻、叻埠)

综上,我们从《通用规范汉字表》8105字中统计到"非语素字"1488例,占18.36%,接近1/5。

三、关于"非语素字"的思考

基于《通用规范汉字表》中非语素字的统计结果,笔者有如下一些思考。

（一）非语素字的存在不容否认

施效人（1983）《谈同音词和同音字问题》认为《现代汉语词典》的 6000 多个单字条目中,非语素字（单纯表音的字）为 1104 个。

李公宜、刘如水（1988）《汉字信息字典》7785 字中非语素字（义项数为零）的汉字为 593 个。

尹斌庸（1988）《关于汉字评价的几个基本问题》指出："现代汉字的'字'约有 90% 对应于汉语的一个语素。"[①] 据此可知,该文认为不能"对应于汉语的一个语素"的非语素字约占 10%。

尹斌庸（1991）《现代汉字的定量研究》指出："据统计,有大约 88% 的汉字和语素保持一一对应的关系。"[②] 也就是说,有 12% 的汉字是"非语素字"。

孙全洲（1995）《现代汉语学习词典》"共收 5500 个字",其中"非语素字"有 500 多个,约占 9%。

本文统计《通用规范汉字表》8105 字中有"非语素字"1488 个,占所统计汉字的 18.36%。

笔者还依据李行健（2013）《〈通用规范汉字表〉使用手册》做过统计,8105 个通用规范汉字中有非语素字（即该书所说的"在现代汉语中不能单独使用的字"）1209 个,约占总字数的 15%。

---

① 尹斌庸：《关于汉字评价的几个基本问题》,载中国社会科学院语言文字应用研究所《汉字问题学术讨论会论文集》251—262 页,语文出版社,1988。
② 尹斌庸：《现代汉字的定量研究》,《语文建设》1991（11）。

统计结果说法不一，跟所考察的对象和所持的标准有一定的关系。

从统计对象来看，李公宜、刘如水（1988）《汉字信息字典》所考察的是7785个通用字，我们统计的是《通用规范汉字表的》8105字，考察对象多的，统计结果自然会多些。而且《通用规范汉字表》比7785个通用字多出来的字，主要是"三级字表"中专门用于地名、人名的专用字，所以非语素字数量相对就多一些。尹斌庸统计的对象是"现代汉字"，也跟我们所统计的《通用规范汉字表》8105字数不同，所以结果也不相同。

从所持标准来看，李公宜、刘如水（1988）《汉字信息字典》认定非语素字，所依据的是《新华字典》，我们认定8105个通用规范汉字中的非语素字，所依据的是王宁《通用规范汉字字典》，依据不同，所以结果也不一样。如果依据李行健《〈通用规范汉字表〉使用手册》统计，则为1209个。

王宁《通用规范汉字字典》是"一部小规模的字典"，"义项设置较为简约"，跟《新华字典》《现代汉语词典》有所不同。如果以《新华字典》或《现代汉语词典》为依据来统计8105个通用规范汉字中的非语素字，所得结果字数也会不一样，比如"贲、薜、彬、蕃、涔、鸥、砦、耵、町"等一批字，如果依据《现代汉语词典》，它们就不是"非语素字"。

（二）汉字是语素字和非语素字的合集

汉字的绝大多数是语素字，但非语素字的存在也不容否认。无论说汉字中非语素字的数量是500多个，还是1200多个，1488个，都说明一个事实：汉字不是语素字的集合，而是语素字和非语素字的合集。

不过，汉字中的非语素字，常常会被忽略。赵元任（1980）《语言问题》说："用一个文字单位写一个词素，中国文字是一个典型的最重要的例子。……它跟世界多数其他文字的不同，不是标义标音的不同，乃是所标的语言单位的尺寸不同。"①他所说的"词素",就是我们所说的"语素"。后来,有些人引用他的这段话来论说"一个汉字记录一个汉语语素",显然有以偏概全之嫌。

朱德熙(1990)《汉语》一文说:"文字是记录语言的。就汉字跟它所要记录的对象汉语之间的关系来看,汉字代表的是汉语里的语素。"②显然,"汉字代表的是汉语里的语素"的说法,和"一个汉字记录一个汉语语素"说法一样,也有以偏概全之嫌。

李运富(2012)《汉字学新论》在论述汉字的性质时,提出了"汉字的性质是就全体成员而言,还是就部分材料而言"的问题,他说:"在一般表述汉字的性质时,最好把'汉字'当做一个整体看待。所谓'性质'要能够涵盖古今所有文字,这样大家才可能说到一起。"③他批评"人们往往把从部分材料归纳出的特点当做全体汉字的性质",从而导致"误解和争议"。他指出:"古今汉字都还能记录不是词或语素的音节",我们非常赞同。

只有明确了语素字和非语素字的合集这一基本事实,讨论汉字的性质才会有准确的结论。

(三)"汉字是语素文字"之说质疑

在汉字的性质的诸多表述中,"语素文字说"是最有影响的。李荣、吕叔湘、朱德熙等著名语言学家都支持"语素文字说"。李荣说:"汉字是语素文字(logogram),有形有音有义。"④吕叔湘指出:"语素文字,它的单位是字,不是字母,字是有意义的。汉字是这种文字的代表,也

---

① 赵元任:《语言问题》141页,商务印书馆,1980。
② 朱德熙:《汉语》,载朱德熙《语法丛稿》198页,上海教育出版社,1990。
③ 李运富:《汉字学新论》8—9页,北京师范大学出版社,2012。
④ 李荣:《汉字的演变与汉字的将来》,《中国语文》1986(5)。

是唯一的代表。"①朱德熙说，"汉字是一种语素文字"，"汉字代表的是汉语里的语素"②。苏培成（2014）《现代汉字学纲要》指出："汉字是语素文字，这是许多学者经过多年的探索得出来的结论。"③现在，"汉字是语素文字"的观点已经写进了多种《现代汉语》教材。例如邵敬敏（2016）《现代汉语通论》（第3版）指出："从汉字符号记录语言的单位来看，现代汉字基本上是一种语素文字。"北京大学中文系现代汉语教研室（2013）《现代汉语》（增订本）指出："语素文字的代表是汉字，汉字记录的语言单位是汉语的语素。"马庆株（2010）《现代汉语》指出："汉字是一种词素文字，因为它的绝大多数字能够记录一个汉语口语的词素。"骆小所（1999）《现代汉语引论》指出："现代汉字是语素文字。"张斌（1995）《现代汉语》指出："从汉字记录的语言结构系统中的单位来看，汉字是语素文字。"冯志纯（2008）《现代汉语》指出："汉字的单字记录的是汉语的语素，所以汉字是语素文字。"袁彩云（2006）《实用现代汉语》指出："汉字的基本单位是字，而每个汉字对应的语言单位大体上是一个语素，所以汉字是语素文字。"沈阳、郭锐（2014）《现代汉语》指出："语素文字的单位是字，不是字母，字是有意义的，是形、音、义的结合体，原则上一个字代表一个语素。汉字是语素文字的唯一代表。"

不支持"汉字是语素文字"的学者也有，但不多。郑林曦（1988）《汉字记写的是汉语的哪个层次》第一部分的标题是"汉字不是语素文字"，作者是从汉字跟汉语语素的不对应来论说的，他认为，汉字不是语素，它有时候"比语素小"，有时候"比语素大"。他引用吕叔湘先

---

① 吕叔湘：《汉语文的特点和当前的语文问题》，载吕叔湘《语文近著》142页，上海教育出版社，1987。
② 朱德熙：《汉语》，载朱德熙《语法丛稿》198页，上海教育出版社，1990。
③ 苏培成：《现代汉字学纲要（第3版）》18页，商务印书馆，2014。

生的话说，"汉语的语素，单音节的多，也有双音节，如疙瘩，逍遥，还有三个音节以上的，如巧克力，奥林匹克……"，然后指出："一个汉字不够记写一个多音节的语素，必须用两个、三个、四个……汉字来记写。""对于记写这一类多音节单纯词来说，汉字不是语素，而是比语素小的东西。"他还认为，汉字还可以记写"半个音节（多半是韵母，尤其是儿化韵）和一个音素"，这时候，"汉字却又显得（比语素）大了"。结论是："汉字根本不是什么'语素文字'。在古代，它主要是记写单音节词的文字，在现代，它是记写单音节的词和词素以及音节的文字。"[①]

王有卫（2010）《语素文字说质疑》把赵元任称为"语素文字说"的"首创者"，把吕叔湘等先生称为"语素文字说"的"赞同者"。该文首先厘清首倡者与赞同者的不同观点，然后指出，"语素文字说赞同者的错误在于，他们把汉字的析义功能先记到汉语头上，然后再来考察汉字与汉语的关系。这是我们在讨论语言与文字时容易常犯的一种错误"。[②]

我们对"语素文字说"也持怀疑态度，因为汉字跟语素并不是一对一的对应关系。

首先，并不是每一个汉字都能记写一个汉语语素。统计表明，在8105个通用规范汉字中，有1488个汉字不能记写一个语素，占18.36%，近五分之一，这是一个不小的比例，我们不能无视它们的存在。大多数"语素文字"论者在论说"汉字是语素文字"时，使用了"绝大多数"（它的绝大多数能够记录一个汉语口语的词素）、"基本上"（现代汉字基本上是一种语素文字）、"大体上"（每个汉字对应的语言单位大体上是一个语素）、"原则上"（原则上一个字代表一个语素）、"90%"、"88%"等说法，说明他们心里也知道"不是每一个汉字都能记写一个语素"的客观事实。

---

① 郑林曦：《汉字记写的是汉语的哪个层次》，《语文建设》1988（2）。
② 王有卫：《语素文字说质疑》，《安徽广播电视大学学报》2010（3）。

其次，也不是每一个语素都能用一个汉字来记写。汉语语素有单音节语素和多音节语素之分。据清华大学的一个"汉语语素数据库"显示，汉语"单字语素有9712个"[1]，而我们所知道的汉语多音节语素则有十几万个，比单音节语素多得多，多音节语素都是不可以只用一个汉字来记写的。郑林曦《汉字记写的是汉语的哪个层次》已经指出了一个汉字记不了多音节语素的问题，本文再补充几个数据。一是联绵词，每个联绵词都可以视为一个双音节语素。徐振邦《联绵词大词典》收联绵词14000余条，那么这14000多个汉语语素是不可以只用一个汉字来记写的。二是外来词，外来词中大都是些多音节语素，少数为双音节语素，而单音节语素极少。岑麒祥《汉语外来语词典》收录汉语外来词语4370多条，史有为《新华外来词词典》收录外来词20000余条。三是复姓，袁义达、邱家儒（2010）《中国姓氏大辞典》[2]收两字以上的复姓16882个。四是外国地名。中国地名委员会（1993）《外国地名译名手册》（中型本）[3]收外国地名词95000多条。以上几项加起来，就有十几万个多音节语素，不能只用一个汉字来记写。

　　既然汉字跟语素并不是一对一的对应关系，我们就不能说汉字是"语素文字"。

（四）建议在词典上标注非语素字

　　现在，只有孙全洲《现代汉语学习词典》等少数词典对非语素字条目有标注，其他大多数词典，比如《现代汉语词典》《现代汉语规范词典》，对非语素字都没有明确标注出它是个非语素字。

---

[1] 苑春法、黄昌宁：《基于语素数据库的汉语语素及构词研究》，《世界汉语教学》1998（2）。

[2] 袁义达、邱家儒：《中国姓氏大辞典》，江西人民出版社，2010。

[3] 中国地名委员会：《外国地名译名手册》（中型本），商务印书馆，1993。

吕叔湘为《现代汉语学习词典》所写的"序"中，对该词典单字条目标注词类、语素、语缀、非语素字一事十分赞赏，说这是他"主编《现代汉语词典》初稿的时候曾经试着做而没有做成的两件事"之一，还说《现代汉语学习词典》的编者"在编写过程中……一定也遇到过一些困难，但是为了满足外国学生在这方面提出来的并且常常是很迫切的要求，毅然决定这样做，即使有难以处理的情况也不因而止步。这种'明知山有虎，偏向虎山行'的精神很叫人感动"。并且满怀激情地说："我想这本词典是会受到学汉语的外国学生的欢迎的。"[1]

现在，《现代汉语词典》《现代汉语规范词典》中的"非语素字"单字条目，一般都不作任何解说，只说"见下"，或"见某页某词"，太过于简约。我想，对于"非语素字"单字条目，可以先标注出"非语素字"4字，给这些字"定性"，作为对这一个单字条目的总体说明，岂不更加贴切。另外，现在一些辞书上的"见下"和"见某页某词"，我们也建议改为"非语素字，用于某词"和"非语素字，用于某词，见某页"，指明该字之用。这样，先定其"性"，再讲其"用"，应该会像吕叔湘所说的那样，受到广大读者包括"学汉语的外国学生"欢迎的。

---

[1] 吕叔湘：《现代汉语学习词典·序》，载孙全洲《现代汉语学习词典》，上海外语教育出版社，1995。

《通用规范汉字表》一级字的三记职能统计与思考

——兼谈"汉字三记说"和汉字的性质

在《〈通用规范汉字表〉不成词语素统计与思考》一文中,我提出了"汉字三记说",认为,着眼于一个汉字记写什么,"汉字具有记录汉语单音节词、记录汉语合成词中单音节语素、记录汉语多音节单纯词中的音节等三项功能"。[①] 本文拟对《通用规范汉字表》"一级字表"中3500字的三记职能进行统计,然后对"汉字三记说"作进一步的论说,最后谈谈汉字的性质。

一、关于"汉字记写什么"的问题

汉字是记录汉语的书面符号系统。至于它记写汉语什么语言单位,却有着一些不同的说法。

(一)汉字记写汉语的词

索绪尔《普通语言学教程》认为,世界上"只有两种文字体系",一种是"表意体系",一种是"表音体系"。关于表意体系,他说:"一

---

① 邵霭吉:《〈通用规范汉字表〉不成词语素统计与思考》,《盐城师范学院学报》(人文社会科学版)2002(5)。

个词只用一个符号表示，而这个符号却与词赖以构成的声音无关。这个符号和整个词发生关系，因此也就间接地和它所表达的观念发生关系。这种体系的古典例子就是汉字。"①从他所说的汉字"一个词只用一个符号表示"，可以认为，他觉得汉字是记写汉语的词的。

后来，布龙菲尔德继承和发展了索绪尔的学说，进一步提出了汉字是记"词"的说法。他在《语言论》中指出："从表面上看，词（words）显然是首先用符号表现在文字里的语言单位。用一个符号代表口语里的每个词，这样的文字体系就是所谓表意文字（ideographic writing），这是一个很容易引起误会的名称。文字的重要特点恰恰就是，字并不是代表实际世界的特征（'观念'），而是代表写字人的语言的特征。所以不如叫作表词文字或言词文字（word-writing 或 logographic writing）。"②

汉字是记写汉语的"词"的说法，实际上是说汉字记写汉语的"单音节词"，没有注意到汉语里还有大量的"多音节词"。

（二）汉字记写汉语的语素

赵元任（1980）《语言问题》认为，一个汉字记写的是"一个词素"，即我们所说的"语素"。他指出："用文字来写语言，可以取语言里头各等不同尺寸的单位来写。……在世界上通行的能写全部语言的文字当中，所用的单位最大的文字，不是写句、写短语的，是拿文字一个单位，写一个词素。……用一个文字单位写一个词素，中国文字是一个典型的最重要的例子。"③

---

① 索绪尔：《普通语言学教程》50 页，商务印书馆，1980。
② 布龙菲尔德：《语言论》141—144 页，商务印书馆，1980。
③ 赵元任：《语言问题》140—151 页，1959 年在台湾初版，1968 年再版，1980 年商务印书馆新 1 版，2003 年 6 月第 5 次重印。

吕叔湘（1985）《汉语文的特点和当前的语文问题》认为，汉字是记写"语素"的"唯一的代表"。他指出："世界上的文字……按照文字代表语言的方式来分类，可以分成三类。一类是音素文字，一个字母代表一个音素（又叫作音位）。……第二类是音节文字，一个字母代表一个音节，就是说辅音和元音的结合体。第三类文字是语素文字，它的单位是字，不是字母，字是有意义的。汉字是这种文字的代表，也是唯一的代表。"[1]。

朱德熙也认为汉字是记录语素的。他在《汉语》一文中指出："文字是记录语言的。就汉字跟它所要记录的对象汉语之间的关系来看，汉字代表的是汉语里的语素。"[2]

苏培成（2014）《现代汉字学纲要》认为："汉字的单字记录的是汉语的语素，所以汉字是语素文字，这是汉字的性质。"[3]

汉字记写汉语的"语素"一说，比汉字记写汉语的"词"前进了一步，因为"语素"独立就是单音节词，不独立则是合成词中语素，因而说单个汉字记写"语素"，实际上已经包括"汉字也记写汉语单音节词"之意。

（三）汉字记写汉语的语素、音节

叶蜚声、徐通锵（1981）《语言学纲要》指出：汉字"它是一种语素—音节文字，即每一个汉字基本上记录语言中的一个单音语素；少数语素不止一个音节，只能用几个字表示，但每个字记录一个音节，如

---

[1] 吕叔湘：《汉语文的特点和当前的语文问题》，1985 年 1 月至 2 月在《中国青年报》分期刊载，上海《语文学习》1985 年 5—6 期转载。
[2] 朱德熙：《汉语》，载《中国大百科全书·语言文字卷》128—133 页，中国大百科全书出版社，1988。
[3] 苏培成：《现代汉字学纲要》（第 3 版）5 页，商务印书馆，2014。

'玻''璃''彷''徨'等。"①

李运富（2012）《汉字学新论》指出："我们对汉字性质的看法可以概括为：汉字是用表意构件兼及示音和记号构件组构单字以记录汉语语素和音节的平面方块型符号系统。"②

杨润陆（2017）《现代汉字学》也认为："在现代汉语中，双音节词占优势，大多数情况下，一个汉字记录的是一个语素，而不是一个词。""但还有一些像'仿佛''葡萄'等联绵词、译音词中的汉字，一个字记录的仅仅是不能单独表意的一个音节，不过这些词在汉语体系中所占比例很小。"从汉字记录语言单位来看，"现代汉字可以称为语素文字或语素—音节文字"③。

"语素—音节文字"之说的提出，其用意在于弥补"汉字记写汉语的词""汉字记写汉语的语素"两种说法的不足，指出有一些汉语词（联绵词、外来词等）中的汉字记写的不是语素，而是一个"不能单独表意的一个音节"，这也是一个进步。

（四）汉字记写汉语的词、词素、音节

有学者认为，汉字可分成三类，一类记词，一类记词素，一类记音节。他们认为，一部分汉字记词，一部分汉字记词素，一部分汉字记音节。

施效人（1983）《谈同音词和同音字问题》"根据汉字在普通话里的构词功能，把《现代汉语词典》里所有的字分成三类"，"一类是能独立成词的字，叫作词字，如：我、书、很、大、代、带……，计有词字 2560 个。一类是不能独立成词、只能充当构词的意义单位，叫作词素字，如：曼、络、怡、霾、瘤……，计有常用的词素字 1369 个，不

---

① 叶蜚声、徐通锵：《语言学纲要》164 页，北京大学出版社，1981。
② 李运富：《汉字学新论》17 页，北京师范大学出版社，2012。
③ 杨润陆：《现代汉字学》5 页，北京师范大学出版社，2017。

常用的词素字 1061 个，共计 2430 个。还有一类是既不能独立成词又无构词意义、单纯表音的字，如：骆、驼、蜘、蛛、鸳、鸯……这类字数较少，只有复音纯音字 924 字，译音专用字 180 个"①。

不过，把汉字分成"词字、词素字、音节字"三类，肯定行不通。因为绝大多数常用汉字都是一身兼三职，既能独立成词，又能在合成词中记语素，还能在多音节单纯词中记音节。施文中列举的那些词字、词素字、音节字，绝大多数都具有这三记职能。比如被施文分析为"词字"的"我"，既能够单独成为一个代词，又能够在"我们、大我、小我、忘我、自我"等合成词中记一个语素，还能够在复姓"我氏、我哲"，在联绵词"屏我"，在外来词"我儿都、我摸干、加得我利亚、亚纳落我"等多音节单纯词中记一个非语素的音节。其余"书、很、大、代、带、曼、络、怡、霾、瘪、骆、驼"等字也一样。

郑林曦（1988）《汉字记写的是汉语的哪个层次》认为，"古代汉字记写的是单音节词，现代汉字记写的是单音节的词和词素以及音节"②。他认为现代汉字记写"单音节的词和词素以及音节"三种单位，这是对的。不过，是一字仅有一职，还是一字兼有三职呢，他也没有明讲。如果是说一字只有一职，那就跟施效人的"字分三类说"没什么两样了。

孙全洲（1993）《关于汉语词典的字词标注问题》认为，"现代汉字就其使用功能来看，可以概括为以下四种情况：（1）可以单独成词的字。现代汉语中的单音节词都属此类。……如'人''山''走''看''大''绿'。（2）用作词根的字。这类字在现代汉语中已经失去独立使用的能力，即不能单独成词，仅充作词根起构

---

① 施效人：《谈同音词和同音字问题》，载《语文现代化》总第 6 辑，知识出版社，1983。
② 郑林曦：《汉字记写的是汉语的哪个层次》，《语文建设》1988（2）。

词作用。……如'民''峦''行''观''巨''碧'。（3）用作词缀的字。……如'阿'（阿姨）、'第'（第一）、'者'（学者）以及轻音化的'头'（甜头）、'子'（空子）、'儿'（信儿）等。（4）不含意义、单纯表示语音的字。这类字多见于联绵字、音译字、象声字。如'玻''璃''柠''檬''徘''徊''乒''乓''莎'（shā，用于音译外国人名）等"①。这是一种"字分四类"说，如果把其中的第二类"词根"和第三类"词缀"合起来，称为"词素"，那就是"汉字三分说"了。

沈孟璎（1999）《现代汉语理论与应用》同意施效人的"字分三类说"。她说：可以根据"现代汉字的表意功能""把现代汉字分为三种类型"，一是"词字"，二是"语素字"，三是"音节字"，她说："《现代汉语词典》里，词字有2560个，语素字有2430个，音节字有1104个。"并在脚注中指出，"参见施效人《谈同音词和同音字问题》"。②

（五）汉字记写汉语单音节词、合成词中单音节语素、多音节单纯词中音节

王宁（2013）《〈通用规范汉字字典〉前言》指出："规范字也可以用来作为音化字记写方音和译音，但那只是附加的职能。"③也就是说，汉字在"记录单音语素和词"④两项职能之外，还具有"记写方音、译音"一项"职能"，这样的说法较为切合汉语实际。不过，在"记写方音、译音"的"职能"之前，是否有必要加上"附加的"3字做限制，我觉得还是可以讨论的。

---

① 孙全洲：《关于汉语词典的字词标注问题》，《辞书研究》1993（1）。
② 沈孟璎：《现代汉语理论与应用》169页，南京师范大学出版社，1999。
③ 王宁：《通用规范汉字字典》1页，商务印书馆，2013。
④ 王宁：《通用规范汉字字典》2页，商务印书馆，2013。

2022 年，笔者在《〈通用规范汉字表〉不成词语素统计与思考》一文中提出了"汉字三记说"，认为，汉字具有记录汉语单音节词、记录汉语合成词中单音节语素、记录汉语多音节单纯词中音节等三项职能[①]，把汉字所记写的"词"限制于"单音节词"，把汉字所记写的"语素"限制于"合成词中的单音节语素"，把汉字所记写的"音节"限制于"多音节单纯词中的音节"。总体说来，是着眼于汉语的"词"（单音节词、合成词、多音节单纯词）的角度来谈汉字所记写的语言单位的，不让没有限定语的"词""语素""音节"三者并列。

笔者在《〈通用规范汉字表〉不成词语素统计与思考》一文中还列表给出了"日、马、牛、他、雅、拜、拉、大、太、容"等 10 字既记单音节词、又记合成词中单音节语素、还记多音节单纯词中音节的情况，作为汉字三记说的一个例证[②]。但该文仅有那 10 例，数量太少，说服力还不太够。2023 年，笔者又在《〈通用规范汉字表〉一级字的三记职能之统计与研究》一文中，对《通用规范汉字表》一级字表 3500 字的三记职能进行了统计，得出了"《通用规范汉字表》一级字表的 3500 字，绝大多数都有三记用例，只剩少数字仅有一记、二记用例"[③]的结论。该统计的结果，共有 20 多万字，不可能全文发表于一本期刊，所以只选择了其中一万多字在《盐城师范学院学报》发了一下，下文将提供《通用规范汉字表》"一级字表"3500 字三记职能的更多例证。

[①] 邵霭吉：《〈通用规范汉字表〉不成词语素统计与思考》，《盐城师范学院学报》（人文社会科学版）2022（5）。

[②] 邵霭吉：《〈通用规范汉字表〉不成词语素统计与思考》，《盐城师范学院学报》（人文社会科学版）2022（5）。

[③] 邵霭吉：《〈通用规范汉字表〉一级字的三记职能之统计与研究》，《盐城师范学院学报》（人文社会科学版）2023（3）。

二、《通用规范汉字表》一级字的三记职能统计

文字是记录语言的书写符号系统，汉字是记录汉语的书写符号系统。汉字记录汉语，共有 3 种情况。

一是记写汉语的单音节词。大多数汉字都能记写汉语的一个单音节词，有些汉字还可以记写几个同形的单音节词，不能记写汉语单音节词的汉字是极少数。

二是记写汉语合成词中的单音节语素。大多数汉字除了记写汉语的单音节词以外，都能记写合成词中的单音节语素，不记录汉语合成词中单音节语素的汉字很少。

三是记写汉语的多音节单纯词中的音节。大多数汉字除了记录汉语的单音节词、记录汉语合成词中单音节语素以外，还可以用来记写汉语的多音节单纯词中的一个音节。不记录汉语多音节单纯词中的音节的汉字不多。

我们把汉字的这三种职能称为"汉字三记说"。

本文以《通用规范汉字表》一级字表的 3500 字为例，考察其三记职能，以管中窥豹。

（一）基本设想和做法

考察《通用规范汉字表》一级字表中 3500 字的三记情况，我们的做法是，按照该表字序，以序号和规范字为条目，分"记写汉语单音节词""记写汉语合成词中单音节语素""记写汉语多音节单纯词中音节"三项进行统计。

（1）汉字记写汉语单音节词的情况，我们简写为"记词"。做法是：凡能够记写单汉语音节词的汉字，列出它在通行辞书中被标注出来的词性，不举词例。

所依据的辞书，首选《现代汉语词典》①，简称为"〈现汉〉"；其次为商务国际本《古代汉语词典》②，简称为"〈古汉〉"。

我们考察的目的在于证实该字可以记词，不计较记词的多少，所以凡是《现代汉语词典》已经在其义项上标注出词性的，哪怕仅有一个义项标注了词性，我们都依据《现代汉语词典》，不再依据《古代汉语词典》增补其记词内容；至于《现代汉语词典》在该单字条目的所有义项上都没有标注出词性的，才依据《古代汉语词典》该单字条目的义项上所标注的词类。

《古代汉语词典》为该字标注词类，说明它在古代是记词的。李运富（2012）《汉字学新论》说："在一般表述汉字的性质时，最好把'汉字'当作一个整体看待。所谓'性质'要能够涵盖古今所有文字，这样大家才可能说到一起。"③

如果《现代汉语词典》《古代汉语词典》未收该字，则选《中国姓氏大辞典》④和《中华姓氏大辞典》⑤。这两部辞典虽然不标注词性，但依据惯例，凡是姓氏皆为名词。因此，凡是被上述两部辞书列为单姓的字，都著录为"〈姓氏〉名"。

如果依据以上4种辞书都未能判定其字可以记词的，则著录为"记词：未见"。

（2）汉字记写汉语合成词中单音节语素的情况，我们简写为"记合成词中语素"。一般列举3个左右合成词为例。所举合成词例词一般选自常见辞书，不注明出处。如果常见辞书无例时，则自拟合成词为例。

---

① 中国社会科学院语言研究所词典编辑室：《现代汉语词典》第7版，商务印书馆，2016年。
② 古代汉语词典编写组：《古代汉语词典》，商务印书馆国际有限公司，2022年。
③ 李运富：《汉字学新论》9页，北京师范大学出版社，2012。
④ 袁义达、邱家儒：《中国姓氏大辞典》，江西人民出版社，2010年。
⑤ 袁义达、杜若甫：《中华姓氏大辞典》，教育科学出版社，1996年。

如果举不出该字记写合成词中单音节语素的词例时，则著录为"记合成词中语素：未见"。

（3）汉字记写汉语多音节单纯词中音节的情况，也就是汉字记写汉语多音节词中非语素音节的情况，我们简写为"记词中非语素音节"。分复姓、联绵词、外来词、地名词等类型列举词例，例词一般在10个以内。

复姓词，选自袁义达、邱家儒《中国姓氏大辞典》和袁义达、杜若甫《中华姓氏大辞典》，例词前标"〈复姓〉"。我国复姓有一万多个，其中主要是我国少数民族的姓氏。凡是复姓，其中的每一个字都是记写非语素音节的。

联绵词，全部选自徐振邦（2013）《联绵词大辞典》[1] 和高文达（2001）《新编联绵词典》[2]，例词前标"〈联绵〉"，众所周知，联绵词中的每一个字都是记写非语素音节的。

外来词，全部选自史有为（2019）《新华外来词词典》[3] 和岑麒祥（2015）《汉语外来语词典》[4]，例词前标"〈外来〉"。

地名词，选自《外国地名译名手册》[5] 和《中国地名词典》[6]，以及一些相关的地图集，如《世界地图集》[7]《美国地图册》[8]《日本地图册》[9]《韩国地图册》[10] 等，例词前标"〈地名〉"。

---

[1] 徐振邦：《联绵词大辞典》，商务印书馆，2013年。
[2] 高文达：《新编联绵词典》，河南人民出版社，2001年。
[3] 史有为：《新华外来词词典》，商务印书馆，2019年。
[4] 岑麒祥：《汉语外来语词典》，商务印书馆，2015年。
[5] 中国地名委员会：《外国地名译名手册》（中型本），商务印书馆，1993年。
[6] 上海辞书出版社：《中国地名词典》，上海辞书出版社，1990年。
[7] 李安强：《世界地图集》，中国地图出版社，2022。
[8] 中国地图出版社：《美国地图册》，中国地图出版社，2023。
[9] 中国地图出版社：《日本地图册》，中国地图出版社，2023。
[10] 雒玉玲：《韩国地图册》第2版，中国地图出版社，2013。

网络语言词中有一些谐音词，我们从《新华网络语言词典》[①]中选用了极少数例词，例词前标"〈网语〉"。方言词中有一些不能分开解释的词，我们也从《新华方言词典》[②]中选用了极少数例词，例词前标"〈方言〉"。

如果尚未发现该字记多音节单纯词中音节的，则著录为"记词中非语素音节：未见"。

（二）考察情况举例

《通用规范汉字表》一级字表 3500 字的三记情况，约 20 多万字，篇幅过长，无法在此文全部列举。本文拟列举前 1000 字的三记情况，作为举例。前 50 字的例词中，用"～"代替该条目所考察的字。

0001 一　①记词：〈现汉〉数、助、名。②记合成词中语素：～并；～斑；统～。③记词中非语素音节：〈复姓〉～力；～叔眷。〈外来〉～阐提迦；～目多伽；～赐乐业教。〈地名〉～平浪[③]。

0002 乙　①记词：〈现汉〉名。②记合成词中语素：～部；～方；勾～。③记词中非语素音节：〈复姓〉～干；～支；～锐；～那楼。〈联绵〉～～。〈外来〉～灵；～斤；海～那；～失钵。

0003 二　①记词：〈现汉〉数。②记合成词中语素：～婚；～审；～线。③记词中非语素音节：〈复姓〉～格；能～；第～。〈外来〉～噁英；～嗪农。〈地名〉～密[④]；～连浩特[⑤]。

0004 十　①记词：〈现汉〉数、名。②记合成词中语素：～分；

[①] 汪磊：《新华网络语言词典》，商务印书馆，2012。
[②] 商务印书馆辞书研究中心：《新华方言词典》，商务印书馆，2011。
[③] 一平浪，云南地名，源自彝语，意为"几条箐水汇合之处"。曾音译为"矣皮蒗"，1933 年建盐、煤矿，定名为"一平浪"。
[④] 二密，系满语音译，意为河水奔流似大马驹子。在吉林省通化县北。
[⑤] 二连浩特，系蒙古语音译，"二连"意为斑斓，"额仁"的讹音。

~足；~全。③记词中非语素音节：〈复姓〉~代；~以。〈外来〉~里鼻；~叶派。〈地名〉~日町〔日本〕。

0005 丁　①记词：〈现汉〉名。②记合成词中语素：~忧；园~；~口。③记词中非语素音节：〈复姓〉~令；~甲。〈联绵〉~架；~宁；丁香。〈外来〉~南；~卡因；~格。〈地名〉雷~〔美〕。

0006 厂　①记词：〈现汉〉名。②记合成词中语素：~房；~部；~址。③记词中非语素音节：〈方言〉~儿①。〈地名〉~汉②营。

0007 七　①记词：〈现汉〉数、名。②记合成词中语素：~彩；~律；~窍。③记词中非语素音节：〈复姓〉~那楼；~布朱布。〈外来〉~昙。〈地名〉~甸③。

0008 卜　①记词：〈现汉〉名。②记合成词中语素：预~；~居；~辞。③记词中非语素音节：〈复姓〉~佳；~拉木。〈外来〉~郎宁；~留克；阿~；扎~。〈地名〉塞~哈〔利比亚〕。

0009 八　①记词：〈现汉〉数、名。②记合成词中语素：~角；~成；~卦。③记词中非语素音节：〈复姓〉~且；~瓦耳。〈联绵〉~叉；~哥。〈外来〉玛~；撒~；~思惟；~栅耳。

0010 人　①记词：〈现汉〉名。②记合成词中语素：~家；~次；~才。③记词中非语素音节：〈复姓〉~皇；苴~；徒~；子~。〈联绵〉~根。〈外来〉由~；仙~柱。

0011 入　①记词：〈现汉〉动。②记合成词中语素：~门；~迷；~伙。③记词中非语素音节：〈复姓〉克~苓。〈外来〉~沃加费亚；~嚼罗。〈地名〉细~〔日本〕。

---

①　《新华方言词典》98 页，温州方言"厂儿"为"简陋房屋"之意。
②　厂汉，又作查干、察汗、产汗，蒙古语"白色"之意。内蒙古有厂汉营乡，还有多个厂汉村。
③　七甸，系彝语音译，意为羊多的山间盆地。在云南省呈贡县东北。

汉字的性质问题 | 33

0012 儿 ①记词：〈现汉〉名。②记合成词中语素：~女；~歌；盖~；盆~。③记词中非语素音节：〈复姓〉孛~只斤；朵~别。〈外来〉夏~敏；卡答~；本周~；卡德~。

0013 匕 ①记词:〈古汉〉名。②记合成词中语素: 棘~；~箸；~鬯。③记词中非语素音节，音译外来词：~~罗[①]。

0014 几 ①记词：〈现汉〉名、副、代、数。②记合成词中语素：~何；~许；~多。③记词中非语素音节：〈复姓〉格几尔。〈联绵〉~~。〈外来〉~阿苏油；~罗；配~。〈地名〉~内亚。

0015 九 ①记词：〈现汉〉数、名。②记合成词中语素：~鼎；~州；数~。③记词中非语素音节：〈复姓〉~方；~百；~库塔。〈外来〉阿提~；~丝列琴。〈地名〉~谷〔缅甸〕。

0016 刁 ①记词：〈现汉〉形、名。②记合成词中语素：~顽；~民；~蛮。③记词中非语素音节：〈复姓〉~派；~落。〈联绵〉~~；~达；~皮。〈外来〉~时；~士。〈地名〉索~〔老挝〕。

0017 了 ①记词：〈现汉〉动、副、名、助。②记合成词中语素：~得；~断；~解。③记词中非语素音节：〈联绵〉知~；吉~；结~。〈外来〉日~畏；巴赛日~畏；末末拉~儿。

0018 刀 ①记词：〈现汉〉名、量。②记合成词中语素：~锋；~具；~口。③记词中非语素音节：〈复姓〉~喀；~坝尼；布~。〈联绵〉~螂；~鹩；~螂。〈外来〉拓~田；~郎木卡姆。

0019 力 ①记词：〈现汉〉名。②记合成词中语素：~挺；~度；~道。③记词中非语素音节:〈复姓〉~木门；叱~；秀水~。〈联绵〉~~。〈外来〉克~架；赛~散；巧克~；~比多。

0020 乃 ①记词：〈现汉〉副、连、代。②记合成词中语素：~尔；

---

① 匕匕罗，是南朝宋求那跋陀罗译《杂阿含经卷二（三八）》中的音译外来词，意思是"钵"。

~至。③记词中非语素音节:〈复姓〉~水;~古兹;丘~敦。〈联绵〉欤~;霭~。〈外来〉康~馨;马~滋;~木温;木~伊。

0021 又 ①记词:〈现汉〉副。②记合成词中语素:~及;复~。③记词中非语素音节:〈复姓〉步鹭~;〈百度〉~叒叕[①]。〈地名〉稻~〔日本〕;三~〔日本〕。

0022 三 ①记词:〈现汉〉数、名。②记合成词中语素:~伏;~春;~通。③记词中非语素音节:〈复姓〉~川;~丘。〈外来〉~明治;肮~;垃~;~补吒。〈地名〉~又〔日本〕。

0023 干 ①记词:〈现汉〉名、动、形。②记合成词中语素:~杯;~戈;~净。③记词中非语素音节:〈复姓〉~将;~己。〈联绵〉~伞;阑~。〈外来〉达~;阿~;阿步~。〈地名〉乌~达。

0024 于 ①记词:〈现汉〉名、介。②记合成词中语素:~是;~今;在~;属~。③记词中非语素音节:〈复姓〉淳~;鲜~。〈联绵〉~思;善~。〈外来〉~兰婆;~越;单~;阿鲁敦~越。

0025 亏 ①记词:〈现汉〉动。②记合成词中语素:~本;~待;~欠。③记词中非语素音节:〈方言〉亏难。〈外来〉~图。

0026 工 ①记词:〈现汉〉名。②记合成词中语素:~厂;~人;~本。③记词中非语素音节:〈复姓〉~尹;~布;萨~。〈联绵〉雇~。〈地名〉~卡;墨竹~卡[②];~布江达[③]。

0027 土 ①记词:〈现汉〉名、形。②记合成词中语素:~豆;~产;~布。③记词中非语素音节:〈复姓〉~比;~瓦。〈联绵〉~卤;~拨。〈外来〉阿~阿加;坎~曼;巴比~。〈地名〉~耳其。

---

① 据《百度百科》,又叒叕,"该词表示强调之前经常出现的某一事物再次出现或经常发生的某一事件再次发生或表示某事物变化更替相当频繁"。
② 墨竹工卡,系藏语音译,藏语意为"墨竹色青龙王居住的中间白地"。
③ 工布江达,系藏语音译,藏语意为"凹地大谷口"。

0028 士 ①记词：〈现汉〉名。②记合成词中语素：~兵；~官；~气。③记词中非语素音节：〈复姓〉~正；~尹；汉~。〈外来〉~巴拿；~钵裣；~单；~的年；~多比厘。〈地名〉瑞~。

0029 才 ①记词：〈现汉〉名、副。②记合成词中语素：~干；~华；~能。③记词中非语素音节：〈复姓〉~崩；段~；色~。〈外来〉漫~；~谈。〈地名〉~良〔日本〕；~角〔日本〕。

0030 下 ①记词：〈现汉〉量、动、方。②记合成词中语素：~巴；~班；部~。③记词中非语素音节：〈复姓〉~阳；~军；~门。〈外来〉~达混儿；山~；山~跳。〈地名〉~关〔日本〕。

0031 寸 ①记词：〈现汉〉量、形、名。②记合成词中语素：~断；~土；~心。③记词中非语素音节：〈复姓〉盈~。〈地名〉七~村。

0032 大 ①记词：〈现汉〉形、副、名。②记合成词中语素：~巴；~肠；~豆。③记词中非语素音节：〈复姓〉~沮渠。〈联绵〉~昧。〈外来〉阿~；阿~纠；阿~林。〈地名〉澳~利亚。

0033 丈 ①记词：〈现汉〉量、动。②记合成词中语素：~夫；~量；姑~。③记词中非语素音节：〈复姓〉~坎尼；噶~。〈联绵〉亭~。〈地名〉八~岛〔日本〕；二~〔日本〕。

0034 与 ①记词：〈现汉〉介、连、名。②记合成词中语素：~共；~其；~会。③记词中非语素音节：〈复姓〉函~。〈联绵〉扶~；储~；~鹢。〈外来〉乐~怒。〈外来〉~那国岛〔日本〕。

0035 万 ①记词：〈现汉〉数、副、名。②记合成词中语素：~恶；~分；~难。③记词中非语素音节：〈复姓〉~俟；~纽于。〈联绵〉~仇。〈外来〉~托林；~僧；~络。〈地名〉~象。

0036 上 ①记词：〈现汉〉名、动。②记合成词中语素：~等；~班；~火。③记词中非语素音节：〈复姓〉~官；~梁；~衡。〈联绵〉~章。〈地名〉新~里〔朝鲜〕。

0037 小　①记词：〈现汉〉名、形、副。②记合成词中语素：~肠；~丑；~吃。③记词中非语素音节：〈复姓〉~臣；~戎；~狐。〈外来〉~底；~植；~石；~蜜；~力笨儿。

0038 口　①记词：〈现汉〉名、量。②记合成词中语素：~误；~头；~福。③记词中非语素音节：〈复姓〉~引；山~；长~。〈外来〉~搓；~嗒；可~可乐。

0039 山　①记词：〈现汉〉名。②记合成词中语素：江~；~头；~地。③记词中非语素音节：〈复姓〉~口，~扎本；秋~。〈联绵〉~呼；~胡；~药。〈外来〉~道年；~卡芬；~姆大叔。

0040 巾　①记词：〈古汉〉名、动。②记合成词中语素：毛~；纱~；枕~。③记词中非语素音节：〈地名〉头~山〔日本〕；勿~里〔韩〕。

0041 千　①记词：〈现汉〉名、数。②记合成词中语素：~古；~秋；~万。③记词中非语素音节：〈复姓〉乙~；~力；尉千。〈联绵〉~凡；~眠；秋~；~~。〈外来〉~美德；~不落。

0042 乞　①记词：〈现汉〉名。②记合成词中语素：~丐；~讨；~求。③记词中非语素音节：〈复姓〉~力；~四。〈联绵〉~答。〈外来〉~塔；~伏；~察；~害真；阿剌~。

0043 川　①记词：〈现汉〉名。②记合成词中语素：~贝；~菜；~剧。③记词中非语素音节:〈复姓〉~莫奥尔；江~；安~。〈联绵〉~~。〈外来〉~崎病。〈地名〉~龙〔柬埔寨〕。

0044 亿　①记词：〈现汉〉名、数。②记合成词中语素：~万；~万斯年。③记词中非语素音节：〈联绵〉愊~。〈地名〉业~洞〔朝鲜〕。

0045 个　①记词：〈现汉〉量。②记合成词中语素：~案；~别；~人。③记词中非语素音节：〈复姓〉杜~庆；努特~庆；武那~庆。〈外来〉阿~；戳~儿。〈地名〉~旧。

0046 夕　①记词：〈现汉〉名。②记合成词中语素：~阳；~照；

~烟。③记词中非语素音节:〈复姓〉~姑。〈外来〉得~格郎瓦;得~米突;得~立得尔。〈地名〉~张〔日本〕。

0047 久　①记词:〈现汉〉名、形。②记合成词中语素:~别;~留;~仰。③记词中非语素音节:〈复姓〉~且;香~;泽久;豆婆吐~备。〈联绵〉鸥~。〈外来〉~达;当~;巴特芒当~。

0048 么　①记词:〈古汉〉代、语气。②记合成词中语素:~氏;~家。③记词中非语素音节:〈复姓〉~已逸;~洗。〈联绵〉砢~。〈外来〉碧亚~;~~;~庚啰;~斯。

0049 勺　①记词:〈现汉〉名、量。②记合成词中语素:漏~;铜~;后脑~。③记词中非语素音节:〈复姓〉地阿~普;地哈~普。〈联绵〉虡~;~药。〈外来〉~卜;~克力;~勾腊。

0050 凡　①记词:〈现汉〉名、副。②记合成词中语素:~人;~是;~响。③记词中非语素音节:〈复姓〉~门;~间。〈联绵〉千~。〈外来〉阿~提;~士林;~捏司;~拉蒙;~立丁。

0051 丸　①记词:〈现汉〉名、量。②记合成词中语素:丸剂;丸药;丸子。③记词中非语素音节:〈复姓〉丸山;丸卢;乌丸。〈联绵〉古丸;丸兰;乌丸。〈外来〉蜡丸儿;泥丸。

0052 及　①记词:〈现汉〉动、连。②记合成词中语素:及格;及第;及时。③记词中非语素音节:〈复姓〉及模;萨及。〈联绵〉及己;及港;及力。〈外来〉不拉及;及耳。〈地名〉埃及。

0053 广　①记词:〈现汉〉形、名。②记合成词中语素:广播;广场;广义。③记词中非语素音节:〈复姓〉广内;广吉利。〈联绵〉广昌;广象;广潒。〈地名〉广南省〔越南〕;广义〔越南〕。

0054 亡　①记词:〈古汉〉动。②记合成词中语素:亡故;亡灵;亡命。③记词中非语素音节:〈联绵〉亡虑;央亡。

0055 门　①记词:〈现汉〉名、量。②记合成词中语素:门板;门房;门户。③记词中非语素音节:〈复姓〉门质习;车门。〈联绵〉

门冬；沙门；桑门。〈外来〉门巴；门答辣；门古；门努厄。

0056 丫 ①记词：〈现汉〉名。②记合成词中语素：丫环；丫头；丫枝。③记词中非语素音节：〈联绵〉知丫。

0057 乂 ①记词：〈现汉〉名。②记合成词中语素：义气；义卖；义士。③记词中非语素音节：〈复姓〉义大鲁；义渠；克列义。〈地名〉义安省〔越南〕；广义〔越南〕；新义州〔朝鲜〕。

0058 之 ①记词：〈现汉〉代、助。②记合成词中语素：之前；之后；之所以。③记词中非语素音节：〈复姓〉牵之伏；夏之。〈外来〉之不拉；之古辣；之士；爱之病。〈地名〉双之里〔韩〕。

0059 尸 ①记词：〈古汉〉名、动。②记合成词中语素：尸骨；尸首；尸体。③记词中非语素音节：〈复姓〉尸突；尸逐。〈联绵〉尸鸠。〈外来〉尸陀婆；尸逐；尸怛罗；尸罗；尸摩舍那。

0060 己 ①记词：〈现汉〉名。②记合成词中语素：己方；己见；己任。③记词中非语素音节：〈复姓〉己氏；于己；干己。〈联绵〉体己；梯己；及己。〈外来〉梯里己。

0061 已 ①记词：〈现汉〉副、名。②记合成词中语素：已经；已然；已往。③记词中非语素音节：〈复姓〉耶已；乙室已；哭吾已。

0062 巳 ①记词：〈现汉〉名。②记合成词中语素：巳时。③记词中非语素音节：〈复姓〉者巳；遮巳；任巳。〈地名〉辰巳台〔日本〕。

0063 弓 ①记词：〈现汉〉名、动。②记合成词中语素：弓箭；弹弓；弓背。③记词中非语素音节：〈复姓〉弓如；弓里；子弓；井弓。〈联绵〉昂弓。〈地名〉弓田〔日本〕；弓院里〔韩〕。

0064 子 ①记词：〈现汉〉名、量。②记合成词中语素：子女；子叶；子夜；帽子；胖子；垫子。③记词中非语素音节：〈复姓〉子人。〈联绵〉子规；子鹃；子奇。〈外来〉车厘子；车喱子。

0065 卫 ①记词：〈现汉〉名。②记合成词中语素：卫星；卫生；卫浴。③记词中非语素音节：〈复姓〉卫兀；卫古图。〈外来〉卫塞节；

卫路遮那。〈地名〉卫古岛〔印尼〕；新榜卫〔缅甸〕。

0066 也 ①记词：〈现汉〉名、副、助。②记合成词中语素：也罢；也好；也许。③记词中非语素音节：〈复姓〉也未；技也。〈联绵〉扎也。〈外来〉也可罕；也克罕；也立乔。〈地名〉也门。

0067 女 ①记词：〈现汉〉形。②记合成词中语素：女工；女人；女方。③记词中非语素音节：〈复姓〉女希；女叔；女娲。〈联绵〉女真。〈外来〉罗刹女。〈地名〉女峰山〔日本〕。

0068 刃 ①记词：〈现汉〉名。②记合成词中语素：利刃；自刃；刃具。③记词中非语素音节：未见。

0069 飞 ①记词：〈现汉〉动、名。②记合成词中语素：飞白；飞奔；飞车。③记词中非语素音节：〈复姓〉飞龙；丽飞。〈联绵〉飞廉；飞蠊。〈外来〉飞来脱；阿飞；飞纳尺；飞士；飞司。

0070 习 ①记词：〈现汉〉名。②记合成词中语素：习得；习惯；习题。③记词中非语素音节：〈复姓〉习佳；习勒。〈联绵〉习习。〈外来〉习明纳尔；习尼昆。〈地名〉习志野〔日本〕。

0071 叉 ①记词：〈现汉〉动、名。②记合成词中语素：叉车；叉烧；叉腰。③记词中非语素音节：〈联绵〉八叉；叉牙；叉扔。〈外来〉夜叉；叉池；叉磨；叉拿；叉头；阿叉摩罗；博叉。

0072 马 ①记词：〈现汉〉名。②记合成词中语素：马鞭；马夫；马倌。③记词中非语素音节：〈复姓〉马扎；马海波。〈联绵〉马虎；马勃；马蔺。〈外来〉萨其马；马卡龙。〈地名〉马耳他。

0073 乡 ①记词：〈现汉〉名。②记合成词中语素：乡愁；乡村；乡亲。③记词中非语素音节：〈复姓〉北乡；西乡；东乡。〈联绵〉乡乡。〈外来〉乡歌；乡乐。〈地名〉乡校里〔韩〕。

0074 丰 ①记词：〈现汉〉名。②记合成词中语素：丰沛；丰满；丰厚。③记词中非语素音节：〈复姓〉丰佳；丰将；伯丰。〈联绵〉丰隆；丰容；丰茸；丰融。〈外来〉汭丰；丰库；丰迪。

0075 王 ①记词：〈现汉〉名。②记合成词中语素：王朝；王法；王牌。③记词中非语素音节：〈复姓〉王人；王夫；蔡王。〈联绵〉王孙。〈外来〉莎王吉纳；王若瑟；萨王纳群落。

0076 开 ①记词：〈现汉〉动、量、名。②记合成词中语素：开播；开班；开本。③记词中非语素音节：〈复姓〉开基；开茅模；坦开。〈外来〉开尔文；开勃儿；开耳芬；开番。〈地名〉开罗。

0077 井 ①记词：〈现汉〉名。②记合成词中语素：井然；井台；井架。③记词中非语素音节：〈复姓〉井弓；井日；佘史各井。〈联绵〉井井。〈外来〉坎儿井。〈地名〉井里汶〔印尼〕。

0078 天 ①记词：〈现汉〉名、量。②记合成词中语素：天边；天才；天鹅。③记词中非语素音节：〈复姓〉天枯；天籁辣。〈联绵〉天督；天毒；天笃。〈外来〉天八鼓；天妇罗；天那水。

0079 夫 ①记词：〈现汉〉代、助。②记合成词中语素：夫妻；夫婿；夫权。③记词中非语素音节：〈复姓〉夫蒙；夫扒。〈联绵〉夫诸；夫渠；夫容。〈外来〉夫金；夫兰；夫吕特；夫洛令。

0080 元 ①记词：〈现汉〉名、量。②记合成词中语素：元首；元月；元宵。③记词中非语素音节：〈复姓〉元都；元卖；俟元。〈联绵〉元元。〈地名〉汤元〔日本〕。

0081 无 ①记词：〈现汉〉动、连、名。②记合成词中语素：无比；无敌；无妨。③记词中非语素音节：〈复姓〉无楼；无鲁真。〈联绵〉牟无；无姑；无追。〈外来〉昙无；无鬼；无化立；无劳。

0082 云 ①记词：〈现汉〉名、助。②记合成词中语素：云豹；云集。③记词中非语素音节：〈复姓〉云波；云吉喇实；青云。〈联绵〉云母；云云；云吞。〈外来〉云都；云都赤；云汉；云喱哪。

0083 专 ①记词：〈现汉〉形、副、名。②记合成词中语素：专案；专版；专长。③记词中非语素音节：〈复姓〉专塔。〈联绵〉夗专；专诸；专颛；专专。〈外来〉贝专纳。

0084 丐 ①记词：〈古汉〉名、动。②记合成词中语素：乞丐；丐命。③记词中非语素音节：未见。

0085 扎 ①记词：〈现汉〉动、名。②记合成词中语素：扎堆；扎根；扎营。③记词中非语素音节：〈联绵〉扎呼；扎固；扎姑。〈外来〉扎巴；扎巴穷穷；扎木聂；扎那米韦；扎尼且娃；扎鲁忽。

0086 艺 ①记词：〈现汉〉名。②记合成词中语素：艺人；艺术；艺苑。③记词中非语素音节：〈复姓〉艺雅乌拉。〈外来〉新艺拉玛。〈地名〉安艺〔日本〕。

0087 木 ①记词：〈现汉〉形、名。②记合成词中语素：木板；木材；木雕。③记词中非语素音节：〈复姓〉木日；木孔；沈木。〈联绵〉木捏；木粟。〈外来〉木波罗；木绰；木代尔；木乃伊。

0088 五 ①记词：〈现汉〉数、名。②记合成词中语素：五彩；五更；五谷。③记词中非语素音节：〈复姓〉五京；五相。〈联绵〉五捼；捞五。〈外来〉五脚砌；五刺；五裂篦迭；五思达。

0089 支 ①记词：〈现汉〉动、量、名。②记合成词中语素：支边；支撑；支持。③记词中非语素音节：〈复姓〉支离；支孔。〈联绵〉支楞；支梧；支吾。〈外来〉支帝；支伐罗；支列胡。

0090 厅 ①记词：〈现汉〉名。②记合成词中语素：厅堂；厅房；客厅。③记词中非语素音节：未见。

0091 不 ①记词：〈现汉〉副。②记合成词中语素：不才；不曾；不必。③记词中非语素音节：〈复姓〉不更；不弟。〈联绵〉不借；不律；不托；不惜。〈外来〉不儿忽惕；不拉及；不兰奚。

0092 犬 ①记词：〈古汉〉名。②记合成词中语素：犬马；犬牙；犬子。③记词中非语素音节：〈复姓〉犬戎；狂犬。〈外来〉犬儒。〈地名〉犬成〔日本〕。

0093 太 ①记词：〈现汉〉副、名。②记合成词中语素：太古；太后；太极。③记词中非语素音节：〈复姓〉太史；都仍太本。〈外来〉

太德；太恩；太康石；太那仙；蒙太奇。〈地名〉渥太华〔加拿大〕。

0094 区　①记词：〈现汉〉名。②记合成词中语素：区别；区分；区划。③记词中非语素音节：〈联绵〉区落；区脱；区峿；区区。〈外来〉区匿；区里磨。

0095 历　①记词：〈现汉〉副、名。②记合成词中语素：历来；历任；历法。③记词中非语素音节：〈复姓〉狄历；脱托历。〈联绵〉的历；历历；历辘。〈外来〉历氐亚；亚历山大。

0096 歹　①记词：〈现汉〉名。②记合成词中语素：歹毒；歹人；歹徒。③记词中非语素音节：〈复姓〉合鲁歹；蛮歹；许大歹；歹列里养赛。〈外来〉怯薛歹。

0097 友　①记词：〈现汉〉名。②记合成词中语素：友人；友情；友谊。③记词中非语素音节：〈复姓〉友田。〈地名〉友度〔越南〕。

0098 尤　①记词：〈现汉〉副、名。②记合成词中语素：尤其；尤甚；尤物。③记词中非语素音节：〈复姓〉尤米；尤坑；沈尤。〈联绵〉尤来；尤崃；尤徕。〈外来〉尤加利；尤里卡；尤那格他。

0099 匹　①记词：〈现汉〉名、量。②记合成词中语素：匹敌；匹夫；匹配。③记词中非语素音节：〈复姓〉匹娄；匹独思；阿匹。〈外来〉奥林匹克；匹多莫德；匹克罗根。〈地名〉匹兹堡〔美〕。

0100 车　①记词：〈现汉〉名、动。②记合成词中语素：车程；车床；车道。③记词中非语素音节：〈复姓〉车折；车格诺特。〈联绵〉车前；车熬；车渠。〈外来〉车呋；车也；车打；车厘子。

0101 巨　①记词：〈现汉〉名。②记合成词中语素：巨星；巨人；巨大。③记词中非语素音节：〈复姓〉巨侯。〈联绵〉巨虚；巨胜；巨藕。〈外来〉苯齐巨林；埃巨。〈地名〉三巨里〔朝鲜〕。

0102 牙　①记词：〈现汉〉名。②记合成词中语素：牙齿；牙床；牙膏。③记词中非语素音节：〈复姓〉牙米；牙尔。〈联绵〉牙牙；崇牙；槎牙。〈外来〉牙不；牙忽；牙斯。〈地名〉匈牙利。

0103 屯　①记词：〈古汉〉名、动。②记合成词中语素：屯兵；屯集；屯垦。③记词中非语素音节：〈复姓〉兀勒屯；敖屯；奥屯。〈联绵〉屯屯；屯冈；屯亶。〈外来〉屯并；喀屯诺延；阿屯。

0104 戈　①记词：〈现汉〉名。②记合成词中语素：戈壁；戈氏。③记词中非语素音节：〈复姓〉戈史；戈色；纽戈。〈外来〉戈比；戈比林；戈壁；戈戈拉泽；戈栗拉；戈洛泼；探戈。

0105 比　①记词：〈现汉〉动、介、名。②记合成词中语素：比方；比对；比划。③记词中非语素音节：〈复姓〉比人。〈联绵〉比比；比斗；比间。〈外来〉比丘；比丘尼。〈地名〉比利时。

0106 互　①记词：〈现汉〉副、名。②记合成词中语素：互动；互访；互相。③记词中非语素音节：〈复姓〉互扎；互地。

0107 切　①记词：〈现汉〉动、副、名。②记合成词中语素：切除；切分；切割。③记词中非语素音节：〈复姓〉切贝；切尼；阿切。〈联绵〉切切；切末。〈外来〉切卡；切克闹；切玛。

0108 瓦　①记词：〈现汉〉名、量。②记合成词中语素：瓦当；瓦解；瓦工。③记词中非语素音节：〈复姓〉瓦开；八瓦耳。〈外来〉瓦波尔；瓦不鲁；瓦尔；瓦尔兹。〈地名〉博茨瓦纳。

0109 止　①记词：〈现汉〉动、副、名。②记合成词中语素：止步；止境；止息。③记词中非语素音节：〈复姓〉止龙。〈外来〉止扬。〈地名〉观止洞〔韩〕。

0110 少　①记词：〈现汉〉形、动、副、名。②记合成词中语素：少年；少儿；少将。③记词中非语素音节：〈复姓〉少正；少西；少师。〈联绵〉少保。〈外来〉少司；卜少。

0111 曰　①记词：〈现汉〉名。②记合成词中语素：读曰；曰氏。③记词中非语素音节：〈外来〉泥曰。

0112 日　①记词：〈现汉〉名、量。②记合成词中语素：日报；日常；日程。③记词中非语素音节：〈复姓〉日中；日布。〈外来〉日阿默第亚；日了畏；恰日克。〈地名〉日本；日内瓦；日喀则。

0113 中 ①记词：〈现汉〉形、名、动。②记合成词中语素：中班；中档；中度。③记词中非语素音节：〈复姓〉中林；室中。〈联绵〉中馗。〈外来〉中继；中山。

0114 贝 ①记词：〈现汉〉名、量。②记合成词中语素：贝雕；贝壳。③记词中非语素音节：贝牙布；贝库哩。〈联绵〉贝母；狼贝。〈外来〉拷贝；贝百林；贝勒；贝康芬。〈地名〉贝宁。

0115 冈 ①记词：〈现汉〉名。②记合成词中语素：山冈；冈陵；冈峦。③记词中非语素音节：〈复姓〉冈本；牟冈。〈联绵〉冈寘。〈外来〉冈莎。〈地名〉冈底斯山；梵蒂冈；冈比亚。

0116 内 ①记词：〈现汉〉名。②记合成词中语素：内城；内地；内部。③记词中非语素音节：〈复姓〉内史；内兰；广内。〈外来〉内比欧罗；内庇；内将；内马；内氏对数。〈地名〉几内亚。

0117 水 ①记词：〈现汉〉名、形、量。②记合成词中语素：水坝；水草；水彩。③记词中非语素音节：〈复姓〉水丘；水邱；吴水。〈外来〉水朵儿麻；水着；水汀。〈地名〉水下里〔朝鲜〕。

0118 见 ①记词：〈现汉〉动、名、助。②记合成词中语素：见底；见面；见识。③记词中非语素音节：〈复姓〉里见。〈联绵〉见见。〈外来〉见本；见谛阿阇梨。〈地名〉周参见〔日本〕。

0119 午 ①记词：〈现汉〉名。②记合成词中语素：午间；午休；午夜。③记词中非语素音节：〈复姓〉午言；耶午。〈联绵〉旁午；傍午；蠡午；午午。

0120 牛 ①记词：〈现汉〉名、形。②记合成词中语素：牛毛；牛气；牛皮。③记词中非语素音节：〈复姓〉卜牛；阿牛；青牛。〈联绵〉牛蒡；牛蕣。〈外来〉牛顿；牛儿；牛录。

0121 手 ①记词：〈现汉〉名、量。②记合成词中语素：手机；手迹；手术。③记词中非语素音节：〈复姓〉手觜。〈联绵〉斲手。〈地名〉岩手山〔日本〕。

0122 气 ①记词：〈现汉〉名、动。②记合成词中语素：气窗；气锤；气功。③记词中非语素音节：〈复姓〉解乌拉气；何布气特；彭气龙。〈外来〉奥气油；哈剌力气。〈地名〉气仙沼〔日本〕。

0123 毛 ①记词：〈现汉〉名、形、量。②记合成词中语素：毛衣；毛线；毛囊。③记词中非语素音节：〈复姓〉毛口；毛代。〈联绵〉毛椒。〈外来〉毛拉；毛盖；毛冷。〈地名〉毛里求斯。

0124 壬 ①记词：〈现汉〉名。②记合成词中语素：辛壬；丁壬。③记词中非语素音节：〈外来〉西壬；塞壬。

0125 升 ①记词：〈现汉〉动、量、名。②记合成词中语素：升格；上升；升华。③记词中非语素音节：〈复姓〉升枯；升豁儿。〈外来〉板升。〈地名〉升平〔越南〕；高升里〔韩〕。

0126 夭 ①记词：〈古汉〉名、动、形。②记合成词中语素：夭折；夭亡；寿夭。③记词中非语素音节：〈联绵〉夭娇；夭矫；夭挢；夭夭。

0127 长 ①记词：〈现汉〉动、形、名。②记合成词中语素：长城；长处；长笛。③记词中非语素音节：〈复姓〉长孙；长桑；困没长。〈联绵〉长楚。〈外来〉长吨；长春西汀。

0128 仁 ①记词：〈现汉〉名。②记合成词中语素：仁爱；仁慈；仁义。③记词中非语素音节：〈复姓〉仁多；仁佳；莫仁。〈外来〉仁宾；仁波切；仁当；仁频。〈地名〉仁和〔越南〕。

0129 什 ①记词：〈现汉〉名。②记合成词中语素：什锦；什物；家什。③记词中非语素音节：〈复姓〉什巴；什他；余什古特。〈联绵〉克什。〈外来〉什卡利克；什可罗支；什托夫；什托斯。

0130 片 ①记词：〈现汉〉名、量。②记合成词中语素：片段；片刻；片酬。③记词中非语素音节：〈外来〉阿片；鸦片（烟）；片假名。〈地名〉片品〔日本〕。

0131 仆　①记词：〈现汉〉名。②记合成词中语素：仆从；仆人。③记词中非语素音节：〈复姓〉仆夫；柔仆。〈联绵〉仆仆；仆姑；仆累。〈外来〉仆呼缮那；魔仆；耶仆兰日；耶仆林。

0132 化　①记词：〈现汉〉动。②记合成词中语素：教化；感化；消化；绿化；美化；恶化。③记词中非语素音节：〈复姓〉瞻化土司。〈联绵〉化化。〈外来〉撒化。〈地名〉顺化省〔越南〕。

0133 仇　①记词：〈现汉〉名。②记合成词中语素：仇恨；仇人；仇敌。③记词中非语素音节：〈复姓〉仇子；仇尼；章仇。〈联绵〉仇由；仇吾；仇繇；仇仇。〈外来〉鸢仇魔罗。

0134 币　①记词：〈古汉〉名。②记合成词中语素：币值；币制；币种。③记词中非语素音节：未见。

0135 仍　①记词：〈现汉〉副。②记合成词中语素：仍旧；仍然。③记词中非语素音节：〈复姓〉有仍；都仍太本。〈联绵〉仍仍。

0136 仅　①记词：〈现汉〉副、名。②记合成词中语素：仅见；仅仅；仅只。③记词中非语素音节：未见。

0137 斤　①记词：〈现汉〉量、名。②记合成词中语素：斤斗；斤两。③记词中非语素音节：〈复姓〉斤吉特；汝斤；那牙斤。〈联绵〉斤斤；斤斗。〈外来〉的斤；孛儿只斤；阿斤堆；阿勒斤赤。

0138 爪　①记词：〈现汉〉名。②记合成词中语素：爪牙；凤爪。③记词中非语素音节：〈复姓〉鸿爪。〈外来〉爪子。〈地名〉爪哇海；爪哇岛〔印尼〕。

0139 反　①记词：〈现汉〉形、动、副。②记合成词中语素：反驳；反串；反对。③记词中非语素音节：〈联绵〉反反（bǎnbǎn）；反反（pànpàn）。〈外来〉反白；反身。〈地名〉野反湖〔日本〕。

0140 介　①记词：〈现汉〉量、名。②记合成词中语素：中介；介入；介绍。③记词中非语素音节：〈复姓〉介山；介来。〈联绵〉介倪；介介。〈外来〉卡介苗；介考扨；介考日酸；介仓；介伦。

0141 父 ①记词：〈古汉〉名。②记合成词中语素：父母；父爱；父老。③记词中非语素音节：〈复姓〉王父；事父；封父。〈联绵〉去父。〈外来〉玛父。〈地名〉秩父〔日本〕。

0142 从 ①记词：〈现汉〉介、副、名。②记合成词中语素：从军；从师；从艺。③记词中非语素音节：〈复姓〉从氏；从巴瓦。〈联绵〉从从；从怪；从容；从颂。

0143 仑 ①记词：〈姓氏〉名。②记合成词中语素：仑家；仑氏。③记词中非语素音节：〈复姓〉土骨仑；阿仑。〈联绵〉昆仑；縠仑；交仑。〈外来〉介仑；库仑；阿普唑仑；旦替仑；拿破仑。

0144 今 ①记词：〈现汉〉代、名。②记合成词中语素：今后；今年；今天。③记词中非语素音节：〈复姓〉今林。〈联绵〉今閶。〈外来〉黑索今。〈地名〉今治〔日本〕。

0145 凶 ①记词：〈现汉〉形。②记合成词中语素：凶案；凶暴；凶恶。③记词中非语素音节：〈联绵〉凶砍；宋凶。〈外来〉凶哥儿；印发热凶。

0146 分 ①记词：〈现汉〉动、名、量。②记合成词中语素：分店；分割；分工。③记词中非语素音节：〈复姓〉俟分；绥分觉罗。〈联绵〉分付；分氲；分银。〈外来〉分陀；分特；分陀利。

0147 乏 ①记词：〈现汉〉形。②记合成词中语素：乏力；乏术；乏味。③记词中非语素音节：〈外来〉斯妥乏；斯妥乏因。

0148 公 ①记词：〈现汉〉名。②记合成词中语素：公安；公办；公车。③记词中非语素音节：〈复姓〉公孙；公羊；公冶；公输；公孟。〈联绵〉公公。〈外来〉公班卫；公臣；公镦。

0149 仓 ①记词：〈现汉〉名。②记合成词中语素：仓储；仓房；仓位。③记词中非语素音节：〈复姓〉仓沁；仓斯瓦；熊仓。〈联绵〉仓促；仓皇；仓浪；仓茫。〈外来〉仓赤；仓储巴；扎仓。

0150 月 ①记词：〈现汉〉名。②记合成词中语素：月饼；月份；

月光。③记词中非语素音节：〈复姓〉月儿斤；处月。〈联绵〉月氏；月支。〈外来〉月脱；月思古。〈地名〉紫月岛〔韩〕。

0151 氏 ①记词：〈现汉〉名。②记合成词中语素：氏族；张氏。③记词中非语素音节：〈复姓〉氏叔；己氏、阕氏。〈联绵〉氏㤭；月氏；阕氏。〈外来〉亚㕚氏；罗百氏特。

0152 勿 ①记词：〈现汉〉副。②记合成词中语素：勿然；勿宁。③记词中非语素音节：〈复姓〉勿吉；勿雷；咄罗勿。〈联绵〉勿罔；勿吉；勿勿。〈外来〉勿里；勿伦；勿伽。〈地名〉勿洞〔泰〕。

0153 欠 ①记词：〈现汉〉动。②记合成词中语素：欠安；欠佳；欠款。③记词中非语素音节：〈联绵〉欠采；欠持。

0154 风 ①记词：〈现汉〉名、动。②记合成词中语素：风采；风光；风范。③记词中非语素音节：〈复姓〉风胡；细风。〈联绵〉晨风；风连；风筝。〈外来〉麦克风；风吕；风云儿。

0155 丹 ①记词：〈现汉〉名。②记合成词中语素：丹青；丹田；丹毒。③记词中非语素音节：〈复姓〉丹甲；丹凤。〈外来〉丹娘；丹不尔；丹布尔；丹厨；丹那唑。〈地名〉不丹；丹麦。

0156 匀 ①记词：〈现汉〉形、动。②记合成词中语素：匀称；匀实；匀整。③记词中非语素音节：〈地名〉都匀。〈方言〉匀旬。

0157 乌 ①记词：〈现汉〉形、名、代。②记合成词中语素：乌黑；乌鸦；乌云。③记词中非语素音节：〈复姓〉乌力兹。〈联绵〉乌勃；乌采；乌笃。〈外来〉乌波野；乌答有；乌程；乌布儿。

0158 勾 ①记词：〈现汉〉动、名。②记合成词中语素：勾兑；勾画；勾结。③记词中非语素音节：〈复姓〉勾芒；再勾。〈联绵〉勾吴；勾当。〈外来〉勾背。

0159 凤 ①记词：〈现汉〉名。②记合成词中语素：凤爪；凤冠；凤尾鱼。③记词中非语素音节：〈复姓〉凤鸟；玄凤；李凤。〈联绵〉凤凰；凤皇。〈外来〉礼凤。〈地名〉凤鸣里〔韩〕。

0160 六　①记词：〈现汉〉数、名。②记合成词中语素：六朝；六畜；六艺。③记词中非语素音节：〈复姓〉第六；六量。〈联绵〉笛六；六妥；六轴。〈外来〉六素精。〈地名〉马六甲。

0161 文　①记词：〈现汉〉名、动、量。②记合成词中语素：文本；文辞；文档。③记词中非语素音节：〈复姓〉文之；文修。〈联绵〉文旦；文无；矢文。〈外来〉文地牙；文尼；文殊。

0162 亢　①记词：〈现汉〉名。②记合成词中语素：亢奋；高亢；亢进。③记词中非语素音节：〈复姓〉亢仓；亢桑。〈联绵〉狼亢；郎亢。〈外来〉迭亢陀耳。

0163 方　①记词：〈现汉〉形、名、量、副。②记合成词中语素：方案；方才；大方。③记词中非语素音节：〈复姓〉东方。〈联绵〉方物；方攘；方骧。〈外来〉方丹戈；方丹哥；方棚；方特。

0164 火　①记词：〈现汉〉名、动、形。②记合成词中语素：火力；火炉；火炮。③记词中非语素音节：〈复姓〉火正；火拔；阿火。〈联绵〉撒火。〈外来〉火不思；火赤；火尔赤；火计。

0165 为　①记词：〈现汉〉动、名。②记合成词中语素：为害；为人；为时；大为；广为。③记词中非语素音节：〈复姓〉为青；为清。〈联绵〉楼为。

0166 斗　①记词：〈现汉〉动、量、名。②记合成词中语素：斗争；斗气；斗笠。③记词中非语素音节：〈复姓〉斗奴。〈联绵〉斗擞；斗薮；斗钉。〈外来〉斗淋；斗瑟哆。〈地名〉迪斗〔越南〕。

0167 忆　①记词：〈古汉〉动。②记合成词中语素：忆想；回忆。③记词中非语素音节：〈联绵〉愊忆。〈外来〉忆梦返。

0168 计　①记词：〈现汉〉动、名。②记合成词中语素：计算；计价；计量。③记词中非语素音节：〈复姓〉计佳；计格伦巴牙乌特；奚计卢。〈联绵〉计夹。〈外来〉计都；计捨罗；火计；伙计。

0169 订　①记词：〈现汉〉动。②记合成词中语素：订正；订阅；

订单。③记词中非语素音节：〈外来〉斯托订卡。

0170 户 ①记词：〈现汉〉名、量。②记合成词中语素：户籍；户口；户主。③记词中非语素音节：〈复姓〉户山；户卢提。〈外来〉户恩；槛苏户属劫罗。〈地名〉神户〔日本〕；濑户〔日本〕。

0171 认 ①记词：〈现汉〉动。②记合成词中语素：认定；认购；认错。③记词中非语素音节：〈方言〉认干。

0172 冗 ①记词：〈古汉〉形。②记合成词中语素：冗长；冗余；冗杂。③记词中非语素音节：〈联绵〉塌冗；阘冗；冗冗。

0173 讥 ①记词：〈古汉〉动。②记合成词中语素：讥讽；讥笑。③记词中非语素音节：未见。

0174 心 ①记词：〈现汉〉名。②记合成词中语素：心脏；心病；心肠。③记词中非语素音节：〈复姓〉心五；心牟。〈外来〉慢心律。〈地名〉花心里〔韩〕。

0175 尺 ①记词：〈现汉〉量、名。②记合成词中语素：尺寸；尺度；尺码。③记词中非语素音节：〈复姓〉他尔尺多。〈联绵〉尺蠖。〈外来〉尺骨。〈地名〉尺山里〔韩〕。

0176 引 ①记词：〈现汉〉动、量、名。②记合成词中语素：引导；引领；引路。③记词中非语素音节：〈复姓〉古口引；古引；沙马什引。〈联绵〉附引；给引。〈外来〉引杜林；引擎；引者思。

0177 丑 ①记词：〈现汉〉名、形。②记合成词中语素：丑话；丑类；丑闻。③记词中非语素音节：〈复姓〉丑丑；丑门；破丑。〈地名〉方丑里〔韩〕。

0178 巴 ①记词：〈现汉〉动、名、量。②记合成词中语素：巴望；巴结；巴掌。③记词中非语素音节：〈复姓〉巴力克；巴九。〈联绵〉巴拜；巴鼻；巴闭。〈外来〉巴士；巴塞。〈地名〉古巴。

0179 孔 ①记词：〈现汉〉名、量。②记合成词中语素：孔洞；孔庙。③记词中非语素音节：〈复姓〉孔父；泽孔。〈联绵〉孔窾。〈外来〉孔经；孔密兄；孔谬脱他。〈地名〉林孔〔美〕。

0180 队 ①记词：〈现汉〉名、量。②记合成词中语素：队伍；队长；队列。③记词中非语素音节：〈复姓〉队鲁昂。

0181 办 ①记词：〈现汉〉动。②记合成词中语素：办公；办理；办事。③记词中非语素音节：〈复姓〉办耐；阿办；辟办。〈方言〉米办；办至。

0182 以 ①记词：〈现汉〉介、连、名。②记合成词中语素：以便；以及；以致。③记词中非语素音节：〈复姓〉十以；拉以。〈外来〉以太；以泰；以脱；以脱恩；以翁。〈地名〉以色列。

0183 允 ①记词：〈现汉〉名。②记合成词中语素：允当；允许；允诺。③记词中非语素音节：〈复姓〉允伏；允戎；页允。〈联绵〉荤允；允溶；允蠢。〈外来〉允景洪。

0184 予 ①记词：〈现汉〉代、名。②记合成词中语素：予以；给予。③记词中非语素音节：〈地名〉西予〔日本〕；艺予诸岛〔日本〕。

0185 邓 ①记词：〈现汉〉名。②记合成词中语素：邓公；刘邓大军。③记词中非语素音节：〈复姓〉邓刀；邓林；邓基勒。〈外来〉邓禄普；邓路普；邓绿普；摩邓伽。〈地名〉邓弗里斯〔英〕。

0186 劝 ①记词：〈现汉〉动、名。②记合成词中语素：劝告；劝诫；劝进。③记词中非语素音节：〈复姓〉呼劝勒。

0187 双 ①记词：〈现汉〉形、量、名。②记合成词中语素：双方；双喜；双杠。③记词中非语素音节：〈复姓〉双木拜；双比。〈联绵〉桦双。〈外来〉双吉；双嘧达莫。〈地名〉西双版纳。

0188 书 ①记词：〈现汉〉名。②记合成词中语素：书信；书本；书稿。③记词中非语素音节：〈复姓〉书法齐；书舒觉罗；纳克书贡巴。〈联绵〉芦书。〈地名〉书崎里〔韩〕。

0189 幻 ①记词：〈古汉〉名、动、形。②记合成词中语素：幻想；幻灭；幻灯。③记词中非语素音节：〈外来〉幻听。

0190 玉 ①记词:〈现汉〉名。②记合成词中语素:玉米;玉石;玉体。③记词中非语素音节:〈复姓〉玉出特;玉抹。〈联绵〉烛玉;属玉。〈外来〉玉兹;玉典赤。〈地名〉玉坪〔朝鲜〕。

0191 刊 ①记词:〈现汉〉动。②记合成词中语素:刊行;刊用;刊载。③记词中非语素音节:〈复姓〉秘刊。〈联绵〉刊魁。〈外来〉你刊。

0192 未 ①记词:〈现汉〉副、名。②记合成词中语素:未来;未果;未免。③记词中非语素音节:〈复姓〉未央;未谋;耶未。〈联绵〉未银。〈外来〉未纳几;加必丹未。

0193 末 ①记词:〈现汉〉名。②记合成词中语素:末代;末尾;末日。③记词中非语素音节:〈复姓〉末那娄;末路真。〈联绵〉末尼;末利;末杀。〈外来〉末摩;末魔;末迦吒;末嗟罗。

0194 示 ①记词:〈古汉〉名、动。②记合成词中语素:示范;示意;示弱。③记词中非语素音节:〈外来〉削示。

0195 击 ①记词:〈古汉〉动。②记合成词中语素:击掌;击落;击破。③记词中非语素音节:〈联绵〉击躅;击迷;击谷。

0196 打 ①记词:〈现汉〉动、介、量。②记合成词中语素:打包;打击;打扮。③记词中非语素音节:〈复姓〉打脚;打郎;姐打。〈外来〉苏打;打巴;打比;打弼;打儿汉;打剌不花。

0197 巧 ①记词:〈现汉〉形、名。②记合成词中语素:巧合;巧妙;巧匠。③记词中非语素音节:〈复姓〉巧歹;克巧亦。〈联绵〉巧老。〈外来〉巧格力;巧可力;巧克力;巧特仑。

0198 正 ①记词:〈现汉〉形、动、副、名。②记合成词中语素:正当;正告;正好。③记词中非语素音节:〈复姓〉宗正;乐正;叔正。〈联绵〉正营;正正。〈外来〉正太控。

0199 扑 ①记词:〈现汉〉动、名。②记合成词中语素:扑打;扑灭;扑杀。③记词中非语素音节:〈复姓〉扑叉;扑基;扑冲。〈联绵〉

扑棱；扑吃；扑朔。〈外来〉扑克；扑哈；扑落；扑克胜。

0200 卉 ①记词：〈古汉〉名。②记合成词中语素：花卉。③记词中非语素音节：〈联绵〉沸卉；卉汩；卉翕；卉炜。

0201 扒 ①记词：〈现汉〉动。②记合成词中语素：扒车；扒土；扒皮。③记词中非语素音节：〈复姓〉扒叉；扒查；亥扒。〈联绵〉扒拉；扒喇；扒搂。〈外来〉扒金库；扒金宫。

0202 功 ①记词：〈现汉〉名。②记合成词中语素：功过；功劳；功课。③记词中非语素音节：〈复姓〉功后；功格尔；司功。〈地名〉沙功那空〔泰〕。

0203 扔 ①记词：〈现汉〉动。②记合成词中语素：扔货；抛扔。③记词中非语素音节：〈联绵〉搁扔。〈外来〉介考扔。

0204 去 ①记词：〈现汉〉动。②记合成词中语素：去除；去路；去向。③记词中非语素音节：〈复姓〉去斤；去艾。〈联绵〉去父；去甫；去蚖。〈外来〉去叉加罗尼；去甲替林；忒去。

0205 甘 ①记词：〈现汉〉动、名。②记合成词中语素：甘草；甘霖；甘甜。③记词中非语素音节：〈复姓〉甘士；甘洛；还甘。〈联绵〉甘蓝。〈外来〉甘卜；甘纳许；甘美朗；甘密；甘那修。

0206 世 ①记词：〈现汉〉名。②记合成词中语素：世家；世交；世代。③记词中非语素音节：〈复姓〉世里；世叔；伯世特。〈外来〉观世音；世罗；世烛；盖世太保。〈地名〉彭世洛〔泰〕。

0207 艾 ①记词：〈现汉〉名。②记合成词中语素：艾蒿；艾虎；艾绒。③记词中非语素音节：〈复姓〉艾深；艾岁；艾耀施。〈联绵〉横艾；沛艾。〈外来〉艾滋病；艾费勒；艾哈兰；艾捷克。

0208 古 ①记词：〈现汉〉形、名。②记合成词中语素：古代；古典；古董。③记词中非语素音节：〈复姓〉古口；古引；古冶。〈联绵〉厈古；古都；古锥。〈外来〉古贝；古柏带；古驰；古出。

0209 节 ①记词：〈现汉〉名、动、量。②记合成词中语素：节哀；

节操；节目。③记词中非语素音节：〈复姓〉节窝纽戈。〈联绵〉节节；雨节。〈外来〉节路顿胶；节奏布鲁斯。

0210 本 ①记词：〈现汉〉量、名、副、代、介。②记合成词中语素：本地；本行；本分。③记词中非语素音节：〈复姓〉本牙；本古。〈联绵〉稿本；橐本。〈外来〉本多卡因；本间。

0211 术 ①记词：〈现汉〉名。②记合成词中语素：术语；术科；术士。③记词中非语素音节：〈复姓〉术甲；术鲁；兀术鲁。〈外来〉术忽；苦术兀儿；那术。

0212 可 ①记词：〈现汉〉动、名、连、副。②记合成词中语素：可悲；可爱；可观。③记词中非语素音节：〈复姓〉可那；可地延。〈联绵〉可汗；可罕；可寒。〈外来〉可的松；可口可乐。

0213 丙 ①记词：〈现汉〉名。②记合成词中语素：丙部；丙丁。③记词中非语素音节：〈复姓〉丙氏；丙当。〈外来〉环丙贝特。

0214 左 ①记词：〈现汉〉名、形。②记合成词中语素：左近；左倾；左右。③记词中非语素音节：〈复姓〉左丘；左尹；姐左。〈联绵〉左赖。〈外来〉左度巴；左洛复；干左那；干左涅特。

0215 厉 ①记词：〈现汉〉名。②记合成词中语素：厉害；厉声；厉行。③记词中非语素音节：〈复姓〉厉山；乌厉。〈联绵〉凛厉；陵厉。〈外来〉厉司河；抹厉。

0216 石 ①记词：〈现汉〉名、量。②记合成词中语素：石板；石材；石雕。③记词中非语素音节：〈复姓〉石扎；石户；额石。〈联绵〉石斛；石留；石榴。〈外来〉石保五赤；石昔保赤。

0217 右 ①记词：〈现汉〉名、形。②记合成词中语素：右边；右倾。③记词中非语素音节：〈复姓〉右子；右主。〈外来〉右美沙芬。

0218 布 ①记词：〈现汉〉名、动。②记合成词中语素：布帛；布告；布局。③记词中非语素音节：〈复姓〉布占；布尼。〈联绵〉布拉；布鸽；布谷。〈外来〉布比卡因；布布装；布地奈德。

0219 夯　①记词：〈现汉〉名、动。②记合成词中语素：夯歌；夯实；夯筑。③记词中非语素音节：〈复姓〉夯力；夯阿坦；夯嘎。

0220 戊　①记词：〈现汉〉名。②记合成词中语素：戊夜；戊戌变法。③记词中非语素音节：〈复姓〉大戊；戊地；夏戊。〈外来〉戊巴比妥；吡咯戊酮。

0221 龙　①记词：〈现汉〉名。②记合成词中语素：龙灯；龙套。③记词中非语素音节：〈复姓〉龙丘；龙华；英龙。〈联绵〉龙洋；龙钟；龙东。〈外来〉龙洞戈；龙林。〈地名〉狄龙〔美〕。

0222 平　①记词：〈现汉〉形、动、名。②记合成词中语素：平安；平白。③记词中非语素音节：〈复姓〉帕丁平康巴。〈联绵〉平平；平露。〈外来〉平荷爱罗；平假名。〈地名〉平壤。

0223 灭　①记词：〈现汉〉动。②记合成词中语素：灭顶；灭火；灭亡。③记词中非语素音节：〈复姓〉灭里乞台；灭里吉。〈联绵〉灭裂。〈外来〉灭滴灵；灭滴唑；灭坦；灭吐灵；灭吐宁。

0224 轧　①记词：〈现汉〉动、名。②记合成词中语素：轧场；轧道车。③记词中非语素音节：〈联绵〉轧轧；轧鸦；轧巴；轧忽。〈外来〉轧别丁；轧兰新；轧赖机；碘轧利新；朗轧来脱。

0225 东　①记词：〈现汉〉名。②记合成词中语素：东北；东边；东亚。③记词中非语素音节：〈复姓〉东方；东郭；米东。〈联绵〉东风；东笼；赖东。〈外来〉东巴；东不拉；东布；东尼卡。

0226 卡　①记词：〈现汉〉量、名、动。②记合成词中语素：卡规；卡钳。③记词中非语素音节：〈复姓〉卡姆；卡协。〈外来〉卡通；卡路里；卡伦；卡林；卡隆；可卡因。〈地名〉斯里兰卡。

0227 北　①记词：〈现汉〉名。②记合成词中语素：北极；北方；北纬。③记词中非语素音节：〈复姓〉北山；北斗；北野。〈外来〉北里霉素。〈地名〉魁北克〔加拿大〕。

0228 占　①记词：〈现汉〉动、名。②记合成词中语素：占比；占领；占卜。③记词中非语素音节：〈复姓〉占均巴；占君巴。〈联绵〉占匍；占婆。〈外来〉占边；占姆雷特；占乃提；占色腊。

0229 凸 ①记词：〈现汉〉形。②记合成词中语素：凸版；凸起；凸显。③记词中非语素音节：〈方言〉凸大眼小。〈地名〉大凸部〔日本〕。

0230 卢 ①记词：〈现汉〉名。②记合成词中语素：卢氏；卢家。③记词中非语素音节：〈复姓〉卢田；屋卢。〈联绵〉蔐卢；卢都；卢胡。〈外来〉卢布；卢比；卢第；卢丁。〈地名〉卢森堡。

0231 业 ①记词：〈现汉〉名。②记合成词中语素：业余；业务；业绩。③记词中非语素音节：〈复姓〉业扒；业咱特；努业勒。〈联绵〉探业；揭业；捷业。〈外来〉业巴；业护；业切；业特士。

0232 旧 ①记词：〈现汉〉形、名。②记合成词中语素：旧交；旧情；旧时。③记词中非语素音节：〈复姓〉一旧；蜀旧。〈联绵〉旧留。〈地名〉个旧。

0233 帅 ①记词：〈现汉〉形、名。②记合成词中语素：帅气；帅才；帅旗。③记词中非语素音节：〈复姓〉帅灵；帅灵于。〈地名〉同帅〔越南〕。

0234 归 ①记词：〈现汉〉动、介、名。②记合成词中语素：归结；归期。③记词中非语素音节：〈复姓〉归生；右归。〈联绵〉归邪；秭归。〈外来〉归法剌；归尔甫党。〈地名〉归仁〔越南〕。

0235 旦 ①记词：〈现汉〉名、量。②记合成词中语素：一旦；旦角。③记词中非语素音节：〈复姓〉旦加；旦则；那旦。〈联绵〉达旦；旦旦；文旦。〈外来〉旦替仑；旦尼尔。〈地名〉约旦。

0236 目 ①记词：〈现汉〉名、量。②记合成词中语素：目标；目光。③记词中非语素音节：〈复姓〉目夷；目陵；瞻目。〈联绵〉目宿；析目；瞰目。〈外来〉目佉；目斯；目陀罗；目竭岚。

0237 且 ①记词：〈现汉〉副、连、名。②记合成词中语素：况且；且慢；且说。③记词中非语素音节：〈复姓〉八且；久且。〈联绵〉咨且；趄且。〈外来〉巴且；笔且齐；且尔梅；且渠。

0238 叶 ①记词：〈现汉〉名。②记合成词中语素：叶柄；叶猴；叶片。③记词中非语素音节：〈复姓〉叶赫那拉；克叶勒。〈联绵〉叶叶。〈外来〉叶卟啉；叶科诺密；叶克膜；叶拉拿西。

0239 甲 ①记词：〈现汉〉名。②记合成词中语素：甲虫；甲鱼；甲子。③记词中非语素音节：〈复姓〉甲父。〈外来〉甲本；甲俾；甲必丹；甲必顿；甲多巴。〈地名〉甲万那端〔菲律宾〕。

0240 申 ①记词：〈现汉〉名。②记合成词中语素：申报；申请；申诉。③记词中非语素音节：〈复姓〉申送。〈联绵〉申申；申菽。〈外来〉申革；申头罗；格罗申。〈地名〉阿留申群岛〔美〕。

0241 叮 ①记词：〈现汉〉动。②记合成词中语素：叮咬；叮嘱。③记词中非语素音节：〈联绵〉叮泠；叮铃；叮咛。〈外来〉叮砰胡同；叮嘭胡同；〈拟声〉叮当；叮咚。

0242 电 ①记词：〈现汉〉名、动。②记合成词中语素：电灯；电话；电器。③记词中非语素音节：〈外来〉魔电；雷电欧。

0243 号 ①记词：〈现汉〉名、量、动。②记合成词中语素：号称；号角；号码。③记词中非语素音节：〈联绵〉号啕；号掏；号咷。

0244 田 ①记词：〈现汉〉名。②记合成词中语素：田地；田埂；田家。③记词中非语素音节：〈复姓〉田利；米田。〈联绵〉田田；圃田；甫田。〈外来〉田普兰尼洛。〈地名〉田纳西州〔美〕。

0245 由 ①记词：〈现汉〉介、动、名。②记合成词中语素：由来；由头；由衷。③记词中非语素音节：〈复姓〉由余；由章。〈联绵〉由旬；由巡；由由。〈外来〉由氓；由格尔；由人；由旬。

0246 只 ①记词：〈现汉〉副、名。②记合成词中语素：只得；只管；只要。③记词中非语素音节：〈复姓〉只儿斤；衍只吉。〈外来〉只儿哈忽；只哈赤；只合赤；只里只黑；只孙；只逊。

0247 叭　①记词：〈现汉〉拟声。②记合成词中语素：三叭两咽。③记词中非语素音节：〈联绵〉喇叭。〈外来〉叭儿狗；叭火西；叭龙。〈拟声〉叭嗒叭嗒。

0248 史　①记词：〈现汉〉名。②记合成词中语素：史册；史料；史书。③记词中非语素音节：〈复姓〉史晁；史微；阿史。〈外来〉史宾得尔；史答脱；史的克；史芬克斯；史哥林；史纳莎。

0249 央　①记词：〈现汉〉动、名。②记合成词中语素：央求；央行；中央。③记词中非语素音节：〈复姓〉央更；央岗；毕力央。〈联绵〉央央；央腔；央亡。〈外来〉央个；央给；央掘摩罗。

0250 兄　①记词：〈现汉〉名。②记合成词中语素：兄弟；仁兄；兄长。③记词中非语素音节：〈联绵〉仓兄。〈外来〉孔密兄。〈地名〉兄畑〔日本〕。

0251 叽　①记词：〈现汉〉拟声。②记合成词中语素：叽叽。③记词中非语素音节：〈联绵〉叽咕；叽溜；叽嘟。〈外来〉哔叽；咔叽；磨叽。（拟声）叽叽嘎嘎；叽叽喳喳；叽里咕噜。

0252 叨　①记词：〈现汉〉动。②记合成词中语素：叨唆；叨毒。③记词中非语素音节：〈方言〉叨空空；叨夺。

0253 叫　①记词：〈现汉〉动、介。②记合成词中语素：叫好；叫唤；叫嚷。③记词中非语素音节：〈复姓〉达英叫。〈联绵〉叫咷；叫窾。

0254 叩　①记词：〈现汉〉动、名。②记合成词中语素：叩拜；叩谢。③记词中非语素音节：〈复姓〉叩延；叩德。〈联绵〉叩叩。〈外来〉叩应。

0255 叨　①记词：〈姓氏〉名。②记合成词中语素：叨光；叨扰；叨教。③记词中非语素音节：〈联绵〉叨唠；叨叨；叨登。

0256 另　①记词：〈现汉〉代、副、名。②记合成词中语素：另类；另册；另行。③记词中非语素音节：〈复姓〉普另。〈联绵〉另腰。

0257 叹　①记词：〈古汉〉动。②记合成词中语素：叹气；叹服；

叹息。③记词中非语素音节：〈复姓〉世叹奴勒。〈联绵〉浘叹。〈外来〉叹乃。

0258 冉　①记词：〈现汉〉名。②记合成词中语素：冉弱。③记词中非语素音节：〈复姓〉冉氏；冉拉。〈联绵〉冉冉；奄冉。〈外来〉萨冉树脂；冉斯登目镜。

0259 皿　①记词：〈姓氏〉名。②记合成词中语素：皿金；皿卷。③记词中非语素音节：器皿[①]。

0260 凹　①记词：〈现汉〉形。②记合成词中语素：凹版；凹镜；凹陷。③记词中非语素音节：〈外来〉凹脑；鲁哈麻亦渺凹只。

0261 囚　①记词：〈现汉〉动。②记合成词中语素：囚笼；囚犯；囚禁。③记词中非语素音节：未见。

0262 四　①记词：〈现汉〉数、名。②记合成词中语素：四海；四野；四时。③记词中非语素音节：〈复姓〉四饭；遮四。〈联绵〉隔四；祕四。〈外来〉四喂喂；四卡因。〈地名〉四色菊〔泰〕。

0263 生　①记词：〈现汉〉动、形、副、名。②记合成词中语素：发生；生根；好生；怎生。③记词中非语素音节：〈复姓〉生田；微生。〈联绵〉生生。〈外来〉生地摩；生的米突；生凤尼。

0264 矢　①记词：〈古汉〉名、动、形。②记合成词中语素：流矢；矢量；矢志。③记词中非语素音节：〈复姓〉矢马；马矢。〈联绵〉矢文。〈外来〉矢车菊；矢儿哈。〈地名〉矢板〔日本〕。

0265 失　①记词：〈现汉〉动。②记合成词中语素：失控；失学。③记词中非语素音节：〈复姓〉失保赤；失或。〈联绵〉失国；失利；失失（zhīzhì）。〈外来〉失儿哈；失剌温；失鲁；失失黑。

0266 乍　①记词：〈现汉〉副、名。②记合成词中语素：乍可；乍猛的。③记词中非语素音节：〈复姓〉阿乍。〈联绵〉薄乍；乍呼。

[①] 参见《现代汉语词典》第 7 版 910 页，商务印书馆，2016。

〈外来〉玥乍。〈地名〉乍得。

0267 禾 ①记词：〈现汉〉名。②记合成词中语素：禾苗；禾场。③记词中非语素音节：〈复姓〉禾卡；禾列；特禾格。〈联绵〉禾笔；禾接；禾碌。〈外来〉禾失；禾必斯；脱脱禾孙；嘉禾舞。

0268 丘 ①记词：〈现汉〉动、量、名。②记合成词中语素：丘陵；丘壑。③记词中非语素音节：〈复姓〉闾丘；左丘。〈联绵〉丘蚓；丘螾；褛丘。〈外来〉比丘；丘比特；丘尔邦；丘峰尼支。

0269 付 ①记词：〈现汉〉动、名。②记合成词中语素：付出；付与；付托。③记词中非语素音节：〈复姓〉付夏；付佳。〈外来〉沙纳巴付；知付质治。〈地名〉折付〔日本〕。

0270 仗 ①记词：〈现汉〉动、名。②记合成词中语素：仗义；仗胆；仗势。③记词中非语素音节：〈复姓〉仗莫。

0271 代 ①记词：〈现汉〉动、名。②记合成词中语素：代办；代沟；代劳。③记词中非语素音节：〈复姓〉代巴；代卡。〈联绵〉代代。〈外来〉代布本；代额勒迪克；代兰德。〈地名〉马尔代夫。

0272 仙 ①记词：〈现汉〉名。②记合成词中语素：仙丹；仙鹤；仙境。③记词中非语素音节：〈联绵〉仙仙；翩仙；恩仙尼。〈外来〉仙初梨；仙客来；仙人柱；仙驼。〈地名〉河仙〔越南〕。

0273 们 ①记词：〈姓氏〉名。②记语素，词缀：你们；我们；他们。③记词中非语素音节：〈复姓〉吉尔们；卓们齐特。〈联绵〉们浑。〈外来〉阿们；诺们罕；察汗诺们罕。〈地名〉图们江。

0274 仪 ①记词：〈现汉〉名。②记合成词中语素：仪表；仪器；仪态。③记词中非语素音节：〈复姓〉子仪；仪扒；仪渠。〈地名〉武仪〔日本〕。

0275 白 ①记词：〈现汉〉形、副、动、名。②记合成词中语素：白菜；白茶。③记词中非语素音节：〈复姓〉白丁；白土。〈联绵〉白暗；白尔步；白坎儿；白来罗。〈地名〉白茂高原〔朝鲜〕。

汉字的性质问题 | 61

0276 仔 ①记词：〈姓氏〉名。②记合成词中语素：仔鱼；仔鸡。③记词中非语素音节：〈外来〉仔本；仔琫；仔康；仔恰；仔仲；朗仔辖；朗仔厦。

0277 他 ①记词：〈现汉〉代、名。②记合成词中语素：他们；他日。③记词中非语素音节：〈复姓〉他他；他他力。〈联绵〉漫他；伽他；他他（tuótuó）。〈外来〉吉他；他哀；他巴唑；他兰同。

0278 斥 ①记词：〈古汉〉名、动、形。②记合成词中语素：斥责；斥资；斥退。③记词中非语素音节：〈复姓〉斥普。〈联绵〉斥蠖；斥斥。〈外来〉哈斥；塔剌斥。

0279 瓜 ①记词：〈现汉〉名。②记合成词中语素：瓜分；西瓜；瓜农。③记词中非语素音节：〈复姓〉瓜田；瓜扒。〈联绵〉瓜蒌；缕瓜；拉瓜。〈外来〉瓜得；瓜吉拉；瓜拉那；瓜力塔思。

0280 乎 ①记词：〈现汉〉助。②记语素，词缀：在乎；出乎；巍巍乎；郁郁乎。③记词中非语素音节：〈联绵〉咋乎；呜乎；於乎；恶乎。〈外来〉托乎拉；麻乎儿；梳乎厘。

0281 丛 ①记词：〈现汉〉量、名。②记合成词中语素：丛集；丛生；丛书。③记词中非语素音节：〈复姓〉蚕丛；牟丛。

0282 令 ①记词：〈现汉〉动、名。②记合成词中语素：令箭；令郎。③记词中非语素音节：〈复姓〉令狐；正令；奈令。〈联绵〉丁令；令利；令令。〈外来〉达令；令吉；令克；令稳。

0283 用 ①记词：〈现汉〉动、介、名。②记合成词中语素：用户；用功；用心。③记词中非语素音节：〈复姓〉用轱密；绵用。〈地名〉用濑〔日本〕。

0284 甩 ①记词：〈现汉〉动。②记合成词中语素：甩手；甩卖；甩货。③记词中非语素音节：〈方言〉甩粹；甩水。〈外来〉甩子。

0285 印 ①记词：〈现汉〉名、动。②记合成词中语素：印刷；印记；印章。③记词中非语素音节：〈外来〉印德拉节；印第安（人）；

印丢林；印发热凶；印加；印贴利根追亚；印驼噜。〈地名〉印度。

0286 尔 ①记词：〈现汉〉代；助。②记合成词中语素：尔曹；尔后；率尔；莞尔。③记词中非语素音节：〈复姓〉尔卧。〈联绵〉尔馨；尔尔。〈外来〉尔冈；尔勒；尔炎。〈地名〉尼泊尔。

0287 乐 ①记词：〈现汉〉动、形、名。②记合成词中语素：乐观；乐趣；快乐。③记词中非语素音节：〈复姓〉乐正；尧乐。〈联绵〉暴乐；乐些；乐讬。〈外来〉可口可乐；乐高；乐活。

0288 句 ①记词：〈现汉〉量。②记合成词中语素：句号；句法；句式。③记词中非语素音节：〈复姓〉句井；句章；高句丽。〈联绵〉句廉；句鹿；句吴。〈外来〉盉句奢；句文罗。

0289 匆 ①记词：〈姓氏〉名。②记合成词中语素：匆忙；匆促；匆遽。③记词中非语素音节：〈联绵〉匆匆；匆卒；匆猝。

0290 册 ①记词：〈现汉〉量。②记合成词中语素：册封；册立；册页。③记词中非语素音节：册猜（人名，泰国）。

0291 卯 ①记词：〈现汉〉名。②记合成词中语素：卯时；卯榫；卯眼。③记词中非语素音节：〈复姓〉斜卯。〈外来〉卯温；卯兀；卯儿姑。

0292 犯 ①记词：〈现汉〉动、名。②记合成词中语素：犯病；犯法；犯规。③记词中非语素音节：〈联绵〉熬犯。

0293 外 ①记词：〈现汉〉名。②记合成词中语素：外表；外部；外层。③记词中非语素音节：〈复姓〉外兀歹；外抹歹乃。〈外来〉外奥林；外卡；外里；外斯发拉特。〈地名〉外波〔日本〕。

0294 处 ①记词：〈现汉〉动、名。②记合成词中语素：处方；处分；处理。③记词中非语素音节：〈复姓〉处木尼；处月。〈联绵〉处呛；处处。〈外来〉处容舞。

0295 冬 ①记词：〈现汉〉名。②记合成词中语素：冬菜；冬季；冬眠。③记词中非语素音节：〈复姓〉冬巴本。〈联绵〉丁冬；冬冬；

冬珑；忍冬。〈外来〉冬巴卡；冬不拉；冬阴功；冬木。

0296 鸟 ①记词：〈现汉〉名。②记合成词中语素：鸟瞰；鸟枪；鸟类。③记词中非语素音节：〈复姓〉鸟俗；丹鸟；青鸟。〈联绵〉了鸟。〈外来〉鸟居；鸟结（糖）。〈地名〉冲之鸟礁〔日本〕。

0297 务 ①记词：〈古汉〉名、动、副。②记合成词中语素：务工；务实。③记词中非语素音节：〈复姓〉务相；汤务。〈联绵〉务劳；务求；蠷务。〈地名〉巴务巴务〔印尼〕；米拉务〔印尼〕。

0298 包 ①记词：〈现汉〉动、量、名。②记合成词中语素：包藏；包产。③记词中非语素音节：〈复姓〉包尔只斤；包龙；张包。〈联绵〉包弹。〈外来〉包尔沙克；包列罗；包娄；包衣阿哈。

0299 饥 ①记词：〈古汉〉动、名。②记合成词中语素：饥饿；饥寒；饥荒。③记词中非语素音节：〈联绵〉密饥。

0300 主 ①记词：〈现汉〉动、名。②记合成词中语素：主任；主页；主张。③记词中非语素音节：〈复姓〉主父；主儿乞；泊主。〈联绵〉主聊。〈外来〉主鹘；主麻；主麻日；主吾；兀主猛安。

0301 市 ①记词：〈现汉〉名。②记合成词中语素：市场；市价；市郊。③记词中非语素音节：〈复姓〉市南；市咱时；庚市。〈外来〉波罗市迦。〈地名〉市来串木野〔日本〕；九市浦〔韩〕。

0302 立 ①记词：〈现汉〉动、名。②记合成词中语素：立案；立法；立等。③记词中非语素音节：〈复姓〉立如；立皮；蔡立。〈联绵〉立稜；立哥；落立。〈外来〉立低莫斯；立普妥；立脱尔。

0303 冯 ①记词：〈现汉〉名。②记合成词中语素：冯氏；冯家；冯宅。③记词中非语素音节：〈复姓〉冯佳；冯雍；冯额礼。〈联绵〉冯戎；冯翊；冯翼；冯冯；冯闳。

0304 玄 ①记词：〈现汉〉形、名。②记合成词中语素：玄乎；玄妙；玄孙。③记词中非语素音节：〈复姓〉玄都；玄史；俟玄。〈联绵〉玄蚼；玄枵；玄螈；玄黎；玄玄。〈地名〉玄风〔韩〕。

0305 闪　①记词：〈现汉〉动、名。②记合成词中语素：闪电；闪光；闪烁。③记词中非语素音节：〈联绵〉霍闪；闪闪。〈外来〉闪米特；闪拜；他闪。

0306 兰　①记词：〈现汉〉名。②记合成词中语素：兰草；兰花；兰谱。③记词中非语素音节：〈复姓〉兰召；兰恰克。〈联绵〉兰班；兰弹；兰单。〈外来〉兰赤；兰勒；兰利。〈地名〉荷兰。

0307 半　①记词：〈现汉〉数、副、名。②记合成词中语素：半壁；半大；半岛。③记词中非语素音节：〈联绵〉半啷；半（pàn）汉。〈外来〉巴拉半；半那娑；半娜；半娜娑；半择迦。

0308 汁　①记词：〈现汉〉名。②记合成词中语素：汁水；乳汁；胆汁。③记词中非语素音节：〈外来〉万厘汁①。

0309 汇　①记词：〈现汉〉动。②记合成词中语素：汇报；汇集；汇聚。③记词中非语素音节：〈联绵〉汇孛。〈外来〉汇宁母；汇宁牡；百老汇。

0310 头　①记词：〈现汉〉形、量、名。②记合成词中语素：头巾；头目；木头；念头。③记词中非语素音节：〈复姓〉尖头；破也头。〈联绵〉头苏；头陀；猴头。〈外来〉头孢他啶；头布。

0311 汉　①记词：〈现汉〉名。②记合成词中语素：汉人；汉姓；汉语。③记词中非语素音节：〈复姓〉兆达尔汉。〈联绵〉汉漫；浘汉；芮汉。〈外来〉汉堡；汉厥怀脱；汉厥韦脱；汉志。

0312 宁　①记词：〈现汉〉副、名。②记合成词中语素：宁肯；宁愿；宁静。③记词中非语素音节：〈复姓〉宁佳；宁成；宁山然。〈联绵〉宁丁；丁宁；宁馨。〈外来〉宁玛派；宁巴树；奎宁。

0313 穴　①记词：〈现汉〉名。②记合成词中语素：穴道；穴位；洞穴。③记词中非语素音节：〈复姓〉吉穴达孜瓦；吉穴噶丹巴。〈地

---

① 香港粤语翻译使用，台湾译为"美尔滋"。

名〉穴目岳〔日本〕；穴泽〔日本〕。

0314 它 ①记词：〈现汉〉代、名。②记合成词中语素：它们。③记词中非语素音节：〈联绵〉委它；它它（tuótuó）；它它（yíyí）。〈外来〉它儿马；它尔油；它莫西芬；它撒勒哈番；它似蜜。

0315 讨 ①记词：〈现汉〉动。②记合成词中语素：讨伐；讨饭；讨论。③记词中非语素音节：〈外来〉讨赛离；讨赛咿呢。

0316 写 ①记词：〈现汉〉动。②记合成词中语素：写法；写景；写生。③记词中非语素音节：〈复姓〉补写。〈外来〉写留路司；帕的写尔；写留路斯。

0317 让 ①记词：〈现汉〉动、介、名。②记合成词中语素：让位；让贤；让座。③记词中非语素音节：〈复姓〉让均巴。〈外来〉朗得让；朗得让巴特尔；让德项伯。〈地名〉阿让通〔法〕。

0318 礼 ①记词：〈现汉〉名。②记合成词中语素：礼让；礼包；礼金。③记词中非语素音节：〈复姓〉礼克里；巴礼格；济礼。〈外来〉礼凤；礼朋。〈地名〉良礼彬〔缅甸〕。

0319 训 ①记词：〈现汉〉动、名。②记合成词中语素：训斥；训诫；训话。③记词中非语素音节：〈联绵〉训胡；训狐；训侯。〈地名〉训子府〔日本〕。

0320 议 ①记词：〈现汉〉动。②记合成词中语素：议案；议论；议题。③记词中非语素音节：〈外来〉怛佗议多。〈地名〉议政府〔韩〕。

0321 必 ①记词：〈现汉〉副、名。②记合成词中语素：必备；必将；必修。③记词中非语素音节：〈复姓〉必里特；果必。〈联绵〉必齐；必栗。〈外来〉忽必烈；必克尔；必理通；必胜客。

0322 讯 ①记词：〈现汉〉名。②记合成词中语素：问讯；讯问；审讯。③记词中非语素音节：未见。

0323 记 ①记词：〈现汉〉动、量、名。②记合成词中语素：记名；记取；记述。③记词中非语素音节：〈复姓〉记尔必思；国拉记。

0324 永　①记词：〈现汉〉副、名。②记合成词中语素：永别；永久；永远。③记词中非语素音节：〈复姓〉永邦；永妥里；克阿永。〈地名〉永顺〔越南〕；沙蒂永〔法〕；进永〔韩〕。

0325 司　①记词：〈现汉〉名。②记合成词中语素：司法；司炉；司仪。③记词中非语素音节：〈复姓〉司马；司寇；司徒。〈外来〉司巴乐；司巴沙星；司比涅特；阿司匹林；寿司；盎司。

0326 尼　①记词：〈现汉〉名。②记合成词中语素：尼庵；僧尼。③记词中非语素音节：〈复姓〉尼如古特。〈联绵〉尼黎；摩尼；末尼。〈外来〉尼古丁；尼龙；尼可明。〈地名〉尼泊尔。

0327 民　①记词：〈现汉〉名。②记合成词中语素：民间；民谣；民主。③记词中非语素音节：〈复姓〉民荣；民觉罗。〈联绵〉民民。〈外来〉民士达；民谈；民治。〈地名〉民都鲁〔马来西亚〕。

0328 弗　①记词：〈现汉〉副、名。②记合成词中语素：弗靡；弗营。③记词中非语素音节：〈复姓〉弗邪；弗斯；如弗。〈联绵〉弗弗；弗离。〈外来〉弗列克萨顿；弗林；弗柳特；弗罗林；弗夜。

0329 弘　①记词：〈现汉〉名。②记合成词中语素：弘扬；弘论；弘远。③记词中非语素音节：〈复姓〉弘吉剌；弘吉列；孛思忽儿弘吉剌。〈地名〉弘前〔日本〕。

0330 出　①记词：〈现汉〉动、量。②记合成词中语素：出发；出去；出版。③记词中非语素音节：〈复姓〉出连；出就；何日出惕。〈联绵〉出出；出练；出隧。〈外来〉出朵儿；特出儿。

0331 辽　①记词：〈现汉〉名。②记合成词中语素：辽阔；辽远；辽东。③记词中非语素音节：〈联绵〉辽巢；支辽；结辽；辽丁。〈外来〉克辽林；乌兹辽。

0332 奶　①记词：〈现汉〉名、动。②记合成词中语素：奶牛；牛奶；奶茶。③记词中非语素音节：〈复姓〉那音奶曼。〈外来〉奶昔；奶士；奶香昔可；奶油司克；美奶滋；耶奶。

0333 奴 ①记词:〈古汉〉名、动。②记合成词中语素:奴才;奴隶;奴役。③记词中非语素音节:〈复姓〉奴牙特;奴丹。〈联绵〉匈奴。〈外来〉奴都赤;奴古拉;奴海赤;奴会;奴里。

0334 召 ①记词:〈现汉〉动、名。②记合成词中语素:召唤;召集;召开。③记词中非语素音节:〈复姓〉召伯;召烈台;丰召。〈联绵〉召牙。〈外来〉召贺;召火西;召勐;召片领;召庄。

0335 加 ①记词:〈现汉〉动、名。②记合成词中语素:加强;加码;加急。③记词中非语素音节:〈复姓〉加古;玛加。〈联绵〉加吉;加级;加拉。〈外来〉加比丹;加碧多尔;加波那立。

0336 皮 ①记词:〈现汉〉名、形。②记合成词中语素:皮革;皮囊;皮匠。③记词中非语素音节:〈复姓〉皮仁;房皮。〈联绵〉皮箩;调皮;顽皮。〈外来〉皮卡;皮考啉;皮可罗;嬉皮士。

0337 边 ①记词:〈现汉〉名、副。②记合成词中语素:边疆;边界;东边;西边。③记词中非语素音节:〈复姓〉边佳;诺边。〈联绵〉边鲜;利边。〈外来〉边扣;边沁主义。〈地名〉金边。

0338 孕 ①记词:〈古汉〉动。②记合成词中语素:孕育;孕妇;孕穗。③记词中非语素音节:未见。

0339 发 ①记词:〈现汉〉动、量、名。②记合成词中语素:发达;发电;发动。③记词中非语素音节:〈复姓〉古发谭;秃发。〈联绵〉发皇;发髟;发发。〈外来〉沙发;发拉屎;发蓝。

0340 圣 ①记词:〈现汉〉名。②记合成词中语素:圣灵;圣庙;圣明。③记词中非语素音节:〈外来〉圣代;圣马丁节;圣泥特;圣斯威逊节;圣瓦伦丁节。〈地名〉圣马力诺;圣居山〔韩〕。

0341 对 ①记词:〈现汉〉动、形、量、介、名。②记合成词中语素:对白;对称;对比。③记词中非语素音节:〈复姓〉对素普。〈联绵〉对蔚。〈外来〉派对;对卡因;对羟福林;对姆。

0342 台 ①记词:〈现汉〉量、名。②记合成词中语素:名、量。

③记词中非语素音节：〈复姓〉澹台；台楚；囊嘉台。〈联绵〉台孩；哈台。〈外来〉台麸；台吉；台卡；台来冈；台立蒙；台那。

0343 矛 ①记词：〈现汉〉名。②记合成词中语素：矛盾；矛头；长矛。③记词中非语素音节：未见。

0344 纠 ①记词：〈现汉〉名。②记合成词中语素：纠缠；纠察；纠正。③记词中非语素音节：〈复姓〉纠卡；勒纠布。〈联绵〉纠纠；纠蓼；窈纠。〈外来〉纠玛；巴特芒风纠；巴特芒汤纠。

0345 母 ①记词：〈现汉〉形、名。②记合成词中语素：母爱；母法；母本。③记词中非语素音节：〈复姓〉母丘；母知；米母。〈联绵〉贝母；布母；母略。〈外来〉母纳非格；母捺罗；母陀罗。

0346 幼 ①记词：〈现汉〉名。②记合成词中语素：幼儿；幼稚；幼苗。③记词中非语素音节：〈联绵〉接幼；幼妙；幼眇。〈地名〉幼发拉底河。

0347 丝 ①记词：〈现汉〉名、量。②记合成词中语素：丝绸；丝瓜；丝线。③记词中非语素音节：〈复姓〉丝古普；木丝。〈联绵〉菟丝。〈外来〉丝邦节；丝带；丝对；丝滑拿铁；丝米；摩丝。

0348 邦 ①记词：〈现汉〉名。②记合成词中语素：邦交；友邦；邻邦。③记词中非语素音节：〈复姓〉邦达仓。〈联绵〉宾邦。〈外来〉邦楚；邦加；邦迪；丝邦节。〈地名〉邦美蜀〔越南〕。

0349 式 ①记词：〈现汉〉名。②记合成词中语素：式样；式微；式子。③记词中非语素音节：〈联绵〉式勒；纣式。〈外来〉蒲式耳；式栗甫；式老夫；式叉摩拿。〈地名〉式根岛〔日本〕。

0350 迂 ①记词：〈现汉〉形。②记合成词中语素：迂回；迂腐；迂阔。③记词中非语素音节：〈联绵〉迂作；逶迂。

0351 刑 ①记词：〈现汉〉名。②记合成词中语素：刑场；刑具；刑法。③记词中非语素音节：〈复姓〉刑史；刑莫。〈地名〉刑部〔日本〕。

0352 戎　①记词：〈现汉〉名。②记合成词中语素：戎机；戎装；戎马。③记词中非语素音节：〈复姓〉戎子；羌戎。〈联绵〉蒙戎；戎戎。〈外来〉戎克；森美戎。〈地名〉丹戎塞洛〔印尼〕。

0353 动　①记词：〈现汉〉动、副。②记合成词中语素：动能；动气；动工。③记词中非语素音节：〈联绵〉故动。〈方言〉动伙；动起。〈外来〉动角；干动。

0354 扛　①记词：〈现汉〉动。②记合成词中语素：扛活；扛长工；扛长活。③记词中非语素音节：〈复姓〉熊扛尼；穷扛尼。〈联绵〉急扛。〈外来〉庞扛。〈方言〉扛白；扛头。

0355 寺　①记词：〈现汉〉名。②记合成词中语素：寺庙；寺院；寺观。③记词中非语素音节：〈复姓〉寺人。〈外来〉寺尾。〈地名〉金寺里〔朝鲜〕；释王寺里〔朝鲜〕。

0356 吉　①记词：〈现汉〉名。②记合成词中语素：吉利；吉庆；吉兆。③记词中非语素音节：〈复姓〉吉合。〈联绵〉吉了；勿吉；吉丁。〈外来〉吉他；吉泰；吉由罗。〈地名〉吉隆坡。

0357 扣　①记词：〈现汉〉动、名。②记合成词中语素：扣发；扣题；扣押。③记词中非语素音节：〈复姓〉扣愳；扣岱。〈联绵〉扣扣。〈外来〉扣鲁；扣马兰；扣赛因；扣谈近；扣西根；扣应。

0358 考　①记词：〈现汉〉动、名。②记合成词中语素：考试；考卷；考察。③记词中非语素音节：〈复姓〉考成；卧考。〈联绵〉考考。〈外来〉考拉；考篮特；考黎；考姆兹；考泥；考温斯尔。

0359 托　①记词：〈现汉〉动。②记合成词中语素：托底；托付；托管。③记词中非语素音节：〈复姓〉托跋；托扎礼；鄂托。〈联绵〉托托。〈外来〉托巴；托铎；托福；托乎拉。

0360 老　①记词：〈现汉〉形、副、名。②记合成词中语素：老大；老兵；老三。③记词中非语素音节：〈复姓〉老男；老庞。〈联绵〉丹老；老草；老赶。〈外来〉老狄克；老豆；老克拉。

0361 巩　①记词：〈现汉〉名。②记合成词中语素：巩固；巩峻；巩膜。③记词中非语素音节：〈复姓〉巩伯；巩鄂拉提；巩廉。〈联绵〉巩巩。〈外来〉巩拜孜；巩乃斯种羊。

0362 圾　①记词：〈姓氏〉名。②记合成词中语素：圾氏；圾家。③记词中非语素音节：〈联绵〉垃圾。

0363 执　①记词：〈现汉〉动、名。②记合成词中语素：执法；执政；执着。③记词中非语素音节：〈复姓〉执失；执失代。〈联绵〉执徐。〈地名〉密执安湖；密执安州①〔美〕。

0364 扩　①记词：〈现汉〉动。②记合成词中语素：扩建；扩大；扩散。③记词中非语素音节：〈联绵〉扩批。〈外来〉扩梯羊；扩也特；塔扩。

0365 扫　①记词：〈现汉〉动。②记合成词中语素：扫除；扫荡；扫雷。③记词中非语素音节：〈复姓〉赛扫；耶扫。〈联绵〉扫帚；扫飒。〈外来〉扫花；扫里；扫邻；扫稳；扫兀。

0366 地　①记词：〈现汉〉名、助。②记合成词中语素：地板；地点；地方。③记词中非语素音节：〈复姓〉地连；地伦。〈联绵〉道地；地道；落地。〈外来〉地奥；地巴唑。〈地名〉奥地利。

0367 场　①记词：〈现汉〉量、名。②记合成词中语素：场面；场景。③记词中非语素音节：〈外来〉苏格兰场②。〈地名〉球场〔朝鲜〕；场垈里〔韩〕。

0368 扬　①记词：〈现汉〉动、名。②记合成词中语素：扬尘；扬言；扬帆。③记词中非语素音节：〈复姓〉扬食；扬武里；步扬。〈联绵〉扬榷；扬摧；扬擢。〈外来〉扬基。〈地名〉扬斯敦〔美〕。

0369 耳　①记词：〈现汉〉名、助。②记合成词中语素：耳朵；耳

---

① 即"密歇根州"。
② 英国刑事警察总局的代称。

根；耳环。③记词中非语素音节：〈联绵〉仓耳；苍耳；耳砍。〈外来〉焦耳；耳麦；耳塞理；密耳。〈地名〉土耳其；马耳他。

0370 芋 ①记词：〈现汉〉名。②记合成词中语素：芋头；魔芋。③记词中非语素音节：〈复姓〉芋尹；芋尹申亥。〈联绵〉芋艿；山芋。〈地名〉芋原〔日本〕；芋田〔日本〕。

0371 共 ①记词：〈现汉〉副、名。②记合成词中语素：共话；共建；共事。③记词中非语素音节：〈复姓〉共工；共叔；索木宋索罗共。〈外来〉共莎莫勒；末涂共啰饼。

0372 芒 ①记词：〈现汉〉名。②记合成词中语素：芒草；锋芒。③记词中非语素音节：〈复姓〉芒格努；汪芒。〈联绵〉芒芒；芒洋；芒东。〈外来〉芒旦蜡；芒果；阿芒拿；阿芒那。

0373 亚 ①记词：〈现汉〉名。②记合成词中语素：亚军；亚种；亚健康。③记词中非语素音节：〈复姓〉亚饭；亚尔兹。〈联绵〉亚姑；傞亚。〈外来〉亚克西；亚魁林；亚里路亚；亚叻氏。

0374 芝 ①记词：〈现汉〉名。②记合成词中语素：芝艾；芝兰；灵芝。③记词中非语素音节：〈联绵〉蓂芝。〈外来〉芝不拉；芝格；芝华士；芝居力；芝士；芝丝。〈地名〉芝山〔日本〕。

0375 朽 ①记词：〈现汉〉动。②记合成词中语素：朽木；朽坏；老朽。③记词中非语素音节：〈复姓〉戛姬朽。

0376 朴 ①记词：〈现汉〉名。②记合成词中语素：朴实；朴素；朴质。③记词中非语素音节：〈复姓〉朴冲；朴基。〈联绵〉朴属；朴楝；朴樕。〈外来〉朴大真；朴烈费兰斯；朴留涅利。

0377 机 ①记词：〈现汉〉名。②记合成词中语素：机床；机房；机会。③记词中非语素音节：〈复姓〉树机；余机勒；格机勒。〈外来〉机磅；卡机（布）；巴机密油。〈地名〉大机里〔朝鲜〕。

0378 权 ①记词：〈现汉〉名、副。②记合成词中语素：权欲；权势；权术。③记词中非语素音节：〈复姓〉权尹。〈联绵〉权舆。〈地名〉金亨权〔朝鲜〕。

0379 过　①记词：〈现汉〉动、形、名、副、助。②记合成词中语素：过程；过错。③记词中非语素音节：〈联绵〉过鸁；过嬴。〈地名〉过驿里〔韩〕。

0380 臣　①记词：〈现汉〉名。②记合成词中语素：臣民；臣服；大臣。③记词中非语素音节：〈复姓〉臣辰；八剌合臣；巫臣。〈外来〉巴麻臣；花臣。〈地名〉臣赫尔〔蒙古〕。

0381 吏　①记词：〈现汉〉名。②记合成词中语素：吏部；官吏；吏治。③记词中非语素音节：〈外来〉吏道；吏读；吏吐。

0382 再　①记词：〈现汉〉副、名。②记合成词中语素：再见；再审；再现。③记词中非语素音节：〈复姓〉再尤；再瓦尼。〈外来〉再普乐。

0383 协　①记词：〈现汉〉名。②记合成词中语素：协力；协助；协调。③记词中非语素音节：〈复姓〉古协；卡协；俄协。〈联绵〉协扎；协林。〈外来〉协敖；毕协；戈协。

0384 西　①记词：〈现汉〉名。②记合成词中语素：西北；西南；西方。③记词中非语素音节：〈复姓〉西门；西五。〈联绵〉西迟。〈外来〉西苯唑啉；西比尔卡；西比灵。〈地名〉西班牙。

0385 压　①记词：〈现汉〉动。②记合成词中语素：压秤；压倒；压惊。③记词中非语素音节：〈联绵〉压恰。〈外来〉压步；压克力。

0386 厌　①记词：〈现汉〉动。②记合成词中语素：厌烦；厌倦；厌弃。③记词中非语素音节：〈联绵〉厌厌；厌浥。

0387 戌　①记词：〈姓氏〉名。②记合成词中语素：戌姓；戌氏；戌家。③记词中非语素音节：〈联绵〉戌亥；戌削；屈戌。〈外来〉戌达罗；戌陀罗。

0388 在　①记词：〈现汉〉动、介、副。②记合成词中语素：现在；在册；在乎。③记词中非语素音节：〈复姓〉贺在尔。〈联绵〉将在；

〈外来〉观自在菩萨①。〈地名〉新在家〔日本〕。

0389 百 ①记词：〈现汉〉数。②记合成词中语素：百科；百姓。③记词中非语素音节：〈复姓〉百里；百优特。〈联绵〉百合；百责；百债。〈外来〉百事可乐；百老汇；百乐君；百勒基诺。

0390 有 ①记词：〈现汉〉动、名。②记合成词中语素：有救；有劳。③记词中非语素音节：〈复姓〉有巢；有仍；伯有。〈外来〉有巴斯树；有波底夜耶；有加利；乌答有。〈地名〉有田〔日本〕。

0391 存 ①记词：〈现汉〉动、名。②记合成词中语素：存储；存根；存款。③记词中非语素音节：〈联绵〉存存。

0392 而 ①记词：〈现汉〉连、名。②记合成词中语素：而且；而已。③记词中非语素音节：〈复姓〉布而嘎勤。〈联绵〉意而。〈外来〉而雷；巴而思；把列而。〈地名〉而连突〔马来西亚〕。

0393 页 ①记词：〈现汉〉量、名。②记合成词中语素：页码；页面；页心。③记词中非语素音节：〈复姓〉苏页；库页；喀迪页。〈地名〉库页岛。

0394 匠 ①记词：〈古汉〉名、动。②记合成词中语素：匠心；匠人；木匠。③记词中非语素音节：〈复姓〉匠师；匠丽；将匠。〈地名〉本匠〔日本〕。

0395 夸 ①记词：〈现汉〉动。②记合成词中语素：夸大；夸奖；夸张。③记词中非语素音节：〈复姓〉夸娥；夸尔达。〈联绵〉夸毗。〈外来〉夸哧；夸克；夸普；夸特；夸脱；夸希拉。

0396 夺 ①记词：〈现汉〉动。②记合成词中语素：夺魁；夺目；夺取。③记词中非语素音节：〈复姓〉夺石；夺尔；阿夺。〈联绵〉隆夺；空夺。

0397 灰 ①记词：〈现汉〉名、形。②记合成词中语素：灰白；灰

---

① 即"观世音菩萨"，佛教菩萨名。

烬；灰霾。③记词中非语素音节：〈复姓〉八里灰。〈联绵〉灰拌。〈外来〉灰士；灰丝；灰司克。〈网语〉灰常；灰强。

0398 达 ①记词：〈现汉〉名。②记合成词中语素：达标；达官；达人。③记词中非语素音节：〈复姓〉达布叶。〈联绵〉达旦；达达；达靼。〈外来〉达哈；达呼；达卡巴嗪。〈地名〉布达佩斯。

0399 列 ①记词：〈现汉〉动、量、名。②记合成词中语素：列车；列席。③记词中非语素音节：〈复姓〉列山；列术歹。〈联绵〉列当；列缺；列趄。〈外来〉列阿利；列巴；列贝克；列非特。

0400 死 ①记词：〈现汉〉动、副、形。②记合成词中语素：死板；死党；死敌。③记词中非语素音节：〈复姓〉自死独膊。〈外来〉死道；死盯客；死踢客；死扛饼；踢死套；踢死兔。

0401 成 ①记词：〈现汉〉动、量、形、名。②记合成词中语素：成败；成功；成立。③记词中非语素音节：〈复姓〉成公；成纪；彤成。〈外来〉成吉思汗；成师。〈地名〉新成川〔朝鲜〕。

0402 夹 ①记词：〈现汉〉动、形。②记合成词中语素：夹带；夹道；夹缝。③记词中非语素音节：〈复姓〉夹谷；夹温；基康夹仲。〈联绵〉夹唧；夹粒；洋夹；夹煎。〈外来〉夹可宾；夹克。

0403 夷 ①记词：〈现汉〉名。②记合成词中语素：淮夷；夷灭。③记词中非语素音节：〈复姓〉夷鼓。〈联绵〉蒲夷；夷犹；夷由。〈外来〉夷离毕；夷离淳那；夷离堇。〈地名〉夏威夷。

0404 轨 ①记词：〈古汉〉名、动。②记合成词中语素：轨迹；轨道；轨范。③记词中非语素音节：〈外来〉伐施迦啰轨。

0405 邪 ①记词：〈现汉〉形。②记合成词中语素：邪道；邪恶；邪乎。③记词中非语素音节：〈复姓〉生利邪伽；弗邪；朱邪。〈联绵〉邪揄；邪许；邪虎。〈外来〉邪旬。

0406 尧 ①记词：〈现汉〉名。②记合成词中语素：尧舜。③记词中非语素音节：〈复姓〉尧乐；伍尧；纳尧。〈联绵〉尧尧。〈外来〉

尧它。〈地名〉班纳尧〔老挝〕；帕尧〔泰〕。

0407 划 ①记词：〈现汉〉动。②记合成词中语素：划拳；划算；划艇。③记词中非语素音节：〈联绵〉划拉；刮划。〈外来〉划康德深。

0408 迈 ①记词：〈现汉〉动、名、量。②记合成词中语素：迈进；迈步；豪迈。③记词中非语素音节：〈复姓〉迈布；迈里古；勒纠迈。〈联绵〉迈迈。〈外来〉迈达；迈当；迈尔；迈里克兰姆。

0409 毕 ①记词：〈现汉〉名。②记合成词中语素：毕业；毕竟；毕露。③记词中非语素音节：〈复姓〉毕兰齐；辛毕。〈联绵〉毕罗；毕泼；毕沸；毕发。〈外来〉毕钵罗；毕彻赤；毕澄茄。

0410 至 ①记词：〈现汉〉动、副。②记合成词中语素：至宝；至多；至交。③记词中非语素音节：〈复姓〉至巴；拓至。〈联绵〉至那。〈外来〉至缚罗；翳迦鼻至迦；至那罗阇弗怛罗。

0411 此 ①记词：〈现汉〉代。②记合成词中语素：此地；此后；此前。③记词中非语素音节：〈复姓〉阿此；捏此；雇此。〈联绵〉此豸。〈外来〉衣此毕。

0412 贞 ①记词：〈现汉〉名。②记合成词中语素：贞操；贞洁；忠贞。③记词中非语素音节：〈复姓〉贞卧；佛齐贞吉；娜贞。〈地名〉贞洞里〔朝鲜〕。

0413 师 ①记词：〈现汉〉名。②记合成词中语素：教师；师兄；师生。③记词中非语素音节：〈复姓〉师延；师宜；羌师。〈联绵〉师比。〈外来〉师利；文殊师利；师子；奎师那。

0414 尘 ①记词：〈古汉〉名、动。②记合成词中语素：尘土；尘世；尘封。③记词中非语素音节：〈外来〉尘那罗。

0415 尖 ①记词：〈现汉〉形、名。②记合成词中语素：尖刀；尖锐；尖酸。③记词中非语素音节：〈复姓〉尖头；尖特开；茶尖。〈联绵〉淹尖。〈外来〉尖头鳗；尖头满。〈地名〉尖喷〔泰〕。

0416 劣 ①记词：〈古汉〉形、副。②记合成词中语素：劣等；劣迹；劣品。③记词中非语素音节：〈外来〉劣巴；易卜劣厮。

0417 光 ①记词：〈现汉〉名、形、副。②记合成词中语素：光复；光华；光辉。③记词中非语素音节：〈复姓〉光六；光不列；涿光。〈联绵〉重光；光光。〈外来〉光达；光碟。〈地名〉仰光。

0418 当 ①记词：〈现汉〉名、动。②记合成词中语素：当前；当时；当天。③记词中非语素音节：〈复姓〉当纳；当钦巴；茂当。〈联绵〉当归；当陆；当齐。〈外来〉当久；当机；亚当；麦当劳。

0419 早 ①记词：〈现汉〉形、副、名。②记合成词中语素：早市；早班；早日。③记词中非语素音节：〈外来〉早喇；早濑。

0420 吁 ①记词：〈现汉〉叹。②记合成词中语素：吁请；吁求；呼吁。③记词中非语素音节：〈复姓〉留吁。〈联绵〉吁嚱；吁唏；吁嘻；吁吁。〈外来〉吁腊荷舞。〈地名〉东吁〔缅甸〕。

0421 吐 ①记词：〈现汉〉动。②记合成词中语素：吐露；呕吐；吐血。③记词中非语素音节：〈复姓〉吐少；吐谷浑；利吐。〈联绵〉吐哺；吐喽；吐陠。〈外来〉吐司；吐吐磨；吐昔灵。

0422 吓 ①记词：〈现汉〉动、叹。②记合成词中语素：吓人；吓唬；恫吓。③记词中非语素音节：〈外来〉吓列彗星。

0423 虫 ①记词：〈现汉〉名。②记合成词中语素：虫草；虫情；虫灾。③记词中非语素音节：〈联绵〉馋虫；虫虫。〈地名〉虫明湾〔日本〕；浅虫〔日本〕。

0424 曲 ①记词：〈现汉〉名。②记合成词中语素：曲线；曲径。③记词中非语素音节：〈复姓〉曲莫；曲集；冷曲。〈联绵〉曲蟮；曲躬；曲须。〈外来〉曲安奈德；曲安西龙；曲伙；曲诺。

0425 团 ①记词：〈现汉〉动、名、量。②记合成词中语素：团队；团购；团体。③记词中非语素音节：〈复姓〉团旺；团康；蒲团。〈联绵〉团栾；团唐；团挛；团团。〈外来〉和团；康民团。

0426 吕 ①记词：〈现汉〉名。②记合成词中语素：吕剧；吕氏；

律吕。③记词中非语素音节:〈复姓〉吕祖;吕呗。〈外来〉吕克昂学府;吕臬古;伯姆夫吕特。〈地名〉吕宋岛〔菲律宾〕。

0427 同 ①记词:〈现汉〉形、动、副、介、连、名。②记合成词中语素:同伴;同学。③记词中非语素音节:〈复姓〉同归;官同。〈外来〉胡同;尼膜同;他兰同。〈地名〉林同省〔越南〕。

0428 吊 ①记词:〈现汉〉动、量。②记合成词中语素:吊灯;吊床;吊桥。③记词中非语素音节:〈联绵〉吊诡;吊当;吊吊。

0429 吃 ①记词:〈现汉〉动、介。②记合成词中语素:吃惊;吃苦。③记词中非语素音节:〈复姓〉吃讹;吃罗。〈联绵〉口吃;扑吃（chī）;吃吃（qīqī）。〈外来〉吃剌察;吃咯则。

0430 因 ①记词:〈现汉〉介、连、名。②记合成词中语素:因果;因袭。③记词中非语素音节:〈复姓〉因孙。〈联绵〉因陈;因勤;因憨。〈外来〉因颠;可卡因;康拜因。

0431 吸 ①记词:〈现汉〉动、名。②记合成词中语素:吸储;吸毒。③记词中非语素音节:〈联绵〉吸呷;吸吸;嘘吸;吸留。〈外来〉波罗吸摩;婆罗吸摩鸡。

0432 吗 ①记词:〈现汉〉代、助。②记合成词中语素:干吗;要吗有吗。③记词中非语素音节:〈复姓〉吗黑;札哈吗。〈联绵〉吗胡。〈外来〉吗啡;吗打吉林;吗淡;吗丁啉;吗拿;吗哪。

0433 吆 ①记词:〈现汉〉动。②记合成词中语素:吆喝;吆五喝六。③记词中非语素音节:〈联绵〉吆吆。

0434 屿 ①记词:未见①。②记合成词中语素:岛屿;孤屿。③记词中非语素音节:〈地名〉岜屿镇②。

0435 屹 ①记词:〈古汉〉形。②记合成词中语素:屹立;屹然。

---

① 《现代汉语词典》收"屿"但未标注词性,商务国际《古代汉语词典》未收"屿"。
② 参见王宁《通用规范汉字字典》224 页"岜"。

③记词中非语素音节：〈联绵〉屹屹。〈地名〉下屹里〔韩〕；善屹里〔韩〕；大屹里〔韩〕。

0436 岁 ①记词：〈现汉〉量、名。②记合成词中语素：岁初；岁数；岁月。③记词中非语素音节：〈复姓〉艾岁；鱼各岁。〈外来〉岁瑃。〈地名〉千岁〔日本〕。

0437 帆 ①记词：〈现汉〉名。②记合成词中语素：帆布；帆船；帆樯。③记词中非语素音节：〈地名〉松帆崎〔日本〕。

0438 回 ①记词：〈现汉〉动、量、名。②记合成词中语素：回报；回答。③记词中非语素音节：〈复姓〉回特；回纥。〈联绵〉迟回；回纥；回皇。〈外来〉回声；回丝。〈地名〉回春〔越南〕。

0439 岂 ①记词：〈现汉〉副、名。②记合成词中语素：岂止；岂敢；岂可。③记词中非语素音节：〈联绵〉岂（kǎi）弟。〈外来〉岂差；岂克。

0440 则 ①记词：〈现汉〉量、连、助。②记合成词中语素：总则；准则。③记词中非语素音节：〈复姓〉则尼利；则毅拉卜；没则。〈外来〉则纸；布尔则斯。〈地名〉日喀则。

0441 刚 ①记词：〈现汉〉副、名。②记合成词中语素：刚毅；刚巧。③记词中非语素音节：〈复姓〉刚努；夏日刚勒。〈联绵〉探刚；烹刚。〈外来〉刚巴度；刚伯度；刚洞。〈地名〉刚果。

0442 网 ①记词：〈现汉〉名、动。②记合成词中语素：网罗；网购；网评。③记词中非语素音节：〈联绵〉敞网；网蜽；象网。〈地名〉网野〔日本〕；网走〔日本〕。

0443 肉 ①记词：〈现汉〉名、形。②记合成词中语素：肉鸡；肉质；肉眼。③记词中非语素音节：〈复姓〉铁肉；定肉；蝶肉。〈外来〉肉孜节；零肉；拿吾肉孜（节）。〈地名〉肉栗〔日本〕。

0444 年 ①记词：〈现汉〉名、量。②记合成词中语素：年初，老年；少年。③记词中非语素音节：〈复姓〉年佳；年宛滔；没年。〈外来〉年红灯；嘉年华；山道年。〈地名〉卡年巴〔津巴布韦〕。

0445 朱 ①记词：〈现汉〉名。②记合成词中语素：朱门；朱墨。③记词中非语素音节：〈复姓〉朱依；尔朱。〈联绵〉朱朱；朱离；朱儒。〈外来〉朱古力；朱诺；朱蒙；朱古律；朱咕叻。

0446 先 ①记词：〈现汉〉名、副。②记合成词中语素：先驱；先天。③记词中非语素音节：〈复姓〉先贤；咒先。〈联绵〉先零；直先。〈外来〉先令；先尼；先礁；先锋霉素；先零；先陀婆。

0447 丢 ①记词：〈现汉〉动。②记合成词中语素：丢丑；丢弃；丢人。③记词中非语素音节：〈联绵〉健丢。〈外来〉丢门诺尔；丢士；丢斯；阿丢；阿提丢。

0448 廷 ①记词：〈现汉〉名。②记合成词中语素：朝廷；宫廷；清廷。③记词中非语素音节：〈复姓〉延扎；延丘。〈联绵〉迳廷；径廷。〈外来〉廷巴；廷巴鼓；廷拍尼。〈地名〉阿根廷。

0449 舌 ①记词：〈现汉〉名。②记合成词中语素：舌头；舌苔；舌战。③记词中非语素音节：〈复姓〉公舌；羊舌；者舌。〈外来〉百灵舌。〈地名〉塞舌尔。

0450 竹 ①记词：〈现汉〉名。②记合成词中语素：竹排；竹器；竹竿。③记词中非语素音节：〈复姓〉竹林；竹野；阿竹。〈外来〉竹忽；竹安新；竹珠勒空。〈地名〉尖竹汶〔泰〕。

0451 迁 ①记词：〈现汉〉动。②记合成词中语素：迁飞；迁居；拆迁。③记词中非语素音节：〈复姓〉迁少；把迁；阿拉边迁。〈联绵〉迁次；君迁；椐迁。

0452 乔 ①记词：〈现汉〉名。②记合成词中语素：乔木；乔迁。③记词中非语素音节：〈复姓〉乔佳；乔噶木克。〈联绵〉乔诘；罗乔；夭乔。〈外来〉乔尔；乔其纱。〈地名〉乔巴山〔蒙古〕。

0453 迄 ①记词：〈现汉〉副。②记合成词中语素：迄今；起迄。③记词中非语素音节：未见。

0454 伟　①记词：〈现汉〉名。②记合成词中语素：伟大；伟人；伟业。③记词中非语素音节：〈复姓〉伟兀；伟吾。〈外来〉伟夫饼；伟哥；伟克适；伟尔纳石。

0455 传　①记词：〈现汉〉动、名。②记合成词中语素：传道；传世；传输。③记词中非语素音节：未见。

0456 乒　①记词：〈现汉〉拟声。②记合成词中语素：乒坛；世乒赛；亚乒联盟。③记词中非语素音节：〈现汉〉（拟声）乒乓。〈外来〉乒乓球。

0457 乓　①记词：〈现汉〉拟声。②记合成词中语素：乓乓。③记词中非语素音节：〈联绵〉乓剖；〈现汉〉（拟声）乒乓。〈外来〉乒乓球。

0458 休　①记词：〈现汉〉动、副、名。②记合成词中语素：休眠；休耕；休假。③记词中非语素音节：〈复姓〉休屠。〈联绵〉休休；休屠；噢休。〈外来〉休克。〈地名〉休伦湖。

0459 伍　①记词：〈现汉〉数、名。②记合成词中语素：队伍；入伍。③记词中非语素音节：〈复姓〉伍参；伍赵；冷伍。〈联绵〉伍浓。〈外来〉伍德齐；伍戈拢；伍德合金。〈地名〉伍珀塔尔〔德〕。

0460 伏　①记词：〈现汉〉动、名、量。②记合成词中语素：伏笔；伏击。③记词中非语素音节：〈复姓〉伏罗；扶伏。〈联绵〉伏羲；伏翼；伏灵。〈外来〉伏特；伏特安培；伏特计；伏特加。

0461 优　①记词：〈现汉〉形、名。②记合成词中语素：优待；优点。③记词中非语素音节：〈复姓〉优性舒；优珠噜。〈联绵〉优坛；伊优；优优。〈外来〉优盘；优钵；优底；优格；优波夷。

0462 臼　①记词：〈现汉〉名。②记合成词中语素：石臼；脱臼；臼齿。③记词中非语素音节：〈复姓〉臼季；一臼；杵臼。〈地名〉臼田〔日本〕；臼杵〔日本〕。

0463 伐　①记词：〈现汉〉动、名。②记合成词中语素：讨伐伐木；伐善。③记词中非语素音节：〈复姓〉铁伐；俟力伐。〈联绵〉伐伐（pèipèi）。〈外来〉伐利耳；伐伽；伐乌林；伐昔洛韦。

0464 延　①记词：〈现汉〉动、名。②记合成词中语素：延长；延迟；延后。③记词中非语素音节：〈复姓〉呼延；延明；吴延。〈联绵〉祥延；延居；延维。〈外来〉延彻尔；延迣。

0465 仲　①记词：〈现汉〉名。②记合成词中语素：仲裁；仲春；仲夏。③记词中非语素音节：〈复姓〉仲行；仲瑙；蔡仲。〈联绵〉仲仲；杜仲。〈外来〉仲科；仲谐；仲译清波；仲译钦波。

0466 件　①记词：〈现汉〉量、名。②记合成词中语素：铸件；零件；案件。③记词中非语素音节：未见。

0467 任　①记词：〈现汉〉动、名。②记合成词中语素：任便；任免；任意。③记词中非语素音节：〈复姓〉任康；任药；赛朔任孔。〈联绵〉戴任。〈外来〉任婆；耶任木抵项。〈地名〉任实〔韩〕。

0468 伤　①记词：〈现汉〉名、动。②记合成词中语素：伤疤；伤风。③记词中非语素音节：〈复姓〉伤槐；郁伤。〈联绵〉无伤；孤伤。

0469 价　①记词：〈现汉〉名。②记合成词中语素：价钱；价值；价差。③记词中非语素音节：〈方言〉价套。〈地名〉价川市〔朝鲜〕。

0470 伦　①记词：〈现汉〉名。②记合成词中语素：伦常；伦次。③记词中非语素音节：〈复姓〉伦和；巴伦；吾古伦。〈联绵〉库伦；胡伦。〈外来〉伦皮拉；伦琴；伦托。〈地名〉伦敦。

0471 份　①记词：〈现汉〉量。②记合成词中语素：份额；份子；股份。③记词中非语素音节：〈联绵〉份份（bīnbīn）。

0472 华　①记词：〈现汉〉名。②记合成词中语素：华北；华灯；华人。③记词中非语素音节：〈复姓〉华原；华西哈尔；宋华。〈联绵〉华飒；华骝。〈外来〉嘉年华；华尔街；华尔兹；华法林。

0473 仰　①记词：〈现汉〉动、名。②记合成词中语素：信仰；仰角；仰慕。③记词中非语素音节：〈复姓〉仰不来木；兜仰。〈联绵〉

仰仰。〈地名〉仰光。

0474 仿 ①记词：〈现汉〉动、名。②记合成词中语素：仿古；仿冒；仿造。③记词中非语素音节：〈联绵〉仿佛；仿像；仿洋；仿佯。〈外来〉碘仿；氯仿；哥罗仿；哥罗仿谟。

0475 伙 ①记词：〈现汉〉量、副、名。②记合成词中语素：伙同；伙房；伙食。③记词中非语素音节：〈复姓〉阿伙；伙尔孙提麻尔；依伙。〈外来〉伙计；伙什；马伙没教；马伙墨顿教。

0476 伪 ①记词：〈古汉〉名、动、形。②记合成词中语素：伪善；伪造；伪装。③记词中非语素音节：未见。

0477 自 ①记词：〈现汉〉副、名、介。②记合成词中语素：自爱；自闭；自动。③记词中非语素音节：〈复姓〉自死独膊；布自；吉自。〈地名〉自等里〔韩〕。

0478 伊 ①记词：〈现汉〉助、名、代。②记合成词中语素：伊人；伊始。③记词中非语素音节：〈复姓〉伊扎尔；伊引。〈联绵〉伊尼；伊威；伊优。〈外来〉伊波拉；伊伯利脱；伊刹尼。

0479 血 ①记词：〈现汉〉名。②记合成词中语素：血管；血汗；血库。③记词中非语素音节：〈外来〉血拼；利血生；利血平。

0480 向 ①记词：〈现汉〉动、介、名、副。②记合成词中语素：向好；向背；向阳。③记词中非语素音节：〈复姓〉向佳；叔向。〈联绵〉向顿。〈地名〉日向〔日本〕。

0481 似 ①记词：〈现汉〉动、介。②记合成词中语素：似乎；相似；类似。③记词中非语素音节：〈复姓〉似先；似和；季似。〈外来〉浑不似；它似蜜。〈地名〉样似〔日本〕。

0482 后 ①记词：〈现汉〉名。②记合成词中语素：后备；后方；后劲。③记词中非语素音节：〈复姓〉功后；拓后跋；夏后。〈联绵〉解后。〈外来〉后马托品。〈地名〉后江省〔越南〕。

0483 行 ①记词：〈现汉〉动、副、名。②记合成词中语素：行为；

行程;行动。③记词中非语素音节:〈复姓〉行人;行其;右行。〈联绵〉行行;行唐。〈地名〉友行上〔日本〕。

0484 舟 ①记词:〈现汉〉名。②记合成词中语素:舟车;舟楫;舟桥。③记词中非语素音节:〈复姓〉舟人;舟之;舟相。〈联绵〉舟张;舟章。〈地名〉舟渡〔日本〕;莲舟里〔韩〕。

0485 全 ①记词:〈现汉〉形、副、名。②记合成词中语素:全程;全局。③记词中非语素音节:〈复姓〉全佳。〈地名〉全州〔韩〕;全义〔韩〕。

0486 会 ①记词:〈现汉〉动、名、副。②记合成词中语素:会务;会议;会话。③记词中非语素音节:〈复姓〉会稽;会兰;谷会。〈外来〉奴会。〈地名〉会芬高原〔老挝〕;班会门〔老挝〕。

0487 杀 ①记词:〈现汉〉动。②记合成词中语素:杀毒;杀机;杀手。③记词中非语素音节:〈复姓〉杀利咥;杀利。〈联绵〉杀爬;骚杀;鳖杀。〈外来〉杀老夫;杀马特;杀野;杀其马。

0488 合 ①记词:〈现汉〉动、量、名。②记合成词中语素:合作;合璧。③记词中非语素音节:〈复姓〉合白;阿合。〈联绵〉合罕;合沓;合醒。〈外来〉合安;合贝爽;合俱录;合剌赤。

0489 兆 ①记词:〈现汉〉名、数。②记合成词中语素:兆头;预兆。③记词中非语素音节:〈复姓〉兆巴尔;兆齐特;京兆。〈联绵〉柔兆;游兆。

0490 企 ①记词:〈古汉〉动。②记合成词中语素:企盼;企图;企业。③记词中非语素音节:〈联绵〉企理。〈外来〉柯企;僧企耶;阿僧企耶。

0491 众 ①记词:〈现汉〉名。②记合成词中语素:众多;众筹;众怒。③记词中非语素音节:〈复姓〉众利;茄众。〈联绵〉贯众。

0492 爷 ①记词:〈现汉〉名。②记合成词中语素:爷娘;老爷;太爷。③记词中非语素音节:〈地名〉洞爷〔日本〕。

0493 伞　①记词：〈现汉〉名。②记合成词中语素：伞兵；雨伞；跳伞。③记词中非语素音节：〈复姓〉期伞。〈联绵〉干伞。

0494 创　①记词：〈现汉〉动。②记合成词中语素：创办；创造；创立。③记词中非语素音节：〈方言〉创懑；创空。

0495 肌　①记词：〈古汉〉名。②记合成词中语素：肌肉；肌肤；腹肌。③记词中非语素音节：〈联绵〉肌求；密肌。〈地名〉香肌峡〔日本〕。

0496 肋　①记词：〈现汉〉名。②记合成词中语素：肋骨；肋条；肋膜。③记词中非语素音节：〈联绵〉肋胁。〈外来〉哈肋巴。〈地名〉肋神〔日本〕；岩肋〔日本〕。

0497 朵　①记词：〈现汉〉量、数。②记合成词中语素：花朵；云朵。③记词中非语素音节：〈复姓〉朵儿只；朵儿别。〈联绵〉朵落；骨朵；菁朵。〈外来〉朵儿禅；朵拉；朵斯提。

0498 杂　①记词：〈现汉〉形、动。②记合成词中语素：杂费；杂烩；杂交。③记词中非语素音节：〈复姓〉杂辣嘎尔杂。〈联绵〉嘈杂；杂沓；杂踏。〈外来〉杂堆；杂布达；杂涅勒空。

0499 危　①记词：〈现汉〉名。②记合成词中语素：危难；危重；危房。③记词中非语素音节：〈复姓〉三危。〈联绵〉危危。〈地名〉危地马拉。

0500 旬　①记词：〈现汉〉量。②记合成词中语素：上旬；旬刊。③记词中非语素音节：〈联绵〉由旬。〈外来〉波旬；斜旬；耶旬。

0501 旨　①记词：〈古汉〉名、形。②记合成词中语素：宗旨；旨趣；旨意。③记词中非语素音节：〈外来〉河鼻旨。〈地名〉南旨〔韩〕；龙旨里〔韩〕。

0502 旭　①记词：〈现汉〉名。②记合成词中语素：旭日；朝旭。③记词中非语素音节：〈复姓〉旭申；西域旭烈；夏旭本。〈联绵〉旭卉；旭旭。〈地名〉旭岳〔日本〕。

0503 负　①记词：〈现汉〉动、形、名。②记合成词中语素：负责；负面；负担。③记词中非语素音节：〈复姓〉负黍。〈联绵〉负版；负劳；负蟠；负负。〈地名〉荷负〔日本〕。

0504 匈　①记词：〈姓氏〉名。②记合成词中语素：匈姓；匈氏；匈家。③记词中非语素音节：〈复姓〉匈布。〈联绵〉匈匈；匈磕。〈外来〉匈奴。〈地名〉匈牙利。

0505 名　①记词：〈现汉〉名、动、量。②记合成词中语素：名册；名人；名单。③记词中非语素音节：〈复姓〉兀名；名刀；名斗。〈地名〉名古屋〔日本〕；名取〔日本〕。

0506 各　①记词：〈现汉〉代、副、名。②记合成词中语素：各色；各别；各自。③记词中非语素音节：〈复姓〉各尔格兹；各荣。〈联绵〉各各；各落；各当。〈地名〉波多黎各；加尔各答。

0507 多　①记词：〈现汉〉形、动、副、代、数、名。②记合成词中语素：多虑；多情。③记词中非语素音节：〈复姓〉多仁；多尔衮。〈联绵〉多罗；咩多。〈外来〉多巴；多巴胺；多布拉。

0508 争　①记词：〈现汉〉动、代。②记合成词中语素：争吵；争斗；争夺。③记词中非语素音节：〈联绵〉争瀯；别争。

0509 色　①记词：〈现汉〉名。②记合成词中语素：色彩；色光。③记词中非语素音节：〈复姓〉色才；色赫图。〈联绵〉格色；恶色。〈外来〉色比洛；色卜替；色旦；色拉。〈地名〉以色列。

0510 壮　①记词：〈现汉〉形、动、量、名。②记合成词中语素：壮大；壮观。③记词中非语素音节：〈复姓〉壮佳；壮丘；壮邱。〈地名〉御壮〔日本〕；壮瞥〔日本〕；道壮里〔韩〕。

0511 冲　①记词：〈现汉〉动、名。②记合成词中语素：冲动；冲剂；冲突。③记词中非语素音节：〈复姓〉冲武哩；冲果尔；达尔冲阿。〈联绵〉冲蒙；冲冲；冲融；冲冲。〈地名〉冲绳。

0512 妆　①记词：〈古汉〉名、动。②记合成词中语素：化妆；妆衾；妆饰。③记词中非语素音节：未见。

0513 冰 ①记词：〈现汉〉名、动。②记合成词中语素：冰糕；冰柜；冰刀。③记词中非语素音节：〈复姓〉冰坚。〈外来〉冰高；冰激凌；冰淇淋；冰忌淋。〈地名〉冰见〔日本〕。

0514 庄 ①记词：〈现汉〉名。②记合成词中语素：庄户；农庄；庄严。③记词中非语素音节：〈复姓〉庄浪；庄张；常庄。〈联绵〉抗庄；青庄；康庄；庄庄。〈地名〉庄他武里〔泰〕。

0515 庆 ①记词：〈现汉〉动、名。②记合成词中语素：庆贺；庆幸；国庆节。③记词中非语素音节：〈复姓〉庆父；庆格哩；达日庆宝。〈联绵〉庆窍。〈地名〉庆和省〔越南〕；庆阳〔越南〕。

0516 亦 ①记词：〈现汉〉副、名。②记合成词中语素：亦步亦趋。③记词中非语素音节：〈复姓〉亦刺；亦乞烈；薛亦。〈外来〉阔亦填；亦都护；亦都兀惕；亦儿哥赤；亦来；亦马齐。

0517 刘 ①记词：〈现汉〉名。②记合成词中语素：刘氏；刘家。③记词中非语素音节：〈复姓〉刘折；刘诺；吴刘。〈联绵〉刘杙；刘弋；毗刘。〈外来〉刘易斯〔英国人，发展经济学家〕。

0518 齐 ①记词：〈现汉〉形、动、副、介、名。②记合成词中语素：整齐；齐唱；齐全。③记词中非语素音节：〈复姓〉齐赫勒；齐玛里。〈联绵〉勃齐；必齐；当齐。〈地名〉乌鲁木齐。

0519 交 ①记词：〈现汉〉动、名。②记合成词中语素：交还；交汇；交付。③记词中非语素音节：〈复姓〉交鲁；交淖得；阿交。〈联绵〉交交；交精；交仓。〈外来〉交沙霉素。

0520 衣 ①记词：〈现汉〉名。②记合成词中语素：衣兜；衣料；衣衫。③记词中非语素音节：〈联绵〉衣舒；知衣；佟衣。〈外来〉衣此毕；衣兰油；衣米丁；衣什克；门衣司亭。

0521 次 ①记词：〈现汉〉形、量、名。②记合成词中语素：次品；次日。③记词中非语素音节：〈复姓〉次民。〈联绵〉布次；操次；次蠡。〈外来〉次雄；次尔伏尼雀。〈地名〉朴次茅斯〔美〕。

0522 产 ①记词：〈现汉〉动、名。②记合成词中语素：产权；产业；产品。③记词中非语素音节：〈复姓〉觉尔产；子产；典产。〈联绵〉寒产。〈外来〉控产。〈地名〉林产里〔朝鲜〕。

0523 决 ①记词：〈现汉〉副、动。②记合成词中语素：决策；决定；决议。③记词中非语素音节：〈复姓〉何拉决。〈联绵〉决明；决决。〈外来〉决达。

0524 亥 ①记词：〈现汉〉名。②记合成词中语素：亥时。③记词中非语素音节：〈复姓〉亥扣；亥扒；耶亥。〈联绵〉戍亥。〈外来〉亥俄辛；亥讷值；；亥提；亥贴。〈地名〉俄亥俄州〔美〕。

0525 充 ①记词：〈现汉〉动、名。②记合成词中语素：充电；补充；充饥。③记词中非语素音节：〈复姓〉充莽；充葱本；达充阿。〈联绵〉充充；充屈；充蔚；充倔。〈外来〉兹充；囊论充。

0526 妄 ①记词：〈现汉〉副。②记合成词中语素：妄为；妄议；妄图。③记词中非语素音节：未见。

0527 闭 ①记词：〈现汉〉动、名。②记合成词中语素：闭塞；闭眼；闭卷。③记词中非语素音节：〈复姓〉闭珊；闭栅。〈外来〉闭尸。

0528 问 ①记词：〈现汉〉动、介、名。②记合成词中语素：问鼎；问候；问世。③记词中非语素音节：〈复姓〉问弓；问薪。〈外来〉问打。〈地名〉问牧〔日本〕。

0529 闯 ①记词：〈现汉〉动、名。②记合成词中语素：闯关；闯劲；闯荡。③记词中非语素音节：未见。

0530 羊 ①记词：〈现汉〉名。②记合成词中语素：羊毫；羊毛。③记词中非语素音节：〈复姓〉公羊；羊舌；青羊。〈联绵〉羊桃；尚羊；贲羊；常羊。〈外来〉羊岗子；羊杠子；羊真；梯羊。

0531 并 ①记词：〈现汉〉动、副、连。②记合成词中语素：并存；并购；并联。③记词中非语素音节：〈复姓〉并官。〈联绵〉并瀑；

并间；并封。〈地名〉梶并〔日本〕；并水里〔韩〕。

0532 关 ①记词：〈现汉〉动、名。②记合成词中语素：关涉；关心；相关到底。③记词中非语素音节：〈复姓〉关切木；关伴；东关。〈联绵〉关关；间关。〈地名〉关丹〔马来西亚〕。

0533 米 ①记词：〈现汉〉名、量。②记合成词中语素：米粉；糯米。③记词中非语素音节：〈复姓〉米洞；米禽；娃米。〈联绵〉米枝；韶米。〈外来〉米尺；米达别；米达尺；米得尔；米氮平。

0534 灯 ①记词：〈现汉〉名。②记合成词中语素：灯标；灯花；灯谜。③记词中非语素音节：未见。

0535 州 ①记词：〈现汉〉名。②记合成词中语素：州官。③记词中非语素音节：〈复姓〉州来；戎州；延州。〈地名〉罗州〔韩〕；光州〔韩〕；本州岛〔日本〕。

0536 汗 ①记词：〈现汉〉名。②记合成词中语素：汗水；汗颜。③记词中非语素音节：〈复姓〉步大汗。〈联绵〉汗漫；可汗；泮汗。〈外来〉汗栗太；可汗；汗依阿玛。〈地名〉阿富汗。

0537 污 ①记词：〈古汉〉名、动、形。②记合成词中语素：污点；污垢；玷污。③记词中非语素音节：〈联绵〉污邪；污衺；污脓。〈外来〉污澜。

0538 江 ①记词：〈现汉〉名。②记合成词中语素：江山；江豚。③记词中非语素音节：〈复姓〉江吉。〈联绵〉江蒿；江离。〈外来〉江臣；江南；搠思江朵儿麻。〈地名〉江原道〔韩〕。

0539 汛 ①记词：〈现汉〉名。②记合成词中语素：汛期；汛情；防汛。③记词中非语素音节：未见。

0540 池 ①记词：〈现汉〉名。②记合成词中语素：池盐；盐池；池塘。③记词中非语素音节：〈复姓〉下池；塔池喇。〈联绵〉差池；柴池；傑池。〈地名〉越池〔越南〕；三池渊〔朝鲜〕。

0541 汝 ①记词：〈现汉〉代、名。②记合成词中语素：汝曹；汝辈。③记词中非语素音节：〈复姓〉汝斤；汝苏；噶汝本。〈地名〉汝拉省〔法〕；汝培里〔韩〕。

0542 汤　①记词：〈现汉〉名。②记合成词中语素：汤匙；汤料。③记词中非语素音节：〈复姓〉汤加仓；汤滂。〈联绵〉汤汤；琅汤；狼汤。〈外来〉汤薄铃；汤里也；汤力水。〈地名〉汤加。

0543 忙　①记词：〈现汉〉形、动。②记合成词中语素：忙碌；忙乱；忙活。③记词中非语素音节：〈复姓〉忙兀；忙忽特；尼忙窟。〈联绵〉苍忙；忙祥。〈外来〉忙古；忙豁。

0544 兴　①记词：〈现汉〉动、副、名。②记合成词中语素：兴奋；兴建；兴旺。③记词中非语素音节：〈复姓〉兴安；兴燕；兴佳。〈外来〉兴旧；兴渠；兴瞿；兴宜。〈地名〉兴凯湖。

0545 宇　①记词：〈现汉〉名。②记合成词中语素：宇宙；寰宇；宇航。③记词中非语素音节：〈复姓〉宇文；宇妥；直宇。〈联绵〉杜宇。〈外来〉加里哥宇群落。〈地名〉志美宇丹〔日本〕。

0546 守　①记词：〈现汉〉动、名。②记合成词中语素：守备；守成；守候。③记词中非语素音节：〈复姓〉守山；守田；莫守。〈外来〉失守摩罗。〈地名〉守口〔日本〕。

0547 宅　①记词：〈现汉〉动。②记合成词中语素：宅邸；宅院；宅男。③记词中非语素音节：〈外来〉宅急送。〈地名〉三宅岛〔日本〕。

0548 字　①记词：〈现汉〉名。②记合成词中语素：字典；字体；字号。③记词中非语素音节：〈复姓〉万字。〈外来〉字喃；喃字。

0549 安　①记词：〈现汉〉形、动、名、代。②记合成词中语素：安静；安排。③记词中非语素音节：〈复姓〉安其；佟安。〈联绵〉安安。〈外来〉安抽鱼；安达；安答。〈地名〉安哥拉。

0550 讲　①记词：〈现汉〉动、介、名。②记合成词中语素：讲话；演讲；讲述。③记词中非语素音节：〈复姓〉宋讲。〈方言〉讲打；讲口。

0551 讳　①记词：〈现汉〉名。②记合成词中语素：讳忌；讳言。

③记词中非语素音节：未见。

0552 军 ①记词：〈现汉〉名。②记合成词中语素：军人；军队；军礼。③记词中非语素音节：〈复姓〉军车；冠军。〈联绵〉军持；军迟。〈外来〉军荼；军荼利；军那。〈地名〉军威〔韩〕。

0553 讶 ①记词：〈古汉〉动。②记合成词中语素：讶异；惊讶；讶然。③记词中非语素音节：未见。

0554 许 ①记词：〈现汉〉动、副、助、名。②记合成词中语素：许配。③记词中非语素音节：〈复姓〉许杜；许大歹；巫许。〈联绵〉耶许；呀许；许许（hǔhǔ）。〈地名〉艾森许滕施塔特〔德〕。

0555 讹 ①记词：〈现汉〉动。②记合成词中语素：讹传；讹诈；讹误。③记词中非语素音节：〈复姓〉讹力；讹留；讹罗。

0556 论 ①记词：〈现汉〉介、名。②记合成词中语素：论文；论题。③记词中非语素音节：〈复姓〉土骨论；古论；乌古论。〈外来〉论苴；论苴扈莽；论恐热；论莽热；囊论充；囊论觅零逋。

0557 讼 ①记词：〈现汉〉动。②记合成词中语素：讼师；诉讼；讼案。③记词中非语素音节：未见。

0558 农 ①记词：〈现汉〉名。②记合成词中语素：农业；农村；农民。③记词中非语素音节：〈复姓〉农吉勒；农布。〈外来〉农力热；农土；氨力农。〈地名〉班农根〔老挝〕。

0559 讽 ①记词：〈古汉〉动。②记合成词中语素：讽刺；讽喻；讥讽。③记词中非语素音节：〈外来〉讽特。

0560 设 ①记词：〈现汉〉动、连。②记合成词中语素：设备；设定；设法。③记词中非语素音节：〈联绵〉设利；设设。〈外来〉设睹噜；设拉子；设利罗；设娑怛罗。〈地名〉设菲尔德〔美〕。

0561 访 ①记词：〈古汉〉动、副。②记合成词中语素：访客；访古；访问。③记词中非语素音节：〈地名〉諏访〔日本〕。

0562 诀 ①记词：〈古汉〉名、动。②记合成词中语素：诀别；永诀；诀窍。③记词中非语素音节：未见。

0563 寻 ①记词：〈现汉〉动。②记合成词中语素：寻访；寻根；寻求。③记词中非语素音节：〈复姓〉寻孟；常寻。〈联绵〉寻摸；浸寻；侵寻。〈外来〉寻寻；寻纺绸；比陪拉寻。

0564 那 ①记词：〈现汉〉名、代、连。②记合成词中语素：那里；那样。③记词中非语素音节：〈复姓〉谷那。〈联绵〉刹那；那麻；那模。〈外来〉那达慕；那摩温。〈地名〉哈瓦那。

0565 迅 ①记词：〈古汉〉形。②记合成词中语素：迅速；迅捷；迅猛。③记词中非语素音节：〈联绵〉祥迅。〈外来〉巴迅犬。

0566 尽 ①记词：〈现汉〉动、介、副。②记合成词中语素：尽快；尽早；尽力。③记词中非语素音节：〈联绵〉尽尽。〈方言〉尽去；尽关。

0567 导 ①记词：〈现汉〉名。②记合成词中语素：导播；导论；导航。③记词中非语素音节：〈复姓〉阿导布。〈联绵〉棋导。

0568 异 ①记词：〈现汉〉名。②记合成词中语素：异常；异地；异议。③记词中非语素音节：〈复姓〉异奇斤；纳克书异鲁；排门异。〈联绵〉异干。〈外来〉奇异果。〈地名〉智异山〔韩〕。

0569 弛 ①记词：〈古汉〉动。②记合成词中语素：松弛；弛懈；弛缓。③记词中非语素音节：未见。

0570 孙 ①记词：〈现汉〉名。②记合成词中语素：孙女；儿孙；外孙。③记词中非语素音节：〈复姓〉公孙。〈联绵〉王孙；蚯孙；胡孙。〈外来〉孙巴；孙物；亚马孙河。〈地名〉孙潘戈〔墨〕。

0571 阵 ①记词：〈现汉〉名、量。②记合成词中语素：阵容；阵地；阵雨。③记词中非语素音节：〈复姓〉钩阵。〈方言〉阵打阵；阵头；阵长。〈地名〉阵内〔日本〕。

0572 阳 ①记词：〈现汉〉名。②记合成词中语素：阳刚；阳伞；阳台。③记词中非语素音节：〈复姓〉欧阳；阳盛；巫阳。〈联绵〉阳盱；阳遂；阳桃。〈外来〉阳伊洪。〈地名〉开阳〔日本〕。

0573 收　①记词：〈现汉〉动。②记合成词中语素：收场；收看；收拢。③记词中非语素音节：〈复姓〉吴收；各务收。〈联绵〉娄收。〈外来〉买收。

0574 阶　①记词：〈现汉〉名。②记合成词中语素：阶层；阶段；阶梯。③记词中非语素音节：〈地名〉阶见〔日本〕。

0575 阴　①记词：〈现汉〉形、名。②记合成词中语素：阴极；阴沟；阴历。③记词中非语素音节：〈复姓〉阴康。〈联绵〉阴阴。〈外来〉阴达；阴丹士林；阴沟里洗。〈地名〉阴阳〔韩〕。

0576 防　①记词：〈现汉〉动、名。②记合成词中语素：防止；预防；防范。③记词中非语素音节：〈复姓〉防风。〈联绵〉防豆；防漏。〈外来〉防步率。〈地名〉周防滩〔日本〕。

0577 奸　①记词：〈古汉〉名、形。②记合成词中语素：奸臣；奸贼；奸诈。③记词中非语素音节：〈方言〉奸馋。

0578 如　①记词：〈现汉〉动、介、连、名。②记合成词中语素：如初；如常。③记词中非语素音节：〈复姓〉如定；觉如。〈联绵〉如馨；如作。〈外来〉如本；如尼文；如忒卡品；如瓦。

0579 妇　①记词：〈现汉〉名。②记合成词中语素：妇女；妇人；妇联。③记词中非语素音节：〈联绵〉鼠妇。〈外来〉天妇罗。〈地名〉妇中〔日本〕。

0580 妃　①记词：〈姓氏〉名。②记合成词中语素：妃嫔；妃子；妃色。③记词中非语素音节：〈复姓〉卢妃。〈外来〉太妃酒；太妃糖。

0581 好　①记词：〈现汉〉形、动、副、代。②记合成词中语素：好处；好歹；爱好。③记词中非语素音节：〈复姓〉好台；好统；好努特。〈联绵〉好好。〈外来〉甘文好司；好莱坞；好勒登。

0582 她　①记词：〈现汉〉代。②记合成词中语素：她们。③记词中非语素音节：未见。

0583 妈　①记词：〈现汉〉名。②记合成词中语素：爹妈；姨妈；

姑妈。③记词中非语素音节:〈联绵〉妈呼;萨妈;贡妈颡。〈外来〉妈咪;妈哈萨督呀;阿妈尼;阿妈妮;阿妈萨。

0584 戏 ①记词:〈现汉〉名。②记合成词中语素:戏曲;游戏;戏装。③记词中非语素音节:〈复姓〉戏阳;彭戏。〈联绵〉伏戏;戏戏;宓戏;乌戏。

0585 羽 ①记词:〈现汉〉量。②记合成词中语素:羽毛;羽绒;羽化。③记词中非语素音节:〈复姓〉羽弗;羽真;拂羽。〈地名〉羽咋〔日本〕。

0586 观 ①记词:〈现汉〉名。②记合成词中语素:观礼;观看。③记词中非语素音节:〈复姓〉土观;观间。〈联绵〉观观。〈外来〉观音;观度;观特塔思;观勿尼恩西亚;观物尼恩西亚。

0587 欢 ①记词:〈现汉〉形。②记合成词中语素:欢呼;欢畅;欢乐。③记词中非语素音节:〈复姓〉欢斯;占储欢;达鲁欢。〈外来〉塔剌不欢。〈地名〉成欢〔韩〕。

0588 买 ①记词:〈现汉〉动、名。②记合成词中语素:买通;买主。③记词中非语素音节:〈复姓〉买玛本;牙买五得。〈外来〉阿买;买尔;买各苏得;买僧。〈地名〉牙买加。

0589 红 ①记词:〈现汉〉形、名。②记合成词中语素:红旗;红色。③记词中非语素音节:〈复姓〉红佳;红阳;冯红。〈联绵〉壅红。〈外来〉红剌;红杌。〈地名〉红利曼〔乌克兰〕。

0590 驮 ①记词:〈现汉〉动。②记合成词中语素:驮轿;驮马。③记词中非语素音节:〈联绵〉筛驮。〈外来〉驮都;驮缚若;驮索迦;驮那演那;驮南;驮演那;没驮。〈地名〉驮知〔日本〕。

0591 纤 ①记词:〈现汉〉名。②记合成词中语素:纤夫;纤绳;纤维。③记词中非语素音节:〈复姓〉沈纤;来纤。〈联绵〉纤趋;棉纤;纤离;纤纤;纤骊。

0592 驯 ①记词:〈现汉〉动。②记合成词中语素:驯服;驯化;

驯养。③记词中非语素音节：〈方言〉驯善；驯熟。

  0593 约　①记词：〈现汉〉动、副。②记合成词中语素：约稿；约会；约谈。③记词中非语素音节：〈复姓〉约尼；余约志。〈联绵〉绰约；彴约；仢约。〈外来〉约德尔；约儿赤。〈地名〉约旦。

  0594 级　①记词：〈现汉〉名、量。②记合成词中语素：级别；级差；留级。③记词中非语素音节：〈联绵〉加级。〈地名〉信级〔日本〕。

  0595 纪　①记词：〈现汉〉名。②记合成词中语素：纪念；纪实。③记词中非语素音节：〈复姓〉纪里；纪勒墨。〈外来〉纪哩驮；赞林纪桑；拉维纪草；拍尔姆纪。〈地名〉纪伊长岛〔日本〕。

  0596 驰　①记词：〈古汉〉动。②记合成词中语素：驰名；驰骋；驰援。③记词中非语素音节：〈外来〉古驰；卡路驰。〈地名〉恩驰岛〔日本〕。

  0597 纫　①记词：〈现汉〉动。②记合成词中语素：缝纫；纫佩。③记词中非语素音节：〈外来〉散妥纫。

  0598 巡　①记词：〈现汉〉量。②记合成词中语素：巡视；巡警；巡演。③记词中非语素音节：〈联绵〉遁巡；由巡；逡巡。〈地名〉巡教〔越南〕；花巡〔日本〕。

  0599 寿　①记词：〈现汉〉名。②记合成词中语素：寿辰；寿桃。③记词中非语素音节：〈复姓〉寿丘；寿西；莫寿。〈外来〉寿司；寿喜烧。〈地名〉富寿省〔越南〕；寿都〔日本〕。

  0600 弄　①记词：〈现汉〉动。②记合成词中语素：弄权；玩弄；弄瓦。③记词中非语素音节：〈复姓〉弄拉；弄枯尼；借弄。〈联绵〉鼓弄；糊弄；咕弄。〈地名〉瓜拉弄宾〔马来西亚〕。

  0601 麦　①记词：〈现汉〉名。②记合成词中语素：大麦；麦浪。③记词中非语素音节：〈复姓〉麦丘；麦古丹。〈联绵〉麦蚱；消麦。〈外来〉开麦拉；麦克风；麦当劳；麦格风。〈地名〉丹麦。

  0602 玖　①记词：〈现汉〉数。②记合成词中语素：玖仟；琼玖；

佩玖。③记词中非语素音节：〈复姓〉西玖；崩玖本；藏玖本。〈地名〉玖老势〔日本〕。

0603 玛 ①记词：〈现汉〉名。②记合成词中语素：玛氏；玛家。③记词中非语素音节：〈复姓〉玛尔屯；玛察。〈联绵〉玛瑙；萨玛。〈外来〉玛八；玛德琳；玛多西居；玛佘；玛尼珠；玛塞克。

0604 形 ①记词：〈现汉〉名。②记合成词中语素：形变；形势；形成。③记词中非语素音节：〈复姓〉形成。〈外来〉形虞。〈地名〉山形〔日本〕。

0605 进 ①记词：〈现汉〉动、量、名。②记合成词中语素：进补；进攻；进军。③记词中非语素音节：〈复姓〉吴进；莫进；唎进。〈地名〉日进〔日本〕；进永〔韩〕。

0606 戒 ①记词：〈现汉〉动、名。②记合成词中语素：戒备；戒除；戒尺。③记词中非语素音节：〈联绵〉戒杠。〈外来〉戒白伍。

0607 吞 ①记词：〈现汉〉动、名。②记合成词中语素：吞并；吞服。③记词中非语素音节：〈复姓〉吞弥；吞巴；拼吞。〈联绵〉温吞；云吞。〈外来〉吞格豆；吞拿鱼。〈地名〉巴吞鲁日〔美〕。

0608 远 ①记词：〈现汉〉形、名。②记合成词中语素：远东；远方；远见。③记词中非语素音节：〈联绵〉远志。〈外来〉远藤。〈地名〉宁远〔朝鲜〕。

0609 违 ①记词：〈古汉〉名、动。②记合成词中语素：违背；违规；违章。③记词中非语素音节：〈外来〉违陀天；违陀；违纽；违驮。〈地名〉角违〔日本〕。

0610 韧 ①记词：〈现汉〉动。②记合成词中语素：韧劲；韧带；韧性。③记词中非语素音节：〈方言〉韧粥；韧皮。

0611 运 ①记词：〈现汉〉动、名。②记合成词中语素：运动；运筹；运费。③记词中非语素音节：〈复姓〉运奄；运期；泰运。〈联绵〉运握。

0612 扶 ①记词：〈现汉〉动、名。②记合成词中语素：扶持；扶手。③记词中非语素音节：〈复姓〉扶登；扶伏；褐扶。〈联绵〉扶摇；扶胥；扶拔；扶渠。〈外来〉扶碌；扶萨；扶他林；扶薛。

0613 抚 ①记词：〈古汉〉动。②记合成词中语素：抚爱；抚摸；抚琴。③记词中非语素音节：〈方言〉抚挏；抚谢。〈地名〉押抚〔日本〕。

0614 坛 ①记词：〈现汉〉名。②记合成词中语素：坛子；文坛。③记词中非语素音节：〈复姓〉阿拉坛席热。〈联绵〉坛那；坛卷；坛曼。〈外来〉摸胡坛；尼师坛。〈地名〉义坛〔越南〕。

0615 技 ①记词：〈现汉〉名。②记合成词中语素：技法；技工；技术。③记词中非语素音节：〈复姓〉技也。〈外来〉卡技。

0616 坏 ①记词：〈现汉〉形、动、名。②记合成词中语素：好坏；坏处；破坏。③记词中非语素音节：未见。

0617 抠 ①记词：〈现汉〉动、形。②记合成词中语素：抠门儿；抠字眼儿。③记词中非语素音节：〈联绵〉抠搂；抠唰；抠搜。

0618 扰 ①记词：〈现汉〉动。②记合成词中语素：扰动；扰乱；扰民。③记词中非语素音节：〈复姓〉扰龙。〈外来〉哼扰。

0619 扼 ①记词：〈现汉〉动。②记合成词中语素：扼守；扼腕；扼制。③记词中非语素音节：〈联绵〉猓扼。

0620 拒 ①记词：〈古汉〉动。②记合成词中语素：拒绝；拒签；拒捕。③记词中非语素音节：〈复姓〉拒丘。

0621 找 ①记词：〈现汉〉动。②记合成词中语素：找零；找死；找寻。③记词中非语素音节：〈复姓〉得作哇找。〈联绵〉找篱。

0622 批 ①记词：〈现汉〉动、量、名。②记合成词中语素：批驳；批准；批号。③记词中非语素音节：〈复姓〉曲批；安批。〈联绵〉批颇；批把。〈外来〉美臣批；批把；批萨。

0623 址 ①记词：〈古汉〉名。②记合成词中语素：地址；住址；

遗址。③记词中非语素音节：未见。

0624 扯 ①记词：〈现汉〉动。②记合成词中语素：扯淡；扯皮；扯平。③记词中非语素音节：〈复姓〉井扯；朱里扯特；阿扯。〈联绵〉扯蓝。

0625 走 ①记词：〈现汉〉动、名。②记合成词中语素：走动；走火；走势。③记词中非语素音节：〈复姓〉游走。〈联绵〉走走。〈地名〉网走〔日本〕。

0626 抄 ①记词：〈现汉〉动。②记合成词中语素：抄本；抄底；抄写。③记词中非语素音节：〈外来〉抄儿赤。

0627 贡 ①记词：〈现汉〉名。②记合成词中语素：贡献；贡品。③记词中非语素音节：〈复姓〉贡乔；贡然。〈外来〉贡波黏土；贡都拉；贡多拉；阿拉瑟贡德。〈地名〉贡嘎山；高黎贡山。

0628 汞 ①记词：〈现汉〉名。②记合成词中语素：汞灯。③记词中非语素音节：〈外来〉汞撒利；撒利汞。

0629 坝 ①记词：〈现汉〉名。②记合成词中语素：坝塘；坝子；坝田。③记词中非语素音节：〈复姓〉东坝本；隆坝。〈联绵〉爬坝。〈外来〉坝巴道斯焦油；坝比妥钠。〈地名〉坝罕[①]。

0630 攻 ①记词：〈现汉〉动、名。②记合成词中语素：攻打；攻读；攻击。③记词中非语素音节：未见。

0631 赤 ①记词：〈现汉〉动、名。②记合成词中语素：赤豆；赤色；赤潮。③记词中非语素音节：〈复姓〉赤狄；赤杉。〈联绵〉赤膊；赤鸹。〈外来〉赤舍钦婆罗；赤古里；赤特维里克。

0632 折 ①记词：〈现汉〉动、名、量。②记合成词中语素：折半；折合。③记词中非语素音节：〈复姓〉折逋；车折。〈联绵〉折折；折摸；折末。〈外来〉折逋；折尕；折噶；折溃真。

[①] 坝罕，系傣语音译，傣语意为"金水河口"。在云南红河县城西北。

0633 抓　①记词：〈现汉〉动。②记合成词中语素：抓捕；抓怕；抓举。③记词中非语素音节：〈联绵〉抓（zhǎo）篱。

0634 扳　①记词：〈现汉〉动。②记合成词中语素：扳本；扳平；扳手。③记词中非语素音节：〈联绵〉扳拐。〈外来〉扳都拉。

0635 抡　①记词：〈现汉〉动。②记合成词中语素：抡拳；抡刀；抡材。③记词中非语素音节：〈复姓〉钮抡。〈联绵〉挥抡。

0636 扮　①记词：〈现汉〉动。②记合成词中语素：扮演；扮相；扮饰。③记词中非语素音节：〈外来〉扮带。

0637 抢　①记词：〈现汉〉动。②记合成词中语素：抢答；抢夺；抢险。③记词中非语素音节：〈联绵〉抢攘；狼抢。

0638 孝　①记词：〈现汉〉名。②记合成词中语素：孝顺；孝女；孝敬。③记词中非语素音节：〈复姓〉禾孝。〈地名〉孝山里〔韩〕；上孝洞〔韩〕。

0639 坎　①记词：〈现汉〉名、量。②记合成词中语素：坎肩；坎儿。③记词中非语素音节：〈复姓〉丈坎尼。〈联绵〉坎坷；坎坎；坎侯。〈外来〉坎巴斯；坎那丁。〈地名〉沃坎〔美〕。

0640 均　①记词：〈现汉〉形、动、名。②记合成词中语素：均等；均分；均价。③记词中非语素音节：〈复姓〉均巴仓；让均巴。

0641 抑　①记词：〈现汉〉名、连。②记合成词中语素：抑扬；抑止；抑制。③记词中非语素音节：〈联绵〉抑郁；抑愸；抑悒；抑抑。

0642 抛　①记词：〈现汉〉动。②记合成词中语素：抛洒；抛荒；抛弃。③记词中非语素音节：〈复姓〉乌抛。〈外来〉抛光；抛袖。

0643 投　①记词：〈现汉〉动、名。②记合成词中语素：投案；投篮；投奔。③记词中非语素音节：〈复姓〉投壶；投胶；投和罗。〈联绵〉缘投。〈地名〉北投石〔日本〕。

0644 坟　①记词：〈现汉〉名。②记合成词中语素：坟地；坟墓；坟头。③记词中非语素音节：〈复姓〉胜坟；滕坟。

0645 坑　①记词：〈现汉〉名。②记合成词中语素：坑子；坑害；坑井。③记词中非语素音节：〈地名〉崇坑（在江西）；坑墩（在江西）。

0646 抗　①记词：〈现汉〉动、名。②记合成词中语素：抗暴；抗辩；抗旱。③记词中非语素音节：〈复姓〉董抗。〈联绵〉抗庄；抗髒；抗楷。〈外来〉抗闵尼斯特。

0647 坊　①记词：〈古汉〉名。②记合成词中语素：作坊；染坊；坊间。③记词中非语素音节：〈复姓〉病坊。〈外来〉本因坊。〈地名〉坊泽〔日本〕。

0648 抖　①记词：〈现汉〉动。②记合成词中语素：抖动；发抖；抖颤。③记词中非语素音节：〈联绵〉抖擞；抖瑟；抖搜。〈外来〉抖擞婆；擞抖婆。

0649 护　①记词：〈现汉〉动。②记合成词中语素：护短；护工。③记词中非语素音节：〈复姓〉护骨；护都。〈联绵〉布护。〈外来〉护摩；护腊；护那；护都笃。〈地名〉名护〔日本〕。

0650 壳　①记词：〈现汉〉名。②记合成词中语素：贝壳；脑壳；壳菜。③记词中非语素音节：〈复姓〉腊壳。〈联绵〉壳郎；壳啷；壳胀。〈外来〉屎壳郎；壳伐德拉。〈地名〉天壳岛〔日本〕。

0651 志　①记词：〈现汉〉名、动。②记合成词中语素：志向；志愿；同志。③记词中非语素音节：〈复姓〉志良；志鲁特；余约志。〈联绵〉霞志；远志。〈外来〉志贺霉素；玛志尼；希志来。

0652 块　①记词：〈现汉〉名、量。②记合成词中语素：块根；块茎；块头。③记词中非语素音节：〈复姓〉块果。〈联绵〉块磊；块垒；儡块。〈外来〉块宁；块雅特尔。

0653 扭　①记词：〈现汉〉动。②记合成词中语素：扭亏；扭曲；扭头。③记词中非语素音节：〈复姓〉扭洛。〈联绵〉扭捏；吱扭。〈外来〉硌扭。

0654 声　①记词：〈现汉〉名、量。②记合成词中语素：声称；声控；声名。③记词中非语素音节：〈外来〉声纳；声呐；声发。

0655 把 ①记词：〈现汉〉动、名、量、介、助。②记合成词中语素：把持；把脉。③记词中非语素音节：〈复姓〉把利；把孙；阿把。〈联绵〉把作；把鲆。〈外来〉把胆；把敛；把都儿。

0656 报 ①记词：〈现汉〉动、名。②记合成词中语素：报仇；报案；报刊。③记词中非语素音节：〈外来〉报菲；报沙；报瑟直迦。〈地名〉报恩〔韩〕。

0657 拟 ①记词：〈现汉〉动。②记合成词中语素：拟订；拟古；拟作。③记词中非语素音节：〈外来〉拟斯卑尔脱；阿拟尼。

0658 却 ①记词：〈现汉〉副、名。②记合成词中语素：退却；却步。③记词中非语素音节：〈复姓〉却木；却特；霞布却仓。〈联绵〉却曲。〈外来〉却贝氏机；却本堪布；却尔斯登；却谿。

0659 抒 ①记词：〈古汉〉动。②记合成词中语素：抒怀；抒情；抒写。③记词中非语素音节：未见。

0660 劫 ①记词：〈现汉〉动。②记合成词中语素：打劫；劫持；劫机。③记词中非语素音节：〈联绵〉劫劫；裹劫。〈外来〉劫贝娑；劫波；劫波娑；劫波萨。

0661 芙 ①记词：〈姓氏〉名。②记合成词中语素：芙氏；芙家。③记词中非语素音节：〈联绵〉芙蓉；芙渠；芙蕖。〈外来〉阿芙蓉。

0662 芜 ①记词：〈古汉〉名、形。②记合成词中语素：荒芜；芜杂；芜劣。③记词中非语素音节：〈联绵〉芜荑；糜芜；蘼芜；蘅芜。

0663 苇 ①记词：〈现汉〉名、动。②记合成词中语素：苇荡；苇丛；苇席。③记词中非语素音节：〈复姓〉也苇；耶苇；叶苇。〈外来〉苏苇尔笛。

0664 芽 ①记词：〈现汉〉名。②记合成词中语素：芽茶；芽豆；芽眼。③记词中非语素音节：〈联绵〉槎芽。〈外来〉皮芽子。〈地名〉芽庄〔越南〕；芽室岳〔日本〕。

汉字的性质问题

0665 花 ①记词:〈现汉〉名、形、动。②记合成词中语素:花草;花白;花费。③记词中非语素音节:〈复姓〉花佳;花诺特;颜不花歹。〈联绵〉敖花;鳌花;花花。〈外来〉花福禄;花士令。

0666 芹 ①记词:〈现汉〉名。②记合成词中语素:芹献;西芹;药芹。③记词中非语素音节:〈地名〉芹苴〔越南〕。

0667 芥 ①记词:〈古汉〉名、动。②记合成词中语素:芥黄;芥末;草芥。③记词中非语素音节:〈联绵〉芥蒂;蒂芥。〈地名〉野芥〔日本〕。

0668 芬 ①记词:〈现汉〉名。②记合成词中语素:芬芳;清芬。③记词中非语素音节:〈复姓〉相芬。〈联绵〉芬氲;芬蒀;芬蕴。〈外来〉芬必得;芬太尼;新哈芬。〈地名〉芬兰。

0669 苍 ①记词:〈现汉〉名。②记合成词中语素:苍白;苍老;苍生。③记词中非语素音节:〈复姓〉苍吾;苍玛尔纪;叔苍。〈联绵〉苍庚;苍狼;苍茫;苍苍;苍黄。

0670 芳 ①记词:〈现汉〉名。②记合成词中语素:芳容;芳龄;芳心。③记词中非语素音节:〈复姓〉相芳。〈外来〉普西芳尼;哥罗芳。〈地名〉芳林里〔韩〕。

0671 严 ①记词:〈现汉〉形、名。②记合成词中语素:严守;严重;严整。③记词中非语素音节:〈复姓〉严君;严佳;严茹。〈联绵〉严严。〈地名〉严岛〔日本〕。

0672 芦 ①记词:〈现汉〉名。②记合成词中语素:芦花;芦荡。③记词中非语素音节:〈复姓〉芦田;芦巴藏巴。〈联绵〉芦荟;芦菔;芦书。〈外来〉芦沙坦;芦亭。〈地名〉芦滩〔朝鲜〕。

0673 芯 ①记词:〈姓氏〉名。②记合成词中语素:笔芯;表芯;机芯。③记词中非语素音节:未见。

0674 劳 ①记词:〈现汉〉动、名。②记合成词中语素:劳保;劳改。③记词中非语素音节:〈复姓〉劳够;劳朝;好劳宝沁。〈联绵〉

百劳；劳曹；伯劳；劳劳；劳叨；劳蓝。〈地名〉帕劳。

0675 克 ①记词：〈现汉〉名、量。②记合成词中语素：克服；克复；克制。③记词中非语素音节：〈复姓〉克木工；克里木。〈联绵〉克马；克倒；克什。〈外来〉克隆；克拉；麦克风。

0676 芭 ①记词：〈现汉〉名。②记合成词中语素：传芭。③记词中非语素音节：〈复姓〉芭里；芭法法隆。〈联绵〉芭蕉；芭黎；芭篱。〈外来〉芭菲；巴莎；芭榄；芭蕾。

0677 苏 ①记词：〈现汉〉名。②记合成词中语素：苏菜；苏区；苏绣。③记词中非语素音节：〈复姓〉苏冈；蒙苏。〈联绵〉扶苏；苏方；苏枋。〈外来〉苏打；苏维埃；苏木。〈地名〉苏丹。

0678 杆 ①记词：〈现汉〉名、量。②记合成词中语素：杆菌；杆塔；杆子。③记词中非语素音节：〈联绵〉杆栏；栏杆。〈外来〉蜗杆。〈地名〉杆城〔韩〕。

0679 杠 ①记词：〈现汉〉名、动。②记合成词中语素：杠夫；杠头；杠子。③记词中非语素音节：〈外来〉羊杠子。

0680 杜 ①记词：〈现汉〉名。②记合成词中语素：杜绝；杜撰。③记词中非语素音节：〈复姓〉杜叶勒。〈联绵〉杜鹃；杜蘅；杜若。〈外来〉杜马；杜塔尔。〈地名〉阿布杜胡尔〔叙利亚〕。

0681 材 ①记词：〈现汉〉名。②记合成词中语素：材质；材积；材料。③记词中非语素音节：〈方言〉材地。

0682 村 ①记词：〈现汉〉名。②记合成词中语素：村民；村子；村姑。③记词中非语素音节：〈复姓〉木村；中村；若村。〈地名〉村上〔日本〕。

0683 杖 ①记词：〈古汉〉名、动。②记合成词中语素：拐杖；手杖；擀面杖。③记词中非语素音节：〈地名〉御杖〔日本〕。

0684 杏 ①记词：〈现汉〉名。②记合成词中语素：杏红；杏黄；杏仁。③记词中非语素音节：〈复姓〉杏脊；杏脊。〈联绵〉土杏。〈地名〉杏亭里〔韩〕。

0685 杉　①记词：〈现汉〉名。②记合成词中语素：杉树；杉木；水杉。③记词中非语素音节：〈复姓〉赤杉。〈地名〉洛杉矶〔美〕。

0686 巫　①记词：〈现汉〉名。②记合成词中语素：巫婆；巫师；女巫。③记词中非语素音节：〈复姓〉巫咸；巫马；锺巫。〈外来〉巫堂；巫毒娃娃。〈地名〉敏巫〔缅甸〕；诗巫〔马来西亚〕。

0687 极　①记词：〈现汉〉副、名。②记合成词中语素：极点；极品；极目。③记词中非语素音节：〈联绵〉极克。〈外来〉蹦极；郎极客；极力子。〈地名〉京极〔日本〕。

0688 李　①记词：〈现汉〉名。②记合成词中语素：李子；桃李；李代桃僵。③记词中非语素音节：〈复姓〉李车；李玛拉；昔李。〈外来〉李嘉图；李维；沃里托李。〈地名〉李山岛〔越南〕。

0689 杨　①记词：〈现汉〉名。②记合成词中语素：杨树；杨柳；白杨。③记词中非语素音节：〈复姓〉杨邦；杨布娄克。〈联绵〉杨桃；杨纡；杨梅。〈外来〉杨基；杨俱；杨氏模量。

0690 求　①记词：〈现汉〉动、名。②记合成词中语素：求购；求婚。③记词中非语素音节：〈复姓〉求绰特；不求鲁。〈联绵〉肌求；务求；求楚。〈外来〉求那；求求罗。〈地名〉毛里求斯。

0691 甫　①记词：〈现汉〉名、副。②记合成词中语素：台甫；甫能。③记词中非语素音节：〈复姓〉甫奚；甫爽；鄂甫。〈联绵〉甫田；甫甫。〈外来〉甫士；甫仙。〈地名〉甫吉岛〔韩〕。

0692 匣　①记词：〈现汉〉名。②记合成词中语素：木匣；匣剑；匣子。③记词中非语素音节：〈复姓〉匣刺鲁；哈匣鲁。〈联绵〉匣恰。〈外来〉匣罕。

0693 更　①记词：〈现汉〉量、副。②记合成词中语素：更次；更名；更生。③记词中非语素音节：〈复姓〉腊更；不更；阿更。〈联绵〉更更。〈外来〉配更；更格卢；更昔洛韦；格更。

0694 束　①记词：〈现汉〉动、量、名。②记合成词中语素：束缚；束手；束脩。③记词中非语素音节：〈复姓〉束吕纠。〈联绵〉束躅；敫束。〈外来〉束百捷。〈地名〉束草〔韩〕。

0695 吾　①记词：〈现汉〉代、名。②记合成词中语素：吾辈；吾侪。③记词中非语素音节：〈复姓〉吾仕；钟吉。〈联绵〉仇吾；允吾；吾吾（yúyú）。〈外来〉吾鲁；吾力；吾戈拢；吾修尔。

0696 豆　①记词：〈现汉〉名。②记合成词中语素：豆饼；豆包；豆荚。③记词中非语素音节：〈复姓〉豆浑；豆豆哇来；赤小豆。〈联绵〉豆蔻；豆荄；豆娘。〈地名〉伊豆半岛〔日本〕。

0697 两　①记词：〈现汉〉数、量。②记合成词中语素：两边；两广；两可。③记词中非语素音节：〈复姓〉五两案。〈联绵〉两当；两裆；罔两。

0698 酉　①记词：〈现汉〉名。②记合成词中语素：酉时；酉氏。③记词中非语素音节：〈复姓〉酉乜；耶酉；受酉。〈外来〉酉鞣。

0699 丽　①记词：〈现汉〉名。②记合成词中语素：丽人；丽日。③记词中非语素音节：〈复姓〉丽山；丽飞。〈联绵〉丽靡；丽娄；丽廔。〈外来〉可丽露；大丽花。〈地名〉圣玛丽斯〔美〕。

0700 医　①记词：〈现汉〉动、名。②记合成词中语素：医案；医保；医德。③记词中非语素音节：〈联绵〉蛇医；虮医。

0701 辰　①记词：〈现汉〉名。②记合成词中语素：辰光；辰时。③记词中非语素音节：〈复姓〉辰州；乌尔古辰。〈外来〉克拉维辰巴洛；咕辰。〈地名〉马辰港〔印尼〕；诺尔辰角〔挪威〕。

0702 励　①记词：〈现汉〉名。②记合成词中语素：励志；鼓励；奖励。③记词中非语素音节：未见。

0703 否　①记词：〈现汉〉副。②记合成词中语素：否定；否决；否认。③记词中非语素音节：〈外来〉否勒溶液。

0704 还　①记词：〈现汉〉副、动、名。②记合成词中语素：还是；

还原；还报。③记词中非语素音节：〈复姓〉子还；还闵；毋还。

0705 尬 ①记词：未见[①]。②记合成词中语素：未见。③记词中非语素音节：〈联绵〉尴尬；尬巴。

0706 歼 ①记词：〈现汉〉动。②记合成词中语素：歼灭；歼击；围歼。③记词中非语素音节：未见。

0707 来 ①记词：〈现汉〉动、助、名。②记合成词中语素：来电；向来；近来。③记词中非语素音节：〈复姓〉来槐。〈联绵〉布来；徂来；来禽。〈外来〉来苏尔；来夫。〈地名〉马来西亚。

0708 连 ①记词：〈现汉〉动、夫、介、名。②记合成词中语素：连累。③记词中非语素音节：〈复姓〉连尹；连佳。〈联绵〉搭连；褡连；风连。〈外来〉连德拉；连诵。〈地名〉阿连德〔墨〕。

0709 轩 ①记词：〈现汉〉名。②记合成词中语素：轩昂；轩敞；轩朗。③记词中非语素音节：〈复姓〉轩丘；轩辕。〈联绵〉轩轩；连轩；轩辖。〈外来〉轩尼诗。

0710 步 ①记词：〈现汉〉名、量。②记合成词中语素：步兵；步调；步伐。③记词中非语素音节：〈复姓〉乞步；步六孤；步大汗。〈联绵〉步鸪；步姑；鼠步。〈外来〉步列；步骅；步留涅特。

0711 卤 ①记词：〈现汉〉名、动。②记合成词中语素：卤菜；卤水；卤味。③记词中非语素音节：〈联绵〉卤莽；土卤；杜卤。〈外来〉卤泛曲林；卤泛群；卤美他松；卤米松。

0712 坚 ①记词：〈现汉〉名。②记合成词中语素：坚持；坚强。③记词中非语素音节：〈复姓〉坚赞；冰坚。〈外来〉比坚尼；坚尼系数。〈地名〉戈罗坚卡〔乌克兰〕。

0713 肖 ①记词：〈现汉〉名。②记合成词中语素：肖氏；肖像。③记词中非语素音节：〈复姓〉肖德；包肖本。〈联绵〉聊肖。〈外来〉

---

① 《现代汉语词典》和商务国际《古代汉语词典》皆收"尬"，皆未标注词性。

肖伦；肖兰。〈地名〉肖肖尼〔美〕。

0714 旱 ①记词：〈现汉〉形。②记合成词中语素：旱冰；旱地；抗旱。③记词中非语素音节：〈外来〉旱金。〈方言〉旱板车。

0715 盯 ①记词：〈现汉〉动。②记合成词中语素：盯防；盯梢。③记词中非语素音节：〈联绵〉盯䠪；盯谷。

0716 呈 ①记词：〈现汉〉动、名。②记合成词中语素：呈递；呈交；呈报。③记词中非语素音节：〈复姓〉相呈。〈方言〉呈子。〈地名〉双呈里〔韩〕。

0717 时 ①记词：〈现汉〉名、量、副。②记合成词中语素：时差；时段。③记词中非语素音节：〈复姓〉与咱时；牢饶时；饶利时。〈外来〉时髦；时受；听尼时；时乞缚。〈地名〉比利时。

0718 吴 ①记词：〈现汉〉名。②记合成词中语素：吴语；吴侬软语。③记词中非语素音节：〈复姓〉吴收；吴进；耿吴。〈联绵〉吴溜；句吴；勾吴。〈外来〉阿吴。〈地名〉吴哥窟〔柬埔寨〕。

0719 助 ①记词：〈古汉〉名、动。②记合成词中语素：助残；助产；助读。③记词中非语素音节：〈复姓〉结助；萨而助特。〈外来〉助把避；助木剌；助木绿。〈地名〉弥助里〔韩〕。

0720 县 ①记词：〈现汉〉名。②记合成词中语素：县城；县志；县治。③记词中非语素音节：〈复姓〉县孙；县潘。〈地名〉古县里〔韩〕；任县里〔韩〕。

0721 里 ①记词：〈现汉〉名、量。②记合成词中语素：里边；里脊；里子。③记词中非语素音节：〈复姓〉里克哩；里雅拉。〈联绵〉迤里。〈外来〉里阿斯统；里德伯。〈地名〉斯里兰卡。

0722 呆 ①记词：〈现汉〉形、名。②记合成词中语素：呆账；呆滞；呆子。③记词中非语素音节：〈联绵〉卖呆；懂呆。〈外来〉热呆；巴特芒当久热呆。

0723 吱 ①记词：〈现汉〉拟声。②记合成词中语素：吱声

③记词中非语素音节：〈联绵〉吱妞；吱杻；吱吱；吱嘛。〈外来〉哗吱。〈拟声〉咯吱；嘎吱。

0724 吠 ①记词：未见①。②记合成词中语素：狂吠；吠形吠声。③记词中非语素音节：〈联绵〉吠蓝。〈外来〉吠舍；吠陀；吠蓝婆；钵罗吠奢。

0725 呕 ①记词：〈现汉〉动。②记合成词中语素：呕吐；呕心沥血。③记词中非语素音节：〈联绵〉呕哇；呕呀；呕哑；呕嘎；呕轧。〈外来〉呕侯侯；呕喉喉。

0726 园 ①记词：〈现汉〉名。②记合成词中语素：园丁；园区；园艺。③记词中非语素音节：〈复姓〉园公。〈地名〉园原〔日本〕。

0727 旷 ①记词：〈现汉〉名。②记合成词中语素：旷古；旷课；旷达。③记词中非语素音节：〈联绵〉旷当；旷荡；旷样。

0728 围 ①记词：〈现汉〉动、量、名。②记合成词中语素：围堵；围垦；围子。③记词中非语素音节：〈复姓〉围龟。〈联绵〉围围。〈外来〉司围子；围陀。

0729 呀 ①记词：〈现汉〉叹、拟声、助。②记合成词中语素：短叹长呀。③记词中非语素音节：〈联绵〉呀呀；啥呀；咿呀。〈外来〉妈哈萨督呀；〈拟声〉咿咿呀呀；吱吱呀呀。

0730 吨 ①记词：〈现汉〉量。②记合成词中语素：吨位；吨公里。③记词中非语素音节：〈联绵〉吨吨。

0731 足 ①记词：〈现汉〉名、形、副。②记合成词中语素：足迹；足金；足球。③记词中非语素音节：〈复姓〉足克衮；木里足；达足。〈地名〉足尾〔日本〕。

0732 邮 ①记词：〈现汉〉动、名。②记合成词中语素：邮票；邮戳；邮购。③记词中非语素音节：〈复姓〉信邮；督邮。

---

① 《现代汉语词典》收"吠"但未标注词性，商务国际《古代汉语词典》未收"吠"。

0733 男　①记词：〈现汉〉形、名。②记合成词中语素：男人；男友；男子。③记词中非语素音节：〈复姓〉白男；季老男。〈外来〉健男。〈地名〉男木岛〔日本〕。

0734 困　①记词：〈现汉〉动、形。②记合成词中语素：困乏；困境；困苦。③记词中非语素音节：〈复姓〉困没长。〈联绵〉困敦。

0735 吵　①记词：〈现汉〉形、动。②记合成词中语素：吵架；吵闹；吵扰。③记词中非语素音节：吵吵①。

0736 串　①记词：〈现汉〉量、动、名。②记合成词中语素：串案；串供；串通。③记词中非语素音节：〈外来〉串烧。〈地名〉串本〔日本〕；独串里〔韩〕。

0737 员　①记词：〈现汉〉量。②记合成词中语素：员工；演员。③记词中非语素音节：〈联绵〉纷员；员当；员员。〈外来〉毛员鼓。〈地名〉员弁〔日本〕。

0738 呐　①记词：〈姓氏〉名。②记合成词中语素：呐姓；呐氏；呐家。③记词中非语素音节：〈联绵〉嘟呐；嘈呐。〈外来〉唢呐；锁呐；喀呐；声呐。

0739 听　①记词：〈现汉〉动。②记合成词中语素：听从；听候；听讲。③记词中非语素音节：〈复姓〉听如；费听。〈联绵〉听荧；听莹；听营；听听。〈外来〉听等塞；听尼时；听尼士。

0740 吟　①记词：〈现汉〉动、名。②记合成词中语素：吟唱；吟诵；吟咏。③记词中非语素音节：〈联绵〉噤吟；呻吟。

0741 吩　①记词：〈姓氏〉名。②记合成词中语素：吩姓；吩氏；吩家。③记词中非语素音节：〈联绵〉吩咐；吩汎。

---

① "吵"有 chāo、chǎo 两个音项。吵（chāo）为方言记音节字。《新华字典》（第12版）、《现代汉语词典》（第7版）、王宁《通用规范汉字字典》都认为，吵吵（chāochāo）为不可分开解释的复音词，方言词语。

0742 呛 ①记词：〈现汉〉动。②记合成词中语素：呛白；呛声。③记词中非语素音节：〈联绵〉呛咕；呛哼；呛嗪。

0743 吻 ①记词：〈现汉〉动、名。②记合成词中语素：吻别；吻合；口吻。③记词中非语素音节：〈联绵〉苟吻；钩吻。

0744 吹 ①记词：〈现汉〉动。②记合成词中语素：吹拂；吹打；吹灯。③记词中非语素音节：〈复姓〉吹冷多拉；吹霍克亲。〈外来〉吹鞭。〈地名〉吹田〔日本〕。

0745 呜 ①记词：〈现汉〉拟声、名。②记合成词中语素：呜姓；呜氏。③记词中非语素音节：〈联绵〉呜呼；呜乎；呜虖；呜鸣；呜咽。〈外来〉呜呜足拉；呜呜祖拉；呜蒲管；呜噜捺罗叉。

0746 吭 ①记词：〈现汉〉动。②记合成词中语素：吭气；吭声。③记词中非语素音节：〈联绵〉哏吭；吭吭。〈现汉〉（拟声）吭哧；吭哧吭哧。

0747 吧 ①记词：〈现汉〉动、助。②记合成词中语素：吧嗒；吧台；吧女。③记词中非语素音节：〈联绵〉吧跶；吧扎；吧喳；吧呀。〈外来〉吧喃；吧吗油；吧京；吧儿狗。

0748 邑 ①记词：〈现汉〉名、形。②记合成词中语素：城邑；邑宰；邑人。③记词中非语素音节：〈复姓〉邑田；邑里；邑裘。〈联绵〉邑邑；菸邑；郁邑；鸣邑。〈外来〉干邑。

0749 吼 ①记词：〈现汉〉动、名。②记合成词中语素：吼叫；吼声；吼氏。③记词中非语素音节：〈复姓〉阿吼；惹吼。〈联绵〉咆吼。〈网语〉吼吼。

0750 囤 ①记词：〈现汉〉动。②记合成词中语素：囤积；囤聚；囤积居奇。③记词中非语素音节：未见。

0751 别 ①记词：〈现汉〉动、名。②记合成词中语素：别扭；分别；区别。③记词中非语素音节：〈复姓〉别林斯基；别速。〈联绵〉别争。〈外来〉别尔莱；别吉；别克。〈地名〉乌兹别克斯坦。

0752 吮 ①记词：〈现汉〉动。②记合成词中语素：吮吸；吮咂；吮痈舐痔。③记词中非语素音节：未见。

0753 岖 ①记词：〈现汉〉未见。②记合成词中语素：未见。③记词中非语素音节：〈联绵〉崎岖；岖崎；岖奇。

0754 岗 ①记词：〈现汉〉名。②记合成词中语素：岗楼；岗亭；岗位。③记词中非语素音节：〈复姓〉岗根；岗斯摄；阿岗。〈外来〉囊玛岗；马岗。〈地名〉玛卿岗日；普若岗日[①]。

0755 帐 ①记词：〈古汉〉名、动。②记合成词中语素：帐幕；帐篷；帐子。③记词中非语素音节：〈复姓〉安帐。〈地名〉帐内里〔韩〕。

0756 财 ①记词：〈现汉〉名。②记合成词中语素：财产；财迷；财政。③记词中非语素音节：〈地名〉财部〔日本〕。

0757 针 ①记词：〈现汉〉名。②记合成词中语素：针对；针头；针管。③记词中非语素音节：〈地名〉针生〔日本〕。

0758 钉 ①记词：〈现汉〉名、动。②记合成词中语素：钉子；钉螺；钉耙。③记词中非语素音节：〈复姓〉钉灵。〈联绵〉钉铛；钉铃；斗钉。

0759 牡 ①记词：〈古汉〉名。②记合成词中语素：牡牛。③记词中非语素音节：〈复姓〉牡丘；牡邱；折牡。〈联绵〉牡蛎；牡丹。〈外来〉汇宁牡。〈地名〉牡鹿〔日本〕。

0760 告 ①记词：〈现汉〉动、名。②记合成词中语素：告诉；告退；告知。③记词中非语素音节：〈复姓〉告生；告星；告尼积。〈外来〉告娄。

0761 我 ①记词：〈现汉〉代。②记合成词中语素：我们；忘我；自我。③记词中非语素音节：〈复姓〉我氏；我哲；我郝明安。〈联绵〉厗我。〈外来〉我儿都；我摸干；加得我利亚；亚纳落我。

---

① "岗日"藏语意为"雪山"。

0762 乱　①记词：〈现汉〉形、动、副。②记合成词中语素：乱子；乱套；乱真。③记词中非语素音节：〈复姓〉野乱。〈联绵〉罗乱；历乱。

0763 利　①记词：〈现汉〉名。②记合成词中语素：暴利；利弊。③记词中非语素音节：〈复姓〉利非。〈联绵〉利如；利边；利索。〈外来〉利凡得；利弗尔；利福布丁。〈地名〉叙利亚。

0764 秃　①记词：〈现汉〉形。②记合成词中语素：秃笔；秃顶。③记词中非语素音节：〈复姓〉秃八；秃立不带；杭秃惕。〈联绵〉秃雷；秃噜；秃速。〈外来〉秃鲁华；秃鲁哥；秃秃麻失。

0765 秀　①记词：〈现汉〉动、名。②记合成词中语素：秀丽；秀气；秀色。③记词中非语素音节：〈复姓〉秀水力；秀尼雅。〈联绵〉秀柳；秀溜；秀流。〈外来〉秀豆；秀逗；秀兰·邓波儿。

0766 私　①记词：〈古汉〉名、动、形、副。②记合成词中语素：私奔；私产；私车。③记词中非语素音节：〈外来〉私纰；私建驮；私建陀提婆；罗刹私。

0767 每　①记词：〈现汉〉代、副、名。②记合成词中语素：每常；每况愈下。③记词中非语素音节：〈复姓〉每车；每尼积；每嘿；每尊。〈联绵〉每每。

0768 兵　①记词：〈现汉〉名。②记合成词中语素：士兵；兵车；兵力。③记词中非语素音节：〈复姓〉果兵。〈外来〉波兵那特。〈地名〉兵库县〔日本〕。

0769 估　①记词：〈现汉〉动。②记合成词中语素：评估；估计；估价。③记词中非语素音节：〈复姓〉车车估惕；直估；舍京估德。〈联绵〉估倒；估捣。

0770 体　①记词：〈现汉〉名。②记合成词中语素：体检；身体；体操。③记词中非语素音节：〈复姓〉体翁；体觉；佘体。〈联绵〉体己；体登；体汰。〈外来〉体力架；体百舒；体毗履。

0771 何　①记词：〈现汉〉代、名。②记合成词中语素：奈何；何必。③记词中非语素音节：〈复姓〉何布气特。〈联绵〉何罗；商何；蝎何。〈外来〉何勒内斯卡。〈地名〉圣何塞〔菲律宾〕。

0772 佐 ①记词：〈现汉〉名。②记合成词中语素：辅佐；佐料。③记词中非语素音节：〈复姓〉佐玛囊本；佐赛赤仓；罔佐。〈外来〉佐尔布如坎；佐洛复；佐匹克隆。

0773 佑 ①记词：〈现汉〉名。②记合成词中语素：保佑。③记词中非语素音节：〈复姓〉佑祜鲁；姑佑。

0774 但 ①记词：〈现汉〉副、连、名。②记合成词中语素：不但；但凡；但是。③记词中非语素音节：〈复姓〉但钵。〈外来〉但他；但马脂；但尼尔；但茶。〈地名〉格但斯克〔波兰〕。

0775 伸 ①记词：〈现汉〉动、名。②记合成词中语素：延伸；伸腿；伸腰。③记词中非语素音节：〈联绵〉伸伸。

0776 佃 ①记词：〈现汉〉动、名。②记合成词中语素：佃农；佃户；佃租。③记词中非语素音节：〈复姓〉佃封。

0777 作 ①记词：〈现汉〉动。②记合成词中语素：工作；作弊；作恶。③记词中非语素音节：〈复姓〉作立；作葛；利作。〈联绵〉作作；作噩；作鄂；作罗。〈地名〉吉作〔日本〕。

0778 伯 ①记词：〈现汉〉名。②记合成词中语素：伯父；伯仲。③记词中非语素音节：〈复姓〉伯比；伯克图。〈联绵〉伯劳；伯鹩；伯赵。〈外来〉伯郎宁；伯利翰。〈地名〉西伯利亚。

0779 伶 ①记词：〈古汉〉名。②记合成词中语素：伶牙俐齿；名伶；伶人。③记词中非语素音节：〈复姓〉伶舟；伶州。〈联绵〉伶仃；伶俐；伶俜；胡伶；伶伦；伶利。

0780 佣 ①记词：〈古汉〉名、动。②记合成词中语素：雇佣；佣工；女佣。③记词中非语素音节：未见。

0781 低 ①记词：〈现汉〉形、动。②记合成词中语素：低价；低劣；低迷。③记词中非语素音节：〈复姓〉低格。〈联绵〉低答；低回；

低徊。〈外来〉低荡；里低母斯；立低莫斯。

0782 你 ①记词：〈现汉〉代。②记合成词中语素：你们；你等；你老。③记词中非语素音节：〈复姓〉你惹；你楚古惕；你生洱颜。〈外来〉你刊；你蓝；訇你；訇你热汗。

0783 住 ①记词：〈现汉〉动、名。②记合成词中语素：居住；住处；住户。③记词中非语素音节：〈复姓〉住奇忒；库住；屠住。〈外来〉住洛格；吉利药住尼。〈地名〉住川〔日本〕。

0784 位 ①记词：〈现汉〉名、量。②记合成词中语素：品位；位置；位次。③记词中非语素音节：〈方言〉位处。

0785 伴 ①记词：〈现汉〉动、名。②记合成词中语素：伴唱；伴侣；伴舞。③记词中非语素音节：〈复姓〉关伴。〈联绵〉伴换；伴奂；伴仟。

0786 身 ①记词：〈现汉〉名、量。②记合成词中语素：身体；身家；身躯。③记词中非语素音节：〈复姓〉克身。〈外来〉反身；身毒；身笃。〈地名〉身延〔日本〕；身弥岛〔朝鲜〕。

0787 皂 ①记词：〈古汉〉名、量。②记合成词中语素：皂白；香皂；肥皂。③记词中非语素音节：〈联绵〉罗皂。〈外来〉皂尔和兰。

0788 伺 ①记词：〈古汉〉动。②记合成词中语素：伺机；伺隙；窥伺。③记词中非语素音节：〈外来〉伺服机；伺服器；伺服马达。

0789 佛 ①记词：〈现汉〉名。②记合成词中语素：佛典；佛法；佛教。③记词中非语素音节：〈复姓〉佛勒；佛喇。〈联绵〉仿佛；眆佛；佛陀；佛栋。〈外来〉理佛留显。〈地名〉哈佛〔美〕。

0790 囱 ①记词：〈姓氏〉名。②记合成词中语素：囱姓；囱氏；囱家。③记词中非语素音节：〈联绵〉囱囱。

0791 近 ①记词：〈现汉〉形、动、名。②记合成词中语素：附近；近海；近邻。③记词中非语素音节：〈外来〉扣谈近；尼近底。〈地名〉近家〔日本〕。

0792 彻 ①记词：〈古汉〉名、动。②记合成词中语素：贯彻；彻骨。

③记词中非语素音节：〈复姓〉彻兀台；彻儿哥；克力彻尔。〈外来〉毕彻赤；谓彻。〈地名〉彻塔〔挪威〕；曼彻斯特〔英〕。

0793 役 ①记词：〈古汉〉名、动。②记合成词中语素：役使；劳役；徭役。③记词中非语素音节：〈联绵〉役役。

0794 返 ①记词：〈现汉〉动。②记合成词中语素：往返；返潮；返程。③记词中非语素音节：〈外来〉忆梦返。〈地名〉马返〔日本〕。

0795 余 ①记词：〈现汉〉动、数。②记合成词中语素：余波；余威。③记词中非语素音节：〈复姓〉余黑勒；余叶礼；阿余。〈联绵〉胥余；余皇；余艎。〈外来〉比余。〈地名〉扶余〔韩〕。

0796 希 ①记词：〈现汉〉动、名。②记合成词中语素：希冀；希图。③记词中非语素音节：〈复姓〉希卜苏；希台特勒。〈联绵〉依希。〈外来〉塞西特尔希；塞希第拉。〈地名〉希腊。

0797 坐 ①记词：〈现汉〉动、副。②记合成词中语素：坐班；坐垫；坐实。③记词中非语素音节：〈复姓〉叔坐。〈外来〉坐药。

0798 谷 ①记词：〈现汉〉名。②记合成词中语素：谷草；谷物。③记词中非语素音节：〈复姓〉谷那；谷浑。〈联绵〉谷谷；谷鹿；布谷。〈外来〉谷歌；谷乐生；谷蠡。〈地名〉曼谷。

0799 妥 ①记词：〈现汉〉形、名。②记合成词中语素：稳妥；妥善。③记词中非语素音节：〈复姓〉妥鄂什；玉妥；宇妥。〈联绵〉六妥；妥妥；倭妥。〈外来〉妥尔油；妥曲珠利；潘妥洛克。

0800 含 ①记词：〈现汉〉动。②记合成词中语素：包含；含笑。③记词中非语素音节：〈复姓〉含扎；含国；含图惕。〈联绵〉含糊；含胡；含贩；含浆；含含。〈外来〉阿含；阿含暮；麦含。

0801 邻 ①记词：〈古汉〉名、动。②记合成词中语素：邻邦；邻居。③记词中非语素音节：〈复姓〉八邻；巴阿邻。〈联绵〉邻邻；邻菌。〈外来〉抹邻；忽邻勒塔。〈地名〉巴邻旁〔印尼〕。

0802 岔 ①记词：〈现汉〉名、动。②记合成词中语素：岔路；岔气；岔子。③记词中非语素音节：〈复姓〉沙岔。〈联绵〉泼岔。

0803 肝 ①记词：〈现汉〉名。②记合成词中语素：肝胆；肝火；肝炎。③记词中非语素音节：〈地名〉肝煎〔日本〕；肝付〔日本〕。

0804 肛 ①记词：〈现汉〉名。②记合成词中语素：肛门；肛道；肛管。③记词中非语素音节：〈联绵〉脝肛；胖肛；膪肛。

0805 肚 ①记词：〈现汉〉名。②记合成词中语素：肚子；肚皮；肚量。③记词中非语素音节：〈方言〉巴肚。

0806 肘 ①记词：〈现汉〉名。②记合成词中语素：肘窝；肘腋之患；肘子。③记词中非语素音节：〈联绵〉肘拉；肘扎。〈地名〉肘折（温泉）〔日本〕。

0807 肠 ①记词：〈现汉〉名。②记合成词中语素：肠胃；肠衣；肠子。③记词中非语素音节：〈地名〉黄肠里〔韩〕。

0808 龟 ①记词：〈现汉〉名。②记合成词中语素：海龟；龟缩；龟甲。③记词中非语素音节：〈复姓〉龟氏；析龟；折龟。〈联绵〉龟（qiū）兹。〈地名〉龟尾〔韩〕。

0809 甸 ①记词：〈现汉〉名。②记合成词中语素：甸子。③记词中非语素音节：〈联绵〉甸甸（tiántián）；靦甸。〈外来〉布甸；伊甸园。〈地名〉缅甸。

0810 免 ①记词：〈现汉〉动。②记合成词中语素：任免；免疫；免职。③记词中非语素音节：〈联绵〉捐免；闵免。〈外来〉免治。〈地名〉山免〔日本〕。

0811 狂 ①记词：〈现汉〉形。②记合成词中语素：狂放；狂风；疯狂。③记词中非语素音节：〈复姓〉狂大；狂犬。〈联绵〉昌狂；倡狂；猖狂；狂攘。

0812 犹 ①记词：〈现汉〉副、名。②记合成词中语素：犹如；犹豫；犹然。③记词中非语素音节：〈复姓〉仇犹。〈联绵〉犹豫；犹疑；犹预。〈外来〉犹大；犹太；犹格拉。〈地名〉犹他州〔美〕。

0813 狈　①记词：未见[①]。②记合成词中语素：狼狈为奸。③记词中非语素音节：〈联绵〉狼狈。

0814 角　①记词：〈现汉〉名、量。②记合成词中语素：直角；角钢；角度。③记词中非语素音节：〈复姓〉角丁；羊角。〈联绵〉角角；角落。〈外来〉角搭；角得。〈地名〉角间川〔日本〕。

0815 删　①记词：〈现汉〉动。②记合成词中语素：删除；删节；删削。③记词中非语素音节：〈联绵〉阐删。〈外来〉删提岚。

0816 条　①记词：〈现汉〉名、量。②记合成词中语素：辣条；条款；条文。③记词中非语素音节：〈复姓〉条狼；鸣条。〈联绵〉条递；媌条；苗条；条脱。〈外来〉条顿；条支；条巴。

0817 彤　①记词：〈现汉〉名。②记合成词中语素：彤云；彤弓。③记词中非语素音节：〈复姓〉彤成；彤城；彤鱼。〈联绵〉彤彤。

0818 卵　①记词：〈现汉〉名。②记合成词中语素：卵块；卵白；卵生。③记词中非语素音节：〈复姓〉斜卵。〈外来〉卵坡菲林；释卵芬。〈地名〉卵岛〔朝鲜〕。

0819 灸　①记词：〈现汉〉动。②记合成词中语素：针灸；艾灸。③记词中非语素音节：未见。

0820 岛　①记词：〈现汉〉名。②记合成词中语素：岛国；岛屿；群岛。③记词中非语素音节：〈复姓〉岛崎；江岛。〈外来〉判岛岩。〈地名〉岛田〔日本〕；岛牧〔日本〕；岛村里〔韩〕。

0821 刨　①记词：〈现汉〉动。②记合成词中语素：刨床；刨工；刨刀。③记词中非语素音节：未见。

0822 迎　①记词：〈现汉〉动。②记合成词中语素：迎风；迎合；迎接。③记词中非语素音节：〈复姓〉迎刀；迎尚；涅斯来迎。〈地名〉江迎〔日本〕。

[①] 《现代汉语词典》收"狈"但未标注词性，商务国际《古代汉语词典》未收"狈"。

0823 饭　①记词：〈现汉〉名。②记合成词中语素：饭菜；饭馆；饭盒。③记词中非语素音节：〈复姓〉三饭；亚饭；四饭。〈外来〉饭丝；四喜饭。〈地名〉饭田〔日本〕。

0824 饮　①记词：〈现汉〉动。②记合成词中语素：餐饮；饮茶；饮料。③记词中非语素音节：未见。

0825 系　①记词：〈现汉〉动、名。②记合成词中语素：系列；联系；系统。③记词中非语素音节：〈联绵〉系英；系臂；系弥。

0826 言　①记词：〈现汉〉名。②记合成词中语素：言辞；言论；语言。③记词中非语素音节：〈复姓〉言福；午言；韩言。〈联绵〉言言。

0827 冻　①记词：〈现汉〉动、名。②记合成词中语素：冷冻；冻结；冻土。③记词中非语素音节：〈联绵〉钴冻；款冻；款冻；颗冻。〈地名〉古冻〔日本〕。

0828 状　①记词：〈古汉〉名、动。②记合成词中语素：形状；状况；状子。③记词中非语素音节：〈联绵〉状状。

0829 亩　①记词：〈现汉〉量。②记合成词中语素：陇亩；畎亩；田亩。③记词中非语素音节：〈网语〉稻糠亩①。

0830 况　①记词：〈现汉〉名、连。②记合成词中语素：情况；盛况；近况。③记词中非语素音节：〈复姓〉况后。〈联绵〉沧况；况瘁。

0831 床　①记词：〈现汉〉名、量。②记合成词中语素：床板；床单；床铺。③记词中非语素音节：〈方言〉炊床。〈网语〉小床。〈地名〉田床〔日本〕；厚床〔日本〕。

0832 库　①记词：〈现汉〉名、量。②记合成词中语素：库藏；库存。③记词中非语素音节：〈复姓〉库布克；库六斤；沙库。〈联绵〉库伦。〈外来〉库兰特；库鲁干。〈地名〉土库曼斯坦。

0833 庇　①记词：〈古汉〉动。②记合成词中语素：庇护；庇荫；

---

① 《新华网络语言词典》第29页：稻糠亩，"英文 dot com（.COM）的音译"。

庇佑。③记词中非语素音节：〈外来〉庇音；庇喱戍喱；奥林庇克。〈地名〉庇仁〔韩〕。

0834 疗　①记词：未见[①]。②记合成词中语素：治疗；疗效；疗程。③记词中非语素音节：〈外来〉疗霉素；疗雷舒。

0835 吝　①记词：〈现汉〉名。②记合成词中语素：吝啬；吝惜；吝色。③记词中非语素音节：〈联绵〉刻吝。

0836 应　①记词：〈现汉〉动、名。②记合成词中语素：答应；应该；应许。③记词中非语素音节：〈复姓〉应云；应绍卜。〈联绵〉相应；格应；隔应。〈外来〉应伽；必应；应给李茜。

0837 这　①记词：〈现汉〉代。②记合成词中语素：这里；这么；这些。③记词中非语素音节：〈外来〉这喱冻。

0838 冷　①记词：〈现汉〉形、动、名。②记合成词中语素：冷汗；冷面。③记词中非语素音节：〈复姓〉冷伍；冷莫；阿冷。〈联绵〉冷泽。〈外来〉度冷丁；杜冷丁。〈地名〉耶路撒冷。

0839 庐　①记词：〈现汉〉名。②记合成词中语素：茅庐；庐舍；庐剧。③记词中非语素音节：〈复姓〉庐田；长庐；屋庐。〈外来〉苏迷庐；庐朵里于越；庐舍那。

0840 序　①记词：〈现汉〉名。②记合成词中语素：序言；序幕；序曲。③记词中非语素音节：未见。

0841 辛　①记词：〈现汉〉名。②记合成词中语素：辛劳；辛苦。③记词中非语素音节：〈复姓〉辛廖；辛卖。〈联绵〉辛夷；辛薟。〈外来〉辛巴尔；辛迪加；辛弗林。〈地名〉赫尔辛格〔丹麦〕。

0842 弃　①记词：〈现汉〉名。②记合成词中语素：放弃；弃权；弃学。③记词中非语素音节：〈复姓〉弃疾。〈外来〉喫弃罗；弃隶；隙弃罗。

[①] 《现代汉语词典》收"疗"但未标注词性，商务国际《古代汉语词典》未收"疗"。

0843 冶　①记词：〈现汉〉名。②记合成词中语素：冶金；冶炼；冶容。③记词中非语素音节：〈复姓〉公冶；含冶；函冶。〈联绵〉冶由；妖冶；姚冶；冶夷。

0844 忘　①记词：〈现汉〉动。②记合成词中语素：遗忘；忘掉；忘怀。③记词中非语素音节：〈复姓〉埋忘。〈联绵〉忘忽。

0845 闰　①记词：〈现汉〉动、名。②记合成词中语素：闰年；闰月。③记词中非语素音节：未见。

0846 闲　①记词：〈现汉〉形、名。②记合成词中语素：闲扯；闲居；闲事。③记词中非语素音节：〈复姓〉押闲伊；黏闲逸。〈联绵〉闲闲。〈地名〉闲田里〔韩〕；闲子里〔韩〕。

0847 间　①记词：〈现汉〉名、量、动。②记合成词中语素：间距；间架；时间。③记词中非语素音节：〈复姓〉炉间；露间；阿间。〈联绵〉间关；间间。〈地名〉细间〔韩〕。

0848 闷　①记词：〈现汉〉动、形。②记合成词中语素：闷热；闷气；闷棍。③记词中非语素音节：〈复姓〉老闷。〈联绵〉钝闷；顿闷；闷闷。〈外来〉闷得儿密；闷骚；生的闷太儿；生的闷特。

0849 判　①记词：〈现汉〉动。②记合成词中语素：判案；判别；判断。③记词中非语素音节：〈复姓〉判柔。〈联绵〉判涣；判奂；送判。〈外来〉桑科·判札；判岛岩；判索里。

0850 兑　①记词：〈现汉〉动、名。②记合成词中语素：兑付；兑换；兑奖。③记词中非语素音节：〈复姓〉吉兑。〈地名〉实兑〔缅甸〕；丹兑〔缅甸〕；兰兑〔老挝〕。

0851 灶　①记词：〈现汉〉名。②记合成词中语素：灶神；灶具；灶台。③记词中非语素音节：〈地名〉盐灶〔日本〕。

0852 灿　①记词：〈古汉〉形。②记合成词中语素：灿然；灿亮。③记词中非语素音节：〈联绵〉灿烂；灿灿。〈地名〉阿努鲁灿加纳〔马达加斯加〕。

0853 灼　①记词：〈现汉〉动。②记合成词中语素：灼见；灼热。③记词中非语素音节：〈联绵〉灼药；灼灼。

0854 弟　①记词：〈现汉〉名。②记合成词中语素：弟妹；弟兄；弟子。③记词中非语素音节：〈复姓〉弟拉依鲁；石弟。〈联绵〉弟佗；弟靡；岂弟。〈外来〉弟佗；错弟耳。

0855 汪　①记词：〈现汉〉名、量、拟声。②记合成词中语素：汪子；汪汪。③记词中非语素音节：〈复姓〉汪古；汪吉；米力汪。〈联绵〉汪洋；汪郎；汪芒。〈外来〉汪达尔主义；汪克尔发动机。

0856 沐　①记词：〈现汉〉名。②记合成词中语素：沐恩；沐浴。③记词中非语素音节：〈复姓〉沐简；沐兰；渝沐。〈联绵〉沐秃；溟沐。〈外来〉沐猴；沐猿；沐猱。〈地名〉沐洞里〔韩〕。

0857 沛　①记词：〈现汉〉名。②记合成词中语素：沛然；充沛。③记词中非语素音节：〈复姓〉右叔沛；右外沛。〈联绵〉沛艾；沛滂；潕沛。〈外来〉沛迟；潘沛依红。〈地名〉安沛〔越南〕。

0858 汰　①记词：〈古汉〉名、动、形。②记合成词中语素：裁汰；淘汰；汰石子。③记词中非语素音节：〈联绵〉体汰。〈外来〉埋汰。

0859 沥　①记词：〈古汉〉名、动。②记合成词中语素：沥涝；沥水。③记词中非语素音节：〈联绵〉淅沥；沥沥；滴沥。〈外来〉沥青。

0860 沙　①记词：〈现汉〉名、动。②记合成词中语素：沙包；沙场；沙袋。③记词中非语素音节：〈复姓〉沙比沁；沙叱。〈联绵〉沙弥；沙罗；沙门。〈外来〉沙发；沙拉。〈地名〉爱沙尼亚。

0861 汽　①记词：〈现汉〉名。②记合成词中语素：蒸汽；汽水；汽锤。③记词中非语素音节：未见。

0862 沃　①记词：〈现汉〉名。②记合成词中语素：沃土；肥沃；沃野。③记词中非语素音节：〈复姓〉沃热；沃埒；沙扎沃巴。〈联绵〉沃沃。〈外来〉沃特加；沃洛宁；沃里托李。

0863 沦　①记词：〈古汉〉名、动。②记合成词中语素：沦落；沦没；沉沦。③记词中非语素音节：〈复姓〉泠沦。〈联绵〉沦敦；混沦；浑沦。

0864 汹　①记词：〈古汉〉形。②记合成词中语素：汹姓；汹氏；汹家。③记词中非语素音节：〈联绵〉汹汹；汹溶；汹涌。

0865 泛　①记词：〈现汉〉动。②记合成词中语素：泛称；泛读；泛指。③记词中非语素音节：〈联绵〉泛登；熬泛。〈地名〉泛椋〔韩〕；泛鹤里〔韩〕。

0866 沧　①记词：〈古汉〉形。②记合成词中语素：沧海；沧桑。③记词中非语素音节：〈联绵〉沧凉；沧溟；沧茫；沧浪；沧况。〈地名〉澜沧江。

0867 没　①记词：〈现汉〉动、副。②记合成词中语素：没底；没事；没戏。③记词中非语素音节：〈复姓〉没移；没藏。〈联绵〉没忽；没楞；没滑。〈外来〉没劫；没药。〈地名〉沙没巴干〔泰〕。

0868 沟　①记词：〈现汉〉名。②记合成词中语素：水沟；沟壑；沟渠。③记词中非语素音节：〈复姓〉勾沟尔；老沟。〈联绵〉沟捞；沟娄；沟溇。〈外来〉阴沟里洗。

0869 沪　①记词：〈现汉〉名。②记合成词中语素：沪剧；京沪线。③记词中非语素音节：未见。

0870 沈　①记词：〈现汉〉名。②记合成词中语素：辽沈战役；沈氏；沈家。③记词中非语素音节：〈复姓〉沈尤；沈燕；沈佳。〈联绵〉沈沈（tántán）；沈沈（chénchén）。

0871 沉　①记词：〈现汉〉动、形。②记合成词中语素：沉浮；沉淀；沉重。③记词中非语素音节：〈复姓〉沉犹。〈联绵〉沉沉。

0872 沁　①记词：〈现汉〉动。②记合成词中语素：沁人心脾。③记词中非语素音节：〈复姓〉王沁；仑沁；席热沁。〈外来〉沁忒格斯；沁涅特；沁加特歌勒马的；额尔沁。〈地名〉科尔沁。

0873 怀　①记词：〈现汉〉名、动。②记合成词中语素：怀抱；怀古。③记词中非语素音节：〈复姓〉怀赫尔；西怀；屈怀。〈外来〉怀康；怀娥铃。〈地名〉怀特岛〔新西兰〕。

0874 忧　①记词：〈现汉〉名。②记合成词中语素：忧愁；忧患；忧伤。③记词中非语素音节：〈外来〉忧毕叉；忧流迦；忧陀那；忧波婆娑；忧陀伽。

0875 忱　①记词：〈现汉〉名。②记合成词中语素：热忱；谢忱；忱氏。③记词中非语素音节：〈联绵〉斟忱。

0876 快　①记词：〈现汉〉形、副、名。②记合成词中语素：快报；快门；快速。③记词中非语素音节：〈联绵〉常快；快势；快快。〈外来〉快巴；快当；快克；快劳；快把。

0877 完　①记词：〈现汉〉动、名。②记合成词中语素：完备；完全；完满。③记词中非语素音节：〈复姓〉完颜；完者的斤；音哈完。〈联绵〉完完。〈外来〉没塔完里。

0878 宋　①记词：〈现汉〉名、量。②记合成词中语素：北宋；南宋；宋朝。③记词中非语素音节：〈复姓〉宋华；宋荣；索木宋索罗共。〈联绵〉宋凶。〈外来〉罗宋。〈地名〉赛宋本省〔老挝〕。

0879 宏　①记词：〈现汉〉名。②记合成词中语素：宏大；宏观；宏伟。③记词中非语素音节：〈复姓〉宏古；宏农；宏义；宏宏。〈外来〉卡宏（鼓）。

0880 牢　①记词：〈现汉〉名、形。②记合成词中语素：牢固；牢记；牢靠。③记词中非语素音节：〈复姓〉牢饶时；牛牢。〈联绵〉蒲牢；搜牢；牢等；牢拉；牢牢；牢落。〈外来〉维可牢。

0881 究　①记词：〈现汉〉副。②记合成词中语素：究竟；研究；追究。③记词中非语素音节：〈联绵〉究究。〈外来〉究究咤；究牟陀。〈地名〉架究①。

---

① 架究，怒语音译，意为"生长盐肤木树林地"。

0882 穷 ①记词:〈现汉〉形、副。②记合成词中语素:穷人;贫穷。③记词中非语素音节:〈复姓〉穷扛尼;穷桑;穷蝉。〈联绵〉穷隆;穷庐;芎穷;蛉穷。〈外来〉穷勃;堪穷;无穷花。

0883 灾 ①记词:〈现汉〉名。②记合成词中语素:灾害;灾祸;灾殃。③记词中非语素音节:未见。

0884 良 ①记词:〈现汉〉形、名。②记合成词中语素:良药;优良。③记词中非语素音节:〈复姓〉良臣;良佳;叔良。〈联绵〉方良;良倡。〈外来〉的确良;新奥尔良。〈地名〉都良〔越南〕。

0885 证 ①记词:〈现汉〉名。②记合成词中语素:证人;证书;证实。③记词中非语素音节:未见。

0886 启 ①记词:〈现汉〉名。②记合成词中语素:启封;启蒙;启用。③记词中非语素音节:〈复姓〉启布樵;启姑乌者;吴启特。〈外来〉启罗;启代梯;启罗迈当;启罗米突街害。

0887 评 ①记词:〈现汉〉动、名。②记合成词中语素:评价;评审;评述。③记词中非语素音节:未见。

0888 补 ①记词:〈现汉〉动、名。②记合成词中语素:补白;补办;补报。③记词中非语素音节:〈复姓〉补狄;补乌;补的。〈外来〉阿娑摩补多;马补;三补吒。

0889 初 ①记词:〈现汉〉名、副。②记合成词中语素:初夏;初冬;初次。③记词中非语素音节:〈复姓〉初白大;初贴多。〈联绵〉初初。〈外来〉纳古初;仙初梨。〈地名〉初山别〔日本〕。

0890 社 ①记词:〈现汉〉名。②记合成词中语素:社保;社火;社区。③记词中非语素音节:〈复姓〉社北;社南;社鲁。〈外来〉殟社;和社;鹘社;乌社。〈地名〉五社〔日本〕。

0891 祀 ①记词:〈古汉〉名、动。②记合成词中语素:祀夭;祀孔;祀祖。③记词中非语素音节:未见。

0892 识 ①记词:〈现汉〉动。②记合成词中语素:识别;识货;

识破。③记词中非语素音节：〈外来〉沙识；鸡识；榜识；帮识；稽识。

0893 诈　①记词：〈现汉〉动。②记合成词中语素：诈唬；诈骗；欺诈。③记词中非语素音节：〈联绵〉诈嗲。〈外来〉阿诈里；诈马。

0894 诉　①记词：〈现汉〉动。②记合成词中语素：诉苦；诉求；诉说。③记词中非语素音节：未见。

0895 罕　①记词：〈现汉〉名。②记合成词中语素：罕见；稀罕；罕有。③记词中非语素音节：〈复姓〉罕楚；罕楚哈。〈联绵〉罕漫。〈外来〉可罕；合罕。〈地名〉瓦罕走廊〔阿富汗〕。

0896 诊　①记词：〈古汉〉动。②记合成词中语素：诊断；诊脉；诊治。③记词中非语素音节：〈外来〉波诊。

0897 词　①记词：〈现汉〉名。②记合成词中语素：词频；词类；词牌。③记词中非语素音节：〈外来〉胡博词；虎拍词；琥珀词。

0898 译　①记词：〈现汉〉动、名。②记合成词中语素：译本；译著；译员。③记词中非语素音节：〈外来〉译仓；仲译清波；仲译钦波。

0899 君　①记词：〈现汉〉名。②记合成词中语素：君主；君权。③记词中非语素音节：〈复姓〉占君巴。〈联绵〉君持；君迟；君迁。〈外来〉君杜鲁；君稚迦；君荼。〈地名〉君克汕〔柬埔寨〕。

0900 灵　①记词：〈现汉〉形、名。②记合成词中语素：灵车；灵活；灵巧。③记词中非语素音节：〈复姓〉灵姑；灵呼。〈联绵〉灵壁；灵丁；冥灵。〈外来〉百灵舌；灵堡干酪。〈地名〉惠灵顿。

0901 即　①记词：〈现汉〉副、连、名。②记合成词中语素：即刻；即日；即席。③记词中非语素音节：〈复姓〉即利；即墨；嘎即拉。〈联绵〉即令；站即；即即；即留；即溜。

0902 层　①记词：〈现汉〉量、名。②记合成词中语素：层次；层级；层面。③记词中非语素音节：〈联绵〉崚层；棱层；层层。

0903 屁　①记词：〈现汉〉名。②记合成词中语素：屁股；屁话；放屁。③记词中非语素音节：〈联绵〉俺屁。〈外来〉马屁山。〈网语〉屁兔。

0904 尿 ①记词：〈现汉〉名、动。②记合成词中语素：尿布；尿检；尿血。③记词中非语素音节：〈外来〉依尿；尿卟啉。〈地名〉尿前〔日本〕。

0905 尾 ①记词：〈现汉〉量。②记合成词中语素：追尾；尾随。③记词中非语素音节：〈复姓〉尾生；姐尾。〈联绵〉尾猛；尾尾；斐尾。〈外来〉尾布罗；尾底牙；尾贺罗；尾呋怛迦。

0906 迟 ①记词：〈现汉〉形、名。②记合成词中语素：迟到；迟钝。③记词中非语素音节：〈复姓〉迟佳；迟辟；安迟。〈联绵〉迟回；迟徊。〈外来〉弩杜花迟；犍迟；君迟；沛迟。

0907 局 ①记词：〈现汉〉量、名。②记合成词中语素：局部；局面；局外。③记词中非语素音节：〈联绵〉局数；局趣；局促；局蹴；局局。〈外来〉局儿罕；局本；局阿曲巴。

0908 改 ①记词：〈现汉〉动、名。②记合成词中语素：改版；改正；改革。③记词中非语素音节：〈复姓〉改则本；兀的改；空改达千。〈外来〉耨斡改；帕累托改善。

0909 张 ①记词：〈现汉〉动、量、名。②记合成词中语素：张榜；张大；张目。③记词中非语素音节：〈复姓〉张包；张扎尔；赤张。〈联绵〉舟张；张皇；张徨。〈外来〉张伯伦。

0910 忌 ①记词：〈现汉〉动。②记合成词中语素：忌嘴；忌口；忌恨。③记词中非语素音节：〈复姓〉文忌；弗忌；无忌。〈联绵〉枸忌；忌欺。〈外来〉威士忌；冰忌淋；忌连；忌司。

0911 际 ①记词：〈古汉〉名、动。②记合成词中语素：际会；际遇；际涯。③记词中非语素音节：〈外来〉际瑟吒。〈地名〉尾际〔日本〕；山际里〔韩〕。

0912 陆 ①记词：〈现汉〉名。②记合成词中语素：陆地；大陆；陆军。③记词中非语素音节：〈复姓〉陆范；陆缅排；佟陆。〈联绵〉

陆离；陆哥；陆陆。〈外来〉奥斯陆；陆耳；陆奥苹果。

0913 阿　①记词：〈现汉〉名。②记合成词中语素：阿胶；阿附；阿爸。③记词中非语素音节：〈复姓〉阿千顿；阿冬。〈联绵〉阿那；阿魏；阿娜。〈外来〉阿门；阿訇。〈地名〉阿富汗。

0914 陈　①记词：〈现汉〉形、名。②记合成词中语素：陈旧；陈账；陈货。③记词中非语素音节：〈复姓〉陈哀；陈丰；朱陈。〈联绵〉陈掾；茵陈；陈陈。〈外来〉陈那罗。

0915 阻　①记词：〈古汉〉名、动、形。②记合成词中语素：阻挡；阻力；阻碍。③记词中非语素音节：〈外来〉阻特装。

0916 附　①记词：〈现汉〉动。②记合成词中语素：附耳；附加；附件。③记词中非语素音节：〈复姓〉附庸；北附。〈联绵〉附引；附（pǒu）娄；附疏。〈外来〉附真；附离；附邻；附邻可汗。

0917 坠　①记词：〈现汉〉动、名。②记合成词中语素：坠地；坠毁；坠子。③记词中非语素音节：〈复姓〉坠尚。

0918 妓　①记词：〈古汉〉名。②记合成词中语素：妓女；妓院；娼妓。③记词中非语素音节：〈联绵〉婓妓；妓婓。〈外来〉比妓。

0919 妙　①记词：〈现汉〉形、名。②记合成词中语素：妙计；妙手；妙趣。③记词中非语素音节：〈联绵〉窈妙；妙婧；要妙。〈外来〉西普妙；喜普妙。〈地名〉妙高山〔日本〕。

0920 妖　①记词：〈现汉〉形。②记合成词中语素：妖风；妖媚；妖怪。③记词中非语素音节：〈联绵〉妖冶；妖妖。

0921 姊　①记词：〈古汉〉名。②记合成词中语素：姊妹；姊夫。③记词中非语素音节：〈联绵〉姊归。

0922 妨　①记词：〈古汉〉动。②记合成词中语素：妨碍；妨害；无妨。③记词中非语素音节：未见。

0923 妒　①记词：〈姓氏〉名。②记合成词中语素：嫉妒；妒火；妒忌。③记词中非语素音节：〈外来〉妒路婆；妒罗；妒罗绵。

0924 努 ①记词：〈现汉〉动。②记合成词中语素：努嘴；努力。③记词中非语素音节：〈复姓〉努木沁；努古思；莽努特。〈外来〉努图克；努优弥那；努兹哈卜；努尔特鲁姆。

0925 忍 ①记词：〈现汉〉动。②记合成词中语素：容忍；忍痛；忍受。③记词中非语素音节：〈复姓〉木忍。〈联绵〉忍冬；隐忍；忍忍。〈外来〉忍者。〈地名〉忍野〔日本〕。

0926 劲 ①记词：〈现汉〉名。②记合成词中语素：劲头；没劲；用劲。③记词中非语素音节：未见。

0927 矣 ①记词：〈现汉〉助。②记合成词中语素：已矣。③记词中非语素音节：〈复姓〉奥矣毛都。

0928 鸡 ①记词：〈现汉〉名。②记合成词中语素：鸡瘟；鸡血。③记词中非语素音节：〈复姓〉心鸡；辛鸡。〈联绵〉莎鸡；辟鸡；沙鸡。〈外来〉鸡识；鸡都；鸡楼鼓；金鸡纳霜。

0929 纬 ①记词：〈古汉〉名、动。②记合成词中语素：纬度；纬纱；纬线。③记词中非语素音节：〈联绵〉纬络；络纬。

0930 驱 ①记词：〈古汉〉动。②记合成词中语素：驱车；驱赶；驱使。③记词中非语素音节：〈联绵〉驱驱。〈外来〉驱口；驱土里；驱丁。

0931 纯 ①记词：〈现汉〉形、副、名。②记合成词中语素：纯粹；纯度；纯净。③记词中非语素音节：〈复姓〉纯布鲁；纯狐；克穆纯。〈联绵〉纯纯（zhūnzhūn）。〈外来〉阿纯；烟土披离纯。

0932 纱 ①记词：〈现汉〉名。②记合成词中语素：纱布；纱窗；纱锭。③记词中非语素音节：〈外来〉纱笼；纱丽。〈地名〉纱那〔日本〕。

0933 纲 ①记词：〈现汉〉名。②记合成词中语素：纲常；纲纪；纲目。③记词中非语素音节：〈复姓〉纲吉达。〈外来〉横纲。〈地名〉中纲〔日本〕；大纲〔日本〕。

0934 纳　①记词：〈现汉〉动、名。②记合成词中语素：纳凉；纳福；纳彩。③记词中非语素音节：〈复姓〉纳日；纳思马立。〈联绵〉纳纳；纳莫；纳慕。〈外来〉纳米；纳斯达克；英特纳雄耐尔。

0935 驳　①记词：〈现汉〉动。②记合成词中语素：驳斥；驳倒；驳价。③记词中非语素音节：〈复姓〉驳马。〈联绵〉驳骆；驳挞；驳荦。

0936 纵　①记词：〈现汉〉形、名、动。②记合成词中语素：纵观；纵火；纵深。③记词中非语素音节：〈复姓〉精纵。〈联绵〉纵须；纵踊；纵臾；纵纵。

0937 纷　①记词：〈古汉〉名、形。②记合成词中语素：纷繁；纷乱；纷飞。③记词中非语素音节：〈联绵〉缤纷；纷纭；纷轮；纷纷。

0938 纸　①记词：〈现汉〉名、量。②记合成词中语素：纸板；纸杯；纸币。③记词中非语素音节：〈外来〉破故纸；拍纸簿；花令纸。〈地名〉纸屋〔日本〕。

0939 纹　①记词：〈现汉〉名。②记合成词中语素：纹理；指纹；纹银。③记词中非语素音节：〈联绵〉搓纹。〈外来〉三纹鱼。〈地名〉纹别〔日本〕。

0940 纺　①记词：〈现汉〉动。②记合成词中语素：纺织；纺车；纺锤。③记词中非语素音节：〈外来〉雪纺（绸）；寻纺绸。

0941 驴　①记词：〈现汉〉名。②记合成词中语素：驴子；叫驴；驴打滚。③记词中非语素音节：〈联绵〉駏驴；〈网语〉驴友；电驴。

0942 纽　①记词：〈现汉〉动。②记合成词中语素：纽带；纽扣。③记词中非语素音节：〈复姓〉纽戈；纽尚；纽卧。〈外来〉纽弥那；纽美诺；纽士达。〈地名〉纽约〔美〕；珀纽群岛〔印尼〕。

0943 奉　①记词：〈现汉〉动、名。②记合成词中语素：奉劝；奉还；奉陪。③记词中非语素音节：〈地名〉奉化〔韩〕；奉盖洞〔韩〕。

0944 玩　①记词：〈现汉〉动。②记合成词中语素：玩火；玩乐；玩耍。③记词中非语素音节：〈联绵〉攒玩。

0945 环 ①记词：〈现汉〉名、量、动。②记合成词中语素：环靶；环保；耳环。③记词中非语素音节：〈联绵〉环环。〈外来〉四环素；阿约环果；环丙贝特。〈地名〉环城里〔韩〕。

0946 武 ①记词：〈现汉〉名。②记合成词中语素：武打；武旦。③记词中非语素音节：〈复姓〉武竹；武群。〈联绵〉武夫；武玞；婴武。〈地名〉阿拉武斯〔芬兰〕。

0947 青 ①记词：〈现汉〉形、名。②记合成词中语素：青菜；青草；青春。③记词中非语素音节：〈复姓〉青萍；青简；李青。〈联绵〉青青；青零；青庄。〈地名〉什切青〔波兰〕。

0948 责 ①记词：〈古汉〉名、动。②记合成词中语素：责难；责备；责任。③记词中非语素音节：〈复姓〉责名；责别。〈联绵〉责斗；百责。〈外来〉撒责尔铎德。

0949 现 ①记词：〈现汉〉动、副。②记合成词中语素：现案；现钞；现成。③记词中非语素音节：〈联绵〉现萨。

0950 玫 ①记词：〈姓氏〉名。②记合成词中语素：玫姓；玫氏；玫家。③记词中非语素音节：〈联绵〉玫瑰；玫珂。

0951 表 ①记词：〈现汉〉动、名。②记合成词中语素：表达；表态；电表。③记词中非语素音节：〈复姓〉表特；表黎；乞表。〈外来〉表丁。〈地名〉西表岛〔日本〕。

0952 规 ①记词：〈现汉〉名。②记合成词中语素：圆规；规劝；规定。③记词中非语素音节：〈联绵〉规规；子规。〈外来〉规那；规尼涅；规宁。

0953 抹 ①记词：〈现汉〉动、量。②记合成词中语素：抹黑；抹零；抹子。③记词中非语素音节：〈复姓〉抹撚；抹颜。〈联绵〉抹搭；抹杀；抹煞。〈外来〉抹邻；抹鹘；抹里；抹利。

0954 卦 ①记词：〈现汉〉名。②记合成词中语素：卦辞；卦象；打卦。③记词中非语素音节：〈复姓〉卦勒察；卦尔察。

0955 坷 ①记词：〈姓氏〉名。②记合成词中语素：坷姓；坷氏；坷家。③记词中非语素音节：〈联绵〉坎坷；坷垃；坷擦。

0956 坯 ①记词：〈现汉〉名。②记合成词中语素：坯布；坯料；坯胎。③记词中非语素音节：未见。

0957 拓 ①记词：〈现汉〉名。②记合成词中语素：拓荒；拓宽；拓展。③记词中非语素音节：〈复姓〉拓跋；拓至。〈联绵〉拓落；落拓。〈外来〉拓都；拓弗特；拓特；拓温。

0958 拢 ①记词：〈现汉〉动、名。②记合成词中语素：归拢；拢总；拢子。③记词中非语素音节：〈联绵〉骨拢；轱拢；拢统。〈外来〉吾戈拢；伍戈拢。

0959 拔 ①记词：〈现汉〉动、名。②记合成词中语素：挺拔；拔除；拔节。③记词中非语素音节：〈复姓〉拔也；拔悉蜜；何拔。〈联绵〉拔扈；拔剌；拔律。〈外来〉拔突；拔都鲁；拔克替里亚。

0960 坪 ①记词：〈现汉〉量。②记合成词中语素：草坪；停机坪；坪坝。③记词中非语素音节：〈地名〉坪野〔日本〕。

0961 拣 ①记词：〈现汉〉动。②记合成词中语素：拣选；拣择；挑肥拣瘦。③记词中非语素音节：〈方言〉拣手；拣气。

0962 坦 ①记词：〈古汉〉名、动、形。②记合成词中语素：平坦；坦诚。③记词中非语素音节：〈复姓〉坦开；岩坦纽。〈联绵〉坦漫；坦坦。〈外来〉坦克；拉坦捏根。〈地名〉巴基斯坦。

0963 担 ①记词：〈现汉〉动、名、量。②记合成词中语素：担保；担当；担子。③记词中非语素音节：〈联绵〉担苟。〈外来〉担不归；担步罗；杷担。〈地名〉扁担山脉〔泰〕。

0964 坤 ①记词：〈现汉〉名。②记合成词中语素：坤包；坤表；坤玲。③记词中非语素音节：〈复姓〉坤奇；坤勒克；玻勒坤。〈联绵〉坤屯。〈地名〉空坤〔泰〕；班坤荣〔泰〕；坤甸〔印尼〕。

0965 押 ①记词：〈现汉〉动、名。②记合成词中语素：扣押；押车；押金。③记词中非语素音节：〈复姓〉押闲伊；押刺伊而。〈联绵〉押（xiá）撘。〈外来〉押不芦；押忽；押刺；押苏。

0966 抽 ①记词：〈现汉〉动。②记合成词中语素：抽查；抽打；抽奖。③记词中非语素音节：〈复姓〉阿抽昨。〈外来〉安抽鱼；哈刺抽；哈刺抽。

0967 拐 ①记词：〈现汉〉动、数。②记合成词中语素：拐带；拐点；拐弯。③记词中非语素音节：〈联绵〉拐古；拐孤；孤拐。

0968 拖 ①记词：〈现汉〉动、名。②记合成词中语素：拖把；拖船。③记词中非语素音节：〈复姓〉拖礼勒；拖啰；谟克拖。〈联绵〉潭拖；拖沓；娑拖。〈外来〉拖肥；拖克索；阿拖；阿拖蓝。

0969 者 ①记词：〈现汉〉助、代。②记合成词中语素：老者；作者。③记词中非语素音节：〈复姓〉者舌；者巳；阿者。〈联绵〉者么；者末；者莫。〈外来〉者厘；者剌古；者那则；必者赤。

0970 拍 ①记词：〈现汉〉动、名。②记合成词中语素：拍板；拍卖。③记词中非语素音节：〈复姓〉拍食；佘拍。〈联绵〉拍拍。〈外来〉拍达西；拍纸簿；拍拉息昂。〈地名〉上雄拍〔日本〕。

0971 顶 ①记词：〈现汉〉名、动、介、量、副。②记合成词中语素：顶板；顶层；顶点。③记词中非语素音节：〈复姓〉顶仁；顶眼如；雪顶。〈联绵〉顶碓。

0972 拆 ①记词：〈现汉〉动。②记合成词中语素：拆穿；拆分；拆迁。③记词中非语素音节：〈联绵〉拆白。

0973 拎 ①记词：〈现汉〉动。②记合成词中语素：拎包。③记词中非语素音节：〈方言〉拎不清；拎得清。

0974 拥 ①记词：〈现汉〉动、名。②记合成词中语素：拥挤；拥有；拥军。③记词中非语素音节：〈复姓〉拥启；拥模；拥省。〈联绵〉顾拥；拥肿。〈外来〉拥皮士。

0975 抵 ①记词：〈现汉〉动。②记合成词中语素：抵偿；抵达；

抵命。③记词中非语素音节：〈复姓〉抵顾；且抵；牟抵。〈外来〉抵弥；抵纳；陀穆斯抵书。

0976 拘 ①记词：〈现汉〉动。②记合成词中语素：拘捕；拘谨；拘留。③记词中非语素音节：〈联绵〉拘搂；拘弥；拘录。〈外来〉拘物头；拘卢；拘摩罗；拘耆罗；拘吒赊摩利。

0977 势 ①记词：〈现汉〉名。②记合成词中语素：势必；势力；势利。③记词中非语素音节：〈联绵〉快势。〈外来〉把势；虎势；势罗；势森勿；大势至。〈地名〉伊势〔日本〕。

0978 抱 ①记词：〈现汉〉动、量。②记合成词中语素：抱病；抱恨；抱拳。③记词中非语素音节：〈联绵〉襁抱。〈外来〉抱台。

0979 拄 ①记词：〈现汉〉动。②记合成词中语素：拄拐；拄杖。③记词中非语素音节：〈方言〉拄喙；拄数。

0980 垃 ①记词：〈姓氏〉名。②记合成词中语素：垃姓；垃氏；垃家。③记词中非语素音节：〈联绵〉垃圾；坷垃。〈外来〉垃三。

0981 拉 ①记词：〈现汉〉动。②记合成词中语素：拉扯；拉杆。③记词中非语素音节：〈复姓〉拉什唐；拉耐。〈联绵〉拉各；拉瓜；拉答。〈外来〉拉卜堆；拉达；拉比。〈地名〉拉脱维亚。

0982 拦 ①记词：〈现汉〉动。②记合成词中语素：拦挡；拦击；拦路。③记词中非语素音节：〈方言〉拦社；拦兴。

0983 幸 ①记词：〈现汉〉名。②记合成词中语素：幸福；幸亏；幸运。③记词中非语素音节：〈复姓〉幸田。〈联绵〉幸猴；幸胡；奚幸。〈地名〉枝幸〔日本〕。

0984 拌 ①记词：〈现汉〉动。②记合成词中语素：拌和；拌嘴；拌蒜。③记词中非语素音节：〈联绵〉灰拌。

0985 拧 ①记词：〈现汉〉动。②记合成词中语素：拧巴。③记词中非语素音节：〈方言〉拧架；拧制。

0986 拂 ①记词：〈现汉〉动。②记合成词中语素：拂尘；拂晓；

拂袖。③记词中非语素音节：〈复姓〉拂羽；西域拂林。〈联绵〉扐拂；拂拂；拂扐。〈外来〉拂庐；拂林；拂特；拂竹真。

0987 拙 ①记词：〈现汉〉形。②记合成词中语素：笨拙；拙劣；拙笨。③记词中非语素音节：〈复姓〉拙儿察歹；拙尔察岱。〈外来〉拙具罗；拙思牙赤。

0988 招 ①记词：〈现汉〉动、名。②记合成词中语素：招收；招标；招兵。③记词中非语素音节：〈联绵〉招提；招摇；招展；招招。〈外来〉招斗提奢；招斗提舍。〈地名〉本招里〔韩〕。

0989 坡 ①记词：〈现汉〉名、形。②记合成词中语素：山坡；坡道；坡度。③记词中非语素音节：〈复姓〉坡嵬；巴坡。〈联绵〉坡靖；坡陀；坡陁。〈外来〉坡尔卡；坡卡。〈地名〉新加坡。

0990 披 ①记词：〈现汉〉动。②记合成词中语素：披风；披巾；披露。③记词中非语素音节：〈联绵〉昌披；披昌；猖披；披猖。〈外来〉披莎；披霞那；披头士；披索。〈地名〉披集〔泰〕。

0991 拨 ①记词：〈现汉〉动、量。②记合成词中语素：拨打；拨款。③记词中非语素音节：〈复姓〉拨略；温拨。〈联绵〉土拨；逼拨；荦拨。〈外来〉胡拨四；胡拨。〈地名〉把拨里〔朝鲜〕。

0992 择 ①记词：〈现汉〉动。②记合成词中语素：选择；择期；择业。③记词中非语素音节：〈复姓〉纳择普。〈外来〉半择迦。〈地名〉择捉岛。

0993 抬 ①记词：〈现汉〉动、量。②记合成词中语素：抬举；抬杠；抬头。③记词中非语素音节：〈联绵〉抬颏。

0994 拇 ①记词：〈古汉〉名。②记合成词中语素：拇指；拇战。③记词中非语素音节：未见。

0995 拗 ①记词：〈现汉〉形。②记合成词中语素：执拗；拗不过。③记词中非语素音节：〈外来〉拗撽。

0996 其 ①记词：〈现汉〉代、名、副。②记合成词中语素：其次；

极其；尤其。③记词中非语素音节：〈复姓〉其思；其连；食其。〈联绵〉其马。〈外来〉萨其马；幛其。〈地名〉土耳其。

0997 取 ①记词：〈现汉〉动、名。②记合成词中语素：取保；取代。③记词中非语素音节：〈复姓〉取虑；取卢，俄取吉略。〈联绵〉取此；取次；取虑。〈外来〉匹取。〈地名〉香取〔日本〕。

0998 茉 ①记词：〈姓氏〉名词。②记合成词中语素：茉姓；茉氏；茉家。③记词中非语素音节：〈联绵〉茉莉。

0999 苦 ①记词：〈现汉〉形、动、副、名。②记合成词中语素：艰苦；苦胆。③记词中非语素音节：〈复姓〉苦里鲁；苦鲁丁。〈联绵〉苦彩；苦杞；苦荬。〈外来〉苦迭打；苦温；苦勒克勒。

1000 昔 ①记词：〈现汉〉名。②记合成词中语素：昔日；往昔。③记词中非语素音节：〈复姓〉昔吴；昔毕。〈联绵〉昔粟。〈外来〉阿昔洛韦；阿昔单抗；密昔司。〈地名〉昔胜〔缅甸〕。

（三）考察结果

1. 前 1000 字考察结果。

在本篇列出的 0001—1000 的 1000 字中，已发现其能够记写单音节词的 995 字，占 99.5%；未发现其记写单音节词的仅 5 字，占 0.5%。已发现其能够记写合成词中单音节语素的 998 字，占 99.8%，未发现其能够记写合成词中单音节语素的仅 2 字，占 0.2%。已发现其能够记写多音节单纯词中音节的为 949 字，占 94.9%，未发现其记写多音节单纯词中音节的为 51 字，占 5.1%。

2. 总 3500 字考察结果。

在总 3500 字中，已发现其能够记写单音节词的 3442 字，占 98.3%；未发现其记写单音节词的仅 58 字，占 1.7%。已发现其能够记写合成词中单音节语素的 3479 字，占 99.4%；未发现其能够记写合成词中单音节语素的 21 字，占 0.6%。已发现其能够记写多音节单纯词中音节的为 3224 字，占 92.1%，未发现其记写多音节单纯词中音节的为 276 字，占 7.9%。

这个结果告诉我们，在《通用规范汉字表》"一级字表"的 3500 字中，有 92% 以上的字具有"既能够记写汉语单音节词，又能够记写汉语合成词中单音节语素，还能够记写多音节单纯词中音节"这三记职能。

以上结果纯由手工操作得到，很可能有疏漏，希望将来会有更加详尽的结果面世。

三、关于汉字三记说

在《〈通用规范汉字表〉不成词语素字的统计与思考》[①] 一文中，笔者提出了"汉字三记说"并做了简单的论说，现在再做一个稍微详细一点的论说。

（一）汉字三记，古已有之，于今更盛

在甲骨文中，就已经有不少汉字显示出既记单音节词又记合成词中语素的两记职能。管燮初《殷墟甲骨刻辞中的双宾语问题》列举了 37 条甲骨刻辞的句子，郑林曦《汉字记写的是汉语的哪个层次》对这些句子作了分析研究，得到的结果是，"一个汉字记写一个单音节词 328 次，占 74.21%，两个汉字记写一个双音节词结 111 次，占 25.11%，三个汉字记写一个三音节词结 3 次，占 0.68%"。[②] 其双音节词结有"癸未、辛巳、上甲、大丁、今日"等，三音节词结是"二祖丁、康祖丁、文武丁"3 个，这些词结，用两个字或三个字表示一个概念，每个字记一个单音节语素。

---

① 邵霭吉：《〈通用规范汉字表〉不成词语素字的统计与思考》，《盐城师范学院学报》（人文社会科学版）2022（5）。
② 郑林曦：《汉字记写的是汉语的哪个层次》，《语文建设》1988（2）。

崔恒昇《简明甲骨文词典》[①]的单字词条与多字词条近乎各占一半，例如：

单音词	合成词
[乙]	[乙且][乙门]
[人]	[人方]
[工]	[工典]
[及]	[及今][及雨]
[正]	[正月]
[四]	[四十][四方]
[百]	[百工]
[至]	[至于][至日]
[州]	[州臣]
[巫]	[巫妆][巫帝]

从中可以看出一些汉字在甲骨文时代已有两记职能。

在《诗经》中有很多联绵词，因此有很多汉字显示出既记写单音节词又记写合成词中语素还记联绵词中音节的三记职能。向熹《〈诗经〉里的复音词》一文指出：《诗经》里有"4000多个词，其中有复音词1329个，占整个《诗经》词汇的百分之三十弱"[②]。复音词中，有98个单纯复音词，如"间关、鸳鸯、流离、肃霜、参差、邂逅、勺药、果蠃"等，"有353个重言词"，如"关关、交交、渊渊、填填、丁丁、许许"等，其余878个为合成词，例如"四海、百姓、诸侯、羔羊、荇菜"等。

---

① 崔恒昇：《简明甲骨文词典》第2版，安徽教育出版社，2001。
② 向熹：《〈诗经〉里的复音词》，载《语言学论丛》第6辑，商务印书馆，1980。

现在从向熹《诗经词典》（修订本）① 摘出部分单音节词条、合成词词条、联绵词词条，配成对比组，可以看出《诗经》中一些汉字的三记情况：

单音词	合成词	联绵词
[池]	[滮池]	[差池]
[流]	[流亡]	[流离]
[药]	[救药]	[勺药]
[发]	[发夕]	[鬊发]
[肃]	[肃雍]	[肃霜]
[游]	[游环]	[游衍]
[烈]	[烈光]	[栗烈]
[燕]	[燕乐]	[燕婉]
[衍]	[蕃衍]	[游衍]
[旅]	[旅力]	[庐旅]
[蛮]	[蛮方]	[绵蛮]

汉代以后，音译外来词日益增多。汉代同匈奴既战又和，其间由匈奴输入了一些外来词，例如"单于、烟支、屠耆、廓落、撑犁孤涂"等。公元前138年，张骞出使西域，此后西域的一些用语因此而被音译进入汉语，例如"骆驼、狮子、苜蓿、石榴、箜篌、琵琶"等。

魏晋南北朝隋唐时期，佛教词语大量进入中国，如"阿弥陀佛、罗汉、阎罗、和尚、比丘、尼姑、沙门、沙弥、头陀、菩提、刹那"等。同时还有大量由丝绸之路传入我国的词语，比如"橄榄、苹果、豆蔻、没药、阿魏、珐琅、氍毹、锦叠、吉贝"等。

后来，契丹族、女真族、蒙古族、满族这四个民族先后建立政权，在部分地区或在全国实行过统治，又带来了一些汉译词语，如"惕隐、

---

① 向熹：《诗经词典》（修订本），商务印书馆，2014。

斡鲁朵、挞马、猛安、谋克、明安、闵阿、勃极烈、成吉思汗、奥鲁、驿站、斡脱、安达、喇嘛、胡同、戈壁、阿哥、贝勒、额附、福晋、萨其马"等。

徐振邦《联绵词大词典》收联绵词 14000 多条，史有为《新华外来词词典》收外来词 20000 余条，这两部词典 34000 多条词语中的汉字，绝大多数是记写非语素的音节的。把这两部词典跟《辞源》《古代汉语词典》中的单音节词、合成词对照起来观察，就可以大体上看清楚自古以来汉字三记的具体情况[①]。

在当代，我国跟世界各国各地区的联系越来越多，汉语用音译记录的外国地名、人名，其数量就多得惊人。一本"中型本"《外国地名译名手册》[②]便收录 95000 多条外国地名，几乎是前面所述《新华外来词词典》《联绵词大词典》两种词典的条目总数的 3 倍。《外国地名译名手册》中的地名有的由"专名 + 通名"构成，有的则仅以"专名"呈现，而专名几乎都是用"音译"形式，我们认为，凡是用于音译外国地名"专名"中的汉字都是记写非语素音节的。

记写外国人名的名词更多，各个国家和地区的领导人、外交、防务等政府要员、历史人物、文学家、企业家、商业人员等等，汉语用音译的方式、用汉字记写他们，其中的汉字也是记写非语素音节的。例如，我们知道的弗拉基米尔·弗拉基米罗维奇·普京、约瑟夫·拜登、岸田文雄、牛顿、达芬奇、巴甫洛夫等人名，其中的汉字都是记写非语素音节的。我们知道美国建国至今，有 46 位总统，除了约瑟夫·拜登以外，还有唐纳德·特朗普、贝拉克·侯赛因·奥巴马、乔治·沃克·布什、威廉·杰克逊·克林顿，等等。如果要把当今汉语书报刊中用汉字记写

---

① 《辞源》（第 3 版）收字头 14210 个、复词 92646 个，商务国际《古代汉语词典》收单字词目 11000 多个、多字词目 18000 多个。
② 中国地名委员会：《外国地名译名手册》（中型本），商务印书馆，1993。

的外国人名收集起来,那至少也是数万个名词。

当代还有许多外国的商品进入我国,它们的品牌名称也大量被用汉字翻译以后出现在汉语里,如"可口可乐、百事可乐、麦当劳、家乐福、沃尔玛"等等。

可见,汉字记写汉语单音节词、记写汉语合成词中单音节语素、记写汉语单纯词中音节的三记职能是越来越普遍地展现出来了。

(二)汉字三记,因用而显,未被用则潜

汉字是记录汉语的书面符号,其三记职能,因被使用而显现,未被使用时则潜隐着。下以"日、葡"二字为例说明。

1."日"字

"日"字,造字之初,甲骨文是在圆圈中加一横,用它记写一个单音节词"日"(太阳),例如"羿射九日、与日逐走"等,我们可以把它的这个意义记着义项①。随着时间的推移,"日"在使用过程中又衍生出了新的义项,如义项②"白天"(《诗经》:夏之日,冬之夜);义项③"一昼夜"(《庄子》:旬有五日而后反);义项④"每天"(《论语》:吾日三省吾身);义项⑤"一天天(地)"(《礼记》:苟日新)。如果我们把这每一个义项视为一个单音节词,"日"就记了5个单音节词,其中前3个是名词,后2个是副词。

汉语合成词出现以后,"日"在一些合成词中记单音节语素,一天一天地多起来,例如:

①烈日、红日、日食、日蚀、日晕、日华、日心说 ("日"记表示"太阳"的单音节语素)

②日夜、日工、日托、日妆、日霜、日场、日班 ("日"记表示"白天"的单音节语素)

③一日、一日游、五日游、一日千里、百日咳 ("日"记表示"一昼夜"的单音节语素)

④日均、日记、日差、日省、日程、日课、日报 （"日"记表示"每天"的单音节语素）

⑤日新、日益、日渐、日趋、日见、日臻 （"日"记表示"一天天（地）"的单音节语素）

"日"记非语素的音节，始于西汉，距今 2100 多年。在西汉时期，有位政治家叫金日䃅，匈奴人，在汉朝为官，他的汉名中的"日"读"mì"，是个记音节的非语素字。到唐代，大和国遣唐史将自己国家的名称改为"日本"，其后成为该国正式国名，沿用至今，"日"在"日本"国名中记一个非语素的音节。到现在，"日"还在"尼日利亚、尼日尔、日内瓦、日德兰、日斯巴尼亚、日阿默第亚、日必、日达仙、日了畏、巴赛日了畏"等音译外来词中记写一个非语素音节，还在"日喀则、朱日和"等我国少数民族地区地名，在"斯琴格日乐、傲日其愣"等我国少数民族人名中记写一个非语素的音节。

"日本"国名中的首字"日"，最初记写的是非语素音节，后来被作为"日本"的简称出现在汉语"日元、日军、日货、日方、日资"等合成词中，这里的"日"记一个单音节语素，是词根。此外，作为"日本"简称的"日"，还在"美国对日宣战、向日示好、日韩首脑会谈"等词组中，记写一个单音节词。

在袁义达、邱家儒《中国姓氏大辞典》中，"日"是一个单姓词条，"湖南宜章，上海，北京，甘肃景泰等地均有此姓"[①]。依据《现代汉语词典》，表示姓氏的义项是名词，因此作为单姓的"日"，记写的是一个单音节词。该辞典在其后又列出了多个含"日"字的复姓，例如"日中、日升、日布、日知玉、日律、日高、日须本"等，"日"在复姓中所记写的则是一个非语素的音节。

---

① 袁义达、邱家儒：《中国姓氏大辞典》97 页，江西人民出版社，2010。

2. "葡"字

"葡"字，它不见于《说文解字》，是一个后起字，它跟"萄"连用，表示一种水果。这种水果，《史记·大宛列传》写作"蒲萄"，《汉书·西域传上·大宛国》写作"蒲陶"，唐·李颀《古从军行》写作"蒲桃"，唐·刘禹锡《葡萄歌》写作"葡萄"。《康熙字典》"葡"条目说："《篇海》薄胡切，音蒲。俗借'葡'为'蒲陶'字。"一个"俗"字，说明"葡"起初是个"俗"字。但后来由于"葡"跟"萄"两字有共同的部首，共同的构形形式，"葡萄"就取代"蒲萄、蒲陶、蒲桃"而成为通用写法。《新华字典》（第12版）、《现代汉语词典》（第7版）、王宁《通用规范汉字字典》、商务国际本《古代汉语词典》等辞书，都只解释双音节词"葡萄"的词义，而没有给出单字"葡"的字义、词义。《联绵词大辞典》《新华外来词词典》都有"葡萄"词条。可以说，在"葡萄"一词中，"葡"是个记写非语素音节的字，古人造出一个"葡"字，很可能就是让它去记一个非语素音节的。

当代常有人把"葡萄""葡萄糖"简称为"葡"，从而使"葡"成为一个语素字。《百度百科》"葡"字条解释说："特指'葡萄'。"其后有对"葡糖"的解释："葡萄糖的简称。"这样看来，"葡糖"中的"葡"成了一个语素，是词根。另查《百度百科》"果葡糖浆"条，释文中说："因为它的组成主要是果糖和葡萄糖，故称为'果葡糖浆'。"据此，"果葡糖浆"中的"葡"也是"葡萄糖的简称"，它也是个记写单音节语素的字。

欧洲西南部有个国家叫portugal，严复译赫胥黎《天演论》时把它音译作"蒲陀牙"，现在一般音译作"葡萄牙"，这个音译外来词中的"葡"，肯定是个记写非语素音节的汉字。但"葡萄牙共和国"在汉语中可以简称为"葡"，例如有"葡币、葡语、葡方"等合成词，这里面的"葡"显然是记写合成词中一个单音节语素。而在"中葡关系、中葡友好、驻葡大使"等词组中，又可以认为"葡"记写的是一个单音节词。

另外，在袁义达、邱家儒《中国姓氏大辞典》中，"葡"是一个单姓词条，"山西古交、昔阳及安徽淮南、湖南、江苏滨海等地均有此姓"[①]。作为单姓的"葡"，它记写的是一个单音节词。该辞典在其后列出的"葡主、葡竹、葡寻、葡珠、葡煮、葡诸"等复姓中，"葡"所记写的则还是一个非语素的音节。

汉字三记，属于字用范畴，跟造字法有所区别。造字法重在"造字"，用字法重在"用汉字记写汉语"。造字法用象形法造出了"日"，或许是让它去记写单音节词（表示太阳的"日"）的，造字法用形声法造出了"葡"，或许是让它去记写联绵词"葡萄"中的前一字的。但造出来的"日"字"葡"字进入汉字系统以后，就跟其他字一样，为记写汉语服务，根据实际需要，或被用于记词，或被用于记合成词中单音节语素，或被用于记非语素的音节，并不仅仅局限于造字当时所期望的那一种记写职能了。

"日"和"葡"的三记职能告诉我们，有的汉字，有可能起初是记写单音节词的，后来被用于记写合成词中单音节语素、记写词中非语素音节，从而其三记功能全部呈现；有的汉字，起初就是记写多音节单纯词中音节的，后来被用于记写合成词中单音节语素、记写汉语单音节词，从而其三记功能全部呈现。

从我们掌握的材料来看，现在我们还只能知道，在3500个常用字中，有92%以上的常用汉字有实例证明它们是三记职能齐全的，有不到8%的汉字我们仅仅掌握其两记功能的实例，好像三记功能不全。这可能是我们掌握的材料不够多，也可能是我们在统计中有所疏失，当然也有可能是这些有两记用例的字，它的某一项功能尚未被用到，目前尚处于一个潜隐状态，将来是否被用到那个功能，现在还说不准。谁能想到记词的汉字"日"造出来不久就被用来记写合成词中单音节语素，后来又被

---

① 袁义达、邱家儒：《中国姓氏大辞典》1188页，江西人民出版社，2010。

用于记写汉语多音节单纯词中的音节呢；谁能想到在《康熙字典》中还被认为用于记写"葡萄"的俗字"葡"，现在还被用来记写合成词中单音节语素，还被用来记写汉语的一个单音节词呢。

（三）汉字三记之用的不平衡性

汉字的使用频率是各不相同的。《康熙字典》收汉字47035个，但大多数字很少被用到。《通用规范汉字表》仅收8105字，这8105字是"通用"的和"比较通用"的，可知《康熙字典》中近39000多字现在都是不怎么通用的，很少被大家用到，这是汉字使用频率的不平衡性。

苏培成《现代汉字学纲要》（第3版）指出，"周有光对各家统计的结果进行分析归纳，抽象出汉字出现频率不平衡规律，也叫汉字效用递减率"。[①] 根据这个规律，使用频率最高的1000字的覆盖率是90%，欠缺率为10%。但如果加上使用频率次高的1400字以后，则2400字的覆盖率是99%，欠缺率为1%。这是汉字使用频率的不平衡性。

26个汉语拼音字母是记录汉字读音的符号，它们的使用频率也是不平衡的。《新华字典》（第12版）收汉字1万多个，据该字典《汉语拼音音节索引》统计，1万多汉字的读音为416个音节（不带声调），416个音节总共用汉语拼音字母1332个次，字母使用频次依次为：n使用200次，a使用167次，i使用140次，u使用134次，g使用101次，e使用88次，o使用85次，h使用79次，z使用37次，c和s各使用35次，l使用25次，d使用23次，m使用21次，k和t各使用19次，p使用17次，b和r各使用16次，y使用15次，j、q、x各使用14次，f和w各使用9次，v为0次。v没有使用记录，记写普通话的读音用不到v。

《通用规范汉字表》第一表的3500字，92%以上都有三记用例，只剩不到8%还仅有一记、二记用例，这除了我们的统计可能有疏忽之

[①] 苏培成：《现代汉字学纲要》（第3版）43页，商务印书馆，2014。

外，汉字使用频率的不平衡性规律也可能是其原因之一。

四、关于汉字的性质

（一）从汉字的三记职能谈汉字的性质

汉字的性质，历来众说纷纭。詹鄞鑫《20世纪汉字性质问题研究评述》总结说："诸家对汉字性质的定性，主要有两个出发点。一个是表意文字还是表音文字的问题，另一个是文字与语言结构中的哪个单位相联系的问题。由前者出发，于是有表音文字说、表意文字说、意音文字说等；由后者出发，则有表词文字说、语素文字说、语素—音节文字说。"[①]下面对这6种说法分别谈谈我们的看法。

1. 关于"表音文字说"。姚孝遂（1980）《古汉字的形体结构及其发展阶段》认为，"就甲骨文的整个体系来说……完全属于表音文字的体系，已经发展到了表音文字阶段"。[②]虽然每个汉字都有读音，但不是一字只对应一音、一音只对应一字。何况姚先生是以古文字都有了"固定读音"为标准来认定古汉字是表音文字的，现在一般人都不这么认为了。

2. 关于"表意文字说"。它是索绪尔《普通语言学教程》提出来的，他认为，世界上只有表意、表音"两种文字体系"，"表意体系"的古典例子就是汉字，说汉语"一个词只用一个符号"[③]。虽然汉语单音节词是用"一个符号"即一个汉字来记写，但汉语里的数万个合成词和多音节单纯词不是"用一个符号"（汉字）汉字来记写的。

[①]　詹鄞鑫：《20世纪汉字性质问题研究评述》，《华东师范大学学报》（哲学社会科学版）2004（3）。

[②]　姚孝遂：《古汉字的形体结构及其发展阶段》，载《古文字研究》第四辑12页，中华书局，1980。

[③]　索绪尔：《普通语言学教程》50页，商务印书馆，1980。

3. 关于"意音文字说"。周有光（1957）《文字演进的一般规律》指出，"综合运用表意兼表音两种表达方式的文字，可以称为'意音文字'。汉字就是意音文字之一种"。①裘锡圭（1988）《文字学概要》认为，汉字分两个阶段，在早期"似乎可以称为意符音符文字……简称为意音文字"，在后期，"似乎可以称为意符音符记号文字"，或"后期意音文字"②。张志公（1998）《汉字与阅读》认为，常用字中形声字占85%左右，形声字可以称为"意音字"，所以不妨竟可以说"现代汉字是一种意音文字系统"。这些观点，大都建立在汉字都是形声字的基础上，但我们知道，汉字中还有许多"非形声字"存在，所以，"意音文字说"也不够全面体现汉字的性质。

4. 关于"表词文字说"。前面说过，这是布龙菲尔德在1933年出版的《语言论》中提出来的。他认为，汉语里是"用一个符号（按指汉字）代表口语里的每个词"，这和索绪尔的"表意文字"是相同的，但就是没有顾及到汉语里有大量的多音节词（合成词、多音节单纯词）不是"用一个符号"（汉字）记写的。

5. 关于"语素文字说"。这是赵元任、吕叔湘、朱德熙、苏培成等先生的观点，虽然比"表词文字说"前进了一步，说到了大多数汉字都能够记写一个语素，但还是没有顾及到汉字记写汉语多音节单纯词中的音节问题。

6. 关于"语素—音节文字说"。这是叶蜚声、徐通锵《语言学纲要》中的观点，意思是说有大部分汉字记语素、小部分汉字记音节，但我们前面对3500字的考察告诉我们，是根本无法分出哪些字是只记语素、哪些字是只记音节的，它们往往是"兼记"的。

总的来说，从"表意文字还是表音文字"来定义汉字的性质比较困

---

① 周有光：《文字演进的一般规律》，《中国语文》1957（7）。
② 裘锡圭：《文字学概要》16页，商务印书馆，1988。

难,从汉字"与语言结构中的哪个单位相联系"的角度讨论汉字的性质,则比较靠谱。从"表词文字"到"语素文字"再到"语素—音节文字",一步一步地接近汉语的实际情况。

我们认为,汉字具有记写汉语单音节词、记写合成词中的单音节语素,以及记写多音节单纯词中的音节3项职能,那么,如果从"汉字记写什么"来看,则汉字的性质可以表述为:**汉字是记写汉语单音节词、记写汉语合成词中单音节语素、记写汉语多音节单纯词中音节的书写符号系统。**

跟"表词文字说"相比,我们的这一表述增加了"记写汉语合成词中单音节语素、记写汉语多音节单纯词中音节"的表述。

跟目前比较流行的"语素文字说"相比,我们的这一表述突出了"记写汉语单音节词"一项,增加了"记写汉语多音节单纯词中音节"一项。

跟"语素—音节文字说"相比,我们的这一表述不仅突出了"记写汉语单音节词"一项,还明确指出了汉字记写什么样的"语素"、什么样的"音节"问题。

前面对3500字的考察结果能够证明我们这一表述。

(二)它不可以简称为"词—语素—音节文字说"

或许有人认为,可以把我们对汉字性质的这个表述,简称为"词—语素—音节文字说",但我们认为不可以,原因如下。

1. 我们所说的汉字"记写汉语单音节词",跟一般人所说的"词"是不一样的。汉语的"词"有"单音节词"和"多音节词"之分,我们认为,一个汉字只能记写汉语的单音节词,不能记写汉语的多音节词。"单音节词"跟"词"不是同一个概念。

2. 我们所说的汉字"记写汉语合成词中单音节语素",跟一般人所说的汉字记写汉语的"语素"也不一样。因为一个字所能够记写的语素只是"汉语合成词中的一个单音节语素",不包括多音节语素,如果单说"语素"二字,则会包括多音节语素,所以,"合成词中单音节语素"跟"语素"也不是同一个概念。

3. 我们所说的汉字"记写汉语多音节单纯词中音节",跟一般人所说的汉字记写汉语的"音节"不一样。因为"多音节单纯词中的音节"只是一个非语素的音节,不是泛指一切音节。"多音节单纯词中音节"跟"音节"也不是同一个概念。

(三)"记写汉语单音节词"一项不可以被忽视

我们认为,在表述汉字的性质时,"记录汉语单音节词"一项不可以被忽视。自古及今,汉字都有这项职能。虽然在现代汉语中,"单音节词"的总量不及"多音节词"多,但"单音节词"使用频率高,在一个具体的语言环境中,"单音节词"的词次跟"多音节词"的词次差不了多少。

胡裕树(1981)《现代汉语》统计了一个57字的段落,这个段落是:

但是 | 自由主义 | 取消 | 思想 | 斗争 | , | 主张 | 无原则 | 的 | 和平 | , | 结果 | 是 | 腐朽 | 庸俗 | 的 | 作风 | 发生 | , | 使 | 党 | 和 | 革命 | 团体 | 的 | 某 | 些 | 组织 | 和 | 某 | 些 | 个人 | 在 | 政治 | 上 | 腐化 | 起来 | 。

结果是,一共34个词,其中单音节的词14个,双音节的词18个,三音节的词和四音节的词各1个[①],单音节词跟多音节词之比为14∶20,即7∶10。

胡裕树(1995)《现代汉语》(重订本)又统计了另一个56字的段落,这个段落是:

现实主义 | 文艺 | 在 | 中国 | 有 | 悠久 | 的 | 历史 | 和 | 很 | 高 | 的 | 成就 | , | 杜甫 | 的 | 诗 | , | 关汉卿 | 的 | 戏剧 | , | 曹雪芹 | 的

---

① 胡裕树:《现代汉语》241页,上海教育出版社,1981。

|小说|，|都|是|代表|作品|，|在|文学史|上|已|占有|重要|的|位置|。

结果也是 34 个词，其中单音节的词 17 个，余下的，双音节的词 13 个，三音节的词 3 个，四音节的词 1 个[①]，单音节词跟多音节词之比为 17∶17，即 1∶1。

所以说，汉字记录单音节词的功能不容忽视。

（四）从汉字记词的方法谈汉字的性质

根据文字学的原理，文字是记录语言的符号系统，而语言中最小的可以独立运用的具有固定语音形式和特定意义的单位是词。文字记录语言，归根结底都必须能够准确无误地记写该种语言的各种词。记词是基础，有了词才能够造句，有了句子才能够组成段落、篇章。对于各种语言来说，文字记词这一点是相同的，这应该说是文字的共性。但各种语言的词在形式上是不一样的，因而记词的方法和所用的符号也是不一样的。

汉语的词有单音节词和多音节词之分，而多音节词又有合成词和多音节单纯词之分。汉字怎样记写汉语中这各种各样的词呢，笔者在《〈通用规范汉字表〉不成词语素字的统计与研究》一文中曾给出了如下一个"汉字的三记职能与记词方法对照表"，表格的第一行是汉字的记词功能，最后一行是汉字的记词方法。

汉字的三记职能与记词方法对照表

	记单音节词	记合成词中单音节语素	记多音节单纯词中音节
日	日（出东方）	日期、日记、节日、假日	日本、尼日利亚、日耳曼
马	（一匹）马	马车、马上、马戏、马路	马拉松、马赛克、萨马兰奇
牛	（一头）牛	牛皮、牛市、牛杂、牛毛	牛顿、牛津、牛轧（糖）

---

① 胡裕树：《现代汉语》（重印本）210 页，上海教育出版社，1995。

续表

	记单音节词	记合成词中单音节语素	记多音节单纯词中音节
他	他（的书）	其他、他们、他年、他乡	马耳他、维他命、吉他
雅	（很）雅	雅兴、雅致、优雅、雅量	喜马拉雅、雅典、雅加达
拜	拜（了三拜）	拜年、结拜、拜会、拜堂	迪拜、拜伦、拜特洛
拉	拉（我一把）	拉扯、拉杆、拉拢、拉钩	巴拉圭、委内瑞拉、法拉第
大	（很）大	大力、大致、大作、宏大	加拿大、澳大利亚、大阪
太	太（好了）	太空、太平、太爷、太阳	渥太华、李提摩太、迦太基
容	容（我想想）	容颜、容纳、容许、整容	从容、慕容、雍容
	用单字记写	用多字记写	

从上表可以看出，汉字记写汉语的词的方法是：对汉语中的单音节词用一个汉字记写，对汉语中的多音节词（合成词、多音节单纯词）用多字组合的方法来记写。

因此，如果结合汉字的记词方法，则汉字的性质也可以这样表述：**汉字是用单字记写汉语单音节词、用多字记写汉语多音节词的书写符号系统**。跟传统的"表词文字说"相比，我们的这一表述多了个"用多字记写汉语多音节词"的表述。

汉语中所有的词，都可以用汉字来记写，单音节词用一个汉字记写，多音节词用多个汉字来记写。汉字是一个完善的灵活运用不同方法记写汉语所有的词的书写符号系统。

通用规范汉字问题研究

繁简字、异体字问题

《通用规范汉字表》简化字的统计与思考

——兼谈《通用规范汉字表》的两个疏失

《通用规范汉字表》的 2456 个简化字中，有一些来源于《简化字总表》，有一些来源于《现代汉语通用字表》，另有一些既不见于《简化字总表》也不见于《现代汉语通用字表》，是这次新增加的。本文采用将《通用规范汉字表》与《简化字总表》《现代汉语通用字表》逐字对照的方法，对《通用规范汉字表》中的简化字进行一个统计，得到了一些基本的数据，同时还发现了《通用规范汉字表》的两处疏失。

一、《通用规范汉字表》中的简化字

（一）《通用规范汉字表》简化字的字数

我们对《通用规范汉字表》简化字的总字数进行了统计，结果是 2546 个，简化字的字数占全表规范字的 31.41%。

《通用规范汉字表》"第一表"简化字的字数为 1154 个，占第一表规范字的 32.97%。

《通用规范汉字表》"第二表"简化字的字数为 926 个，占第二表规范字的 30.87%。

《通用规范汉字表》"第三表"简化字的字数为 466 个，占第三表规范字的 29.03%。

（二）《通用规范汉字表》简化字的来源

我们对《通用规范汉字表》中简化字的来源进行了统计，结果是：

1. 有 2204 个来源于《简化字总表》。比《简化字总表》的 2235 个少 31 个。

2. 有 2251 个来源于《现代汉语通用字表》，其中 2134 个亦见于《简化字总表》，另外 117 个简化字，是《简化字总表》中没有的，它们是由《现代汉语通用字表》确定的简化字规范字形。

3.《通用规范汉字表》的简化字，既不见于《简化字总表》也不见于《现代汉语通用字表》的，《通用规范汉字表·说明》指出："本表对社会上出现的在《简化字总表》和《现代汉语通用字表》之外的类推简化字进行了严格甄别，仅收录了符合本表收字原则且已在社会语言生活中广泛使用的'闫、铞、颣'等 226 个简化字。"但据我们依据《通用规范汉字表·附件 1〈规范字与繁体字、异体字对照表〉》统计，其实是 225 个（下详）。这 225 个类推简化字，首次由《通用规范汉字表》以国家公布的字表确定了它们的"通用规范汉字"身份。

（三）简化字笔画的减少

我们对《通用规范汉字表》附件 1《规范字与繁体字、异体字对照表》中的简化字和繁体字的笔画数进行了统计，结果是：

繁体字：7 画（6）；8 画（16）；9 画（41）；10 画（95）；11 画（129）；12 画（184）；13 画（210）；14 画（260）；15 画（296）；16 画（264）；17 画（219）；18 画（179）；19 画（171）；20 画（147）；21 画（101）；22 画（78）；23 画（55）；24 画（49）；25 画（25）；26 画（16）；27 画（14）；28 画（8）；29 画（2）；30 画（5）；32 画（1）。繁体字总数为 2571 个，总笔画数为 41395 画，平均每字 16.1 画。

简化字：2 画（5）；3 画（17）；4 画（41）；5 画（65）；6 画（147）；7 画（242）；8 画（263）；9 画（312）；10 画（279）；11 画（271）；

12画（234）；13画（192）；14画（139）；15画（105）；16画（78）；17画（60）；18画（33）；19画（25）；20画（17）；21画（10）；22画（5）；23画（4）；25画（2）。简化字总数为2546个，总笔画数为26773画，平均每字10.5画。

《通用规范汉字表》中简化字的笔画跟繁体字相比，平均每字少5.6画。

（四）简化字与汉字字数的增减

简化字大多数是新造出来字，如果把简化字和繁体字各算一个字，那么汉字的总字数是增加了。如果把简化字跟繁体字视为一个"字种"，那么汉字"字种数"就没有增减。如果把简化字确定为通用规范汉字，把繁体字确定为不通用不规范的汉字，那么通用规范汉字的数量是减少了。

那么，依据《通用规范汉字表》，通用规范汉字减少了多少呢？下面做一些具体的统计。

《通用规范汉字表·附件1〈规范字与繁体字、异体字对照表〉》"收录了与2546个规范字相对应的2574个繁体字"，但据我们统计，2574个繁体字中，有"蘋、噁、鍾"3字各出现两次，因此繁体字其实是2571个（下详）。另外，有"瞭、乾、麽、夥、剋、徵、藉"等7个繁体字"在部分义项和用法上"仍然是规范字，没有完全从规范字中消失，还有一个"苎"的繁体字"苧"，又是"薴"的简化字，也没有从规范字中消失，因此完全被淘汰的繁体字只有2563个。

因此，从总体上看，2546个简化字，字数似乎比2563个繁体字减少了17个。但问题还不是这样简单，因为还有不少简化字是用传承字代替的，还有一些简化字字形是借用古已有之的别的字的字形，因此，字数的减少还要重新计算。

依据《通用规范汉字表·附件1〈规范字与繁体字、异体字对照表〉》，简化字中有"板、辟、表、别、卜、才、冲、丑、出、党、淀、冬、斗"等 74 个是用传承字来代替的，这样，新造的简化字字数又比繁体字少了 74 字。如果加上这 74 字，新造的简化字字数应该比被淘汰的繁体字字数减少了 91 个。

此外，《通用规范汉字表·附件1〈规范字与繁体字、异体字对照表〉》没有指出繁体字"櫃"的简化字"柜"也是一个传承字，简化字"柜"读 guì，传承字"柜"读 jǔ。而且作为传承字的"柜（jǔ）"现在仍然在用，"柜柳"是一种落叶乔木。《说文解字》就解释了这个字："柜，木也，从木，巨声。"《新华字典》《现代汉语词典》与王宁《通用规范汉字字典》都有"柜"读 jǔ 的解说。

依据《新华字典》《现代汉语词典》，通用规范汉字"广"和"厂"也是两个传承字。传承字"广"和"厂"都读 ān，都"同'庵'"，都"多用于人名"。"广、厂"已见于《康熙字典》，应该也是一个传承字。

依据《新华字典》《现代汉语词典》《简化字总表》，通用规范汉字"适"也是古已有之的字形。《简化字总表》在"适"字下注释说："古人南宫适、洪适的'适'（古字罕用）读 kuò。"①

前面说过，简化字"苧"其实也是一个传承字。

如果算上以上"柜、厂、广、适、苧"5 个旧有的汉字，那么新造的简化字字数应该比被淘汰的繁体字字数共少 96 个。

此外，还有一些简化字的字形，跟《康熙字典》中所收字头"撞脸"了，但两者的音义或者只有一点儿联系，或者全没有联系，例如"荐、卤、弥、腊、蜡、价、凭、扑、宁、确、只、尽、亏、愿"等，如果把它们都算成借古已有之的字形来做简化字，那么新造的简化字的总字数，比起被淘汰的繁体字的总字数来，还要少很多。

总之，《通用规范汉字表》通过推行简化字，既减少了通用汉字的

---

① 中国文字改革委员会：《简化字总表》9 页，文字改革出版社，1964。

笔画，也减少了通用汉字的字数。

二、国家推行简化字的三个文献

国家推行简化字，前后有三个重要文献，即《简化字总表》《现代汉语通用字表》和《通用规范汉字表》。而目前我们看到的高校教材，包括黄伯荣、廖序东《现代汉语》（增订五版，2011），邵敬敏《现代汉语通论》（第二版，2007），胡裕树《现代汉语》（重订本，2007），北大中文系现代汉语教研室《现代汉语》（增订本，2012）等，讲到汉字简化，都只讲《简化字总表》，而不讲别的。尤其是不讲已经公布20余年的《现代汉语通用字表》。这是需要改进的。

下面谈谈国家推行简化字的这三个文献。

（一）《简化字总表》

1.《简化字总表》由文改会、文化部、教育部于1964年3月发布，由国家语委于1986年10月重新发布。重新发布时有一点改动，共推出简化字2235个。

2.《简化字总表》科学地把简化字分为三类：这就是："不作偏旁用的简化字""可作偏旁用的简化字和简化偏旁""应用第二表所列简化字和简化偏旁得出来的简化字"。

3.《简化字总表》明确了简化汉字的方法。指出：第一表的"简化字都不得作简化偏旁使用"，第二表"所列繁体字，无论单独使用或者做别的字的偏旁用，同样简化。……简化偏旁，不论在一个字的任何部位，都可以使用"，但在第一表中"已另行简化的繁体字，不能再适用上述原则简化"，"除本表（按即第二表）所列的146个简化字和简化偏旁外，不得任意将某一简化字的部分结构当作简化偏旁用。"

4.《简化字总表》对类推简化字，持开放态度。指出："汉字字数很多，这个表（按即第三表）不必尽列。""未收入第三表的字，凡用第二表的简化字或简化偏旁作为偏旁的，一般应该同样简化。"

5.《简化字总表》指出了"一部分简化字，有特殊情形"，因而做出了57条注释，比如"一字两读"、哪几个简化字"在某些情况下不适宜"、"么"和"幺"有什么不同、"马"字究竟几笔，等等。

（二）《现代汉语通用字表》

1.《现代汉语通用字表》由国家语委和新闻出版署1988年3月发布，共收入现代汉语通用字7000个，其中简化字2254个。

2.《现代汉语通用字表》区分了《简化字总表》中2235个简化字哪些属于现代汉语里的"通用字"，哪些不属于现代汉语里的"通用字"。经过严格的鉴别，《简化字总表》中有2134个简化字属于现代汉语里的"通用字"，收入《现代汉语通用字表》，另有101个简化字不属于现代汉语里的"通用字"，不进入《现代汉语通用字表》。这101个简化字是：

饦、䜣、讻、刬、㧐、抟、呒、贬、伣、诇、纼、玱、扢、枨、𬘡、
铴、䏝、忾、㞎、䌷、纻、挘、荮、鹀、奖、䁖、哒、𬬻、鸹、阄、泹、
诶、䢬、劳、唡、呙、钶、闽、鸾、谝、壸、萚、砽、鴞、铷、铓、鸩、
诸、謋、奢、赗、赒、赆、䐿、缊、鹍、殒、赙、稳、𬶍、傅、鹏、缳、
瑷、䴖、鹖、䁢、鹝、锼、骛、鲒、鲖、鲗、鲞、褛、䊮、锸、鹏、糇、
鹥、獫、䃰、锗、鲶、蟓、㘎、镨、鳝、鳌、鲻、厣、歔、镮、䁅、鳒、
鹯、𦬊、鹧、鳎、鳣、钁。

3.《现代汉语通用字表》还认定、公布了《简化字总表》以外的120个简化字，这些简化字，都是现代汉语里的"通用字"，其中119个简化字，都是用《简化字总表》第二表中的简化字或简化偏旁"类推"出来的，都是类推简化字。它们是：

㧐、玚、苌、苎、阋、诜、㱮、钣、飑、疠、挡、眬、赇、秔、阁、

垭、跞、锫、鲀、蒇、鎣、跶、锜、锩、滢、撸、颚、觯、骉、镠、锏、赟、镡、鳞、鲲、鹨、鳐、镪、场、轪、闶、沄、礽、诐、贝、纡、犾、鸤、垯、苤、枳、舣、飐、袆、莶、砼、鲕、铨、晖、帱、袯、绤、骍、梾、龀、啴、铴、铚、铞、舭、袆、绚、鹚、酫、辌、翋、赑、铮、筜、鲃、骙、辒、锖、怠、镞、赟、鸭、鲉、鲌、馇、阃、锽、漤、鹝、憖、馍、镈、䴗、鲲、鯆、鹃、鲯、鲄、鲹、弹、鳈、鳂、鲸、鲻、襕、鸴、鹣、骦、鳚、鳡、鐕、坜、馀、缠

4.《通用规范汉字表》对"在《简化字总表》和《现代汉语通用字表》之外的类推简化字进行了严格甄别",收入了在上两表之外的225个简化字,它们是:

讦、讱、伲、闫、沕、讻、纥、岖、仑、扨、艻、杩、轪、岖、飑、沜、沣、浈、诶、驲、纮、驵、驳、纨、驶、苈、纸、昈、睍、钗、烇、诃、誏、䢼、陒、阩、妷、迖、驱、骊、纲、弦、琜、岢、睨、铁、钜、铗、斩、铪、俫、骊、绷、驮、绖、绽、虿、勋、珥、垯、蒺、桠、梜、颃、轱、赍、䣓、挙、崄、釱、铲、钟、铔、铒、僤、悚、阊、灱、岩、骁、缔、绕、埻、蓇、梼、桩、碇、顿、蛛、垈、锇、铋、铖、犰、涠、澾、谭、诚、䞚、谀、䝙、绮、綝、骈、绱、驹、综、𬘡、骈、骎、偻、桠、鹋、锐、𫔶、龀、峬、颉、锓、钿、𬭚、锔、锍、铉、娈、颏、颐、鸷、颒、㱩、阑、烨、渍、溇、敩、骜、骒、缐、酰、碑、辎、轹、鸲、嗯、琪、锳、镎、铍、赟、鲌、铊、滕、阗、禂、鸫、颥、骤、骦、𫘤、槠、鸥、碛、鲨、鍺、锤、鋔、鲕、鲥、鲒、鮘、鲍、鲛、鹜、谫、缤、麹、蟏、镕、镕、鲍、鹔、潜、鹙、譞、骧、蕲、𫏐、𫏋、靓、㠭、镨、锽、锹、镤、馓、馕、𬸪、䌹、璎、镖、镭、鳞、镈、䥺、镭、䴘、鯻、鉴、繎、蘻、䥺、𦈡、鳡、鳤、蒦、黪、缯、骦、缬、𬹼、鳢、鹳、蠼。

5.《通用规范汉字表》附有附件1《规范字与繁体字、异体字对照表》,使得简化字跟繁体字的字际关系明确,改变了《现代汉语通用字表》"隐性"推行简化字的做法。

6.《通用规范汉字表》没有讲这个字表之外的繁体字是否可以类推简化,也没有说那些未被收进该表的《简化字总表》中的31个简化字、《现代汉语通用字表》中的6个简化字(其中3个亦见于《简化字总表》),今后是否要恢复为繁体字。但《〈通用规范汉字表〉解读》一书指出:

"今后表外字不再类推"[①],这个问题值得注意。

三、《通用规范汉字表》的两个疏失

我们在对《通用规范汉字表》的简化字作统计的过程中,还发现了《通用规范汉字表》的两个相关的疏失。

(一)新增类推简化字"226个"问题

《通用规范汉字表》在其《说明》中说:"本表对社会上出现的在《简化字总表》和《现代汉语通用字表》之外的类推简化字进行了严格甄别,仅收录了符合本表收字原则且已在社会语言生活中广泛使用的'闫、铪、颏'等226个简化字。"这就是说,《通用规范汉字表》新增了"226个"类推简化字。

但我们在前面说过,根据我们的统计,《通用规范汉字表》只增收了"225个"类推简化字。

两相比较,相差1个,是哪个呢?

我们阅读了由《通用规范汉字表》研制组组长和成员编写的《〈通用规范汉字表〉解读》一书,发现书中有"新收录的226个类推简化字"的字表,我们将它跟我们统计出的225个简化字逐一对比,发现他们比我们多一个"堖"字。

"堖"是一个"类推简化字"吗?我们认为不是。

众所周知,类推简化字必须以《简化字总表》第二表中"可作偏旁用的简化字和简化偏旁"来类推,而第二表中并没有"囟"这个"可作偏旁用的简化字和简化偏旁"。既然如此,"堖"为类推简化从何说起呢?如果有"囟"这个简化字或简化偏旁,那么"玛瑙"的"瑙"岂不

[①] 王宁:《〈通用规范汉字表〉解读》47页,商务印书馆,2013。

早就简化了，为什么在《简化字总表》公布后，它还留在《印刷通用汉字字形表》《现代汉语通用字表》《通用规范汉字表》中呢？

如果说"垴"是"类推简化字"，那么《通用规范汉字表》的附件1《规范字与繁体字、异体字对照表》就应该收入简化字"垴"并列出与之相对的繁体字，可是，我们仔细核查了《通用规范汉字表》的附件1《规范字与繁体字、异体字对照表》，答案是否定的：没有。也就是说，附件1所说的与"2574个繁体字"相对应的"2546个规范字"（简化字）中没有"垴"。这也从侧面证实了增收"226个"类推简化字的说法是错误的。

如果说"垴"是"类推简化字"，那么由《通用规范汉字表》研制组组长和成员编写的《通用规范汉字字典》①就应该如同字头"恼（惱）""脑（腦）"一样（用圆括号标出其繁体字），把"垴"的字头写作"垴（堖）"。可是，我们仔细核查了《通用规范汉字字典》，答案同样是否定的：没有。李行健《〈通用规范汉字表〉使用手册》也没有在"垴"字字头后用圆括号标其繁体字②。其他辞书也没有在"垴"字字头后面用圆括号标出其繁体字，例如"全面贯彻国务院颁布的《通用规范汉字表》"的李行健《现代汉语规范词典》（第3版）③等。

《简化字总表》第一表中有"恼（惱）""脑（腦）"两组简繁字，那么，我们可以不可以据第一表来"类推"出"垴(堖)"一组简繁字呢？答案同样是否定的：不可以。《简化字总表》明确规定：除第二表所列的146个简化字和简化偏旁外，"不得任意将某一简化字的部分结构当作简化偏旁用"。否则，就乱套了。比如，第一表中有"敌（敵）""适（適）"，难道"嘀、滴、嫡、镝"也能照此"类推"简化一下？第一

---

① 王宁：《通用规范汉字字典》263页，商务印书馆，2013。
② 李行健：《〈通用规范汉字表〉使用手册》241页，人民出版社，2013。
③ 李行健：《现代汉语规范词典》（第3版）948页，语文出版社，2014。

表中有"洒（灑）""晒（曬）"，难道"傩、酈、驪、鷳、邐、鱺"也能照此"类推"简化一下？答案都是否定的：不可能。

中国社会科学院语言研究所词典编辑室《现代汉语词典》(第 6 版、第 7 版) 的单字词条，"塳"的后面括号里有"塳"，但"塳"的前面带有两个 * 号，这是把"塳"处理为"塳"的"表外异体字"(《第一批异体字整理表》《通用规范汉字表》之外的异体字)。《现代汉语词典》第 6 版"凡例"指出："异体字的左上方标注 * 号，带一个 * 号的是《第一批异体字整理表》中的异体字，带两个 * 号的是该表以外的异体字"。《现代汉语词典》(第 7 版)"凡例"指出："异体字的左上方标注星号(*)，带一个星号的是《通用规范汉字表》里附列的异体字，带两个星号的是该表以外的异体字"。这样的处理是比较合适的。

总之，《通用规范汉字表》"前言"说新增收 226 个类推简化字，从《〈通用规范汉字表〉解读》知道其中包括"塳"字；而《通用规范汉字表》的"附件 1"《规范字与繁体字、异体字对照表》不收"塳"字，只增收了《简化字总表》和《现代汉语通用字表》之外的"类推简化字"225 个，两者必有一误。我们认为，"塳"确实不属于"类推简化字"，《通用规范汉字表》的"前言"失误，"附件 1"的做法没有问题。

（二）附件 1 中有"2574 个繁体字"问题

《通用规范汉字表》在其"附件 1"《规范字与繁体字、异体字对照表》的《说明》中说："本表收录了与 2546 个规范字相对应的 2574 个繁体字。"

可是，在对《规范字与繁体字、异体字对照表》作统计时，只统计到 2571 个繁体字，比 2574 个少 3 个。问题出在哪儿呢？

我们觉得，这是《通用规范汉字表》"附件 1"的《说明》没有把《规范字与繁体字、异体字对照表》中"重见"的繁体字去掉。而一般的统计做法是把表中"重见"的字去掉，比如《简化字总表》第三表开头明确指出:"本表共收简化字 1753 个(不包括重见的字。例如'缆'分见'纟、覀、见'三部,只算一字)。"

《通用规范汉字表》的附件1《规范字与繁体字、异体字对照表》中有3个"重见"的繁体字,它们是:

| 1004 | 苹 | (蘋) | |
| 7841 | 蓣 | (蘋) | |

1829	恶	(惡)	
		(噁)	
7519	嗯	(噁)	

1528	钟	(鍾)	
		(鐘)	
7679	锺	(鍾)	

"蘋、噁、鍾"3个繁体字"重见"。

我们认为,在计算总数的时候,重见的两字应该只算 1 个。而且我们也统计了王宁《通用规范汉字字典》书末的《笔画检字表》,其中繁体字(带圆括号的)确实只有 2571 个,而不是 2574 个。

总之,"与 2546 个规范字相对应"的是 2571 个繁体字,而不是 2574 个繁体字。

《通用规范汉字表》中规范字与繁体字同形的特例

——谈在部分义项和用法上不简化的繁体字

现在都要求写规范字，"不写繁体字"，因为相对于简化字来说，繁体字不是规范字。但事实上，现代汉字中还有极少数"繁体字"同时也是"规范字"的特例，只不过为数甚少，只占繁体字的千分之几。我们把它们叫作"规范字与繁体字同形的特例"。本文将依据《通用规范汉字表》，谈谈其中"规范字与繁体字同形的特例"问题。

一、规范字跟繁体字同形的历史回顾

"规范字与繁体字同形的特例"现象，最早是在1964年出版的《简化字总表》[①]的注释中规定的。《简化字总表》共有注释57条，是为解决简化字使用中出现的问题而设的，根据其中9条注释的规定，"干、么、征、复、伙、借、迭、象、折"所对应的繁体字"乾、麼、徵、覆、夥、藉、叠、像、摺"，在特定情况下可以不简化，作规范字使用，其中"乾、麼、徵"分别在读"qián、mó、zhǐ"时是规范字，不这么读时是繁体字；"覆、夥、藉"在某些"特定用法上"是规范字，在其他用法上是繁体字；"叠、像、摺"在使用中跟简化字"意义可能混淆时"不简化，是

---

① 中国文字改革委员会：《简化字总表》，文字改革出版社，1964。

规范字，意义不混淆时则是繁体字。该字表中规范字与繁体字同形的共有 9 例。

1965 年 1 月文化部、文改会公布的《印刷通用汉字字形表》对"规范字与繁体字同形的特例"作了一些调整，增加了 4 个规范字与繁体字同形的特例。这个字表指出："以下 15 个繁体字虽然已经简化，但是作为人名地名及引用文言文的时候仍有需要，因此，还收在本表里。这 15 个繁体字是'藉、乾、摺、夥、徵、覆、馀、隻、像、準、瞭、锺、鬱、叠、麽'。"① 其中除了"馀""锺"两个类推简化字外，其余 13 个繁体字在"仍有需要"时作规范字使用，在没有特别需要的情况下是繁体字。

1986 年新版《简化字总表》又对"规范字与繁体字同形的特例"作了一次调整，一方面，是删去了"'迭 [叠]'、'象 [像]'"，在"'复'字字头下删去繁体字 [覆]"②，即认定"叠、像、覆"3 字只是规范字而不再是繁体字，另一方面，又认定 1965 年《印刷通用汉字字形表》增加的"隻、準、鬱"3 字只是繁体字而不再是规范字。经过上述调整，"规范字与繁体字同形的特例"只剩下"乾、夥、藉、麽、摺、徵、瞭"7 例。1988 年《现代汉语通用字表》中"规范字与繁体字同形的特例"字数跟 1986 年版《简化字总表》相同。

2013 年 6 月，国务院公布《通用规范汉字表》③，这是新中国成立以来汉字规范整合优化的最新成果，它整合了《第一批异体字整理表》《简化字总表》《现代汉语通用字表》等语言文字规范，把"规范字与繁体字同形的特例"最终确定为 8 个，它们是："乾、夥、藉、麽、徵、

---

① 中华人民共和国文化部、中国文字改革委员会：《印刷通用汉字字形表》，www.moe.gov.cn。

② 国家语言文字工作委员会：《简化字总表》（1986 年新版），语文出版社，1986。

③ 教育部、国家语委：《通用规范汉字表》，语文出版社，2013。

瞭、剋、苧"。跟1986年版《简化字总表》和1988年《现代汉语通用字表》相比，删去了"摺"1字，增加了"剋"和"苧"2字，继承了"乾、夥、藉、麽、徵、瞭"6字。

　　"摺"是1964年版《简化字总表》确定的"规范字与繁体字同形特例"。该"字表"一方面把它作为繁体字，简化为"折"，一方面又说"在'折'和'摺'意义可能混淆时，'摺'仍用'摺'"，即"摺"也是规范字。其后《印刷通用汉字字形表》认为它"作为人名地名及引用文言文的时候仍有需要"，再次把它列入规范字与繁体字同形特例。可以说，"摺"作为"规范字与繁体字同形特例"有50多年历史。但上述几部规范认定"摺"为"规范字与繁体字同形特例"的标准，刚性不足，使用起来有一定的困难，在什么情况下"意义可能混淆"，在什么情况下"仍有需要"，界限并不是十分明晰，很可能由于使用者的主观判断不同而造成混乱。因而《通用规范汉字表》重新规定，"摺"就是个繁体字，不再作规范字使用了。

　　《通用规范汉字表》增加了两个"规范字与繁体字同形的特例"，一个是"剋"，一个是"苧"。"剋"有两个读音，当读音不同时它所表示的意义也不同，1956年《汉字简化方案》、1864年版《简化字总表》和1986年新版《简化字总表》都把"剋"笼统地简化为"克"（kè），忽略了"剋"的另一个读音"kēi"及相关意义，是一个小小的疏失，最终由《通用规范汉字表》予以纠正。至于新增加的另一个特例"苧"，它既是一个规范字（"薴"的简化字），又是简化字"苎"的繁体字，是一个新的"规范字与繁体字同形的特例"形式。

二、《通用规范汉字表》的新规定

　　《通用规范汉字表》对8个"规范字与繁体字同形的特例"有如下新规定。

1. 乾

"乾"是多音多义字,读 qián 时跟读 gān 时意义不同,读 qián 时是规范字,读 gān 时是繁体字。

《通用规范汉字表》规定,"乾:读 qián 时不简化作'干',如'乾坤''乾隆'"。其中"乾"是规范字。"乾"读 qián 时,是八卦之一,跟"坤"相对("坤"也是八卦之一),"乾坤"表示阳阴对立,后借指天地、日月等,例如"朗朗乾坤"。有时候,"乾"也代表男性,跟"坤"相对,"坤"指女性。

依据《通用规范汉字表》,"乾"读 gān 时,表示"没有水分或水分极少的,干燥的"等意义,在这一义项和用法上它是繁体字,要简化作"干",如"乾旱、乾杯、乾贝、乾菜、乾果、乾瘪、乾馏、饼乾",其中的繁体字"乾",要简化作"干",即"干旱、干杯、干贝、干菜、干果、干瘪、干馏、饼干"。

2. 麼

"麼"是多音多义字,读 mó 时跟读 me 时意义不同,读 mó 时是规范字,读 me 时是繁体字。

《通用规范汉字表》规定,"麼:读 mó 时不简化作'么',如'幺麼小丑'",其中"麼"是规范字。"幺麼"的意义是微小,也借指"小人",如"幺麼小丑""跳梁幺麼"。此外,读 mó 的"麼"也是一个姓氏。

依据《通用规范汉字表》,"麼"读 me 时是繁体字,要简化作"么"。"多麼、什麼、怎麼、这麼、那麼、要麼"中的"麼"是繁体字,要简化作"么",写作"多么、什么、怎么、这么、那么、要么"。

3. 剋

"剋"是多音多义字,读 kēi 时跟读 kè 时意义不同,读 kēi 时是规范字,读 kè 时是繁体字。

《通用规范汉字表》规定,"剋:表示训斥、打人时读 kēi,不简化作'克'"。例如"挨剋、把头都剋破了",其中"剋"是规范字。

依据《通用规范汉字表》,"剋"读 kè 时是繁体字,简化作"克"。"剋"读 kè 时有"战胜、攻取、制服、抑制"等义。如"攻剋、剋扣、剋制、剋服、剋己奉公"等,其中的"剋"是繁体字,要简化作"克",写作"攻克、克扣、克制、克服、克己奉公"。

4. 徵

"徵"是多音多义字,读 zhǐ 时是规范字,读 zhēng 时是繁体字。

《通用规范汉字表》规定,"徵:用于表示'宫商角徵羽'五音之一时读 zhǐ,不简化作'征'"。其中"徵"是规范字。"徵"是古代五音之一,古代五音"宫、商、角、徵、羽"相当于现在简谱的"1、2、3、5、6"。

依据《通用规范汉字表》,"徵"读 zhēng,表示"召集、收取、募集""现象、迹象"等意义时,是繁体字,要简化作"征",如"徵兵、徵用、徵求、徵文、徵税、徵收""特徵、象徵、徵兆"中的"徵"要简化作"征",写作"征兵、征用、征求、征文、征税、征收""特征、象征、征兆"。

5. 瞭

"瞭"是多音多义字,读 liào 时跟读 liǎo 时意义不同,读 liào 时是规范字,读 liǎo 时是繁体字。

《通用规范汉字表》规定,"瞭:读 liào 时不简化作'了',如'瞭望、瞭哨'"。其中"瞭"是规范字,表示"从高处向远处看"。

依据《通用规范汉字表》,"瞭"读 liǎo 时是繁体字,义为"很清楚地知道",要简化作"了",如"瞭解、明瞭、瞭如指掌、一目瞭然、瞭悟",要写作"了解、明了、了如指掌、一目了然、了悟"。

6. 夥

"夥"读 huǒ,是多义字。

《通用规范汉字表》规定,"夥:作'多'解时,不简化作'伙'"。

例如"获益甚夥""游人甚夥",其中"夥"是规范字,不能简化作"伙"。

依据《通用规范汉字表》,"夥"在不"作'多'解"时则是繁体字,要简化。不"作'多'解"的"夥",主要表示"同伴、伙伴、伙计、合伙"等意义,如"同夥、拉帮结夥、散夥、夥同、夥计、合夥",其中的"夥"是繁体字,不是规范字,要简化作"伙",写作"同伙、拉帮结伙、散伙、伙同、伙计、合伙"。

7. 藉

"藉"是多音多义字,读 jí 时跟读 jiè 时意义不同,读 jí 时是规范字,读 jiè 时有几个不同的意义,一部分是规范字,一部分是繁体字。

《通用规范汉字表》规定,"藉:读 jí,或用于慰藉、衬垫义时,不简化作'借'"。这里说的是两种情况。一是"藉"读 jí 时,是规范字,表示"践踏、凌辱""盛多、杂乱"等义,如"杯盘狼藉(jí)、声名狼藉(jí)。二是"藉"读 jiè,表示慰藉、衬垫义时,也是规范字,如"草藉(jiè)、枕藉(jiè)、慰藉(jiè)、蕴藉(jiè)"等,其中的"藉",是规范字,不简化。

"藉"读 jiè,表示"凭借、利用、假托"等义时,是繁体字,要简化作"借",如"藉口、藉故、凭藉、藉助、藉古讽今、藉题发挥",要简化作"借口、借故、凭借、借助、借古讽今、借题发挥"。

8. 苎

《通用规范汉字表》中,读 níng 的"苎"是规范字,读 zhù 的"苎"是繁体字。

《简化字总表》把"寧"简化作"宁",同时把含"寧"的"檸、嚀、獰、聹、擰、濘"简化作"柠、咛、狞、聍、拧、泞",只是没有收"薴"并把它简化。但根据《简化字总表》的规定,"薴"是可以类推简化为"苎"的。这次《通用规范汉字表》明确"薴"简化作"苎",把它收入三级字表,序号 6660,于是其"附件 1"《规范字与繁体字、异体字对照表》就有了:

规范字		繁体字	异体字
6660	苧	薴	

值得注意的是，传承字中原有一个读 zhù 的"苧"，《现代汉语通用字表》把它简化作"苎"，《通用规范汉字表》把"苎"收入二级字表，序号 3676，于是"附件 1"《规范字与繁体字、异体字对照表》中就又有了：

规范字		繁体字	异体字
3676	苎	苧	

这样，就造成了读 níng 的"苧"（规范字）与读 zhù 的"苧"（繁体字）同形的又一个例子。

《通用规范汉字表》规定"规范字与繁体字同形特例"所用的标准是：它们"在部分义项和用法上不简化"，是规范字；而在另一部分义项和用法上要简化，是繁体字。"义项和用法"是一个很好的认定标准，没有模糊空间，便于掌握和运用。这些字，无一例外都是多义字，规定它们在某一部分"义项和用法"上是规范字，在另一部分"义项和用法"上是繁体字，是抓住了问题的本质，一语切中肯綮，也有利于分化多义字，便于使用。尽管《通用规范汉字表》有时只讲"读某音时不简化"，似乎是凭读音的不同来确定它们是"规范字与繁体字同形特例"的，但这只是表象，这几个字在读音不同时其意义也不同，所以从本质上看，还是凭多义字的"义项和用法"来决定的。

《通用规范汉字表》用"在部分义项和用法上不简化"来规定"规范字与繁体字同形特例"，既继承了《简化字总表》的"在某特定用法上不简化"的标准，又摒弃了《简化字总表》用过的在"意义可能混淆时，某仍用某"标准，因此它更为合适。

《通用规范汉字表》异体字处理结果的统计与思考

异体字问题是汉字整理中的一个绕不开的问题。新中国成立之后不久就开始整理异体字了，1955年12月22日，文化部和中国文字改革委员会联合公布《第一批异体字整理表》（以下简称"《一异表》"），规定自1956年2月1日起在全国实施。《一异表》"所列异体字共810组，每组最少2字，最多6字，合计共1865字"[1]，每组选用一个为正体，其余为需要淘汰的异体字，异体字用〔 〕标示，共淘汰异体字1055个。其后的几十年中，国家发布的多个语言文字规范又对《一异表》的内容进行了一些细小的调整。

《通用规范汉字表》在研制过程中，也把异体字问题作为其中重要议题之一，最终成果都体现在《通用规范汉字表》的"附件1"《规范字与繁体字、异体字对照表》中。本文拟对此做一个统计，并提出自己的看法。

一、对《一异表》的前8次调整

《一异表》公布至今，共进行了9次调整。《通用规范汉字表》之前的8次调整，情况如下：

---

[1] 文化部、文改会：《第一批异体字整理表》，人民教育出版社，1956年2月第1版。

（一）1956 年《修正通知》所做的调整

《一异表》正式发布 3 个月后，1956 年 3 月 23 日，文化部、文改会发出《修正〈第一批异体字整理表〉内"阪、挫"二字的通知》，对《一异表》做了第一次调整。

《修正通知》规定：原表"坂〔阪岅〕"括弧内的"阪"字，用作日本地名"大阪"时仍用原字。因此，异体字"阪"用在日本地名"大阪"中时是规范字。

《修正通知》还规定：原表"铧〔刲挫〕"括弧内的"挫"字，应删去。这样，"挫"就恢复为通用规范汉字了。

这次调整，涉及《一异表》两组正异字组，两个异体字，原表异体字"阪"成为在特定意义上的规范字，"挫"成为一个普通的规范字。

（二）1964 年版《简化字总表》所做的调整

1964 年 5 月，文改会根据国务院指示编辑出版了《简化字总表》[①]，涉及到《一异表》的 11 组正异字组。

其中有 6 个"一正一异"字组的异体字被作为繁体字作了简化，成了规范字，这样它们就不应该再被认为是异体字了。

第一批异体字整理表	简化字总表
欣〔訢〕	䜣〔訢〕
呵〔訶〕	诃〔訶〕
誆〔誑〕	诓〔誆〕
绸〔紬〕	䌷〔紬〕
膾〔鱠〕	鲙〔鱠〕
鳅〔鰌〕	鰌〔鰌〕

经过这一调整，减少了"訢、訶、誆、紬、鱠、鰌"等 6 个异体字，

[①] 中国文字改革委员会：《简化字总表》，文字改革出版社，1964。

并减少了 6 组正异字组。

另外 5 个"一正两异"字组中有一个异体字被作为繁体字作了简化，这样它们就不应该再被认为是异体字了。

第一批异体字整理表	简化字总表
宴〔醼讌〕	讌〔讌〕
仇〔讐雠〕	雠〔讐〕
惧〔愳瞿〕	瞿〔瞿〕
烨〔曄爗〕	晔〔曄〕
镩〔剗剷〕	刬〔剗〕

经过这一调整，1964 年版《简化字总表》总共减少 11 个异体字，减少 6 个正异字组。

（三）1965 年《印刷通用汉字字形表》所做的调整

1965 年 1 月 31 日，文化部、文改会发出《关于统一汉字铅字字形的联合通知》，同时把《印刷通用汉字字形表》[①]印成样本随文下达，在全国推行。《印刷通用汉字字形表》也对《一异表》有所调整，共涉及《一异表》的 27 组正异字组。

第一，它收入了文化部、文改会发出《修正〈第一批异体字整理表〉内"阪、挫"二字的通知》中要求调整的两个字。

第一批异体字整理表	印刷通用汉字字形表
坂〔阪岅〕	坂、阪
锉〔剉挫〕	锉、挫

第二，它收入了《简化字总表》所调整的 11 组中的 1 组。

第一批异体字整理表	印刷通用汉字字形表
诓〔诳〕	诓、诳

---

① 汉字字形整理组：《印刷通用汉字字形表》，1965 年 3 月。

第三，它把《一异表》8组"一正一异"字组中的正体字和异体字同时收录（其中把其中繁体字简化为规范字）。

第一批异体字整理表	印刷通用汉字字形表
案〔桉〕	案、桉
于〔於〕	于、於
楞〔愣〕	楞、愣
剪〔翦〕	剪、翦
淡〔澹〕	淡、澹
菇〔菰〕	菇、菰
混〔溷〕	混、溷
粘〔黏〕	粘、黏

第四，它把《一异表》的10组"一正多异"字组中的正体字和各一个异体字同时收录，并把其中的繁体字简化。

第一批异体字整理表	印刷通用汉字字形表
丘〔邱坵〕	丘、邱
雕〔彫鵰凋琱〕	凋、雕
胳〔肐骼〕	胳、骼
仿〔彷髣倣〕	仿、彷
侥〔徼儌〕	侥、徼
熏〔薰燻〕	熏、薰
宁〔寍甯〕	宁、甯
并〔倂並竝〕	并、並
辉〔煇暉〕	辉、晖
扬〔颺敭〕	扬、飏

第五，它收录了《一异表》6个正异字组中的各一个异体字，使其成为规范字；而其正体字则不予收入。

第一批异体字整理表	印刷通用汉字字形表
諡〔謚〕	谥

续表

第一批异体字整理表	印刷通用汉字字形表
污〔汙污〕	污
卮〔巵〕	卮
栀〔梔〕	栀
伫〔竚佇〕	伫
兔〔兔兎〕	兔

总之，经过《印刷通用汉字字形表》的调整，涉及《一异表》的27组正异字组，减少了27个异体字，减少了9个正异字组。

（四）1986年新版《简化字总表》所做的调整

1986年10月10日，国家语委重新发表了跟1964年版《简化字总表》稍有调整的新版《简化字总表》。新版《简化字总表》有两处对《一异表》有调整。

一是1986年新版《简化字总表》在"雠〔讎〕"下增加了注释："雠：用于校雠、雠定、仇雠。表示仇恨、仇敌义时用'仇'。"①这涉及《一异表》中"仇〔讎讐〕"正异字组。1964年版《简化字总表》把"讎"简化作"雠"时没有注释，没有说"讎"以后还是不是"仇"的异体字问题，1986年新版《简化字总表》增加注释，就说明"讎"还是"仇"的异体字之一，只不过它在简化变形为"雠"之后才"在特定义项和用法上"是一个规范字。

二是1986年新版《简化字总表》把1964年版《简化字总表》的"只〔隻〕〔衹〕"，调整为"只〔隻〕〔祇〕"，即用"祇"替换了"衹"。这涉及《一异表》正异字组"祇〔祇衹〕"中正体字、异体字的位置问题。新版《简化字总表》把"衹"改为"祇"，实际上否定了《一异表》中"祇"

---

① 《简化字总表》（1986年新版），语文出版社，1986。

是正体字、"衹"是异体字的规定,也可以说,相当于把《一异表》中"衹〔祇秖〕"调整为"衹〔祇秖〕"。后来,2013年《通用规范汉字表》正是这样调整这组异体字组的。

(五)1988年《现代汉语通用字表》所做的调整

1988年3月25日,国家语委、国家新闻出版署发布了《现代汉语通用字表》[1]。《现代汉语通用字表》又对《一异表》做了调整。

第一,它收入了文化部、文改会发出《修正〈第一批异体字整理表〉内"阪、挫"二字的通知》中要求调整的两个字。

第一批异体字整理表	现代汉语通用字表
坂〔阪岅〕	坂、阪
锉〔剉挫〕	锉、挫

第二,它收入了《简化字总表》所调整的11组中的5组。

第一批异体字整理表	现代汉语通用字表
呵〔訶〕	呵、诃
诳〔誆〕	诳、诓
烨〔曄爗〕	烨、晔
脍〔鱠〕	脍、鲙
仇〔讎讐〕	仇、雠

第三,收入了《印刷通用汉字字形表》所做调整中的21组。

第一批异体字整理表	现代汉语通用字表
丘〔邱圻〕	丘、邱
案〔桉〕	案、桉
雕〔彫鵰凋琱〕	雕、凋
于〔於〕	于、於

---

[1] 国家语言文字工作委员会汉字处:《现代汉语通用字表》,语言出版社,1988。

续表

第一批异体字整理表	现代汉语通用字表
楞〔愣〕	楞、愣
剪〔翦〕	剪、翦
淡〔澹〕	淡、澹
胳〔肐骼〕	胳、骼
仿〔彷髣倣〕	仿、彷
菇〔菰〕	菇、菰
混〔溷〕	混、溷
侥〔儌徼〕	侥、徼
熏〔薰燻〕	熏、薰
粘〔黏〕	粘、黏
辉〔煇暉〕	辉、晖
谥〔諡〕	谥
污〔汙污〕	污
卮〔巵〕	卮
栀〔梔〕	栀
伫〔竚佇〕	伫
兔〔兎兔〕	兔

《现代汉语通用字表》对所做的以上调整，涉及《一异表》28组正异字组，把其中28个异体字转为正体字。

《现代汉语通用字表》没有收录《简化字总表》中的"䜣、䌷、鳝、谯、誊、䲺"6字，也没有收录《印刷通用汉字字形表》中的"並、甯、颩"3字。

（六）1990年版《语言文字规范手册》所做的调整

1990年，语文出版社出版的《语言文字规范手册》收录了《一异表》，并对它做了一些调整，使之面目一新，成为《一异表》的第2个权威版本。

这个版本的《一异表》，最引人注意的地方有两点，一是改变了原表中正异字组的排列顺序，把原表按照注音字母顺序排列改为按照汉语拼音排列；二是删去了 4 个异体字、减少了一个正异字组。

第一批异体字整理表	语言文字规范手册
坂〔阪岅〕	坂〔岅〕
锉〔剉挫〕	锉〔剉〕
粳〔稉秔秔〕	粳〔秔〕
詔〔謟〕	——

所删去的 4 个异体字，前两字是 1956 年文化部、文改会《通知》中要求删去的，后两字是这一版本的《语言文字规范手册》编者修订时删去的。删去 4 个异体字后，这一版本的《一异表》实有正异字组 809 组，1051 个异体字。

《语文建设》2001 年第 6 期"编者"答读者问一文[①]指出：语文出版社《语言文字规范手册》"对《异体字表》的修订，并不是编辑的个人行为或出版社的民间行为，而是国家主管部门根据群众意见，经过专家组论证，组织语文出版社实施的"。

这个版本的《一异表》开头增加了一个《说明》，说根据有关规定，确认《简化字总表》收入的"䜣、谳、晔、奓、诃、鲔、䌷、剗、鲙、诓、䲡"等 11 个类推简化字为规范字，确认《印刷通用汉字字形表》收入的"霸、邱、於、澹、骼、彷、菰、涵、徽、薰、黏、桉、愣、晖、凋"等 15 个字为规范字。不过，这一版本的《语言文字规范手册》并没有把这 26 字从《第一批异体字整理表》的异体字栏中删去。

（七）1993 年国家语委《批复》所做的调整

---

① 编者：《〈第一批异体字整理表〉淘汰了多少异体字》，载《语文建设》2001（6）：45—46。

1993年9月3日，国家语言文字工作委员会文字应用管理司发出《关于"镕"字使用问题的批复（国语管〔1993〕3号）》，批复如下：

中华人民共和国文化部和原中国文字改革委员会1955年12月发布了《第一批异体字整理表》，规定此表列在括弧内的字为异体字，"从实施日起，全国出版的报纸、杂志、图书一律停止使用"。在该表中，"镕"列为"熔"的异体字。需要说明的是，异体字必须是同音同义的，只是字形不同。"镕"字有"熔化""铸造""铸器的模型"等几个义项，在这些义项中只有"熔化"这一义项"镕""熔"意义完全相同，"镕"是"熔"的异体字。"镕"字的另外几个义项是"熔"所不具备的，因此，当人名用字中"镕"表示"熔化"以外的意思时，"镕"不是"熔"的异体字，可继续使用，并按偏旁类推简化原则，"镕"字应作"镕"。关于"镕"字收入字符集及其编码问题，请各主管部门和有关单位进行。（《百度百科》）

这样，《一异表》中的"熔〔镕〕"一个正异字组从此被废除，异体字"镕"简化为"镕"，成为规范字。

（八）1997年版《语言文字规范手册》所做的调整

1997年，语文出版社《语言文字规范手册》重排本对《一异表》做了更多的调整，使之成为《一异表》的第3个权威版本。

这一版本的《一异表》，仍旧用1990年版《语言文字规范手册》的排列顺序，即用汉语拼音排序，只调整了其中因读音变化而形成的几处错误顺序。还把原表中的旧字形改成了新字形；改正了原表中个别字的错误。

这一版本的《一异表》，在1900年版删去4个异体字并减少了1个正异字组的基础上，又删去了26个异体字（它们是1990年版《语言文字规范手册》中《一异表》开头的《说明》中指出的26个"不再作为淘汰的异体字"的字），相应减少了14个正异字组，使《一异表》

由 1955 年公布时的 810 组 1055 个异体字,变成了 795 组 1025 个异体字。①

除了上述调整之外,这一版本的《一异表》还调整了原表 9 个正异字组中的选用字和异体字的关系,使《一异表》的 9 个选用字成了异体字,9 个异体字成了选用字。它们是:

第一批异体字整理表	语言文字规范手册
寶〔寳〕	寳〔寶〕
鬧〔閙〕	閙〔鬧〕
牆〔墙〕	墙〔牆〕
謚〔諡〕	諡〔謚〕
污〔汙污〕	污〔汙污〕
卮〔巵〕	巵〔卮〕
栀〔梔〕	梔〔栀〕
佇〔竚伫〕	伫〔佇竚〕
兎〔兔兒〕	兔〔兎兒〕

综上所述,在《通用规范汉字表》发布之前,对《一异表》的调整共有 8 次,先后有 41 个异体字曾经被国家相关文件调整为规范字。

二、《通用规范汉字表》对《一异表》的调整

2013 年 6 月,国务院公布了"教育部、国家语言文字工作委员会组织制定"的《通用规范汉字表》,对《一异表》作了最新一次调整,调整结果体现在"附件 1"《规范字与繁体字、异体字对照表》中。

《通用规范汉字表》对《一异表》的调整体现在以下几个方面。

---

① 语文出版社《语言文字规范手册》1997 年版 182 页题注说是"796 组""1027 个"异体字,《语文建设》2001 年第 6 期"编者"《〈第一批异体字整理表〉淘汰了多少异体字》纠正说,并非"796 组、1027 字","而是 795 组、1025 字"。

（一）合并：把《一异表》的 8 组合并成 4 组

王宁《〈通用规范汉字表〉解读》在讲《通用规范汉字表》的异体字整理时，有一个小标题是"将 2 个异体字组合并成 1 个"[①]，并列出了那一个具体的例子。但我们的统计表明，《通用规范汉字表》"合二而一"并非仅此一例，还有另外 3 例，总共为 4 例。

第一批异体字整理表	通用规范汉字表·附件 1		
	规范字	繁体字	异体字
鹻〔鹻〕	3091 碱		〔堿鹻鹻〕
碱〔堿〕			
乾〔乹乾〕	0023 干	（乾）	〔乹乾〕
幹〔榦〕		（幹）	〔榦〕
歷〔厤歴〕	0095 历	（歷）	〔厤歴〕
曆〔厤〕		（曆）	〔厤〕
参〔叅〕	1334 参	（參）	〔叅葠蔘〕
参〔葠蔘〕			

经过这一合并，《一异表》中的 8 个正异字组，到《通用规范汉字表》中成了 4 组，减少了 4 个正异字组，增加了 1 个异体字"鹻"。

（二）拆分：把《一异表》的 2 组拆分成 4 组

《通用规范汉字表》"附件 1"《规范字与繁体字、异体字对照表》还把《一异表》中 2 个正异字组分别"一分为二"，成了 4 个正异字组。

第一批异体字整理表	通用规范汉字表·附件 1		
	规范字	繁体字	异体字
仇〔讎讐〕	0133 仇		〔讐讎〕
	6351 雠	（讎）	〔讐〕

[①] 王宁：《〈通用规范汉字表〉解读》62 页，商务印书馆，2013。

续表

第一批异体字整理表	通用规范汉字表·附件1		
	规范字	繁体字	异体字
尅〔剋〕	0675 克	（剋）	〔尅〕
	4134 剋		〔尅〕

经过这一拆分，使得《一异表》的"正异字组"不减反增，增加了 2 个"正异字组"。

（三）删组：整体删除《一异表》16 组 17 个异体字

一是把《一异表》的 10 组正异字组中的正、异体字都规定为规范字。

第一批异体字整理表	通用规范汉字表
案〔桉〕	2107 案；4462 桉
于〔於〕	0024 于；6716 於
混〔溷〕	2420 混；5576 溷
剪〔翦〕	2406 剪；7809 翦
淡〔澹〕	2430 淡；6178 澹
楞〔愣〕	7497 楞；2774 愣
粘〔黏〕	2402 粘；6254 黏
菇〔菰〕	2218 菇；4768 菰
嗔〔瞋〕	5444 嗔；5903 瞋
撅〔噘〕	5862 撅；5910 噘

经过这一调整，删去了 10 组，减少了 10 个被《一异表》认定的异体字，它们全都成了《通用规范汉字表》中的规范字。

二是把 2 组《一异表》正异字组中的异体字审定为"非通用规范汉字"，不收入《通用规范汉字表》。

第一批异体字整理表	通用规范汉字表
拈〔撚〕	3840 拈；—

续表

第一批异体字整理表	通用规范汉字表
挪〔捼挼〕	1397 挪；—

通过这一调整，删去了 2 组，减少了"捼、捼、挼"3 个被《一异表》认定的异体字，但它们没有成为《通用规范汉字表》中的规范字。

三是把《一异表》4 组"一正一异"字组中被认定为异体字的繁体字，不再认为是异体字，并把它简化为通用规范字。

第一批异体字整理表	通用规范汉字表·附件1		
	规范字	繁体字	异体字
诓〔誆〕	4038 诓	（誆）	
鲙〔鱠〕	7705 鲙	（鱠）	
镕〔鎔〕	7790 镕	（鎔）	
诃〔訶〕	3795 诃	（訶）	

经过这一调整，删去了 4 组，减少了 4 个被《一异表》认定的异体字，减少了 4 个正异字组。

（四）删字：在《一异表》17 组中删除 18 个异体字

《通用规范汉字表》附件1《规范字与繁体字、异体字对照表》还改变了《一异表》中"异体字栏"中的异体字字数。

一是在《一异表》的 14 组"一正两异"字组中，各删去 1 个异体字，使之成为"一正一异"正异字组。

第一批异体字整理表	通用规范汉字表·附件1		
	规范字	繁体字	异体字
婀〔娿媕〕	4696 婀		〔娿〕
呆〔獃騃〕	0722 呆		〔獃〕
胳〔肐骼〕	1997 胳		〔肐〕
傲〔傲慠〕	1142 傲	（傲）	〔慠〕

续表

第一批异体字整理表	通用规范汉字表·附件1		
	规范字	繁体字	异体字
熏〔薰燻〕	3119 熏		〔燻〕
丘〔邱坵〕	0268 丘		〔坵〕
锉〔剉挫〕	5185 锉	（銼）	〔剉〕
辉〔煇暉〕	2606 辉	（輝）	〔煇〕
烨〔曄爗〕	4638 烨	（燁）	〔爗〕
铲〔剗剷〕	2308 铲	（鏟）	〔剷〕
懔〔懍罍〕	5589 懔	（懍）	〔罍〕
栗〔溧慄〕	1855 栗		〔慄〕
戮〔剹勠〕	6019 戮		〔剹〕
晰〔晳皙〕	2615 晰		〔皙〕

经过这一调整，减少了 14 个被《一异表》认定的异体字，其中"骼、徼、薰、邱、挫、溧、勠、晳"等 8 个直接成为《通用规范汉字表》的规范字，"暉、曄、剗、罍"作为繁体字，在简化为"晖、烨、划、詟"以后而成为《通用规范汉字表》中的规范字，"媒、骎"没有成为《通用规范汉字表》中的规范字。

二是在《一异表》一个"一正三异"字组和一个"一正四异"字组中各删去一个异体字。

第一批异体字整理表	通用规范汉字表·附件1		
	规范字	繁体字	异体字
雕〔彫鵰凋琱〕	雕		〔彫鵰琱〕
仿〔彷髣倣〕	仿		〔髣倣〕

经过这一调整，减少了被《一异表》认定的 2 个异体字"凋"和"彷"，它们直接成为《通用规范汉字表》的规范字。

三是在《一异表》1 个"一正三异"字组中，减少 2 个异体字：

第一批异体字整理表	通用规范汉字表·附件1		
	规范字	繁体字	异体字
趟〔跐蹚踸〕	6333 蹚		〔踸〕

经过这一调整，减少了被《一异表》认定的2个异体字"蹚"和"跐"，其中"蹚"直接成为《通用规范汉字表》的规范字，"跐"没有成为《通用规范汉字表》的规范字。

（五）调换：将《一异表》10组正异字换位

《通用规范汉字表》附件1《规范字与繁体字、异体字对照表》还把《一异表》的"10个异体字组的正字与异体字地位互换"[1]，形成新的正异字组。这种调整，没有改变异体字的数量，也没有改变正异字组的数量。

一是在《一异表》的2个"一正一异"字组中，把正体字跟异体字地位互换，让正体字变为异体字，异体字变为正体字。

第一批异体字整理表	通用规范汉字表·附件1		
	规范字	繁体字	异体字
厄〔阨〕	3547 阨		〔厄〕
栀〔梔〕	4153 梔		〔栀〕

二是在《一异表》的3个"一正两异"字组中，用一个原异体字跟原正体字地位对换，使得这个原异体字变为正体字，原正体字跟另一个原异体字都变为异体字。

第一批异体字整理表	通用规范汉字表·附件1		
	规范字	繁体字	异体字
污〔汙污〕	0537 污		〔汙污〕
兔〔兎兔〕	1195 兔		〔兎兔〕

---

[1] 王宁：《〈通用规范汉字表〉解读》61页，商务印书馆，2013。

续表

第一批异体字整理表	通用规范汉字表·附件1		
	规范字	繁体字	异体字
伫〔竚伫〕	3610 伫		〔佇竚〕

三是把《一异表》的 4 组"一正一异"字组中的正体字跟异体字地位互换，把换出来的异体字放在"繁体字"栏，使这个繁体字的简化字跟原《一异表》正体字形成新的正异关系。

第一批异体字整理表	通用规范汉字表·附件1		
	规范字	繁体字	异体字
闹〔閙〕	1228 闹	（鬧）	〔閙〕
宝〔寳〕	1274 宝	（寶）	〔寳〕
墙〔牆〕	3054 墙	（墻）	〔牆〕
谥〔謚〕	5313 谥	（諡）	〔謚〕

四是把《一异表》的 1 个"一正两异"字组中的正体字跟一个异体字地位互换，把被换出来的原异体字移入"繁体字"栏，让这个繁体字的简化字跟《一异表》的正体字和另一个异体字成为新的正异关系。

第一批异体字整理表	通用规范汉字表·附件1		
	规范字	繁体字	异体字
只〔衹祇〕	0246 只	（祇）	〔衹秖〕

《通用规范汉字表》的这 10 组调整，虽然有本质的区别，但是从数量上看，既没有改变"正异字组"的组数，也没有改变异体字的数量。

（六）作注：用注释规定了 43 个特殊异体字

《通用规范汉字表》"附件1"《规范字与繁体字、异体字对照表》运用注释，新规定了 43 个特殊的异体字。这 43 个特殊异体字可以分为两类：

第一类是"在部分义项和用法上"跟规范字同形的异体字，共 31 个。

它们既是"特殊的异体字",也是"特殊的规范字"。其中,16个是在"一正一异"正异字组中的异体字(下表中,笔者用星号*标示这些特殊的异体字):

第一批异体字整理表	通用规范汉字表·附表1			通用规范汉字表
	规范字	繁体字	异体字	
専〔甼〕	0083 专	(專)	〔甼*〕	6837 甼
村〔邨〕	0682 村		〔邨*〕	6530 邨
坤〔堃〕	0964 坤		〔堃*〕	7226 堃
厘〔釐〕	1448 厘		〔釐*〕	7982 釐
修〔脩〕	1560 修		〔脩*〕	7015 脩
潔〔絜〕	1663 洁	(潔)	〔絜*〕	7282 絜
捍〔扞〕	1792 捍		〔扞*〕	6522 扞
哲〔喆〕	1802 哲		〔喆*〕	7294 喆
秘〔祕〕	1949 秘		〔祕*〕	6906 祕
假〔叚〕	2337 假		〔叚*〕	6907 叚
綠〔菉〕	2498 绿	(綠)	〔菉*〕	7133 菉
搜〔蒐〕	2528 搜		〔蒐*〕	7313 蒐
溪〔谿〕	3012 溪		〔谿*〕	7959 谿
管〔筦〕	3123 管		〔筦*〕	7545 筦
澄〔澂〕	3299 澄		〔澂*〕	7216 澂
咤〔吒〕	4226 咤		〔吒*〕	6531 吒

另外12个是在"一正多异"正异字组中,规定了其中一个异体字"在部分义项和用法上"可作规范字使用:

第一批异体字整理表	通用规范汉字表·附表1			通用规范汉字表
	规范字	繁体字	异体字	
乃〔迺廼〕	0020 乃		〔廼迺*〕	6807 迺
宁〔寧甯〕	0312 宁	(寧)	〔寧甯*〕	7442 甯
夹〔袷袷〕	0402 夹	(夾)	〔袷*袷〕	5000 袷
同〔仝衕〕	0427 同		〔仝*衕〕	6513 仝

续表

第一批异体字整理表	通用规范汉字表·附表1			通用规范汉字表
	规范字	繁体字	异体字	
苏〔蘓甦〕	0677 苏	（蘇）	〔甦*蘓〕	7335 甦
泛〔汎氾〕	0865 泛		〔氾*汎〕	6517 氾
奔〔犇□逩〕	1049 奔		〔奔逩犇*〕	7384 犇
和〔龢咊〕	1131 和		〔咊龢*〕	8095 龢
渺〔淼淼〕	2755 渺		〔淼*渺〕	7371 淼
碗〔盌椀琓〕	2881 碗		〔琓盌椀*〕	7332 椀
札〔剳劄〕	3532 札		〔劄剳*〕	7692 劄
坂〔阪岅〕	3653 坂		〔阪*岅〕	3640 阪

另有1组"一正两异"正异字组中，两个异体字全都被规定为"在部分义项和用法上"可作规范字使用。

第一批异体字整理表	通用规范汉字表·附表1			通用规范汉字表
	规范字	繁体字	异体字	
升〔陞昇〕	0125 升		〔陞*昇*〕	6674 昇
				6909 陞

还有1个是在正异对调后的字组中，对调后的"异体字"栏中有一个被规定"在部分义项和用法上"可作规范字使用。

第一批异体字整理表	通用规范汉字表·附表1			通用规范汉字表
	规范字	繁体字	异体字	
衹〔祇秖〕	0246 只	（衹）	〔祇*秖〕	4050 祇

其中"祇"作规范字用时，字号为4050。

第二类是跟繁体字同形的异体字，共12个。它们不"跟规范字同形"，而"跟繁体字同形"。它们不能直接作规范字使用，而必须在简化变形之后才可以"在部分义项和用法上"作规范字使用。

第一批异体字整理表	通用规范汉字表		
	规范字	繁体字	异体字
巨〔鉅〕	0101 巨		〔鉅*〕
	6845 钜	（鉅）	
麯〔麴〕	0424 曲	（麯）	〔麴*〕
	7748 麴	（麴）	
欣〔訢〕	1158 欣		〔訢*〕
	6549 䜣	（訢）	
径〔逕〕	1163 径	（徑）	〔逕*〕
	6745 迳	（逕）	
炉〔鑪〕	1238 炉	（爐）	〔鑪*〕
	7006 铲	（鑪）	
线〔線〕	1336 线	（綫）	〔線*〕
	7459 綫	（線）	
资〔貲〕	2039 资	（資）	〔貲*〕
	6981 赀	（貲）	
绩〔勣〕	2486 绩	（績）	〔勣*〕
	6932 勣	（勣）	
丫〔枒桠〕	0056 丫		〔枒桠*〕
	6958 桠	（椏）	
仇〔讐讎〕	0133 仇		〔讐讎*〕
	6351 雠	（讎）	〔讐〕
扬〔颺敭〕	0368 扬	（揚）	〔敭颺*〕
	6607 飏	（颺）	
俯〔俛頫〕	1966 俯		〔俛頫*〕
	7399 頫	（頫）	

总之，《通用规范汉字表》"附件1"《规范字与繁体字、异体字对照表》的注释，所规定的43个特殊的异体字，其中有31个异体字跟规范字同形，可以"在部分义项和用法上"作规范字使用，而另外12

个异体字跟繁体字同形，必须在简化成为简化字以后，才是"在部分义项和用法上"的规范字。

综上所述，经过"合并、拆分、删组、删字、调换、作注"6项调整，总体上减少18个正异字组，减少34个异体字，规定了43个特殊的异体字。

三、《通用规范汉字表》"附件1"异体字相关统计

《通用规范汉字表》附件1《规范字与繁体字、异体字对照表》是能够替代《第一批异体字整理表》的最新文件。现在我们来对其中所列异体字字数及相关问题进行一个统计。

（一）"异体字"一栏中异体字的字数

统计表明，《通用规范汉字表》附件1《规范字与繁体字、异体字对照表》的"异体字"一栏，共有794行中有异体字，异体字总数是1023个（次），这跟"附件1"的"说明"中所说的"收录了794组共计1023个异体字"是吻合的。

不过，我们在统计中发现，在"异体字"一栏中出现的1023个异体字中有重复出现的字，共4例，它们是"妳、粇、讐、尅"。"妳"既出现在与规范字"0332奶"对照的异体字栏，也出现在与规范字"0782你"对照的异体字栏。"粇"既出现在与规范字"3429糠"对照的异体字栏，也出现在与规范字"5557粳"对照的异体字栏。"讐"既出现在与规范字"0133仇"对照的异体字栏，也出现在与规范字"6351雠"对照的异体字栏。"尅"既出现在与规范字"0675克"对照的异体字栏，也出现在与规范字"4134剋"对照的异体字栏。

"妳"和"粇"的重复出现，是《一异表》中原来就有的，"讐"与"尅"的重复出现则是《通用规范汉字表》"附件1"中新调整出来的。

如果把重复出现的异体字只算一个，那么，"附件1"的异体字实为1019字。

（二）跟异体字对照的规范字的字数

统计发现，在《通用规范汉字表》"附件1"的"规范字"一栏中，跟异体字对照的规范字总共有792个。

《一异表》原有正异字组810组，本文前面已经统计到，《通用规范汉字表》"附件1"通过合并而减少4组，通过拆分而增加2组，通过整体删除减少16组，实际减少18组，现剩792组，每组一个规范字，正好是792个。

这样看来，在《通用规范汉字表》"附件1"中，是规范字一栏的792个规范字对照异体字一栏的1019个异体字。

（三）跟异体字和规范字都对照的繁体字字数

在《通用规范汉字表》"附件1"中，跟"异体字"和"规范字"都对照的"繁体字"字数不是很多。统计表明，在"繁体字"一栏中，同时跟规范字、异体字都对照的繁体字总共只有218个。例如：

铲（鏟）［剷］；敛（斂）［歛］；馆（館）［舘］；
惭（慚）［慙］；祸（禍）［旤］；绵（綿）［緜］；
锁（鎖）［鏁］；锈（銹）［鏽］；铺（鋪）［舖］；
馈（饋）［餽］；阔（闊）［濶］；裤（褲）［袴］。

造成规范字、繁体字、异体字三者对照的原因是，在《一异表》公布的时候，《简化字总表》还没有公布，选用字中有200多个繁体字。现在，《简化字总表》公布几十年了，繁体字不再算规范字了，所以《通用规范汉字表》"附件1"适应时代需要，与时俱进，将《一异表》选用字中的繁体字，连同这次调整中产生的几个繁体字，分别简化，这就出现了218个繁体字跟规范字、异体字三者对照的现象。

四、《通用规范汉字表》的两个小问题

在对《通用规范汉字表》异体字处理的统计中，我们觉得有如下两个小问题需要讨论一下。

（一）关于"45个异体字调整为规范字"问题

《通用规范汉字表》的"说明"指出："本表在以往相关规范文件对异体字调整的基础上，又将《第一批异体字整理表》中'皙、喆、淼、昇、邘'等45个异体字调整为规范字。"王宁《〈通用规范汉字表〉解读》在"新调整45个异体字为规范字"小标题下面列出了这45个字。不过，我认为，"45个异体字调整为规范字"的说法不准确。

我们把这45个异体字分为3组：

第一组：皙、瞋、噘、蹚、猤、勠。

第二组：迺、崧、昇、陞、甯、袷、仝、甦、邘、氾、堃、犇、鲺、鳌、侉、絜、扦、喆、祕、叚、菉、蒐、淼、桋、谿、筦、澂、剏、吒。

第三组：椛、鉅、颺、麫、逶、鑪、缐、頫、貲、勛。

我们认为：

1. 上述第一组的"皙、瞋、噘、蹚、猤、勠"等6字，它们都没有被放在《通用规范汉字表》的"附件1"《规范字与繁体字、异体字对照表》中"异体字"一栏当中，它们都出现在《通用规范汉字表》正文中，且有自己的规范字序号，它们是真正被调整为规范字了。

2. 上述第二组的"迺、崧、昇、陞、甯、袷、仝、甦、邘、氾、堃、犇、鲺、鳌、侉、絜、扦、喆、祕、叚、菉、蒐、淼、桋、谿、筦、澂、剏、吒"等29个异体字，它们既被放在《通用规范汉字表》的"附件1"《规范字与繁体字、异体字对照表》中"异体字"一栏当中，又出现在《通用规范汉字表》正文中，且有规范字序号，因此它们既是特殊的异体字，也是特殊的规范字，是"在部分义项和用法上"跟规范字同形的

异体字。

3. 上述第三组的"椏、鉅、颺、麹、迳、鑪、線、頫、貲、勛"10个异体字,它们并没有被调整为规范字。它们既被放在《通用规范汉字表》的"附件1"《规范字与繁体字、异体字对照表》的"异体字"一栏中,又被放在该表的"繁体字"一栏中,但就是没有出现在《通用规范汉字表》正文中,它们没有规范字序号,因此,它们不是规范字。这不是把异体字调整为规范字,而是把异体字调整为繁体字,繁体字算不上规范字,它们的简化字才是规范字。

(二)繁体异体字"用于姓氏人名"的表述问题

《通用规范汉字表》"附件1"《规范字与繁体字、异体字对照表》有52条注释,其中有一些是这样表述的:

麹,可用于姓氏人名,但须类推简化作"麹"。

線,可用于姓氏人名,但须类推简化作"线"。

鉅,可用于姓氏人名、地名,但须类推简化作"钜"。

迳,可用于姓氏人名、地名,但须类推简化作"迳"。

貲,可用于姓氏人名和表示计量义,但须类推简化作"赀"。

这样的表述一共12处,我认为,这样的表述有些问题。前半句有些唐突了,可能给人以这些繁体的异体字可以"用于姓氏人名"的错误理解。

繁体的"麹、線、鉅、迳、貲"等字不可以直接"用于姓氏人名",只有它们的简化字"麹、线、钜、迳、赀"才"可用于姓氏人名"。"简化"是前提,不简化就不是规范字,就不可以"用于姓氏人名",这是在目前大家使用通用规范汉字的底线。

因此,我觉得有必要在"可用于姓氏人名"之前加上"类推简化作某后"的限定语:

麹,类推简化作"麹"后可用于姓氏人名。

線，类推简化作"线"后可用于姓氏人名。

鉅，类推简化作"钜"后可用于姓氏人名、地名。

逕，类推简化作"迳"后可用于姓氏人名、地名。

贇，类推简化作"赟"后可用于姓氏人名和表示计量义。

把这 12 条注释修改一下，可以让《通用规范汉字表》"附件 1"《规范字与繁体字、异体字对照表》的注释更加无懈可击。

五、继续整理异体字的几点建议

由于《通用规范汉字表》对《一异表》作调整时坚持了"科学、稳定、求实"①三条原则，所以对《一异表》的调整总体上是比较成功的，既有科学性，也非常实用，有利于规范汉字的实际使用。当然，其中也有个别小问题，还需要再做些商讨，做些调整。

（一）删除"讹误异体字"和"交叉异体字"

所谓讹误异体字，指的是本来不是异体字而因为讹误被当成了异体字。比如《一异表》中的"諂［謟］"一组，两字读音不同，意义不同，并不能成为异体字。"諂"，《简化字总表》将它简化作"谄"，《新华字典》《现代汉语词典》注音为 chǎn，义为"巴结、奉承"；"謟"，商务国际《古代汉语字典》注音为 tāo，义为"疑惑、疑虑"②，《广韵》说："土刀切"，《尔雅释诂》解说"疑也"，《康熙字典》说："毛氏曰：从言从舀。与'谄谀'字不同。"可见，"諂、謟"两字字形不同、字音不同、字义不同，不是异体字，但《一异表》错误地把它们当

---

① 王宁：《〈通用规范汉字表〉解读》，51-52 页，商务印书馆，2020。
② 《古代汉语字典》编委会：《古代汉语字典》，894 页，商务印书馆国际有限公司，2021 年第 2 版。

成了异体字，语文出版社《语言文字规范手册》（1990、1997）将它们删去①，是对的。再如"券［劵］"，杜丽荣、邵文利（2015）《谈谈〈通用规范汉字表〉异体字整理中存在的问题》认为，"券"与"劵"二字"音形义俱异，实非异体字"。还有"咱［㗳啂㗳啂］"中的"㗳啂"，杜丽荣、邵文利指出"'咱'与'㗳''啂'二字古皆有别"，"'㗳'音 jiù，义为毁谤；'啂'音 ǒu，义为呕吐；它们与'咱'音形义俱异，无法成为异体字"②。诸如此类的情况还有一些，《通用规范汉字表》将来修订时应该把它们删除。

《一异表》中的讹误异体字为数甚少，但交叉异体字却不少。例如"绸［紬］"一组，"绸"和"紬"两字音义有同也有异，"绸"读"chóu"又读"tāo"③，"紬"读"chóu"又读"chōu"④，两字仅在读"chóu"时字义有一些义项相同，应该算是交叉异体字，不是全同异体字，也不是正体字包孕异体字的包孕异体字，应予删除。魏励（2016）《对〈通用规范汉字表〉的点滴意见》认为，"《一异表》把'紬'作为'绸（綢）'的异体字欠妥，《简化字总表》已纠正，类推作'紬'，《通用规范汉字表》不应该走回头路。"⑤

（二）适当增补一些"表外异体字"

所谓"表外异体字"，原来指《一异表》"异体字"栏以外的异体

---

① 本社编：《语言文字规范手册》181–200 页，语文出版社，1997。
② 杜丽荣，邵文利：谈谈《〈通用规范汉字表〉异体字整理中存在的问题》，学术界，2015 年第 2 期。
③ 《古代汉语字典》编委会：《古代汉语字典》，第 2 版 116、894 页，商务印书馆国际有限公司，2021。
④ 中国社会科学院语言研究所词典编辑室：《现代汉语词典》，第 6 版 184 页，商务印书馆，2012。
⑤ 魏励：《对〈通用规范汉字表〉的点滴意见》，辞书研究，2016 第 6 期。

字，现在指《通用规范汉字表》"附件1"所列异体字以外的异体字。《现代汉语词典》第7版的"单字条目"后面的括号中，"带一个星号的是《通用规范汉字表》里附列的异体字，带两个星号的是该表以外的异体字"[1]，表外异体字如"堖（**垴）"，"収（**収）"，"坍（**坤）"等。据李学娇（2019）《〈现代汉语词典〉所收〈通用规范汉字表〉表外异体字研究》，《现代汉语词典》所收"表外异体字"共有551组[2]。

既然《现代汉语词典》已经把这些"表外异体字"附在规范字字头后面了，那就说明词典编者已经把它们作为异体字处理了，一般人也是依据这些辞书而不使用这些"表外异体字"的。但辞书不等于是国家发布的语言文字规范，因此我们建议，在《通用规范汉字表》修订时，把符合条件的"表外异体字"及与之对照的规范字添加到《通用规范汉字表》"附件1"中，让"表外异体字"成为法定的"异体字"。这样做，完全符合异体字整理的科学性原则，而且因为无需增加通用规范字，所以也不会造成实际使用的麻烦。

李学娇（2019）《〈现代汉语词典〉所收〈通用规范汉字表〉表外异体字研究》认为：《现代汉语词典》所收551组"表外异体字"中，"可纳入《对照表》异体字增补对象范围的字组为88组全同异体字，和58组选用字包容异体字的包孕异体字。"[3]

（三）把43个"特殊异体字"转为规范字或繁体字

前已述及，《通用规范汉字表》"附件1"通过注释规定了43个"特

---

[1] 中国社会科学院语言研究所词典编辑室：《现代汉语词典》，第7版2页，商务印书馆，2020。
[2] 李学娇：《〈现代汉语词典〉所收〈通用规范汉字表〉表外异体字研究》，143页，硕士学位论文，山东大学，2019。
[3] 李学娇：《〈现代汉语词典〉所收〈通用规范汉字表〉表外异体字研究》，143页，硕士学位论文，山东大学，2019。

殊异体字",其中 31 个既是"异体字",也是"规范字",另外 12 个"特殊异体字"被调整为"繁体字",而繁体字不是规范字,需要简化为简化字以后才可以作规范字使用。

《通用规范汉字表》"前言"中说,已经把"'皙、喆、淼、昇、邨'等 45 个异体字调整为规范字",但"附件 1"却又把其中大部分还留在异体字栏中,造成一种它们既是规范字又是异体字的"特殊异体字"现象,跟《通用规范汉字表》"前言"所说的把它们"调整为规范字"相矛盾。因此我建议,应该把改革的步子跨得更大一点,索性把这 43 字从"异体字"一栏中彻底删除,把其中 31 个转为一般的规范字,另外 12 个转归为繁体字。这样做,既方便了识读和使用,也不会增加《通用规范汉字表》的总字数。

王宁《〈通用规范汉字表〉解读》指出:"《一异表》中确定的'异体字',从现代汉语通用层面上来看,有些并不是严格异体字。"[①] 而这 43 个"特殊的异体字",就是这种非严格异体字。它们跟所对应的选用字在字义上都有一些不同,例如其中一些字"可用于姓氏人名、地名",它们是异体字包容选用字的"包孕异体字"。一般认为,"异体字包容选用字的'包孕异体字'……不论从异体字严格的定义来看,还是从整理异体字的角度来看,均不应作为异体字进行整理。"[②] 我觉得,把这些异体字包容选用字的非严格异体字从"附件 1"中删去,是非常合适的。留着这 43 个"特殊异体字",徒然增加了使用者的一些麻烦。建议将来修订《通用规范汉字表》时能够把这些"特殊异体字"问题全都解决掉。

[①] 王宁:《〈通用规范汉字表〉解读》51 页,商务印书馆,2013。
[②] 李学娇:《〈现代汉语词典〉所收〈通用规范汉字表〉表外异体字研究》,143 页,硕士学位论文,山东大学,2019。

通用规范汉字问题研究

独体字、部件问题

《通用规范汉字表》独体字的统计与思考

——兼谈独体字的定义和认定标准

《通用规范汉字表》的 8105 个规范字中有多少个字是独体字，目前众说纷纭。李瑛（2016）《通用规范汉字独体字研究》一文，认为《通用规范汉字表》中的独体字"有 315 个"[①]，侯冬梅（2017）《通用规范汉字构形属性研究》认为"《通用规范汉字表》中的独体字有 351 个"[②]，柳建钰、王晓旭（2019）《基于字料库的通用规范汉字构形属性调查研究》认为，《通用规范汉字表》中的"独体字共 220 个"[③]。笔者认为，国家颁布的《信息处理用 GB 13000.1 字符集汉字部件规范》《现代常用独体字规范》和《现代常用字部件及部件名称规范》等三部语言文字规范，可以作为认定独体字的依据。本文拟先依据这三部语言文字规范，重新统计《通用规范汉字表》中的独体字的字数，给出 3 个跟上述字数不同的、有国家颁布的语言文字规范作依据的统计结果，同时提出自己对独体字的定义和认定标准的看法。

---

① 李瑛：《通用规范汉字独体字研究》，《内蒙古师范大学学报》（哲学社会科学版）2016（3）：90—96。
② 侯冬梅：《通用规范汉字构形属性研究》146 页，科学出版社，2017。
③ 柳建钰、王晓旭：《基于字料库的通用规范汉字构形属性调查研究》，《渤海大学学报》（哲学社会科学版）2019（5）：104—111。

一、依据国家语言文字规范所做的《通用规范汉字表》中独体字的字数统计

国家发布的语言文字规范中，有 3 部可以用来作统计《通用规范汉字表》中独体字字数的依据。

（一）依据《信息处理用 GB 13000.1 字符集汉字部件规范》统计

1997 年 12 月国家语委发布的《信息处理用 GB 13000.1 字符集汉字部件规范》，对 GB 13000.1 字符集 20902 个汉字作部件拆分，共得出基础部件"560 个"，它们是"最小的不再拆分的部件"[①]。既然它们具有"最小"和"不再拆分"的属性，那么，它们当中那些能够独立成字的基础部件，所成之字就自然是独体字了。

据我们统计，《信息处理用 GB 13000.1 字符集汉字部件规范》560 个"基础部件"中，有 230 个"基础部件"所成之字，对应于《通用规范汉字表》的规范字。也就是说，依据《信息处理用 GB 13000.1 字符集汉字部件规范》的基础部件，可以统计出《通用规范汉字表》8105 个规范字中有 230 个独体字。

这 230 个独体字是：

0001 一、0002 乙、0003 二、0004 十、0005 丁、0006 厂、0007 七、0008 卜、0009 八、0010 人、0011 入、0012 儿、0013 匕、0014 几、0015 九、0016 刁、0017 了、0018 刀、0019 力、0020 乃、0021 又、0022 三、0023 干、0024 于、0026 工、0027 土、0028 士、0029 才、0030 下、0031 寸、0032 大、0033 丈、0035 万、0036 上、0037 小、0038 口、0039 山、

[①] 国家语委：《信息处理用 GB 13000.1 字符集汉字部件规范》，http://www.moe.gov.cn/jyb_sjzl/ziliao/A19/201001/。

独体字、部件问题 | 203

0040 巾、0041 千、0043 川、0045 个、0046 夕、0047 久、0051 丸、
0052 及、0053 广、0054 亡、0055 门、0056 丫、0058 之、0059 尸、
0060 己、0061 已、0062 巳、0063 弓、0064 子、0066 也、0067 女、
0069 飞、0070 习、0073 乡、0074 丰、0075 王、0077 井、0079 夫、
0083 专、0084 丐、0087 木、0088 五、0091 不、0092 犬、0096 歹、
0100 车、0101 巨、0102 牙、0103 屯、0104 戈、0108 瓦、0109 止、
0111 曰、0112 日、0113 中、0114 贝、0116 内、0117 水、0118 见、
0120 牛、0121 手、0122 气、0123 毛、0127 长、0130 片、0137 斤、
0138 爪、0141 父、0150 月、0151 氏、0155 丹、0161 文、0163 方、
0164 火、0165 为、0170 户、0174 心、0175 尺、0177 丑、0178 巴、
0184 予、0188 书、0190 玉、0192 末、0193 末、0194 示、0205 甘、
0206 世、0210 本、0216 石、0220 戊、0221 龙、0225 东、0229 凸、
0231 业、0236 目、0237 且、0239 甲、0240 申、0242 电、0244 田、
0245 由、0248 史、0249 央、0258 冉、0259 皿、0260 凹、0262 四、
0266 乍、0267 禾、0268 丘、0275 白、0278 斥、0279 瓜、0280 乎、
0287 乐、0290 册、0302 立、0321 必、0324 永、0327 民、0328 弗、
0336 皮、0343 矛、0345 母、0369 耳、0373 亚、0380 臣、0381 吏、
0384 西、0392 而、0403 夷、0423 虫、0424 曲、0443 肉、0444 年、
0450 竹、0462 臼、0477 自、0484 舟、0489 兆、0520 衣、0530 羊、
0533 米、0535 州、0690 求、0691 甫、0693 更、0694 束、0697 两、
0698 酉、0721 里、0736 串、0761 我、0786 身、0826 言、1038 事、
1041 雨、1064 非、1079 果、1125 垂、1134 秉、1166 金、1315 承、
1403 革、1442 柬、1552 重、1573 鬼、1575 禹、1589 食、2361 象、
2655 黑、3119 熏、3501 乂、3502 乜、3503 兀、3504 弋、3505 孑、
3506 孓、3507 幺、3509 韦、3510 廿、3511 丏、3512 卅、3524 尹、
3525 夬、3526 爿、3527 毋、3564 耒、3592 曳、3596 缶、3635 聿、
3636 艮、3688 豕、3740 豸、3955 奥、4195 禺、5127 戢、6502 丸、

6503 亻、6507 冊、6509 戋、6584 尨

这与谢泽荣（2007）《独体字四论》的统计结果相同，该文指出，《信息处理用 GB 13000.1 字符集汉字部件规范》中的"《汉字基础部件表》里的成字部件（不包括繁体字、异体字、旧笔形字）共 230 个"[①]。

柳建钰、王晓旭（2019）《基于字料库的通用规范汉字构形属性调查研究》认为，《通用规范汉字表》8105 字中的"独体字共 220 个"，这跟我们依据《信息处理用 GB 13000.1 字符集汉字部件规范》统计出来的 230 个独体字，字数比较接近。

《通用规范汉字表》的独体字有 230 个，这是我们依据《信息处理用 GB 13000.1 字符集汉字部件规范》统计出来的第 1 个数据。

（二）依据《现代常用独体字规范》统计

2009 年 3 月，教育部、国家教委发布的《现代常用独体字规范》，是到目前为止、国家颁布的关于独体字的唯一的语言文字规范。这部规范，以"语言文字规范"的身份，给出了"独体字"的定义和"现代常用独体字的确定规则"，"在现代汉字的范围内确定了 256 个现代常用独体字"[②]。

经我们逐一对比核查，2009 年《现代常用独体字规范》确定的 256 个独体字，全都出现在《通用规范汉字表》当中。也就是说，依据 2009 年《现代常用独体字规范》来统计，《通用规范汉字表》中的独体字至少有这 256 个。

在依据《现代常用独体字规范》得到的《通用规范汉字表》的 256

---

① 谢泽荣：《独体字四论》，《重庆师范大学学报》（哲学社会科学版）2007（1）：116—120。

② 教育部、国家语委：《现代常用独体字规范》，载教育部语言文字信息管理司编《语言文字规范标准》142—147 页，商务印书馆，2017。

个独体字中，有 191 个也在依据《信息处理用 GB 13000.1 字符集汉字部件规范》所统计出来的结果之中，另外 65 个是该统计结果中没有的。

这 65 个独体字是：

0034 与、0048 么、0050 凡、0057 义、0065 卫、0068 刃、0072 马、0076 开、0078 天、0081 无、0082 云、0093 太、0098 尤、0106 互、0110 少、0119 午、0124 壬、0125 升、0126 夭、0152 勿、0157 乌、0160 六、0166 斗、0181 办、0195 击、0198 正、0211 术、0213 丙、0222 平、0226 卡、0263 生、0264 矢、0265 失、0283 用、0284 甩、0289 匆、0296 鸟、0300 主、0307 半、0310 头、0330 出、0382 再、0389 百、0393 页、0402 夹、0445 朱、0477 自、0479 血、0516 亦、0522 产、0524 亥、0558 农、0671 严、0707 来、0711 卤、0790 肉、0854 弟、1303 肃、1305 隶、1455 面、1651 首、2056 兼、2958 鼠、3611 囟、3764 羌。

依据《现代常用独体字规范》来认定《通用规范汉字表》中的独体字，有一个存在问题是不能忽视的。那就是，《现代常用独体字规范》只是针对"常用字"（相当于《通用规范汉字表》的"一级字表"中的字）这个范围来认定的独体字，除了其中"囟、羌"两字外，还没有涉及《通用规范汉字表》的"二级字表""三级字表"中的字。虽然从总体上说，独体字的绝大部分都已经存在于常用字中，但为数不多的、在常用字范围之外的独体字也是不能无视的。

为此，我们觉得应该利用依据《信息处理用 GB 13000.1 字符集汉字部件规范》所统计出来的结果，来弥补仅仅依据《现代常用独体字规范》进行统计的不足，从而得到一个完整的、没有瑕疵的统计结果。

我们注意到，依据《信息处理用 GB 13000.1 字符集汉字部件规范》所统计出来的独体字中，有以下 39 个不在《现代常用独体字规范》的 256 个独体字之中：

0194 示、0336 皮、0450 竹、0489 兆、1064 非、1166 金、1589 食、2655 黑、3119 熏、3501 乂、3502 乜、3503 兀、3504 弋、3505 孑、3506 孓、

3507 幺、3509 韦、3510 廿、3511 丏、3512 卅、3524 尹、3525 夬、3526 爿、3527 毋、3564 耒、3592 曳、3596 缶、3635 聿、3636 艮、3688 豖、3740 豸、3955 臾、4195 禺、5127 戠、6502 兀、6503 彳、6507 毌、6509 戋、6584 龙。

所以，只要在《现代常用独体字规范》256 个独体字的基础上，加上这 39 个独体字，那么，就可以得到一个完整的、没有瑕疵的统计结果：《通用规范汉字表》中的独体字一共是 295 个。

《通用规范汉字表》中有 295 个独体字，这个统计结果跟目前出版的一些辞书所标出来的《通用规范汉字表》独体字的数量，是十分接近的，且做法大致相同。

万森（2016）《通用规范汉字笔画部首结构字级笔顺手册》[1]标注《通用规范汉字表》独体字 290 个，是在《现代常用独体字规范》规定的 256 个现代常用独体字的基础上，增加了 34 个在常用字之外的独体字。

说词解字辞书研究中心（2018）《学生全功能笔顺笔画部首结构规范大全》[2]标注《通用规范汉字表》独体字 285 个，采用了《现代常用独体字规范》256 个中的 253 个，另增加《现代常用独体字规范》之外的 32 个独体字。新增者除"币"为常用字外，另 31 个都是在常用字范围之外的独体字。

李行健（2019）《现代汉语应用规范词典》[3]标注《通用规范汉字表》独体字 288 个，是在《现代常用独体字规范》规定的 256 个现代常用独体字的基础上，增加了 32 个在常用字范围之外的独体字。

这使我们相信，《现代常用独体字规范》规定的 256 个独体字，是

---

[1] 万森：《通用规范汉字笔画部首结构字级笔顺手册》，商务印书馆国际有限公司，2016。

[2] 说词解字辞书研究中心：《学生全功能笔顺笔画部首结构规范大全》，华语教学出版社，2018。

[3] 李行健：《现代汉语应用规范词典》，语文出版社，2019。

统计《通用规范汉字表》中独体字字数的重要依据。

（三）依据《现代常用字部件及部件名称规范》统计

2009年3月，教育部、国家教委发布的《现代常用字部件及部件名称规范》，是一个关于现代汉语常用字的部件的规范。这个规范，"对现代汉语3500常用汉字逐个进行部件拆分、归纳与统计"，形成《现代常用字部件表》，共有"514个部件"，这些部件"规定了汉字部件拆分的下限，一般不宜再行拆分"[①]。

由于《现代常用字部件及部件名称规范》给出的"514个部件"具有"汉字部件拆分的下限"和"一般不宜再行拆分"的属性，所以它如果"独立成字"，那就会是一个不能拆分或者"不宜再行拆分"的"独体字"。因而我们可以依据《现代常用字部件及部件名称规范》中的"部件"，来统计《通用规范汉字表》中独体字的字数。

李瑛《通用规范汉字独体字研究》一文正是"参照《现代常用字部件及部件名称规范》"来认定《通用规范汉字表》中的独体字的。不过，该文说的是"参照"，而不是"依据"。

本文拟采取比李瑛《通用规范汉字独体字研究》更加严格的做法，完全"依据"（而不仅仅是"参照"）《现代常用字部件及部件名称规范》，对《通用规范汉字表》中独体字的字数来重新作一个统计。我们的做法是：在《通用规范汉字表》8105字中，只要是由《现代常用字部件及部件名称规范》中的"部件"独立而成的字，就算它是独体字。

经过比对，我们发现，在《现代常用字部件及部件名称规范》的514个部件中，有342个部件可以独立成《通用规范汉字表》中的规范字，也就是说，完全依据《现代常用字部件及部件名称规范》来统计，《通

[①] 教育部、国家语委：《现代常用字部件及部件名称规范》，参见魏励《语言文字规范手册》149—224页，商务印书馆国际有限公司，2014。

用规范汉字表》中独体字的字数应该是 342 个。

在这 342 个独体字中，有 255 个是《现代常用独体字规范》中已有的，其余 87 个是《现代常用独体字规范》中没有的。在 87 个《现代常用独体字规范》中没有的独体字中，有 30 个是依据《信息处理用 GB 13000.1 字符集汉字部件规范》认定的 230 字中已有的，其余 57 字，既是《现代常用独体字规范》中没有的，也是依据《信息处理用 GB 13000.1 字符集汉字部件规范》认定的 230 个独体字中没有的。它们是：

0049 勺、0143 仑、0144 今、0153 欠、0154 风、0204 去、0291 卯、0313 穴、0325 司、0339 发、0347 丝、0360 老、0387 戍、0410 至、0449 舌、0456 乒、0457 乓、0480 向、0482 后、0493 伞、0508 争、0509 色、0631 赤、0696 豆、0699 丽、0701 辰、0798 谷、0808 龟、0810 兔、0814 角、0818 卵、0841 辛、0996 其、1011 直、1056 妻、1077 具、1154 卑、1194 鱼、1205 京、1232 单、1422 南、1466 韭、2021 高、2201 黄、2336 兜、2386 庸、2387 鹿、2617 鼎、3641 丞、3744 奂、4467 鬲、4749 堇、6504 卩、6505 攴、6699 隹、6907 叚、7081 雀

仅仅依据《现代常用字部件及部件名称规范》来统计《通用规范汉字表》中的独体字，跟仅仅依据《现代常用独体字规范》来统计一样，有一个天然的不足，即它们的选字范围仅限于"常用字"，未涉及"常用字"之外的独体字。经过对比发现，在依据《现代常用字部件及部件名称规范》的部件所认定的《通用规范汉字表》中的这 342 个独体字中，并不包括《现代常用独体字规范》认定的独体字 1 个（"羌"），也没有包括依据《信息处理用 GB 13000.1 字符集汉字部件规范》认定的独体字中的 9 个（"也、孓、孒、丏、卅、毋、臾、戠、龙"），因为这 10 个字，都不在"常用字"范围之内。

为此，我们认为，应当在依据《现代常用字部件及部件名称规范》得到的 342 字基础上，加上上述 10 字，得到《通用规范汉字表》中全

部独体字的字数，它是 352 个。

李瑛《通用规范汉字独体字研究》是"参照《现代常用字部件及部件名称规范》"来认定《通用规范汉字表》中的独体字的，在该文认定的结果 315 个独体字中，有 268 个是由《现代常用字部件及部件名称规范》中的一个部件独立而成的。另外 47 个独体字，或者不在"常用字"范围之内，如"乜、孑、孓、毋"等；或者是由《现代常用字部件及部件名称规范》中的两个部件组成的，如"丛、旧、乏、孔"等；或者是由《现代常用字部件及部件名称规范》中的三个、四个部件组成的，如"局、或、画、弱"等。

不可讳言，教育部、国家语委 2009 年颁布的语言文字规范《现代常用字部件及部件名称规范》，也是认定《通用规范汉字表》中独体字的不可忽视的依据之一。

二、关于《通用规范汉字表》独体字统计的思考

（一）《通用规范汉字表》独体字字数统计结果

根据上面的统计，我们得到了以国家颁布的语言文字规范为依据的《通用规范汉字表》中独体字字数的 3 种统计结果。

一是 230 个。依据 1997 年《信息处理用 GB 13000.1 字符集汉字部件规范》的"基础部件"，可以确定《通用规范汉字表》中的独体字为 230 个。

二是 295 个。依据 2009 年《现代常用独体字规范》，可以确定《通用规范汉字表》中有 256 个"常用独体字"，为弥补其覆盖面的不足，还需加上依据前一部规范有而依据本规范无的"常用字之外"的 39 个独体字，这样，《通用规范汉字表》中一共有 295 个独体字。

三是 352 个。依据《现代常用字部件和部件名称规范》的"部件"，可以认定出《通用规范汉字表》中有 342 个独体字，加上依据第一部规

范有而依据本规范无的"常用字之外"的独体字 9 个，加上依据第二部规范有而依据本规范无的 1 个，可以确定《通用规范汉字表》中有 352 个独体字。

《通用规范汉字表》独体字字数统计表

	ABC共有	BC共有	AC共有	各自独有	统计结果 A	A+B	A+B+C
A.依据《GB 字符集汉字部件规范》	191		30	9	230	295	352
B.依据《现代常用独体字规范》	191	64		1			
C.依据《现代常用字部件规范》	191	64	30	57			

需要指出的是，我们统计出来的 352 个这个结果，跟侯冬梅《通用规范汉字构形属性研究》认定的独体字 351 个相比，好像只有一字之差，其实不然，我们跟该文相同的只有 300 个，该文有"死、成、乱、虱、彧、蚩、睿、盥、氕、舆、甪、芈"等 51 字跟我们不同，我们有 52 个跟该文不同。

我们统计出来的 352 这个结果，跟李瑛《通用规范汉字独体字研究》认定的 315 个独体字相比，字数相差好像也不太多，但经过比对知道，我们跟该文相同的也只有 275 个，该文有"亏、元、匀、以、灭、丛、画、弱、焉、闩、丕、亘、寓"等 40 字跟我们不同，我们有 77 个跟该文不同。

（二）建议研制和公布《通用规范汉字独体字规范》

关于《通用规范汉字表》中的独体字的字数，本文中共提及 9 种不同的统计数据，可谓众说纷纭。即使依据国家颁布的语言文字规范来统计，也会出现 3 种不同的结果，这种状况，极不利于汉字信息处理、辞书编纂和基础教育的需要。

我们觉得，《通用规范汉字表》中独体字的字数应该有一个法定的权威说法。

为此，建议国家语言文字管理部门早日制定和公布《通用规范汉字独体字规范》。有了国家公布的《通用规范汉字独体字规范》，我们才能知道《通用规范汉字表》中究竟有多少个独体字，是哪些字，是依据什么标准把它们认定为独体字的，使《通用规范汉字表》的独体字问题定于一尊。无论是汉字信息处理，还是辞书编纂，基础教学，都会因它而有据可循。

在国家没有公布《通用规范汉字独体字规范》的情况下，如果国家制定和公布了《通用规范汉字部件规范》，这个问题也可以解决。我们可以借助于《通用规范汉字部件规范》中的"基础部件"，来认定《通用规范汉字表》中的独体字，凡是由该规范的一个基础部件构成的字就是独体字，否则不是。

总之，国家颁布《通用规范汉字独体字规范》或《通用规范汉字部件规范》，很有必要。

三、关于独体字问题的几点思考

对于制定《通用规范汉字表》规范，解决《通用规范汉字表》中的独体字问题，笔者有如下三点想法：一是要有一个更为适合的独体字定义，二是要有一个更为适用的独体字认定标准，三是要有一个更为适当的独体字字数。

（一）关于独体字定义

解决独体字问题，要有一个更为适合的独体字定义，名正才言顺。《现代常用独体字规范》中的独体字的定义是不怎么合适的。这个定义说：独体字是"由笔画组成、不能或不宜再行拆分、可以构成合体字的汉字"，其中"由笔画组成"和"可以构成合体字"两语系画蛇添足之语。李瑛（2016）《通用规范汉字独体字研究》曾经批评指出，"由笔画组成"一语是所有汉字之共性,"合体字亦由笔画组成"①。苏培成（2014）《现代汉字学纲要》（第3版）批评说,"由笔画组成""不是构成独体字的必要条件";"可以构成合体字"一语也"不是独体字的必备条件"②。苏培成指出,"承、个、卫、书、凸、再、秉"等19个独体字"在通用字范围内不能构成合体字"。侯冬梅（2017）《通用规范汉字构形属性研究》指出,在她认定的351个独体字中,"41个……只能构成独体字,不能参与组构合体字"③。柳建钰、王晓旭（2019）《基于字料库的通用规范汉字构形属性调查研究》也指出,独体字"承、飞、个、卫、年、伞、书、凸、再、孓、乜"等,"只能构成自身形体"④。笔者觉得,重新给独体字一个更为适合的定义,是十分必要的。

（二）关于独体字的认定标准

解决独体字问题,要有一个更为适用的独体字认定标准。《现代常用独体字规范》虽然给出了3条"现代常用独体字的确定规则",但不准确,也不怎么适用。它提出的3条规则,一是"字形结构符合字理和独体字定义的汉字",二是"符合独体字定义的草书楷化的简化字",三是"交重结构,不能拆分的汉字",不准确,有遗漏。比如,"产、严、业、习"等简化字,就既不符合古文字"字理",又非"草书楷化的简化字",也不是"交重结构",那么《现代常用独体字规范》又凭什么确定它们为独体字呢? 另外,前两条规则在"符合独体字定义"基础上还分别增加了"符合字理"和"草书楷化的简化字"的附加条件,

---

① 李瑛：《通用规范汉字独体字研究》，《内蒙古师范大学学报》（哲学社会科学版）2016（3）：90—96。
② 苏培成：《现代汉字学纲要》（第3版）96页，商务印书馆，2014。
③ 侯冬梅：《通用规范汉字构形属性研究》147页，科学出版社，2017。
④ 柳建钰、王晓旭：《基于字料库的通用规范汉字构形属性调查研究》，《渤海大学学报》（哲学社会科学版）2019（5）：104—111。

实无必要，既然一个汉字已经"符合独体字定义"了，它不就是独体字了吗？没有例外。

笔者认为，独体字是不能拆分和不宜拆分的汉字，也就是说，独体字是"不能拆分的汉字"和"不宜拆分的汉字"的合集。因而我们可以分别从"不能拆分"和"不宜拆分"两个方面来提出一个更为适用的认定独体字的标准。

1. 完全不能拆分的汉字，有两类：

（1）单笔画汉字，不能拆分。《通用规范汉字表》中只有两个，即"一、乙"。

（2）由一个整体为"交重结构"部件构成的汉字，不能拆分。《信息处理用 GB 13000.1 字符集汉字部件规范》指出："相离、相接可拆，交重不拆"。① 如果整体是一个"交重结构"，自然不能拆分。例如"十、七、九、力、又、丈、丸、也、女、丰、井、车、冉、册、弗、义、乜、韦、卅、尹、毋、聿、毌"等。

2. "不宜拆分"的独体字。

"不宜拆分"的意思是"可以拆分而不适宜于作拆分"。至于哪些字"宜于拆分"哪些字"不宜拆分"，不同的学者对它有不同的见解，有的严，有的宽。例如，《现代汉语常用字表》3500 字，晓东（1994）《现代汉字独体字与合体字的再认识》认为其中有"独体字 195 个"②，跟《现代常用独体字规范》的 256 字相差 61 个，所差的都是不宜拆分的独体字。邢红兵《现代汉字特征分析与计算研究》认为"常用汉字"（《现代汉语常用字表》的 3500 字）中有"独体结构 187 个"③，跟晓东（1994）《现

---

① 国家语委：《信息处理用 GB 13000.1 字符集汉字部件规范》，http://www.moe.gov.cn/jyb_sjzl/ziliao/A19/201001/。

② 晓东：《现代汉字独体字与合体字的再认识》，《语文建设》1994（8）：28—31。

③ 邢红兵：《现代汉字特征分析与计算研究》54 页，商务印书馆，2007。

代汉字独体字与合体字的再认识》的 195 个差 8 个，跟《现代常用独体字规范》的 256 字相差 69 个。苏培成（2014）《现代汉字学纲要》（第 3 版）还认为《现代常用独体字规范》给出的 256 个独体字中有"寸、与、凡、义、习、叉、文、方、矛、肉、衣"等"48 字不是独体字，应该从《规范》里删除"①，删除这 48 字后只剩下 208 个独体字。国家在不同时期颁布的语言文字规范也有不同的处理，例如，《现代常用独体字规范》认为在"常用字"中有 256 个独体字"不能或不宜再行拆分"；而《现代常用字部件和部件名称规范》则认为在"常用字"中有 311 个"成字部件"（可以独立成字的部件）"一般不宜再行拆分"，比《现代常用独体字规范》多出的 55 字也都是不宜拆分的。而依据《信息处理用 GB 13000.1 字符集汉字部件规范》来看，在《现代常用独体字规范》的 256 个独体字中有"开、无、午、互、办、亥、鼠"等 65 个是可以拆分且应该进行拆分的，在《现代常用字部件和部件名称规范》的 342 个对应于《通用规范汉字表》中规范字的"部件"中，有"黄、京、丝、老、戌、至、舌、乒、乓、向、后、伞"等 121 个是可以拆分且应该进行拆分的。

以往学界对"不宜拆分"的具体规定不够具体，一般人难以掌握和运用。为此，笔者将所见所想归纳为如下几条。

（1）如果某字的拆分结果都不是部件，则该字不宜拆分。比如 5 画的"民"，前 3 画可以视为一个笔画组合体，末两画也可以视为一个笔画组合体，好像可以把"民"拆分为两个笔画组合体，但如果这样拆分，则前 3 画组合体不成部件，末两画组合体也不成部件，所以"民"不宜拆分。又如"艮"字 6 画，前 4 画可以视为一个笔画组合体，末两画也可以视为一个笔画组合体，好像也是可以拆分的，但如果这样把两者拆分开来，则前 4 画组合体不成部件，末两画组合体也不成部件，所以"艮"也不宜拆分。4 画的"氏"也一样，如果把前两画跟末两画拆分，

---

① 苏培成：《现代汉字学纲要》（第 3 版）97 页，商务印书馆，2014。

则前两画组合体不成部件，末两画组合体也不成部件，所以"氏"也不宜拆分。

（2）如果某字的拆分结果全部都是单笔画部件，则该字不宜拆分。比如两笔画字"二、丁、厂、卜、八、人、入、儿、匕、几、刁、了、刀、乃"，如果把它的两个笔画拆分开来，认为这些字是由两个单笔画部件组成的合体字，肯定不会有人赞同。所以，两画字，都是"不宜拆分"的。再如3画字中的"三、万、川、夕、久、门、之"，4画字中的"丐、不、瓦、止、片、心、丏、爿"，5画字中的"凸、且、皿、凹、丘"、6画字中的"臼、州"、7画字中的"豸"等，如果强行拆分，则结果只能全部都是单笔画部件，所以这些字都不宜拆分。苏培成（2014）《现代汉字学纲要》提出"拆分的下限一般要大于笔画"①拆分规则，说的也是拆分结果不能全部都是单笔画部件。

（3）如果某字虽有"相离、相接"的笔画可拆，但拆后剩下的部分不成为一个部件（或几个部件的组合体）的，则该字不宜拆分。如"巾、子、孑、孓"，首笔未参与相交，属于可拆者，但拆出这一笔后，剩余部分不成为一个部件，所以这些字不宜拆分。其他，如"于、及、中、史、申、电、曳"的第一画，"甲"的第一第二两画，"事、吏"的第二画，"屯、丹"的第三画，"世"的第四画，"夫、夬、夷、专、书、弋、戈、戋"的末笔，"长、丑、牙、内、由、曲、我、垂"的首笔和末笔，"串"的第一和第四画，"母"的第三和第五画，"舟、曳、耳、身、必、甫、禹、西、两"等字中的多个笔画，它们虽未参与相交，属于"可拆"者，但拆分出这些笔画后，剩余部分不成一个部件，或一个部件组合体，所以这些字不宜拆分。

（4）如果某字虽有一个类似于部件的笔画组合体可以拆，但拆后剩下的部分不成为一个部件（或几个部件的组合体）的，则该字不宜拆

---

① 苏培成：《现代汉字学纲要》（第3版）87页，商务印书馆，2014。

分。例如"乐、东",最后两笔类似于部件"八"("兴、具、俊"等字中的部件),可以拆分出来,但余下部分不成为部件,所以"乐、东"不宜拆分。"予"的第一第二两画类似于部件"マ"("甬、疑、通"中的部件),但若把"予"的"マ"拆分出去,则剩余的部分不成为一个部件,所以"予"不宜拆分。"气、年"两字的第一画第二画的组合体,类似于部件"𠂉"("乞、每、复"中的部件),但若把"𠂉"从"气、年"中拆分出去,所余下的部分不成为一个部件,所以"气、年"不宜拆分。"斤、爪、瓜"三字的前两画,跟部件"厂"("反、后"等字中的部件)形似,但拆分出这两画后,剩下的部分不是部件,所以不宜拆分。"斤"字也一样,拆分出前两画后,剩下的部分"丅"在《信息处理用 GB 13000.1 字符集汉字部件规范》被规定为"G 列以外汉字专用的部件",不是中国汉字部件,所以"斤"字不宜拆分。6 画字"虫"的前四画类似于部件"中",但若把它拆分出去,则剩下的部分不成部件,所以"虫"不宜拆分。"革"若拆分出类似于部件的"廿",则剩余部分不成部件,所以"革"不宜拆分。

(5)如果在某字的拆分结果中出现连续的单笔画部件,则该字不宜拆分。这一条规则跟第 2 条有联系,第 2 条说的是拆分结果不能全部都是单笔画部件,这一条说的是拆分结果中出现连续的单笔画部件的,也不行。这一条跟第 4 条也有联系,第 4 条说的是拆分后剩余部分不成部件的不宜拆分,这一条说的是把拆分后剩余的不成部件者再拆分成连续的单笔画部件也不宜拆分。比如"予"不宜拆分为 [マ]+(一)+(亅)],"气"不宜拆分为 [𠂉]+[(一)+(乙)],"斤"不宜拆分为 [厂]+[(一)+(丨)],"虫"不宜拆分为 [中]+[(一)+(丶)],等等。

(三)关于独体字的字数

解决独体字问题,要有一个更为适当的独体字字数限制。前已述及,关于《通用规范汉字表》中的独体字字数,学界众说纷纭。即使依据国家颁布的相关的语言文字规范来统计，也有不同的结果。笔者认为，如果将来制定独体字规范，要严格坚持《信息处理用 GB 13000.1 字符集汉字部件规范》提出的"相离、相接可拆，交重不拆"的拆分标准，尽量减少独体字的字数，只有"不能拆分"和"不宜拆分"的字，才算是独体字，其余"可以拆分"且不违反"不宜拆分"规定的字统统算合体字。如果这样，《通用规范汉字表》中独体字的数量则可以大大减少，甚至还可以比依据《信息处理用 GB 13000.1 字符集汉字部件规范》的基础部件认定的 230 个还要少。

独体字数量少，更加有利于汉字信息处理、辞书编纂、基础教学。

怎样做到使《通用规范汉字表》中独体字的数量比依据《信息处理用 GB 13000.1 字符集汉字部件规范》的基础部件认定的 230 个还要少呢，我们认为可以从这么几个方面着手。

1. 把"常用字"（相当于《通用规范汉字表·一级字表》中的字）没有被《现代常用独体字规范》认定为独体字的字回归合体字。在依据《信息处理用 GB 13000.1 字符集汉字部件规范》认定的 230 个独体字中，有"示、皮、竹、兆、非、金、食、黑、熏"等 9 个常用字没有被《现代常用独体字规范》认定为独体字。《现代常用独体字规范》是后于《信息处理用 GB 13000.1 字符集汉字部件规范》12 年颁布的语言文字规范，体现了语言文字学术研究的新成果，我们应该尊重，把这 9 个常用字分析为合体字应该是有它的道理的，因为这些字都可以拆分出或左右、或上下两部分。这里先说"示、竹、非、金、食"5 字。"示"可以拆分为 [二]+[小]，是合体字，[二] 和 [小] 都是《信息处理用 GB 13000.1 字符集汉字部件规范》中的基础部件。谢泽荣（2007）《独体字四论》分析说："示，依《说文》其构字理据是'从二，从川（日、月、星），天垂象见吉凶，所以示人也'，应拆分为[二][小]。"①"竹"可以拆分[（𠂉）+（丨）]+[（𠂉）+（丿）]，"非"可以拆分[（三）+（丨）]+[（丨）+（三）]，"金"可以拆分[人]+[（干）+（丷）]②，也可以拆分为[人]+[（王）+（丷）]，"食"可以拆分[人]+[（丶）+（艮）]，这5字应该回归合体字。本文开头提到的3部辞书都把"竹、非"2字标注为左右结构合体字，把"示、金、食"3字标注为上下结构合体字。

2.仿照《信息处理用GB 13000.1字符集汉字部件规范》拆分"击、出、午、半"的实例，把"缶、肉、父、文、衣、立、米、火"等拆分为两个（或多个）"基础部件"，认定为合体字。其中，"缶"跟"击、出"形近，《信息处理用GB 13000.1字符集汉字部件规范》将"击"拆分为[土]+[凵]，将"出"拆分为[屮]+[凵]，"缶"应该也可以拆分为[午]+[凵]。依据该规范，"午"还要再拆分为[𠂉]+[十]，则"缶"应该拆分为[（𠂉）+（十）]+[凵]。侯冬梅（2017）《通用规范汉字构形属性研究》把"缶"拆分为[午]+[凵]，归入上下结构合体字是对的。其他如"肉"可拆分为[冂]+[人]，"父"可拆分为[八]+[乂]，"文"可拆分为[亠]+[乂]③，"巨"可拆分为[匚]+[彐]，"臣"可拆分为[匚]+[（丨）+（彐）+（丨）]，"衣"可拆分为[亠]+[衣]，"衣"是该规范中"哀、表"等字的部件，"立"可拆分为[亠]+[丷]，"丷"是该规范中"豆、并、前"等字的部件。该规范把"半"拆分为[丷]+[十]，因此"米"也可拆分为[丷]+[木]，"火"也可拆分为[丷]+[人]。"冂、人、八、乂、亠、匚、彐、衣、丷、木、人"都是《信息处理用GB 13000.1字符集汉字部件规范》中现成的部件。

---

① 谢泽荣:《独体字四论》,《重庆师范大学学报》(哲学社会科学版) 2007 (1): 116—120。

② 侯冬梅:《通用规范汉字构形属性研究》77页,科学出版社,2017。

③ 侯冬梅:《通用规范汉字构形属性研究》295页、290页,科学出版社, 2017。

3.仿照《信息处理用GB 13000.1字符集汉字部件规范》的拆分实例，把一些字拆分成一个单笔画部件跟一个多笔画部件的组合。单笔画部件，有些学者不承认或不全承认，以致他们认定的独体字字数比别人多，而《信息处理用GB 13000.1字符集汉字部件规范》《现代常用字部件和部件名称规定》都是承认有单笔画部件的，只是处理起来还不够彻底，需要加强。

《信息处理用GB 13000.1字符集汉字部件规范》把"正"拆分为[一]+[止]，把"无"拆分为[一]+[尢]，把"元"拆分为[一]+[兀]，那么，"亚"也可以拆分为[一]+[业]①，"干"也可以拆分为[一]+[十]。"歹"也可以拆分为[一]+[夕]，是上下结构合体字。侯冬梅《通用规范汉字构形属性研究》指出："'歹'拆分为'一夕'，上下关系。"②"兀"也可以拆分为[一]+[儿]，上下结构合体字，商务国际辞书编辑部（2019）《通用规范汉字字典》就把"兀"标注为上下结构合体字③。另外，"士、土"也可以拆分为[十]+[一]，"豕"也可以拆分为[一]+[豖]，"豖"是"毅、豢"等字中的部件。"里"也可以拆分为[甲]+[一]，"甲"是"单"字中的部件。"豖、甲"都是《信息处理用GB 13000.1字符集汉字部件规范》中的部件。

《信息处理用GB 13000.1字符集汉字部件规范》把"旧"拆分为[丨]+[日]，把"引"拆分为[弓]+[丨]，把"出"拆分为[屮]+[凵]，仿此，"山"也可以拆分为[丨]+[凵]，"个"也可以拆分为[人]+[丨]，"丫"也可以拆分为[丷]+[丨]，"小"也可以拆分为[亅]+[八]，因为"丨、日、人、丷、亅、八"都是该规范中的基础部件。

---

① 侯冬梅：《通用规范汉字构形属性研究》296页，科学出版社，2017。
② 侯冬梅：《通用规范汉字构形属性研究》76页，科学出版社，2017。
③ 商务国际辞书编辑部：《通用规范汉字字典》653页，商务印书馆国际有限公司，2019。

《信息处理用 GB 13000.1 字符集汉字部件规范》把"失"拆分为[丿]+[夫],把"朱"拆分为[丿]+[未],把"血"拆分为[丿]+[皿],仿此,"牛"也可以拆分为[丿]+[キ],"キ"是该规范中"击、半、用"等字中的部件。"白"也可以拆分为[丿]+[日],"自"也可以拆分为[丿]+[目],"千"也可以拆分为[丿]+[十],"彳"也可以拆分为[丿]+[亻],"禾"也可以拆分为[丿]+[木],"矛"也可以拆分为[予]+[丿],"乡"也可以拆分为[纟]+[丿]。"纟"是该规范中"丝"字中的部件。

《信息处理用 GB 13000.1 字符集汉字部件规范》把"主"拆分为[丶]+[王],把"义"拆分为[丶]+[乂],把"凡"拆分为[几]+[丶],仿此,"广"也应拆分为[丶]+[厂],"户"也应拆分为[丶]+[尸],"方"也应拆分为[丶]+[万],"尺"也应拆分为[尸]+[丶]。该"规范"把"尢"拆分为[尢]+[丶],仿此,"犬"也可以拆分成[大]+[丶]。该"规范"把"太"拆分为[大]+[丶],"犬"也是"大"字加一点,拆分成[大]+[丶],归合体字。该"规范"中没有讲到"玉"如何拆分,我们认为"玉"可以拆分为[王]+[丶]。

《信息处理用 GB 13000.1 字符集汉字部件规范》把"司"拆分为[𠃌]+[(一)+(口)],把"局"拆分为[尸]+[(𠃌)+(口)],把"勺"拆分为[勹]+[丶],仿此,"习"也应拆分为[𠃌]+[冫]。陈燕(2006)《现代汉字部首法所用单字切分的研究》指出:"'习'与'勺'结构相同……拿相类的字形比较就看出能切分,能切分就不宜看作独体结构字。"[1]苏培成(2014)《现代汉字学纲要》(第 3 版)说"'习'……不是独体字","习"是"上右包围"[2]合体字。北京大学中文系现代

---

[1] 陈燕:《现代汉字部首法所用单字切分的研究》,《天津师范大学学报》(哲学社会科学版)2006(4):71—76。

[2] 苏培成:《现代汉字学纲要》(第 3 版),96—99 页,北京:商务印书馆,2014。

汉语教研室（2013）《现代汉语》（增订本）把"习"归入"上右包围结构"合体字①。另外，"已、己、巳"都可以拆分为 [⊐]+[ㄴ]，"ㄴ"是该规范"礼、胤、孔"等字中的部件。

4. 仿照《信息处理用 GB 13000.1 字符集汉字部件规范》的拆分实例，增加少数"只跟某一个特定部件组合的非成字部件"，减少"黑、熏、皮、兆、戬"等独体字。"只跟某一个特定部件组合的非成字部件"，即所谓"一用部件"，在拆分汉字时是应该尽量避免的，但事实上又不能完全排除。《信息处理用 GB 13000.1 字符集汉字部件规范》、《现代常用字部件及部件名称规范》都各有几十个"只跟某一个特定部件组合的非成字部件"。比如"庸"字，《信息处理用 GB 13000.1 字符集汉字部件规范》把它拆分为 [广]+[肀]，"肀"就是一个只跟特定部件"广"组合的非成字部件，它只能跟"广"直接组合成"庸"，而不能跟别的部件直接组合，在"镛、慵、墉、鳙、廊"等字中，它也是先跟"广"组合成"庸"以后再跟"钅、忄、土、鱼、阝"组合的。再如"肙"，它只能跟"殳"组合成"殷"，组合之后或独立使用（殷），或再跟别的部件组合使用，如"澱"，也是一个"只跟某一个特定部件组合的非成字部件"。此外，"段字旁""那字旁""制字旁""尧字头""聚字底""可字框"等部件，都是该规范中已有的只跟某一个特定部件组合的非成字部件。因此，如果增加一个部件"里"，则"黑"可以拆分为 [里]+[灬]，如果增加一个部件"東"，则"熏"可以拆分为 [東]+[灬]，如果增加一个部件"广"，则"皮"可以拆分为 [广]+[又]。已经有学者提出过把这些字认定为合体字的问题。本文前面提到的 3 部辞书也都把"黑、熏"标注为上下结构合体字，把"皮"标注为半包围结构合体字。这 3 部辞书还把"兆"标注为左右

---

① 北京大学中文系现代汉语教研室：《现代汉语》（增订本）154 页，商务印书馆，2013。

结构合体字，作如此分析，也需要增加一个非成字部件。如果是把"兆"的最后两画规定为一个部件，则"飞"也可以分析为合体字。还有一个"戡"字，前述3部辞书一致把它标注为"半包围"合体字，但我们知道，要把"戡"分析为"半包围"合体字，也必须增加一个只跟某一个特定部件组合的非成字部件。

总之，只要把那些能够拆分且不违反"不宜拆分"规定的字统统归入合体字，《通用规范汉字表》中的独体字字数就将会减少很多。以上是笔者的一己之见，是基于"拆分时只根据字形，不考虑字音和字义"[①]、"相离、相交可拆，交重不拆"[②]等规则的一些大胆的设想，供大家参考。

[①] 苏培成：《现代汉字学纲要》（第3版）86页，商务印书馆，2014。
[②] 国家语委：《信息处理用 GB 13000.1 字符集汉字部件规范》，http://www.moe.gov.cn/jyb_sjzl/ziliao/A19/201001/。

几部语言文字规范中的问题探讨

——关于基础部件和独体字问题

近几十年以来，国家发布了多部语言文字规范。随着时代的发展，科学研究的进步，有些已经发布的语言文字规范又经过修订，有了新的版本，新版本比旧版本更加完善。比如《标点符号用法》就有 1951 年 9 月中央人民政府出版总署公布的 1951 年版，有 1990 年 3 月国家语言文字工作委员会、中华人民共和国新闻出版署修订发布的 1990 年版，有 1995 年 12 月国家技术监督局批准并发布的 1995 年版，有 2011 年 12 月中华人民共和国国家治理监督检验检疫总局、中国国家标准化管理委员会发布的 2011 年版。再如《出版物上数字用法》有 1987 年版、1995 年版、2011 年版，《汉语拼音正词法基本规则》有 1988 年版、1996 年版、2012 年版，等等。但也有些语言文字规范标准自公布之后就一直没有修订，比如《信息处理用 GB 13000.1 字符集汉字部件规范》《现代常用独体字规范》《现代常用字部件及部件名称规范》等。笔者认为，精益求精、适时修订这些语言文字规范标准，是很有必要的。本文拟对几部语言文字规范标准中的一些问题作一点探讨，期望能为这些规范标准的修订做一点参考。

一、《信息处理用 GB 13000.1 字符集汉字部件规范》

《信息处理用 GB 13000.1 字符集汉字部件规范》是国家语委 1997

年 12 月 1 日发布的,它规定了 GB 13000.1 字符集汉字的"基础部件"560 个,归纳为 393 组①。20 多年来,这部规范在中文信息处理领域的设计、管理、科研、教学和出版等方面发挥了很好的作用。但它也存在一些小的瑕疵。如果修订《信息处理用 GB 13000.1 字符集汉字部件规范》,我有以下几个建议。

(一)增加基础部件的名称

《信息处理用 GB 13000.1 字符集汉字部件规范》列出了独立使用的基础部件 560 个,但是没有给这些基础部件命名,没法称说,给它的使用和教学造成一定的困难。

胡乔木(1999)《关于当前文字改革工作的讲话》曾经提出部件"要能够通用,并便于称说"的问题,他说:应该"减少汉字的部件,并尽可能使汉字的部件独立成字;不能独立成字的部件,也要能够通用,并便于称说"②。而《信息处理用 GB 13000.1 字符集汉字部件规范》没有给出 560 个基础部件的名称,肯定是不"便于称说"的。

据专家回忆,"《信息处理用 GB 13000.1 字符集汉字部件规范》研制时,已经提出对部件称说的有关规范。在规范报批审议时,国家语委标准化委员会对于部件的称说部分提出缓议,需要进一步调研,并建议在调研的基础上首先要研制供中小学语文教学使用的部件称说规范,在此基础上进一步规范信息处理用的 GB 13000.1 字符集汉字部件称说"③。但是,到现在,20 多年过去了,尚未见到《信息处理用 GB 13000.1 字符集汉字部件规范》增加"部件名称",因此不"便于称

---

① 国家语委:《信息处理用 GB 13000.1 字符集汉字部件规范》,语文出版社,1998。

② 胡乔木:《关于当前文字改革工作的讲话》,载《胡乔木谈语言文字》286 页,人民出版社,1999。

③ 张普:《张普应用语言学论文集》259 页,北京语言大学出版社,2012。

说"的状况依然如故。

所以，我们希望在修订《信息处理用 GB 13000.1 字符集汉字部件规范》的时候，增加汉字基础部件的名称，以"便于称说"。

（二）修订"《汉字基础部件表》使用规则"

《信息处理用 GB 13000.1 字符集汉字部件规范》中有一个"《汉字基础部件表》使用规则"，但其中有些内容没有紧扣"使用"讲规则。其中第一条（5.1）、第二条（5.2）讲的都是"如何从整字中拆分出部件"的：

5.1 用本部件表进行部件拆分时，相离、相接可拆；交重不拆（可拆成笔画）。极少数不影响结构和笔数的笔画搭挂，按相接处理。

5.2 字形符合理据的，进行有理据拆分；无法分析理据或形与源矛盾的，依形进行无理据拆分。对多部件的汉字进行拆分时，应先依汉字组合层次做有理据拆分，直至不能进行有理据拆分而仍需拆分时，再做无理据拆分。

这两条"使用规则"侧重于讲整字的"拆分"（如何从整字中拆分出部件）问题，跟"使用"（如何使用表中的部件）有一些距离。可能是把"从整字中拆分出部件的规则"和"《汉字基础部件表》的使用规则"两方面的内容杂糅到一起了。在这部规范（标准）发布 12 年后，教育部和国家语委 2009 年 3 月发布的《现代常用字部件及部件名称规范》，是把与这差不多的内容分开写的，一章是"部件拆分原则和规则"，一章是"《现代常用字部件表》使用规则"。

我们建议，将来修订时，可以像《现代常用字部件及部件名称规范》那样，把这一章一分为二，一章讲"从整字中拆分部件的规则"；一章讲"《汉字基础部件表》的使用规则"。

（三）对 560 个基础部件作适当增删

《信息处理用 GB 13000.1 字符集汉字部件规范》的"汉字基础部件表"共列出 560 个基础部件，我们认为，对它可以作必要的增删调整。

1. 建议将第 246 号部件"卩"一分为二，增加一个部件"卪"。该规范把"节、爷"的下边、"卫"字的上边部件"卪"，跟"卬、卯、印"等字的右边部件"卩"合在一起作一个基础部件看待，我们认为不甚妥当。因为"卪"和"卩"在形体上有较大区别，其区别在于接点不同，"卩"两笔是"首首相接"，"卪"两笔是身段被接，分为两个基础部件最为妥帖。《信息处理用 GB 13000.1 字符集汉字部件规范》也是重视这个区别的，比如 195 号部件"匚"和 196 号部件"匸"，就是因为接点不同而区分为两个部件的，212 号部件"彐"和 213 号部件"彑"也是因为接点不同而区分为两个基础部件的。

2. 建议将第 250 号部件"册"一分为二，增加一个部件"册"（"姗"的右边）。因为"姗"的右半边不是"册"，而是一个比"册"多一笔的部件，而这个部件又是一个笔笔相交的部件，不能把它跟所多的那一画拆分为两个部件。肖金卯、武云翠（2004）《关于〈信息处理用 GB 13000.1 字符集汉字部件规范〉中若干问题的讨论》曾经指出："在部件规范第 250 号部件'册'的例字中列有汉字'姗'"，而"'姗'右边是两横，而部件'册'只有一横，不是一回事。"①

3. 建议减少"食、缶、示、习、肉、玉、犬、贝、见"等基础部件。在《信息处理用 GB 13000.1 字符集汉字部件规范》的 560 个基础部件中，有多个基础部件还可以进一步拆分为两个或三个基础部件。我们认为，从"减少汉字的部件"着眼，凡能够拆分为几个"小部件"的"大部件"都应该继续进行拆分，这样可以减少不少基础部件。比如"食"可拆分

---

① 肖金卯、武云翠：《关于〈信息处理用 GB 13000.1 字符集汉字部件规范〉中若干问题的讨论》，中文信息处理技术研讨会论文集，2004。

为[人]+[丶]+[艮]（本规范中"艮"已拆分为[丶]+[艮]），"缶"可拆分为[⺁]+[十]+[凵]（本规范中"午"已拆分为[⺁]+[十]），"示"可拆分为[二]+[小]，"习"可拆分为[冂]+[冫]，"肉"可拆分为[内]+[人]，"玉"可拆分为[王]+[丶]（本规范中"王"必须拆分为[王]+[丶]，因为基础部件中没有"王"），"犬"可拆分为[大]+[丶]（本规范中"太"已拆分为[大]+[丶]），"贝"可拆分为[目]+[八]，"见"可拆分为[目]+[儿]，等等。

二、《现代常用独体字规范》

《现代常用独体字规范》是教育部、国家语委2009年3月24日发布的，"规范"给出了现代常用独体字的范围、定义、现代常用独体字规范的制定原则、现代常用独体字的确定规则、"现代常用独体字表"说明、"现代常用独体字表"[1]，篇幅不长，简明实用。但小瑕疵还是有的。如果要修订《现代常用独体字规范》，笔者有以下几个建议。

（一）删除溢出"常用字"范围的独体字

《现代常用独体字规范》是"现代""常用"的"独体字"的规范，照我们的理解，"现代"就是"现代汉语"，这是一个大的范围，"常用"就是"常用字"，这是一个小的范围，两者合起来，它就应该是"现代汉语常用字"这个范围中的"独体字"的规范。

而"现代汉语常用字"的范围所指，国家语委、国家教委是发布了一个"语言文字规范"的。这就是国家语委、国家教委1988年1月发布的《现代汉语常用字表》，该表规定了现代汉语中3500个常用字，

---

[1] 教育部、国家语委:《现代常用独体字规范》，《语言文字规范手册》142—148页，商务印书馆国际有限公司，2014。

其中常用字 2500 个、次常用字 1000 个。

不过，《现代常用独体字规范》给出的 256 个独体字中，只有 254 个在《现代汉语常用字表》中，另有两个不在《现代汉语常用字表》中，这两个独体字是"卤"和"羌"。这说明，《现代常用独体字规范》中的这两个独体字，溢出了"现代""常用字"的范围。

国务院 2013 年发布的《通用规范汉字表》有"一级字表"，表首"说明"指出："一级字表为常用字集，收字 3500 个"[①]，这个"常用字集"中也没有"卤"和"羌"。

既然没法证明"卤"和"羌"是"现代汉语常用字"，那么它们被收入《现代常用独体字规范》的"现代常用独体字表"，就不是十分恰当的。应当予以删除。

（二）修改"独体字"的定义

《现代常用独体字规范》给出了一个"独体字"的定义，这个定义是这样说的：独体字是"由笔画组成、不能或不宜再行拆分、可以构成合体字的汉字"。这个定义从"由笔画组成""不能或不宜再行拆分""可以构成合体字"三个方面规定了独体字跟合体字的区别。

但这个定义是有问题的。苏培成（2014）《现代汉字学纲要》（第 3 版）从三方面分析了这个定义的"缺陷"。关于"由笔画组成"，苏培成指出："所有的汉字，不论是独体字还是合体字，拆分到最后都是笔画，（'由笔画组成'）这不是构成独体字的必要条件。"关于"不能或不宜再行拆分"，苏培成指出："什么样的笔画组合'不能'切分，什么样的笔画组合'不宜'切分,本身没有可操作性,还要有明确的界定。"关于"可以构成合体字"，苏培成指出："我们检查了《规范》给出的

[①] 教育部、国家语委：《通用规范汉字表》1 页，语文出版社，2013。

256个独体字,发现其中有19个字在通用字范围内不能构成合体字。"[1]我们也觉得其中"个、卫、书、凸、甩、再、年、秉"等独体字,确实不可以用于"构成合体字",不符合《现代常用独体字规范》给出的"独体字"必须"可以构成合体字"的要求。如果在定义中坚持独体字必须"可以构成合体字",那么有些该规范给出的独体字就不是独体字了。

我们觉得,"由笔画组成""可以构成合体字"这两个限定语是画蛇添足,而"不能或不宜再行拆分"这一限定语基本上还是可以的。说得明白一点,"不能或不宜再行拆分"就是"不能或不宜再行拆分(出部件)"的意思,独体字就是"不能拆分出部件或不宜再行拆分出部件"的汉字。

(三)删除可以分析为合体字的独体字

《现代常用独体字规范》给出的"现代常用独体字表"列出了"现代常用独体字"256个,按理来说,它们都是"不能或不宜再行拆分的汉字",但是我们发现,其中有65个是完全可以拆分的,如果依据《信息处理用GB 13000.1字符集汉字部件规范》,它们就是"合体字",而非"独体字",应该从"现代常用独体字表"中把它们删除。这65字是:

么、凡、义、卫、刃、叉、与、马、开、天、无、云、太、尤、互、少、午、壬、升、夭、勿、乌、六、斗、办、击、正、术、丙、平、卡、生、矢、失、用、甩、匆、鸟、主、半、头、出、再、百、页、夹、朱、血、囱、亦、产、亥、农、严、来、卤、囟、羌、弟、肃、隶、面、首、兼、鼠。

依据《信息处理用GB 13000.1字符集汉字部件规范》,这65个字每一个都可以拆分为两个或三个基础部件,例如"么"可以拆分为[丿]

---

[1] 苏培成:《现代汉字学纲要》(第3版)96页,商务印书馆,2014。

[厶]两个部件，"凡"可以拆分为[几][、]两个部件，"义"可以拆分为[、][乂]两个部件，"刃"可以拆分为[刀][、]两个部件，"叉"可以拆分为[又][、]两个部件，"囟"可以拆分为[丿][囗][乂]三个部件，"弟"可以拆分为[丷][弔][丿]三个部件，等等。

《信息处理用 GB 13000.1 字符集汉字部件规范》是 1997 年发布的语言文字规范，早于《现代常用独体字规范》12 年，是大家都应该尊重的国家标准。我们觉得，国家标准就是国家标准，具有它的权威性，大家应该尊重它。

三、《现代常用字部件及部件名称规范》

《现代常用字部件及部件名称规范》是中华人民共和国教育部、国家语委 2009 年 3 月 24 日发布的，该规范给出了现代常用字的范围、汉字部件的定义、部件拆分的原则和规则、部件名称命名规则、"现代常用字部件表"说明、"现代常用字部件表"使用规则、现代常用字部件表、常用成字部件表，还有两个附录，附录 A 是"现代常用字部件构字数表"、附录 B 是"现代常用字部件笔画序检索表"[1]，内容比《信息处理用 GB 13000.1 字符集汉字部件规范》丰富，特别是它给出了"部件名称命名规则"，又在"现代常用字部件表"中具体给出了各个部件的名称，便于称说，增强了它的实用性。它明确了该规范的选字范围是"现代汉语 3500 常用汉字"，没有溢出"现代汉语常用字"的范围，名副其实。

如果修订《现代常用字部件及部件名称规范》，笔者有以下几个建议。

---

[1] 教育部、国家语委：《现代常用字部件及部件名称规范》，《语言文字规范手册》149—224 页，商务印书馆国际有限公司，2014。

（一）修改"现代常用字部件表"名称

"现代常用字部件表"是《现代常用字部件及部件名称规范》的核心内容，表中列出从现代汉语 3500 个常用字中拆分出来的部件 441 组 514 个，表头栏目有"部件、序号、组号、部件名称、例字"，比《信息处理用 GB 13000.1 字符集汉字部件规范》的《汉字基础部件表》的栏目设置多出了"部件名称"一列，因而更合理、实用。

只是，我们觉得这个表的名称"现代常用字部件表"值得商榷，其中的"部件"应该改为"基础部件"。因为"部件"和"基础部件"是内涵和外延都不同的两个概念。"部件"是大概念，包括"基础部件"和"合成部件"。我们看《现代常用字部件及部件名称规范》的"现代常用字部件表"中的"部件"，应该都是些"基础部件"，不宜笼统地称为"部件"，应该称之为"现代常用字基础部件表"。《信息处理用 GB 13000.1 字符集汉字部件规范》不给出"汉字部件表"而给出"汉字基础部件表"，做法是严谨的。作为国家发布的语言文字规范，应该严格区分"部件"和"基础部件"两个术语，不能够混淆使用。

大家也都知道，汉字的"合成部件"数量很多，估计有上千个乃至数千个，如果《现代常用字部件及部件名称规范》的"现代常用字部件表"中的"部件"包括"合成部件"的话，那数目肯定会多得多，而不是"514"这个数。而且，该规范前面还讲过"合成部件"，所举的两个合成部件"相、音"都不在"现代常用字部件表"的"部件"中，也证明这个"现代常用字部件表"中的"部件"实际上就是个"基础部件"。所以，建议把"现代常用字部件表"这个名称改为"现代常用字基础部件表"。

（二）改掉前后自相矛盾之处

《现代常用字部件及部件名称规范》的"现代常用字部件表"中还有一些前后自相矛盾的问题，需要改正。比如：

部件	序号	组号	部件名称	例字
卡	197	169	卡（kǎ）	卡

部件	序号	组号	部件名称	例字
上	309	267	上（shàng）	让卡叔威

既然认为"卡"是一个部件（序号为197，组号169），那它就是一个独体字，是一个"基础部件"，不能再拆分成两个"基础部件"；如果认为"卡"可以作部件"上"（序号309，组号267）的例字，那就是认为"卡"可以拆分为[上]和[卜]，则"卡"是个合体字。表格内容自相矛盾。再如：

部件	序号	组号	部件名称	例字
朱	500	430	朱（zhū）	珠株

部件	序号	组号	部件名称	例字
未	381	331	未（wèi）	妹朱株

既然认为"朱"是一个部件（序号为500，组号430），那它就是个独体字，是一个"基础部件"，它就不能被拆分成两个"基础部件"；如果认为"朱"可以作部件"未"（序号381，组号331）的例字，那就是认为"朱"可以拆分为[丿]和[未]，则"朱"就是个合体字，自相矛盾。再如：

部件	序号	组号	部件名称	例字
头	365	315	头（tóu）	买实读朕

部件	序号	组号	部件名称	例字
大	63	55	大（dà）	驮夸头因

既然认为"头"是一个部件（序号为365，组号315），那它就是一个独体字，一个"基础部件"，不能再拆分成两个"基础部件"；如果认为"头"可以作部件"大"（序号63，组号55）的例字，那就是认为"头"可以拆分为[两点]和[大]两个"基础部件"，则"头"

是个合体字。表格内容自相矛盾。

诸如此类，前后矛盾的地方都应该改正。

（三）删除可以拆分的部件

《现代常用字部件及部件名称规范》的"现代常用字部件表"列出了部件 514 个，其中还有不少是可以拆分的，有的可以拆分为两个基础部件，有的可以拆分为三个基础部件。例如：

毛、幺、勺、凡、义、卫、刃、马、开、天、无、云、太、尤、互、少、午、壬、升、夭、仑、今、勿、欠、风、乌、印、殳、六、斗、办、击、正、去、术、丙、平、卡、矢、失、用、甩、匆、卯、鸟、主、半、头、穴、司、出、发、丝、老、再、戍、百、页、夹、至、朱、舌、乓、乒、血、向、囟、后、伞、争、色、赤、亥、农、丞、赤、严、豆、丽、辰、来、卤、囟、谷、龟、奂、免、角、卵、辛、弟、其、直、妻、具、隹、阜、鱼、京、单、肃、隶、南、面、韭、首、叚、鬲、高、兼、雀、堇、黄、兜、庸、鹿、鼎、鼠

这些字，依据《信息处理用 GB 13000.1 字符集汉字部件规范》，都应该拆分为两个基础部件或多个基础部件，例如"幺、勺、凡、义、卫、刃、风、殳"等可以拆分为两个部件，"亥、奂、肃、黄、囟、卤、谷"等可以拆分为 3 个部件，它们是合体字（合成部件）。

我们建议把这些可以拆分为两个基础部件或 3 个基础部件的部件，从该规范的"部件表"中删除。

四、余 论

《信息处理用 GB 13000.1 字符集汉字部件规范》《现代常用独体字规范》《现代常用字部件及部件名称规范》都是国家发布的语言文字规范标准，但这三者之间有一些相互矛盾的地方，笔者觉得是不应该的。

如果同一个汉字，依据这一部语言文字规范是这么分析，依据另一部语言文字规范又是另一种分析，是很不严肃、很不科学的。如果上述语言文字规范能够修订，应该考虑相互照应，和谐一致。

  笔者在《〈通用规范汉字表〉独体字统计与思考》一文中说，盼望国家早日制定和公布《通用规范汉字独体字规范》和《通用规范汉字部件规范》[①]。如果有了专门的基于《通用规范汉字表》的部件规范和独体字规范，那我们在对通用规范汉字作结构分析时，就有了新的统一的标准了。

---

① 邵霭吉：《〈通用规范汉字表〉独体字统计与思考》，《盐城师范学院学报》（人文社会科学版）2021（3）。

关于笔形、部件、整字问题

——谈黄廖本《现代汉语》文字术语的演进

黄廖本《现代汉语》从初版到现在已经畅行 40 年了。40 年来经过 10 修订，黄廖本与时俱进，教材内容随时代的发展而不断发展，字数也从 40 年前的 37 万字发展到现在的 60 多万字。40 年中，每当国家发布了新的语言文字规范标准，黄廖本教材便在随后修订时及时跟进，对教材作必要的修改，迅速全面贯彻新的语言文字规范。本文以黄廖本《现代汉语》文字章几个术语的演进为例，探讨黄廖本教材与时俱进、长盛不衰的问题。

一、从笔画到笔形

早期黄廖本《现代汉语》只有"笔画"术语，而没有使用"笔形"术语，到 2002 年"增订三版"才在"笔画"术语之外增加了"笔形""主笔形""附笔形" 3 个术语，2011 年"增订五版"中，再增加"基本笔形""折笔形"等术语。

（一）笔 画

黄廖本《现代汉语》在甘肃人民出版社出版的 4 个版本（"试用本""正式本""修订本""修订二版"），和在高等教育出版社出版的 1991 年"增订版"、1997 年"增订二版"中都没有用"笔形"这一术语。

后来版本用"笔形"的地方，在前6个版本中用的术语是"笔画"。例如：

　　汉字的基本笔画有八种，即：点、横、竖、撇、捺、提、折、钩。（甘肃人民出版社1983年黄廖《现代汉语》"修订本"第169页）

　　《现代汉语通用字表》规定了五种基本笔画，即一（横）、｜（竖）、丿（撇）、丶（点）、𠃍（折）。（高等教育出版社1997年黄廖《现代汉语》"增订二版"第178页）

　　这里两句中的两个"笔画"，都是后来版本中"笔形"的意思。这就是说，在前6个版本的教材中，"笔画"既有后来版本中"笔画"（"笔画是构成汉字字形的最小单位"）的意思，也有后来版本中"笔形"（"笔画的具体形状"）的意思。

　　黄廖本《现代汉语》在前6个版本中不用"笔形"术语，并不是编者无意的疏失，也不是有意的拒绝，而是因为"笔形"这个术语在当时学术界并没有成为大家的共识，国家发布的语言文字规范文件中也没有正式使用"笔形"这一术语。例如，1964年发布的《印刷通用汉字字形表》、1988年发布的《现代汉语通用字表》中都用到了"横、竖、撇、点、折"术语，但没有把它们称为"笔形"。

（二）笔形、主笔形、附笔形

　　2002年出版的黄廖本《现代汉语》"增订三版"，有了"笔形""主笔形""附笔形"3个术语：

　　笔画的具体形状称<u>笔形</u>。（高等教育出版社2002年黄廖《现代汉语》"增订三版"第177页）

　　<u>笔画</u>有<u>主笔形</u>、<u>附笔形</u>的区别。<u>主笔形</u>是一般的写法，<u>附笔形</u>是笔画在不同位置或部件中出现的各种不同变形。（高等教育出版社2002年黄廖《现代汉语》"增订三版"第177页）

　　不过，2002年"增订三版"对笔形术语的使用并不彻底，体现在三个方面：一是上面所引第二句中那两个"笔画"（笔画有主笔形、附

笔形的区别。……笔画在不同位置或部件中……），也应改用"笔形"。

二是其他段落中的几处"某某笔画"也需要改成"某某笔形"，比如：

《现代汉语通用字表》规定了5种基本笔画，即一（横）、｜（竖）、丿（撇）、丶（点）、乛（折）。又称"札"字法。其中前4种是单一笔画，后1种是折笔画，又称复合笔画。（2002年黄廖《现代汉语》"增订三版"第177页）

三是教材所列出的《现代汉字笔画表》中所用的"笔画""基本笔画""变化笔画"3个术语中的"笔画"也应改用"笔形"。

黄廖本《现代汉语》教材2002年"增订三版"使用"笔形""主笔形""附笔形"术语，原因在于，教育部、国家语委1999年10月发布的《GB 13000.1字符集汉字字序（笔画序）规范》，2001年12月发布的《GB 13000.1字符集汉字折笔规范》，都明确定义了"笔形""主笔形""附笔形"等术语。黄廖本《现代汉语》是及时贯彻和践行教育部、国家语委语言文字规范而做的修改。

（三）基本笔形、单一笔形、复合笔形

2011年出版的黄廖本《现代汉语》"增订五版"中，又增加了"基本笔形""折笔形""单一笔形""复合笔形"等术语：

笔画的具体形状称笔形。传统的汉字基本笔形有8种，丶（点）、即一（横）、｜（竖）、丿（撇）、乀（捺）、㇀（提）、乛（折）、亅（钩），又称"永"字八法。

《现代汉语通用字表》规定了5种基本笔形，即一（横）、｜（竖）、丿（撇）、丶（点）、乛（折），又称"札"字法。其中前四种是单一笔形，后一种是折笔形，又称复合笔形。

"札"字法的笔形有主笔形、附笔形的区别。主笔形是一般的写法，附笔形是主笔形在不同位置或部件中出现的各种不同变形。

折笔形是两种或两种以上单一笔形的连接。（2011年黄廖《现代

汉语》"增订五版"第 148 页）

至此，该修订的术语都修订了，黄廖本《现代汉语》"笔形"术语也终于齐全了。

二、从偏旁到部件

黄廖本《现代汉语》前 6 个版本用术语"偏旁"指称"部件"，2002 年"增订三版"把此前版本中的"偏旁"改称"部件"，同时指出"部件又称偏旁"。2011 年"增订五版"删去"又称偏旁"4 字，2017 年"增订六版"把"单一部件"和"复合部件"分别改称"基础部件"和"合成部件"。

（一）偏　旁

黄廖本《现代汉语》前 6 个版本没有使用"部件"术语。黄廖本《现代汉语》后来版本用"部件"的地方，在前 6 个版本中用的术语是"偏旁"：

汉字往往可以分出两个以上的基本单位，这种构字的基本单位，叫做偏旁。……汉字的偏旁在古代一般是独立的字，现在大多数仍然可以单独成字。（甘肃人民出版社 1983 年黄廖《现代汉语》"修订本"第 170 页）

汉字绝大部分是合体字，有的由两个偏旁组成，如"英""明"；有的由三个偏旁组成，如"谢""坐"。"爨"（cuàn，烧火煮饭）这个合体字，古人把它分析为包括六个偏旁的会意字。（甘肃人民出版社 1983 年黄廖《现代汉语》"修订本"第 171 页）

偏旁是构成合体字的基本单位。一个合体字一般是由两个或两个以上的偏旁构成。（高等教育出版社 1997 年黄廖《现代汉语》"增订二版"第 180 页）

现行汉字中的偏旁，按照不同标准可以分出不同的类型。1. 按照现在能否独立成字划分，可以分为成字偏旁和不成字偏旁两类。2. 按照能否再切分成小的偏旁划分，可以分成单一偏旁和复合偏旁两类。3. 按照偏旁切分出的先后划分，可以分成一级偏旁、二级偏旁、三级偏旁等。（高等教育出版社 1997 年黄廖《现代汉语》"增订二版"第 180 页）

上述各句中的"偏旁"，现在都用"部件"。

（二）部　件

从 2002 年"增订三版"开始使用"部件"术语，把此前版本中的"偏旁"几乎都换成了"部件"：

部件又称偏旁，是由笔画组成的具有组配汉字功能的构字单位。一个合体字一般是由两个或两个以上的部件构成。（2002 年黄廖《现代汉语》"增订三版"第 179 页）

现行汉字中的部件，按照不同标准可以分出不同的类型。1. 按照现在能否独立成字划分，可以分为成字部件和非成字部件两类。2. 按照能否再切分成小的部件划分，可以分成单一部件和复合部件两类。3. 按照部件切分出的先后划分，可以分成一级部件、二级部件、三级部件等。（2002 年黄廖《现代汉语》"增订三版"第 179—180 页）

不过，"增订三版"的"部件"定义中"部件又称偏旁"的说法，曾引起学界的批评。班吉庆、张亚军《汉字部件的定义》对黄廖本"部件又称偏旁，是由笔画组成的具有组配汉字功能的构字单位"这一定义批评说：

这一部件定义，比《汉字部件规范》的定义虽然只是多了 6 个字（按指"部件又称偏旁"），却是一处败笔。我们认为，部件和偏旁绝非同义词。虽然在分析时二者有时似乎结果一致，例如"信""休""江""村"等字的两个部分既是偏旁，也是部件，但其实质不同。汉字的结构分析有外部结构分析和内部结构分析两类。汉字的外部结构指纯粹的字形外观结构，一般不涉及构字的字理；而汉字的内部结构是指与字音、字义有联系的汉字构成成分的组合。部件与偏旁最主要的区别，正是在于部件着眼于汉字的外部结构分析，仅仅是从汉字的形体出发的，当分析某个字的构字部件时，并不涉及部件与该字字音、字义的关系；而偏旁着眼于汉字的内部结构分析，是继承传统文字学按照"六书"理论分析出来的，是合体字中表义或表音的构件。所以，二者根本不对应。

我们进一步比较可以发现，部件的含义比偏旁要广，它可大可小，是有级别的，按照部件切分的先后，可以分成一级部件、二级部件、三级部件等；而偏旁只相当于一级部件，二级、三级部件等不是偏旁。例如"想"字，一级部件是"心、相"，"相"再分为二级部件"木、目"，作为部件的"心、相、木、目"在此只是构字单位，既非意符也非音符；再从偏旁看，"想"字偏旁只有"心、相"两个，"心"为意符，"相"为音符。另外，由于分析的目的不同，划分的结果也不一致，一些独体字，如"马"字，内部结构无需分析，也就无所谓偏旁，但部件分析却要求把它分为两个基础部件，"马"字下部的一横分析为一个部件，剩下的部分是一个部件。又如"云"字，从部件分析也要把它分为两个："二"和"厶"。

可见，"部件"和"偏旁"是性质不同的两个概念。

用现在的眼光来说，班吉庆、张亚军《汉字部件的定义》一文中的批评是有道理的。但我要说明的是：黄廖本在前6个版本中用"偏旁"称说现在所说的"部件"，以及在"增订四版"中说"部件又称偏旁"，都是有根有据的，并不错。它的根据就在1964年文改会、文化部、教育部《关于简化字的联合通知》中，这个《关于简化字的联合通知》后来又被收入了1986年版《简化字总表》中。这个《通知》中多次使用"偏旁"这一说法。《简化字总表·说明》中又特意指出：

本表所说的偏旁，不限于左旁和右旁，也包括字的上部、下部、内部、外部。总之指一个字的可以分出来的组成部分而言。（《简化字总

表·说明》）

从《简化字总表》把"偏旁"解释为"一个字的可以分出来的组成部分"来看，在那个时候，"部件"就叫"偏旁"。《简化字总表》第二表132个"可作简化偏旁用的简化字"和14个"简化偏旁"，实际上就是132个"可作简化部件用的简化字"和14个"简化部件"。《简化字总表》第三表"应用第二表所列简化字和简化偏旁得出来的简化字"1753个，实际上就是"应用第二表所列简化字和简化部件得出来的简化字"。例如，第三表中"鲁、癣、蓟、鳌"类推简化为"鲁、癣、蓟、鳌"，"测、帧、喷、癫"类推简化为"测、帧、喷、癫"，"蔼、罚、浒、雏"类推简化为"蔼、罚、浒、雏"，"简、润、斓、躏"类推简化为"简、润、斓、躏"，其字中被类推简化的"鱼、贝、讠、门"，我们今天都叫它作"部件"，而《简化字总表》则称之为"偏旁"。可见，黄廖本在20世纪出版的几个版本中用"偏旁"称说现在所说的"部件"，以及在21世纪初的"增订三版""增订四版"中说"部件又称偏旁"，都不是错误的。

2002年"增订三版"把"偏旁"改称"部件"，以及2011年"增订五版"在"部件又称偏旁"一句中删去"又称偏旁"4字，这符合国家1997年发布的《信息处理用GB 13000.1字符集汉字部件规范》，以及2009年发布的《现代常用字部件及部件名称规范》，是与时俱进的体现。

（三）关于基础部件、合成部件

不过，黄廖本《现代汉语》2002年"增订三版"、2007"增订四版"、2011年"增订五版"的下面一句话还有些问题：

按照能否再切分成小的部件划分，可以分成<u>单一部件</u>和<u>复合部件</u>两类。<u>单一部件又称单纯部件、基础部件</u>……<u>复合部件又称合成部件</u>，可以再切分成小的部件。（2002年黄廖《现代汉语》"增订三版"第179

页，2007 年"增订四版"第 147 页，2011 年"增订五版"第 151 页）

这当中的"单一部件"和"复合部件"两个术语，还不怎么妥当。因为国家发布的几个语言文字规范是这样规定的：

最小的不再拆分的部件称基础部件，也称单纯部件。……由两个以上的基础部件组成的部件称合成部件。（《GF 3001—1997 信息处理用 GB 13000.1 字符集汉字部件规范》）

基础部件：最小的、按照规则不再拆分的部件。……合成部件：由多个部件组成的部件。（《GF 0014—2009 现代常用字部件及部件名称规范》）

可见，以"基础部件"和"合成部件"作为正式名称，以"单一部件"和"复合部件"作为"又称"，才最妥当，才符合国家发布的语言文字规范。

为此，2017 年出版的"增订六版"作了修订：

按照能否再切分成小的部件划分，可以分成基础部件和合成部件两类。基础部件又称单纯部件、单一部件……。合成部件又称复合部件，可以再被切分成小的部件。（2017 年黄廖《现代汉语》"增订六版"第 149 页）

至此，黄廖本关于"部件"的术语已经全面贯彻了国家发布的语言文字规范文件。

三、从合体字独体字到整字

整字是最高一级的汉字结构单位，包括合体字和独体字等内容。黄廖本《现代汉语》从 1979 年"试用本"开始，一直使用"合体字"术语。但很长时间没有"独体字""整字"术语。2007 年"增订四版"正式使用了"独体字"术语，不过例字仅有一个。2017 年"增订六版"补充了"独体字"的例字和解说，并开始使用"整字"术语。

（一）合体字

黄廖本《现代汉语》1979年"试用本"指出：

汉字绝大部分是合体字，有的由两个偏旁组成，如"英""明"；有的由三个偏旁组成，如"谢""坐"。……"爨"（cuàn，烧火煮饭）这个合体字，古人把它分析为包括七个偏旁的会意字。（甘肃人民出版社1979年黄廖《现代汉语》"试用本"第165页）

合体字有个偏旁部位问题。……合体字的偏旁各有一定的位置。……合体字的偏旁部位有左右结构、上下结构、内外结构等基本形式，其中又有各种变化。（甘肃人民出版社1979年黄廖《现代汉语》"试用本"第166页）

这是1979年"试用本"使用"合体字"的情况。

黄廖本《现代汉语》1979年"试用本"没有使用到"独体字"术语。但它也指出："汉字的偏旁在古代一般是独立的字，现在大部分仍然可以单独成字。"（第165页）这"独立的字""单独成字"实际上已经涉及到"独体字"的内容了。从其反复强调"汉字绝大部分是合体字"来看，他并没有排斥"小部分"非合体字即独体字的存在。

国家早期发布的语言文字规范也没有关于"独体字"的专门文件，或专门论述。1994年发表的《中华人民共和国国家标准GB/T 12200.2汉语信息处理词汇02部分"汉语和汉字"》中，并没有把"独体字"作为专门术语词汇的条目加以解说。但该"标准"收入了"汉字结构"条目，解释说："最基本的汉字结构是独体结构和合体结构"，其"独体结构"说的就是"独体字"，"合体结构"说的就是"合体字"。在"偏旁"条目的解释中，还说到"偏旁本为独体字"。可见，到1994年，"独体字"这个术语已经在国家语言文字规范中有了使用，只是还没有把它作为专门术语列为条目加以解说而已。

（二）独体字

2007年出版的"增订四版"正式使用了"独体字"术语：

根据汉字部件的多少，汉字可分独体字和合体字。独体字只有一个部件，如"女"字。（2007年黄廖《现代汉语》"增订四版"第147页）

这个论述是正确的，适时的。但整个论述中欠缺一个完整的关于独体字的定义，而且这段论述中只有一个例字"女"，是个孤证，不算完美。

2009年，教育部、国家语委发布了《GF 0013—2009 现代常用独体字规范》，这是我国第一个关于"独体字"的国家级语言文字规范。该"规范"给出了独体字的定义，给出了确定独体字的原则和规则，并根据这些原则和规则，该规范"在现代汉字的范围内确定了256个现代常用独体字"。为此，2017年"增订六版"对以往论述作了如下修订：

根据汉字部件的多少，汉字可分独体字和合体字。由一个基础构件构成的字是独体字，例如"人、也、巾、弓、专、农、韦、日、秉、禹、事、女"字。（2017年黄廖《现代汉语》"增订六版"第150页）

"增订六版"还为"独体字"给出了一个注释，指出：

教育部、国家语委2009年3月24日发布，2009年7月1日试行的《GF0013—2009 现代常用独体字规范》，给出了256个常用独体字。

这样，关于独体字的教学内容就比较完整了。

（三）整　字

黄廖本以前版本中一直未使用"整字"术语。2017年"增订六版"增加了"整字"术语，指出：

现行汉字的结构单位有三级：一是笔画，二是部件，三是整字。（2017年黄廖《现代汉语》"增订六版"第147页）

这是吸收了现代汉字研究专著的新成果，并参考了同类教材的做法所做的修订。比如：

现代汉字的字形可以分为三个级别：笔画，部件，整字。（张静贤

《现代汉字教程》，现代出版社，1992）

在外部结构分析中，汉字的构字成分分为三个层次，就是<u>笔画</u>、<u>部件和整字</u>，其中部件是核心。（苏培成《现代汉字学纲要》，北京大学出版社，1994）

方块汉字由三级形体结构密集组合而成的。这三级形体结构是<u>笔画</u>、<u>部件和整字</u>。（沈孟璎《现代汉语理论与应用》，南京大学出版社，1999）

现代汉字的构字单位分为<u>笔画</u>、<u>部件</u>、<u>整字</u>三级。（杨润陆《现代汉字学通论》，长城出版社，2000）

汉字的字形有<u>笔画</u>、<u>部件和整字</u>三级结构单位。（吕必松《华语教学新探》，北京语言大学出版社，2012）

以上是研究专著。下面是同类教材：

现代汉字的字形构成是分层次的，可以逐层进行分析。从<u>整字</u>分解出<u>部件</u>，从<u>部件</u>分解出<u>笔画</u>；也可反过来说，由<u>笔画</u>组成<u>部件</u>，由<u>部件</u>组成<u>整字</u>。（邵敬敏《现代汉语通论（第二版）》，上海教育出版社，2007）

现代汉字的字形结构是有层次的，可以逐层进行分析。对字形进行分解，可以从<u>整字</u>分解出<u>部件</u>，从<u>部件</u>分解出<u>笔画</u>。也就是说，现代汉字是由<u>笔画</u>构成的，由<u>笔画</u>组成<u>部件</u>，再由<u>部件</u>组成<u>整字</u>。（齐沪扬《现代汉语》，商务印书馆，2007）

汉字由小到大有三个层次，就是：<u>笔画</u>、<u>部件和整字</u>。（北京大学中文系现代汉语教研室《现代汉语》，商务印书馆，2012）

从外部结构研究来说，汉字从小到大有三个层次，就是<u>笔画</u>、<u>部件和整字</u>。（陆俭明《现代汉语》，北京师范大学出版社，2012）

把汉字结构单位区分为"笔画、部件、整字"3级，就像把句子结构单位区分为"词、词组、句子"3级一样，是顺理成章的。

在黄廖本前几个版本中，没有使用"整字"术语，但不是说教材中就没有关于"整字"结构分析的教学内容。前面已经说过,黄廖本从1979年"试用本"开始,一直都重视"合体字"的分析,这就是"整字"分析的主要内容之一。2007年"增订四版"开始,增加"独体字"的内容,完善了"整字"教学的内容,既讲合体字,又讲独体字。2017年"增订六版"使用了"整字"术语,也是顺理成章、水到渠成的。

通用规范汉字问题研究

字序、笔顺问题

折笔规范与《通用规范汉字表》的字序问题

——兼谈汉字部首、部件、独体字的排序

《GB 13000.1 字符集汉字字序（笔画序）规范》[1]和《GB 13000.1 字符集汉字折笔规范》[2]都是国家语委发布的语言文字规范标准，它们适用于中文信息处理，适用于汉字、部首、部件的排序及相关检索，并可供汉字教学参考。《通用规范汉字表》中汉字排序（笔画序）问题必须以上述两部语言文字规范为依据。但是，《通用规范汉字表》却只引用了《GB 13000.1 字符集汉字字序（笔画序）规范》，而没有引用《GB 13000.1 字符集汉字折笔规范》，在给通用规范汉字排序时难免有一些不合乎这两部规范特别是后一部规范（"折笔规范"）排序规则的地方。《汉字部首表》《现代常用字部件及部件名称规范》《现代常用独体字规范》中也有一些不符合"折笔规范"的排序。

一、《GB 13000.1 字符集汉字折笔规范》

汉字有多种排序方法，笔画序是最重要的一种。《通用规范汉字表

---

[1] 国家语言文字工作委员会：《GB 13000.1 字符集汉字字序（笔画序）规范》，上海教育出版社，2000。

[2] 教育部、国家语委：《GB 13000.1 字符集汉字折笔规范》，教育部语言文字信息管理司《语言文字规范标准》107—110 页，商务印书馆，2017。

的"一级字表"3500 字、"二级字表"3000 字、"三级字表"1605 字和"附件 2"的 8105 字，都是用笔画序排序的。

　　汉字笔画序排序的规则，有一个从无到有、从不完善到完善的发展过程。

　　1965 年《印刷通用汉字字形表》最先规定了汉字笔画序排序的两条规则，指出："本表按字的笔数排列，同笔数的字以笔顺'横、竖、撇、点、折'为序。"1988 年《现代汉语通用字表》仍然坚持 1965 年《印刷通用汉字字形表》的笔画序的这两条规定，指出："本表按汉字的笔画数排列，同笔画数的字以笔顺'横、竖、撇、点、折'为序。"这两条规则，第一条可以叫作"笔画数规则"，第二条可以叫作"笔顺规则"。有了这两条规则，汉字笔画序排序的 90% 以上的问题都可以解决。只剩下一些"同笔画数、同笔顺"字的笔画序排序问题没有解决，例如"孑"与"孓"、"丈"与"大"、"仃"与"什"、"水"与"冈"、"手"与"午"、"吁"与"旱"、"友"与"歹"、"爻"与"从"、"失"与"矢"、"晾"与"景"，"晖"与"晕"等，在 GB 13000.1 字符集的 20902 个汉字中，有"同笔画数、同笔顺"的字 878 组 1943 个[①]，占总数的 9.2%。这些字如何排序的问题需要研究解决。

　　1999 年，国家公布《GB 13000.1 字符集汉字字序（笔画序）规范》，它在《印刷通用汉字字形表》《现代汉语通用字表》两条排序规则的基础上，又增加了三条排序规则，形成汉字笔画序排序的 5 条规则。5 条规则的第 1 条"笔画数规则"和第 2 条"笔顺规则"，跟《印刷通用汉字字形表》《现代汉语通用字表》的规则相同。第 3 条"主附笔形规则（主笔形先于附笔形）"、第 4 条"笔画组合关系规则（相离先于相接，相接先于相交）"、第 5 条"结构方式规则（左右结构先于上下结构，

---

① 　汉字字序规范课题组：《GB 13000.1 字符集（笔画序）规范》的研制，语言建设，1999 年 5 期。

上下结构先于包围结构)",则是新增加的。有了字 5 条排序规则,汉字笔画序排序的 99% 以上的问题都得到了解决。例如,根据"主附笔形规则","孑"先于"孓"、"仆"先于"仃"、"冈"先于"水"、"午"先于"手"、"歹"先于"友";根据"笔画组合关系规则","从"先于"爻"、"矢"先于"失";根据"结构方式规则","晾"先于"景"、"晖"先于"晕",等等。

《GB 13000.1 字符集汉字字序(笔画序)规范》的唯一不足,在于没有全面解决折笔的排序问题。虽然它也曾涉及到折笔的先后排序问题,但内容略显简单。以笔形来说,只提到了 15 种折笔笔形:

⁻(折)——⁻、⁻、⁻、乙(横折)

乚、⁻、⁻、⁻、⁻(竖折)

厶、⁻、⁻(撇折)

⁻(点折)

实际上,汉字至少有 36 种笔形,36 种笔形至少可以归为 25 大类,但《GB 13000.1 字符集汉字字序(笔画序)规范》仅仅讲到 15 种,像"辶""乃"中的折笔都没有涵括。它把"⁻"规定为主笔形,缺乏科学性。它规定的折笔排序规则有三条,但没有涉及"弯"(折笔的一大类)的排序问题,更没有明确"折"与"弯"和"钩"孰先孰后问题。所以仅依据 1999 年《GB 13000.1 字符集汉字字序(笔画序)规范》,是解决不了所有"同笔数、同笔顺、含折笔字"的排序问题的。例如"永"与"刃"、"凡、丸"与"及"谁先谁后的问题就无法确定,因为这两组字中,每组字的第 2 笔谁先谁后的问题没有明确的规定。

2001 年,教育部、国家语委发布了《GB 13000.1 字符集汉字折笔规范》(以下简称"折笔规范"),对《GB 13000.1 字符集汉字字序(笔画序)规范》排序规则的第 3 条"主附笔形规则"中折笔的主附笔形、排序规则等问题,加以补充与完善,最终 100% 解决了汉字笔画序排序问题。

《GB 13000.1 字符集汉字折笔规范》有如下一些新内容。

（一）最终确定了折笔笔形的种数

"折笔规范"在 1999 年《GB 13000.1 字符集汉字字序（笔画序）规范》讲到的 15 种折笔笔形的基础上，又增加折笔笔形 21 种，共列出折笔笔形 36 种。它又把其中 25 种规定为"折笔的代表笔形"，剩下的 11 种作为"从属笔形"分别放在相关"代表笔形"之后的括号内。

（二）重新规定了"折笔笔形排序规则"

"折笔规范"重新规定了折笔笔形的 3 条排序规则。其第一条规则"依折数排序，折点少的先于折点多的"，跟 1999 年《GB 13000.1 字符集汉字字序（笔画序）规范》中的第一条规则大体相同。其第二条规则"折数相同时，先依折点前再按折点后的笔形逐笔比较，按横竖撇点顺序排序"，是 1999 年《GB 13000.1 字符集汉字字序（笔画序）规范》的第二条规则和第三条规则的合并。新增加了第三条规则："折数、折点前后笔形都相同时，按折点的种类排序，折先于弯，弯先于钩"，这是以前规范中从来没有的。

（三）给 25 种折笔"代表笔形"排序编号

1999 年《GB 13000.1 字符集汉字字序（笔画序）规范》虽然讲到了 15 种折笔笔形，但没有给它们排序编号。"折笔规范"则根据其所定的排序规则，给 25 种折笔代表笔形排出了顺序，并一一给出了序号，例如"㇆"为 5.1 号，"フ"为 5.2 号，"⺄"为 5.3 号，"∟"为 5.4 号，"ㄥ"为 5.5 号，"ㄟ"为 5.6 号，"∠"为 5.7 号，"〈"为 5.8 号……"ㄅ"为 5.24 号，"ㄋ"为 5.25 号，序号数字化地明确了 25 种折笔笔形的次序。

（四）给出了"25 种折笔笔形"的名称

折笔的各种笔形，一直以来没有法定的名称，只有一些说法不尽相同的"俗称"。"折笔规范"根据新定的"折笔笔形命名原则",给25种折笔代表笔形一一命名,给出了法定名称。命名采用的是"折点前笔画名+折点名+折点后笔画名……"方法,只有折点为"钩"的,钩的后面不加笔画名。这套名称虽然有的字数很多,例如"ヲ"的名称是"横折竖折横折竖钩"8个字,但精准度高,科学性强。大多数折笔笔形"名称"的后面还附有"简称"或以往的"俗称"。

(五)重新确定了折笔的"主笔形"

1999年《GB 13000.1字符集汉字字序(笔画序)规范》规定"一"为主笔形,不够科学,"折笔规范"则把"㇇"(5.1)规定为"折"的主笔形,指出:"汉字的五种基本笔形横(一)竖(丨)撇(丿)点(、)折(㇇),称为主笔形",更具科学性。

(六)给出了一张综合的"汉字折笔笔形表"

最后,综合以上各项,给出了一张《GB 13000.1字符集汉字折笔笔形表》,含有"折数、序号、名称(全称、简称或俗称)、笔形、例字"等多项内容。下面摘录列举这张表中的"序号、全称、笔形、例字"4项内容,例字只各选一两个:

序号	名称	笔形	例字
5.1	横折竖	㇇	口敢
5.2	横折撇	フ	又了
5.3	横钩	⼀	买皮
5.4	竖折横	㇄	山发
5.5	竖弯横	㇗	四西
5.6	竖折提	㇙	以长
5.7	撇折横	㇊	红车
5.8	撇折点	㇛	女巡

续表

序号	名称	笔形	例字
5.9	撇钩	ノ	乄
5.10	弯竖钩	）	犹家
5.11	捺钩	㇄	代戈
5.12	横折竖折横	㇋	凹
5.13	横折竖弯横	㇌	朵
5.14	横折竖折提	㇍	计颏
5.15	横折竖钩	㇆	同也
5.16	横折捺钩	㇈	飞风
5.17	竖折横折竖	㇉	鼎
5.18	竖折横折撇	㇋	专
5.19	竖弯横钩	㇊	匕心
5.20	横折竖折横折竖	㇍	凸
5.21	横折竖折横折撇	㇅	及延
5.22	横折竖弯横钩	㇌	几亿
5.23	横折撇折弯竖钩	㇌	阳部
5.24	竖折横折竖钩	㇅	与弓
5.25	横折竖折横折竖钩	㇈	乃杨

总之，《GB 13000.1 字符集汉字折笔规范》，是对《GB 13000.1 字符集汉字字序（笔画序）规范》的一个有益的补充。它为中文信息处理、汉字、部首、部件等的排序（笔画序）与检索提供了法定的依据，也为汉字教学提供了很好的参考。它是折笔排序的规范，也是"同笔数、同笔顺、含折笔"的汉字、部首、部件排序（笔画序）的至关重要的依据。

二、《通用规范汉字表》的字序（笔画序）问题

《通用规范汉字表》的字序（笔画序）存在三个问题。

（一）引用文献问题

《通用规范汉字表》是国务院 2013 年 6 月公布的。其"一级字表""二级字表""三级字表"，以及附件 2《〈通用规范汉字表〉笔画检字表》都涉及"同笔数、同笔顺、含折笔"汉字的笔画序排序问题，按理说，应该同时引用《GB 13000.1 字符集汉字字序（笔画序）规范》和《GB 13000.1 字符集汉字折笔规范》两部规范，才能使字序符合规范。可是《通用规范汉字表》只说"本表的……字序遵循《GB 13000.1 字符集汉字字序（笔画序）规范》的规定"，没有引用《GB 13000.1 字符集汉字折笔规范》，这不能不说是一个小小的疏忽。

（二）没有完全遵照引用文献问题

《通用规范汉字表》引用了《GB 13000.1 字符集汉字字序（笔画序）规范》，但又没有完全遵照它来给字表排序，有两处明显的字序错误。例如：

1.《通用规范汉字表》"三级字表"中的"6597 杏、6598 冋"，两字的排序，违背了《GB 13000.1 字符集汉字字序（笔画序）规范》的排序规则三"主附笔形规则"：主笔形先于附笔形。"杏、冋"两字是同笔数、同笔顺字，其笔顺都是"竖、折、撇、点、竖、折、横"，但主附笔形不同："杏"的主附笔形是"竖（附）、折（5.2）、撇、点（附）、竖（主）、折（5.1）、横（主）"，"冋"的主附笔形是"竖（主）、折（5.15）、撇、点（主）、竖（主）、折（5.1）、横（主）"，逐笔比较，第一笔的主、附笔形就不同，应该依据第一笔的主、附笔形定序，它们的正确的排序应该是"冋"先于"杏"，正确的序号应该是"6597

囩、6598 杏", 而不是 "6597 杏、6598 囩"。

2.《通用规范汉字表》附件2《〈通用规范汉字表〉笔画检字表》, 其中的 "6597 杏、6598 囩", 跟上述 "三级字表" 中的 "6597 杏、6598 囩" 错误相同。

令人不解的是, "杏、囩" 这一组同笔数、同笔顺字, 在《GB 13000.1 字符集汉字字序（笔画序）规范》中排序是 "1705 囩、1706 杏", 字序不误, 不知为何, 到了 "字序遵循《GB 13000.1 字符集汉字字序（笔画序）规范》的规定" 的《通用规范汉字表》中, 反把它弄错了。

（三）不符合 "折笔规范" 问题

《通用规范汉字表》没有引用《GB 13000.1 字符集汉字折笔规范》, 又带来几处不合该规范的字序错误。例如：

1.《通用规范汉字表》2013 年 6 月公布的版本, 其 "三级字表" 上有 12 字排序错位, 12 字序号跟着全错：

7557 鮋　7558 鲊　7559 鲌　7560 鲕　7561 鲍　7562 鮀

7563 鲏　7564 雏　7565 猺　7566 颸　7567 鮭　7568 滕

这样的字序错位和序号错误, 见于国务院办公厅秘书处 2013 年 6 月 18 日印发的《通用规范汉字表》, 可以从 "中国政府网"（www.gov.cn）国务院·文件库查看, 也可以从中华人民共和国教育部政府部门户网站（www.moe.gov.cn）"国家语委" → "语言文字信息管理" → "语言文字规范标准" → "已发布标准" 中查看。也见于 "百度文库" 等网络, 也见于几本纸质图书, 如：魏励选编《语言文字规范手册》书中的《通用规范汉字表》[1], 李行健主编《〈通用规范汉字表〉使用手册》[2] 等。

---

① 魏励：《语言文字规范手册》55 页, 商务印书馆国际有限公司, 2014。
② 李行健：《〈通用规范汉字表〉使用手册》266 页, 人民出版社, 2013。

字序、笔顺问题 | 257

这 12 字的排序错误，系由于"䏌"的排序错误而来。"䏌"跟另外 11 字为笔数相同的字，应依据笔顺逐字比较笔形来定序。12 字的第一笔、第二笔笔形相同，第三笔起有不同，"䏌"的第三笔为"横"，其余 8 字的第三笔为"竖"，另 3 字的第三笔为"撇"，所以"䏌"应先于其余 11 字。这 12 字的正确的字序和正确的序号应该是：

7557 䏌　7758 䑏　7559 䌶　7560 䐽　7561 䏲　7562 䑉
7563 䒏　7564 䒌　7565 䑌　7566 猺　7567 飔　7568 䑝

2. 由于"䏌"在"三级字表"的字序错误，又导致这个版本的《通用规范汉字表》的附件 2《〈通用规范汉字表〉笔画检字表》发生 31 字字序错位（其中 12 字序号错误）：

2976 腿　5524 詹　5525 鲅　5526 鲆　5527 鲇　5528 鲈
7757 䑏　7558 䌶　5529 稣　5530 鲋　7559 䐽　7560 䏲
7561 䑉　2977 鲍　7562 䒏　7563 䒌　5531 鲐　7564 䑌
5532 肄　2978 猿　2979 颖　5533 鸽　7565 猺　7566 飔
5534 飕　7567 䑝　5535 舣　2980 触　2981 解　5536 遛
7568 䏌

这 31 字正确的字序及序号是：

7557 䏌　2976 腿　5524 詹　5525 鲅　5526 鲆　5527 鲇
5528 鲈　7757 䑏　7558 䌶　5529 稣　5530 鲋　7560 䐽
7561 䏲　7562 䑉　2977 鲍　7563 䒏　7564 䒌　5531 鲐
7565 䑌　5532 肄　2978 猿　2979 颖　5533 鸽　7566 猺
7567 飔　5534 飕　7567 䑝　5535 舣　2980 触　2981 解
5536 遛

不过，查阅单行本《通用规范汉字表》（语文出版社 2013 年 8 月第 1 版，2013 年 10 月第 2 次印刷），上述因"䏌"错位而产生的 12 字、

31字的字序错位和字号错误都已经改正[①]，但考虑到还会有人使用国务院网站上的和教育部网站上的，或"国务院办公厅秘书局"于"2013年6月18日印发"的《通用规范汉字表》，以及魏励选编《语言文字规范手册》上的《通用规范汉字表》，李行健主编《〈通用规范汉字表〉使用手册》，所以提出来说一说。

《GB 13000.1字符集汉字字序（笔画序）规范》没有收"䏞"字，只收有它的繁体字"膡"，《通用规范汉字表》收"䏞"字，排序问题没有现成的字序参照。

3.《通用规范汉字表》"一级字表"中的"0050 凡、0051 丸、0052 及"，三个字排序错，字的序号错。这三个字都由"撇、折、点"三笔构成，既同笔数，又同笔顺、含折笔，依据《GB 13000.1字符集汉字折笔规范》，其中的折笔有先后顺序，"凡"中的第二笔（折）为"5.22"，"丸"中的第二笔（折）也为"5.22"，"及"中的第二笔（折）为"5.21"，应该是"及"先于"凡、丸"，正确的排序应该是"0050 及、0051 凡、0052 丸"，三个字的顺序和序号都需要调整。

4.《通用规范汉字表》附件2《〈通用规范汉字表〉笔画检字表》中跟上例相同的"0050 凡、0051 丸、0052 及"，三个字的排序及序号错误同上。

5.《通用规范汉字表》附件2《〈通用规范汉字表〉笔画检字表》中的"0324 永、6521 刃"，排序错。"永、刃"二字笔数相同、笔顺相同，它们的笔顺都是"点、折、折、撇、点"，但主附笔形有不同，"永"的主附笔形是"点（主）、折（5.15 ㇆）、折（5.2 乛）、撇、点（附）"，"刃"的主附笔形是"点（主）、折（5.14 ㇂）、折（5.15 ㇆）、撇、点（主）"，逐笔比较主附笔形，第1笔相同，第2笔不同，

---

① 《通用规范汉字表》84页、237页，语文出版社2013年第1版，2013年10月第2次印刷。

应该以第 2 笔定序，"永"的第 2 笔是"折（5.15 乛），"切"的第 2 笔是"折（5.14 𠃊），"切"应先于"永"，它们正确的字序是"6521 切、0324 永"，两字的序号不需要改动。

6.《通用规范汉字表》"一级字表"中的"0361 巩、0362 圾"，两字的排序及字的序号错。两字的第 5 画，应该依据《GB 13000.1 字符集汉字折笔规范》排序，"㇆"先于"乚"，正确的排序应该是"0361 圾、0362 巩"。两字序号需要改动。

7.《通用规范汉字表》附件 2《〈通用规范汉字表〉笔画检字表》中的"0361 巩、0362 圾"，两字的排序及字的序号错，同上。

8.《通用规范汉字表》"二级字表"中的"3580 苊、3581 苃"，两字的排序及字的序号错。依据《GB 13000.1 字符集汉字折笔规范》"㇆"先于"乚"规定，正确的排序应该是"3580 苃、3581 苊"，两字序及字号需要调整，理由前已述及。

9.《通用规范汉字表》附件 2《〈通用规范汉字表〉笔画检字表》中的"6526 艺、3580 苊、3581 苃"，三字的排序及其中两字的序号错。原因也是《GB 13000.1 字符集汉字折笔规范》规定了"㇆"先于"乚"。正确的排序应该是"3580 苃、6526 艺、3581 苊"，其中"苃、苊"两字序号需要调整，理由同前。"艺"的序号不变。

三、汉字部首、独体字、部件的排序问题

《GB 13000.1 字符集汉字折笔规范》不仅适用于《通用规范汉字表》的笔画序排序，也适用于《汉字部首表》《现代常用字部件及部件名称规范》《现代常用独体字规范》中汉字部首、部件和独体字的笔画序排序。

（一）《汉字部首表》部首的排序问题

2009 年，教育部、国家语委发布了《汉字部首表》[①]，这个表是在 1983 年《汉字统一部首表（草案）》[②]的基础上形成的。

《汉字部首表》在其"规范性引用文件"中，既列出了《GB 13000.1 字符集汉字字序（笔画序）规范》，也列出了《GB 13000.1 字符集汉字折笔规范》，这是很好的。

《汉字部首表》对《GB 13000.1 字符集汉字折笔规范》的应用，表现在以下几个方面。

1. 依据《GB 13000.1 字符集汉字折笔规范》，调整了原《汉语统一部首表（草案）》中的"同笔数、同笔顺、含折笔"部首的不当顺序。例如，把《汉语统一部首表（草案）》的"厶、又、乏"调整为《汉字部首表》的"又、厶、乏"；把《汉语统一部首表（草案）》的"马、（纟）、（彑）"调整为《汉字部首表》的"马、（彑）、（纟）"；把《汉语统一部首表（草案）》的"比、（无）"调整为《汉字部首表》的"（无）、比"；把《汉语统一部首表（草案）》的"毛、气"调整为《汉字部首表》的"气、毛"；等等。

2. 由于"亅"不是《GB 13000.1 字符集汉字折笔规范》中的折笔笔形，所以《汉字部首表》将它从部首"乛"的附形部首中删去，改在部首"丨"中增加附形部首"亅"。

3. 在部首"乛"中增加"⁊、𠃌、𠄌、𠃊、𡿨、𠃋、ㄑ、丿、㇏、㇆、㇀、㇃"等 12 个附形部首，其中 11 个是《GB 13000.1 字符集汉字折笔规范》中的笔形。

[①] 教育部、国家语委：《汉字部首表》，教育部语言文字信息管理司《语言文字规范标准》297—301 页，商务印书馆，2017。

[②] 中国文字改革委员会、国家出版局：《汉字统一部首表（草案）》，语文出版社编《语言文字规范手册》（增订本）359—363 页，语文出版社，1991。

4. 依据《GB 13000.1 字符集汉字折笔规范》，在其附录 A《25 组同笔顺部首排序情况对照表》中，将主部首"一"的 15 个带括号的"附形部首"准确地排了序，见下：

	《汉语统一部首表（草案）》的排序	《汉字部首表》的排序
1	乙（一）（乀）（乚）	（𠃌）（𠃋）（乀）（㇄）（ㄣ）（乙）（〈）（丿）（𠄌）（𠃌）（乀）（𠃑）（㇄）（乙）（㇋）

应该认为，《汉字部首表》对《GB 13000.1 字符集汉字折笔规范》的应用是很好的，只是还有一些小小的疏失。

一是部首"一"的序位。

我们认为，不应该仅仅只把"一"的 15 个附形部首依据《GB 13000.1 字符集汉字折笔规范》排序，而应该将主部首"一"跟 15 个附形部首一共 16 个部首，统一依据《GB 13000.1 字符集汉字折笔规范》排序。其正确的排序应该是：

	《汉语统一部首表（草案）》的排序	《汉字部首表》的排序
1	乙（一）（乀）（乚）	（𠃌）（𠃋）（乀）一（㇄）（ㄣ）（乙）（〈）（丿）（𠄌）（𠃌）（乀）（𠃑）（㇄）（乙）（㇋）

也就是说，主部首"一"应排在第四位，在附形部首（𠃌）（𠃋）（乀）3 个部首之后，在（㇄）（ㄣ）（乙）（〈）等 12 个部首之前。因为《GB 13000.1 字符集汉字折笔规范》规定："折数、折点前后笔形都相同时，按折点的种类排序，折先于弯，弯先于钩"，所以横钩"一"自然应排在"折数为一折"且"折点前为横"的（𠃌）（𠃋）（乀）3 个部首之后。

把主部首排到附形部首之后，这种情况在这个"汉字部首表"中并不少见。比如主部首"言"，就排在附形部首"（讠）"之后很远。主部首"食"，也排在附形部首"饣"的后面很远。在其附录 A《25 组同笔顺部首情况对照表》也有这种情况，例如主部首"比"排在附形部首"（旡）"之后，也就是说，把主部首"一"排在附形部首（丆）（𠃌）（㇀）之后，完全是没有问题的。

二是《汉字部首表》附录A《25组同笔顺部首情况对照表》中，还有两处笔误，自2009年《汉字部首表》发布以来至今没有得到纠正。

一处笔误是：

	《汉语统一部首表（草案）》的排序	《汉字部首表》的排序
10	（兀）尢	尢（兀）

在上面表格中，"《汉语统一部首表（草案）》的排序"下填写的"（兀）尢"，和"《汉字部首表》的排序"下填写的"尢（兀）"，都跟事实不符。

我们查对了《汉语统一部首表（草案）》[①]，其上一行写的是"尢（兀尣）"，下一行写的是"（兀）"，其排序是"尢"在"（兀）"之前，即"尢、（兀）"。

我们再查对《汉语部首表》主表，它的上一行写"（兀）"，下一行写"尢（兀尣）"。其排序是"（兀）"在"尢"之前，即"（兀）、尢"。

此例两项内容跟表格内容正好相反。表格相关内容应该调整为：

	《汉语统一部首表（草案）》的排序	《汉字部首表》的排序
10	尢（兀）	（兀）尢

另一处错误是：

	《汉语统一部首表（草案）》的排序	《汉字部首表》的排序
13	夂夕	夕夂

其中"《汉语统一部首表（草案）》的排序"下填写的"夂夕"，跟事实不符。查《汉语统一部首表（草案）》，其排序是"41夕""42

[①] 本社：《语言文字规范手册》（增订本）359页—363页，语文出版社，1991。

夊",是"夕"先于"夊",因此,表格这一档的填写内容应该跟《汉字部首表》的排序"43 夕""44 夊"一模一样的,即:

	《汉语统一部首表(草案)》的排序	《汉字部首表》的排序
13	夕夊	夕夊

总的说来,瑕不掩瑜,《汉字部首表》应用《GB 13000.1 字符集汉字折笔规范》还是很好的。

(二)《现代常用字部件及部件名称规范》部件的排序问题

《现代常用字部件及部件名称规范》[①] 是教育部和国家语委2009年3月发布的。其附录B《现代常用字部件笔画序检索表》涉及部件的笔画序排序问题。

《现代常用字部件及部件名称规范》在《规范性引用文件》中,既列出了《GB 13000.1 字符集汉字字序(笔画序)规范》,也列出了《GB 13000.1 字符集汉字折笔规范》。这种同时引用两个与笔画序相关的语言文字规范的做法,非常好,值得肯定。

《现代常用字部件及部件名称规范》的附录B《现代常用字部件笔画序检索表》中,有同笔数、同笔顺的部件很多,其中含折笔的同笔数、同笔顺部件有39组,大多数排序情况都符合《GB 13000.1 字符集汉字折笔规范》的规定,例如"匚、七、丂"、"山、巾"、"刃、飞","子、卫","云、专","歹、尤"、"欠、风","戊、龙"等。

只有两组同笔数、同笔顺、含折笔的部件的排序有问题。

一是"冖、冂、凵、刁、乚、乙"组,依据《GB 13000.1 字符集汉字折笔规范》,"冖"是折(5.3),"冂"是折(5.1),"凵"是折(5.4),"刁"是折(5.15),"乚"是折(5.19),"乙"是"㇈"(5.22)的

---

① 教育部、国家语委:《现代常用字部件及部件名称规范》,魏励《语言文字规范手册》149—224页,商务印书馆国际有限公司,2014。

"从属笔形",因此这6个折笔部件的正确的排序应该是:"⊓、⏑、⌴、⏉、⌊、乙",即让最前面两个部件序位对调,让折笔的主笔形排在最前面。

二是"夕、久、夂、幺、勺、凡、丸、及"组,其中"凡、丸、及"3字字序有问题。前已述及,"凡、丸、及"3字都是"撇、折、点"笔顺,依据《GB 13000.1字符集汉字字序(笔画序)规范》,"汉字笔画数、笔顺完全相同时,按主附笔形逐笔比较主附笔形定序"。"凡、丸、及"3字的第1笔"撇"都是主笔形,从第2笔开始主附笔形有不同。依据《GB 13000.1字符集汉字折笔规范》,"凡、丸"两字的第2笔是折(5.22)乁,而"及"的第2笔是折(5.21)⺄,依据第2笔的主附笔形定序,"⺄"先于"乁",应该把"及"排在"凡、丸"之前。整组部件的顺序应改为"夕、久、夂、幺、勺、及、凡、丸"。

(三)《现代常用独体字规范》独体字的排序问题

《现代常用独体字规范》是教育部和国家语委2009年3月发布的。其主表《现代常用独体字表》涉及"同笔数、同笔顺、含折笔"汉字的笔画序排序问题,应该引用《GB 13000.1字符集汉字折笔规范》。可是《现代常用独体字表·说明》,只说"《现代常用独体字表》按《GB 13000.1字符集汉字字序(笔画序)规范》的定序规则排序",没有提及《GB 13000.1字符集汉字折笔规范》。是一个小小的疏忽。

《现代常用独体字表》中有同笔数、同笔顺、含折笔独体字15组,其中14组的排序没有问题,它们既符合《GB 13000.1字符集汉字字序(笔画序)规范》的规定,也不违反《GB 13000.1字符集汉字折笔规范》的规定,例如"儿、匕、几、九","己、已、巳、弓","歹、尤"等。

有问题的是"夕、久、幺、凡、丸、及"这一组"同笔数、同笔顺、含折笔"的独体字,后3字字序有误。前已述及,依据《GB 13000.1字符集汉字折笔规范》,"及"应该排在"凡、丸"前,因而"夕、久、么、凡、丸、及"这一组"同笔数、同笔顺、含折笔"的独体字,正确的排序是"夕、久、么、及、凡、丸"。

四、关于汉字折笔的主笔形是"㇕"及其应用问题

折笔的具体笔形有几十种,哪一种是折笔的基本笔形或主笔形呢?这个问题经历了几十年的探索,并且有几个不同的提法。

1964年《简化字总表》公布后,1964年11月文字改革出版社出版了《简化字总表检字》①,书中"从简体查繁体"和"从繁体查简体"两部分,字头先以笔画数分大部,其中同笔画数字多的大部,又以首笔"横、竖、撇、点、折"(一、丨、丿、丶、㇕)分小部,小部中再以笔顺"横、竖、撇、点、折"为序排序。而同笔画数字少的大部,则不分小部,直接以笔顺"横、竖、撇、点、折"为序排列。从书中代表"折"的笔形"㇕"看,它折点后的笔画有点倾斜,整体夹角为锐角,很像"敢"的第一画,是我们今天所说的"横折竖"(5.1)的从属笔形。

1988年《现代汉语通用字表》公布,该表"按汉字的笔画数排列,同笔画数的字以笔顺'横、竖、撇、点、折'为序"②。从该字表所用的"折"的符号笔形"㇇"来看,它折角角度更小,折后撇稍长,很像"孔、孙"的首笔,因此它可能是今天所说的"横折撇"(5.2)。

1997年《现代汉语通用字笔顺规范》有了"基本笔画"的说法,指出"笔画式,用一(横)丨(竖)丿(撇)丶(点)㇕(折)五个基

---

① 本社:《简化字总表检字》,文字改革出版社,1964年。
② 国家语言文字工作委员会汉字处:《现代汉语通用字表》3页,语文出版社,1989年1月第1版。

本笔画表示"[1]。这就明确指出了"㇐"是"基本笔画",这个"㇐",就是我们今天所说的"横钩"(5.3)。"㇐"是 GB 13000.1 字符集中的汉字,电脑打字比较方便。

1999 年《GB 13000.1 字符集汉字字序(笔画序)规范》同时使用了"基本笔形"(最基本的笔形)和"主笔形"等术语,认为"最基本的笔形"就是"主笔形"。指出:"楷书汉字的笔形依据笔势和走向可以分为数十种,最基本的笔形有五种,为主笔形,其排列顺序为一(横)丨(竖)丿(撇)、(点)㇐(折)",其中"折"的主笔形"㇐",也是我们今天所说的"横钩"(5.3)。

2001 年《GB 13000.1 字符集汉字折笔规范》继续使用"基本笔形"(最基本的笔形)和"主笔形"等术语,认为"汉字的五种基本笔形横(一)竖(丨)撇(丿)点(丶)折(𠃍)",称为主笔形",指出:"折笔笔形共分 25 种","𠃍"是主笔形,其余是"附笔形","笔形按先主后附依次排列,如折笔中的'横折竖''横折撇'……的序号分别用 5.1、5.2……表示"[2]。《GB 13000.1 字符集汉字折笔规范》明文规定折笔的主笔形是"𠃍",即我们今天所说的"横折竖"(5.1)。

不可否认,2001 年《GB 13000.1 字符集汉字折笔规范》对折笔主笔形的规定,跟 1999 年《GB 13000.1 字符集汉字字序(笔画序)规范》对折笔主笔形的规定是不同的。

那么,我们目前使用哪一种规定为好呢?我认为,依据"前文服从后文""特别法优于一般法"的原则,应该依据 2001 年《GB 13000.1 字符集汉字折笔规范》的规定,确认"𠃍"是折笔主笔形。

---

[1] 国家语委、新闻出版署:《现代汉语通用字笔顺规范》2 页,语文出版社,1997。

[2] 教育部、国家语委:《GB 13000.1 字符集汉字折笔规范》,教育部语言文字信息管理司《语言文字规范标准》107—110 页,商务印书馆,2017。

而且我们还注意到，2001年《GB 13000.1字符集汉字折笔规范》的4位"起草人员"傅永和、刘连元、王翠叶、王丹卉，全都参加了1999年《GB 13000.1字符集汉字字序（笔画序）规范》的起草，而且傅永和在这两部规范起草人员中都是首席专家，所以这里面完全没有门派之别，纯粹是以更加科学的新提法代替此前的旧提法，是新说代替旧说。

因此，我们要与时俱进，全面贯彻执行2001年《GB 13000.1字符集汉字折笔规范》"𠃍"是折笔主笔形的新规定：

（一）《通用规范汉字表》（语文出版社，2013年），其附件2《通用规范汉字表笔画检字表》中那些个"乛→""乛→丨""乛→丿""乛→、""乛→乛""乛→一""乛→丨""乛→丿""乛→、"中的"乛"，都应该改成"𠃍"。凡是收录《通用规范汉字表》全文并含附件2《〈通用规范汉字表〉笔画检字表》的图书，如教育部语言文字信息管理司《语言文字规范标准》（商务印书馆，2017）、费锦昌《语言文字规范应用指南》（上海辞书出版社，2015）等，其所收《通用规范汉字表》附件2《〈通用规范汉字表〉笔画检字表》中那许多个"乛"，都应该改成"𠃍"。

（二）所有2001年以后出版或再版的字典、词典等各种辞书，其中的《笔画检字表》，凡是用"乛"作折笔主笔形、基本笔形的，都应该改为"𠃍"，例如王宁《通用规范汉字字典》（商务印书馆，2013）、万森《通用规范汉字笔画部首结构字级笔顺手册》（商务印书馆国际有限公司，2016）等。

（三）所有2001年以后出版或再版的《现代汉语》教材，凡是用"フ""乛"作折笔主笔形、基本笔形的，都应该改为"𠃍"。这是贯彻执行国家发布的语言文字规范的问题。但是许多《现代汉语》教材至今都还没有改，例如马庆株《现代汉语》（中国社会科学出版社，2010）、北京大学中文系现代汉语教研室《现代汉语》（增订本，商务印书馆，2013）、齐沪扬《现代汉语》（商务印书馆，2018）等，仍然写作"横(一)、竖(丨)、撇(丿)、点(丶)、折(フ)",或"横(一)、竖(丨)、撇(丿)、点(丶)、折(⁻)"。只有少数《现代汉语》教材,及时做了改动,例如黄伯荣、廖序东《现代汉语》教材从 2002 年"增订三版"起,就改成"一(横)、丨(竖)、丿(撇)、丶(点)、𠃌(折)"①了,2007 年"增订四版"、2011 年"增订五版",2017 年"增订六版"继承之。

我们希望,《GB 13000.1 字符集汉字折笔规范》中"𠃌"为折笔主笔形的规定,应该得到大家的重视和全面的贯彻应用。

---

① 黄伯荣、廖序东:现代汉语(增订三版)177 页,高等教育出版社,2002。

汉字笔顺基本规则之新表述

现在，各种《现代汉语》教材、中小学生语文读物、字典词典的"附录"、现代汉字学著作，都讲到了"汉字笔顺的基本规则"，共 7 条，即："①先横后竖；②先撇后捺；③从上到下；④从左到右；⑤先外后里；⑥先外后里再封口；⑦先中间后两边。"大多数著作还列出几个例字来证明这 7 条规则。不过，少数几个例字虽然能够给人自圆其说的表象，但终究解决不了原有表述的存在问题。对汉字笔顺的基本规则，还需要进行系统的深入研究。

一、汉字笔顺基本规则原有表述的不足

汉字笔顺的 7 条基本规则的原有表述，有其不足之处。

（一）关于"先横后竖"

"先横后竖"没有普遍性。据我们考察，好多汉字都是"先竖后横"的，正好跟"先横后竖"规则相反。比如"上、卡、贞、止、凸"等字，它们都是"先竖后横"的。这样的字有很多，仅第一笔写"竖"、第二笔写"横"的字，《通用规范汉字表》的附件 2"笔画检字表"中，就有这种开始两笔"先竖后横"笔顺的字 80 多个，例如"卢、卣、虎、贞、占、叔、卓、桌、芈、非"等。此外还有以这些字作部件的合体字，写到这些部件时也得先竖后横，例如"让、忐、步、肯、齿、芷、咔、胩、扗、侦、帧、桢、祯、战、毡、站、沾、粘、黏、鲇、拈、点、淑、菽、

婌、倬、棹、焯、淖、琸、晫、啅、趠、頔、垆、泸、鲈、胪、栌、轳、鸬、舻"等。凡是横在竖的右侧与之相接的（卜），或竖在横的上面并与之相接的（⊥），都得"先竖后横"。既如此，怎能说"先横后竖"是"基本规则"呢？

（二）关于"先撇后捺"

首先，"先撇后捺"应该说成"先撇后点"才对。因为国家公布的多个语言文字规范中，都采用"札字法"，捺已归入点，5种主笔形中没有"捺"。其次，"先撇后点"也不具备普遍性。许多字不能"先撇后点"而要"先点后撇"，仅第1笔写点、第2笔写撇的字，《通用规范汉字表》就收录了280多个，例如："丫、兰、羊、并、关、羌、兑、弟、单、盖、益、差、养、美、姜、前、火、半、卷、券、米、类"等。还有更多并非处于第1笔和第2笔的"先点后撇"笔顺的字，例如"伴、倦、镁、隘、溢、弹、粜、伙、说、悦、税、灵、炅"等。有如此之多的"先点后撇"笔顺的字在，"先撇后点"也算不上"基本规则"。

（三）关于"先外后内"

"先外后内"也没有普遍性，它也有很多反例。例如"冈、凶、区"都是外框当中有一个"乂"，除"冈"字外，其余两个都不能"先外后内"。跟"凶"相似、不能"先外后内"的字还有"函、幽、凿、鬮、凼、凵、山"等。跟"区"相似、不能"先外后内"的字还有"匹、巨、叵、臣、医、匡、匠"等。另外，走之（辶）、建之（廴）左下两包围结构的字，都不能"先外后内"，前者有"辽、边、迁、过、达、迈、迂、迄、迅、进、远、还、返、迎、这、道、迟"等100多个，后者有"建、延、廷"等。既如此，那么笼统地讲"先外后内"，有什么实用性呢？

（四）关于"先中间后两边"

"先中间后两边"也有很多反例。能分出中间和两边的字，有的要从左到右写，例如"街、衕、斑、班、辯、辨、粥、鬻、槲、树"等；有的反而要"先两边后中间"写，例如"火"，上面的两点虽在两边，却要先写，后面的两画虽是中间，却要后写。含部件"火"的字很多，其中的"火"都要先写两边后写中间，如"炎、焱、燚、吙、炑、钬、灵、炅、灭、灰、炙、灾、耿、烫、熨"等；以"火"作左偏旁的字有70多个。再如"坐"字，上面两个"人"是两边，要先写，下面的"土"是中间，要后写。部件"忄"要先写两边的点后写中间的竖，通用规范汉字中含"忄"的字至少有120多个。"脊"的上部先写左边的点、提，后写右边的撇、点，最后写中间的"人"。"爽、奭"在写完首笔后，也是先写两边，后写中间。

以上规则有如此多的反例存在，使得这些规则的科学性、权威性受到了挑战，使这些规则缺少了实用性。其余三条，即"从上到下、从左到右、先外后里再封口"，虽无反例，但未指出什么样的字需要用这样的规则来写，也不算十分完美，并不是任何字都可以应用这些规则来写的，具体的补正下面还要讲到。

二、对汉字笔顺基本规则的修补仍有不足

许多学者也都发现汉字笔顺基本规则的原有表述有问题，从而对它进行了一些修补。修补的方法大致有三类：一是将基本规则的反例，也作为"基本规则"列出来；二是将基本规则的反例，作为基本规则之外的"补充规则"列出来；三是将基本规则的反例，作为"特殊规则"列出来。不过，这些的做法仍有不足之处。

(一)补充规则跟原表述抵牾

对于"先横后竖"的反例——"先竖后横",傅永和《汉字的笔顺》把它列为汉字笔顺"基本规则"的第二条,跟第一条"先横后竖"并列[①]。邵敬敏《现代汉语通论》把它列为汉字笔顺"基本规则"的第四条,跟第三条"先横后竖"并列[②]。黄伯荣、廖序东《现代汉语》(增订五版)把它列为"特殊规则"的第一条,放在"基本规则"之后[③]。这样新增加的"规则"跟原有的"基本规则"相互矛盾,正说反说都对,是非分不清,这在科学性上来讲是极不严谨的。

对于"先外后内"的反例——"先内后外",唐生周《汉字学教程》把它升格为基本规则:"八、先中间后加框:山、函、丞。"[④]这样,他的笔顺基本规则就一共有8条,其余7条与大家所说的7条基本规则同。李行健《现代汉语规范词典》(第3版)附录《汉字笔顺规则表》把它列为"补充规则"的第4条和第7条:"4.左下两包围结构中'走之''建之'的字,先内后外:过、延。""7.左下右三包围结构的字,先内后外:凶、函。"[⑤]黄伯荣、廖序东《现代汉语》(增订五版)把它列为"特殊规则"的第3条:"3.从内到外:边、延、凶、函。"[⑥]这样,让"补充规则"或"特殊规则"跟"基本规则"相互抵触,让人无所适从。

对于"先中间后两边"的反例——"先两边后中间",邢福义《现

---

① 傅永和:《汉字的笔顺》,语文建设,1992(10)。
② 邵敬敏:《现代汉语通论》(第2版)80页,上海教育出版社,2007。
③ 黄伯荣、廖序东:《现代汉语》(增订五版),上册第153页,高等教育出版社,2011。
④ 唐生周:《汉字学教程》,语文出版社,2013。
⑤ 李行健:《现代汉语规范词典》(第3版),附录第9页,外语教学研究出版社,2014。
⑥ 黄伯荣、廖序东:《现代汉语》(增订五版),上册第153页,高等教育出版社,2011。

代汉语》把它升格为"基本的书写笔顺"中的一条[①]，这样他的基本规则比大家所说的"7条基本规则"多了一条，共8条。黄伯荣、廖序东《现代汉语》（增订五版）把它列为"特殊规则"的第5条："先两边后中间：火、爽。"[②] 这些教材把"先中间后两边"跟"先两边后中间"写在一起，或一前一后，自相矛盾。

总之，这些本来是"基本规则"的反例，无论是把它增加为"基本规则"，还是把它列为"补充规则""特殊规则"，总还是叫人难以接受。因为把正例、反例都称为"规则"，会让人无所适从，这绝对不是科学的理论。

（二）笔顺规则表述欠妥的根本原因

汉字笔顺基本规则表述欠妥的根本原因，并不在于是规则数量的多少，而在于这些规则没有限制其适用对象或范围。打个比方来说，你说"去北京必须往北走"是规则，这对居住在北京以南的人来说，一点儿问题也没有，是很自然的规则。但对居住在北京的北面的人来说，这样的说法便有问题了，便不是规则了，因为居住在北京的北面的人，他"去北京必须往南走"。即使你把"去北京必须往北走"和"去北京必须往南走"两条都说成是基本规则，那还不行，因为还有居住在北京东边（例如廊坊、天津）的人、居住在北京西边（例如包头、银川、青海）的人去北京既不能"往北走"也不能"往南走"。因此，修订"去北京必须往北走"这一规则的最好办法，是给它加上范围限制，说成"居住在北京以南的人去北京必须往北走""居住在北京以北的人去北京必须往南走""居住在北京以东的人去北京必须往西走""居住在北京以西的人

[①] 邢福义：《现代汉语》296页，高等教育出版社，2014。
[②] 黄伯荣、廖序东：《现代汉语》（增订五版），上册第153页，高等教育出版社，2011。

去北京必须往东走",这样才完善。

如此,汉字笔顺的 7 条基本规则也需要加上适用对象或范围,才会消除瑕疵,方便适用。

三、汉字笔顺基本规则新表述(上):基础规则

现在,我们给出如下汉字笔顺 7 条基本规则的一个新的表述,希望得到行家的批评指正。

1. 有上下之分者,从上到下。
2. 有左右之分者,从左到右。
3. 横竖相交者,先横后竖。
4. 撇点相交者,先撇后点。
5. "月、风"类结构,先外后内。
6. "日、囚"类结构,先开门后进人再关门。
7. "小"类结构,先中间后两边。

以上 7 条规则分为两组:

第 1、2、3、4 四条为一组,它们是"基础规则"。汉字是方块形平面组合,多数情况下,笔画之间总是可以分得出上下、左右的,第 1 条笔顺规则讲"有上下之分者",第 2 条规则讲"有左右之分者"。至于分不出上下、左右的字和基础部件是少数,主要是"横竖相交""撇点相交"两种情况。所以,第 3 条规则讲"横竖相交者",第 4 条规则讲"撇点相交者"。

第 5、6、7 三条为一组,是从前面 4 条基础规则衍生出来的,可以称之为"衍生规则"。下面先说基础规则。

(一)基础规则 1:有上下之分者,从上到下

我们给"从上到下"规则加上"有上下之分者"的范围限制,是因

为汉字和汉字的部件不全是"有上下之分者"。"有上下之分者"有这么几种情况：

1."有上下之分"的独体字。有些独体字是由不相交的笔画组成的，且笔画之间有上下之分，要"从上到下"写笔画，如"二、丁、了、三、彳、亍、亏、工、卫、之、亡、已、弓"等。有些独体字是由笔画跟"笔画组合体"组成的。所谓"笔画组合体"，指的是在独体字或基础部件中，由两个或更多个笔画组成的、类似于部件但又不能称之为部件的组合体，例如独体字"白"中的"日"，"户"中的"尸"，"父"中的"八"和"乂"，"文"中的"亠"和"乂"等。凡是由笔画和"笔画组合体"组成、"有上下之分"的独体字，要从上到下写笔画或"笔画组合体"，如"白、户、六、个、父、文、再、乎、百"等。

2."有上下之分"的合体字，"从上到下"是先写上面的部件，后写下面的部件。据柳建钰、王晓旭（2019）统计，《通用规范汉字表》8105字中上下结构的合体字有1680个，占20.73%[①]。它们绝大多数是由上下两个部件组成的，极少数是由上中下三个部件组成的。凡由上下两个部件组成的合体字，要先写上面的部件，后写下面的部件，如"吉、杏、李、香、思、宙、呆、字"等；凡由上中下三个部件组成的合体字，要先写上面的部件，再写中间的部件，最后写下面的部件，如"曼、衰、贡、暴"等。

3."有上下之分"的基础部件，除了成字部件"二、丁、了、三、彳、亍、亏、工、之、亡、已、弓"外，还有不成字部件"冫、氵、讠、纟、宀、亻、彡、丂、辶、厂"等，在写这些基础部件时，要"从上到下"写。"疋"是先写上面的笔画"⼀"后写下面的4画组合体；"彳"是先写上面的2画组合体"彳"后写下面的1画；"钅"是先写上面的2画组

[①] 柳建钰、王晓旭：《基于字料库的通用规范汉字构形属性调查研究》，《渤海大学学报》（哲学社会科学版）2019（5）：110。

合体后写下面的 3 画组合体；"衤"和"礻"是先写上面的"丶"后写下面的笔画组合体；"𧾷"是先写上面的"口"后写下面的 4 画组合体；"⺲"是先写上面的"丿"后写下面的 3 画组合体。

4. "有上下之分"的合体字，有的也可以以"合成部件"的身份出现在多层次的合体字中，例如"结、倍、馥、漫、喷、保"等，在写其中"有上下之分"的合成部件时，也要从上到下写基础部件。

（二）基础规则 2：有左右之分者，从左到右

我们给"从左到右"规则加上"有左右之分者"的范围限制，是因为汉字和汉字的部件不全是"有左右之分者"。"有左右之分者"有这么几种情况：

1. 有"左右之分"的独体字，要"从左到右"写，先写左边的笔画或笔画组合体，后写右边的笔画或笔画组合体。如"卜、八、人、入、儿、几、川、州"等，是从左到右写笔画，"心、必"则是先写左边的"丶"，接着写中间的笔画组合体，最后再写右边的"丶"。

2. 有"左右之分"的合体字，"从左到右"是先写左边的部件，后写右边的部件。据柳建钰、王晓旭（2019）统计，《通用规范汉字表》8105 字中左右结构的合体字有 5316 个，占 65.59%[①]，另外还有少数左中右结构的合体字未统计在内。凡由左右两个部件组成的合体字，要先写左边的部件，后写右边的部件，如"现、代、汉、语"等。凡由左中右三个部件组成的合体字，则要先写左边的部件，再写中间的部件，最后写右边的部件，如"街、粥、班、辩、掰"等。

3. 有"左右之分"的基础部件，除了成字部件"卜、八、人、入、儿、几、川、州、心、必"外，还有不成字部件"刂、丩、丷、巜、巛、

[①] 柳建钰、王晓旭：《基于字料库的通用规范汉字构形属性调查研究》，《渤海大学学报》（哲学社会科学版）2019（5）：110。

"夕、冖、灬、癶、竺"等，在合体字中写这些部件时，要从左到右写。"癶"先写左边的2画组合体后写右边的3画组合体，"竺"要先写左边的3画组合体后写右边的3画组合体。

4. 有"左右之分"的合体字，也可以作为合成部件出现在结构复杂的多层次合体字中，例如"袋、岱、贷、花、华、堡、葆、煲、繁、镂、犟、警、鹫、娶、籁、鬻"等，在写到其中有"左右之分"的合成部件时，也要从左到右写基础部件。

（三）基础规则3：横竖相交者，先横后竖

"横竖相交者"是没有上下、左右之分的。我们认为，"先横后竖"的笔顺规则是专为"横竖相交"组合体而定的笔顺规则。因为除了"横竖相交者"以外，其余"先横后竖"的书写顺序都可以用别的规则来解释，例如"丁、亍"字中先横后竖，是"从上到下"；"下、正、丐、丏、工、贡、功、巩、巫、亚"开头两画"先横后竖"，也是"从上到下"。

"横竖相交"有6种形式，这就是：一横一竖相交（十），两横一竖相交（丰），三横一竖相交（丰），一横两竖相交（卄），一横三竖相交（卅，带字头），两横两竖相交（卌，"寒"的4—7画），一横四竖相交（册，"舞"的第3—7画）。

1. 独体字中，"十、丰"两字是由"横竖相交"组合体构成的，要先横后竖写。独体字中含"横竖相交"组合体的字，如"干、于、土、士、才、寸、千、王、木、午、牛、手、壬、斗、玉、未、末、击、用、甘"等，其中的"横竖相交"组合体，要"先横后竖"写。

2. 合体字中含"横竖相交"组合体的字，有"协、博、汁、计、古、早、举、泽、击、奉、艳、彗、契、害、豁、芭、带、舞"等。在2013《通用规范汉字表》8105个规范字中，含有"横竖相交"组合体的合体字大约有3500多个。其中有些合体字中含两个或更多个"横竖相交"组合体，例如"贲、喷、愤、林、森、枯、枝、柾、柱、棋、棒、苦、茬、

茶、著、菱、荣"等。其中的"横竖相交"组合体，都要"先横后竖"写。

3. 基础部件中，除了成字部件"十、丰"、不成字部件"丯、卄、卅、卌"以外，还有一些含横竖相交笔画组合体的基础部件，例如"王、干、于、寸、才、士、土、玉、耂、䒑、牛、千、木、未、末、禾、耒"等，写其中的"横竖相交"组合体时，要"先横后竖"写。

（四）基础规则 4：撇点相交者，先撇后点

"撇点相交者"是没有上下、左右之分的组合。我们认为，"先撇后点"是专为"撇点相交"组合体而定的笔顺规则。因为除了"撇点相交者"外，其余"先撇后点"的书写顺序都可以用"从左到右"或"从上到下"的规则来解释，如"父、创、谷、邻、颁"的开头两笔"先撇后点"是从左到右，"兵、真、共、只、舆"的最后两笔"先撇后点"也是从左到右，基础部件"礻、氺"、独体字"水、永、承"、合体字"畏、展、表"的最后两笔"先撇后点"是从上到下。

"撇点相交"组合体只有两种形式：一种是"一撇一点"相交（乂），一种是"两撇一点"相交（夂）[①]。

1. 由"撇点相交"组合体构成的独体字仅有"乂"1个，"先撇后点"写；含"撇点相交"组合体的独体字有"文、父"等，其中的"撇点相交"组合体，要"先撇后点"写。

2. 含"撇点相交"组合体的合体字不少。其中，含"一撇一点相交"组合体的合体字，在通用规范汉字有 300 多个，例如"刘、区、风、肴、赵、杀、刹、艾、哎、冈、刚、钢、岗、欧、呕、殴、鸥、瓯、沤、疯、讽、蚁、仪、议、希、稀、烯、郗、殽、淆、崤、离、璃、篱、漓、凶、胸、匈、汹、兇"等。含"两撇一点相交"组合体的有"匆、葱、偬"

[①] 依《基础信息用 GB 13000.1 字符集汉字部件规范》规定，"夂"为基础部件，"匆"为合体字。

等。有些合体字中含有两个或更多个"撇点相交"组合体，例如"爻、驳、网、效、樊、攀、爽"等。其中的"撇点相交"组合体，要"先撇后点"写。

3. 基础部件中，含"撇点相交"组合体的成字部件有"文、父"，含"撇点相交"组合体的不成字部件有"夂、夂"等，在合体字中写这些"撇点相交"组合体时，要"先撇后点"写。

"豖"中"撇点相交"组合体的写法特殊一点，其中含一个由"一撇一点"相交者跟下一笔画组成的一个 3 画组合体"夂"，需要在写完两撇后再写跟前一撇相交的"丶"，含这一部件的合体字有"啄、涿、琢、诼、椓"等。

四、汉字笔顺基本规则新表述（下）：衍生规则

下面来说由前面 4 条基础规则衍生出来的 3 条衍生规则。

（一）衍生规则 1："月、风"类结构，先外后内

"月、风"类结构，实际上就是左上右三面包围结构。我们以"月、风"为代表，"月"是独体字，"风"是合体字。这类字的笔顺是先写左边的"丿"，再写外框的"折笔"，让两笔形成外框后，再写框内的笔画、部件，或笔画组合体。

1. 独体字中除了"月"字以外，还有"贝、见"等字，它们要先外后内写。

2. 合体字中除了"风"字以外，还有"凤、凰、夙、周、同、冈、网、罔、冏、冂、闪、阎、冃、问、闭、闱、闻、闸、闲、闷、间、闵、闷、闸、闹、闺、闻、闽、闷"等字，是这样先外后内写的。

3. 基础部件中，除了可成字部件"月、贝、见"外，还有不成字部件"冃、冊"等，也属于这一类结构，它们也需要先外后内写。

4. 上述"月"类基础部件，构成的合体字中很多，例如含部件"月"的合体字"玥、刖、钥、胖、肚、肠、胡、胧、肪、脓、朋"等，含部件"贝"的合体字"坝、狈、钡、财、则、责、贞、负、贡、员"等，含部件"冃"的字有"青、有、肯、育、冇、肓"等，含部件"冊"的字有"扁"等，在合体字中写上述"月"类基础部件时，要先外后内写。

5. 上述"风"类左上右包围结构合体字，也可以作为合成部件出现在结构更复杂的合体字中，例如"讽、讽、疯、洞、铜、桐、钢、纲、岗、刚、绸、调、洞、雕、惆、魍、润、娴、鹇、痌、简、润、铜"等，在写其中"风"类合成部件时，也是先外后内写。

在《通用规范汉字表》中，用以上基础部件、独体字、合体字作部件或合成部件的合体字很多，大约有 700 个，其中含"月"部件的字就有 350 多个。

"月、风"类结构的笔顺规则，是汉字笔顺基础规则的一条衍生规则。说它是"衍生规则"，是因为它也可以用"基础规则"来解释："月、风"的第一画在左，第二画在第一画之右，所以第一、第二两画是按照"从左到右"规则写的。第三、第四两画组合体，是在第一、第二两画组合体之内，也是在第二画折的折前笔画之下，有上下之分，是按照"从上到下"规则写的。

（二）衍生规则 2："日、囚"类结构，先开门后进人再关门

"日、囚"类结构，可以笼统地称为四面包围结构。"日"是独体字，"囚"是合体字。它们的笔顺为：第 1 笔写"丨"，第 2 笔写"𠃌"，形成一个类似"门"字的外框"冂"，然后写外框里面的笔画、部件，最后写最下面的"一"。

需要这样来写的字和部件有：

1. 独体字，有"日、曰、目、且、田、皿、四"等字。
2. 合体字，有"囚、团、因、回、囡、园、围、困、囤、囫、囵、国、

固、困、囵、图、囿、圃、圊、圆、圉、圈、圌、圐、圙、圚"等。

3. 基础部件，除了可成字部件"日、曰、目、且、田、皿、四"等以外，还有不成字部件"曼字腰（罒）、临下角（凵）、具字头（且）、曾字腰（䍃）"等。

"日、囚"类结构的部件和字，可以作为部件或合成部件用在合体字中，数量很多。基础部件在合体字中的，例如"阳、汩、相、首、钜、苴、趄、具、亩、男、胃、肯、育、盆、盘、盎、泗、罗、罢、罡"等。合体字作为合成部件出现在结构复杂的合体字中的，如"泅、茵、姻、洇、铟、骃、氲、茴、涸、蛔、涠、捆、惆、阄、腘、蜎、帼、堌、崮、锢、涸、痼、菌、腘"等。四面包围的基础部件还经常出现在多层次结构合体字中，如"模、慕、幕、暮、墓、募、萌、噜、橹、撸、箱、厢、湘、想、葙、缃、鳗、慢、缦、馒、嫚、幔、墁、漫、蔓、邈、馒、镇、缜、稹、鬒、增、赠、憎、罾"等。在复杂的合体字中，写其中"日、囚"类部件或合成部件时，也是要"先开门后进人再关门"这样写的。

"日、囚"类结构的笔顺规则是"先开门后进人再关门"，它也可以说是一条衍生规则，遵从的也是从"从左到右""从上到下"规则。"开门""进人"如同"月、风"类结构，最后写一横"关门"，遵从的是"从上到下"规则。

（三）衍生规则3："小"类结构，先中间后两边

需要"先中间后两边"写的字不多，以独体字"小"为代表。

1. 独体字中除了"小"以外，还有"办、水、永、承"等，它们都是要先写中间后写两边的。

2. 含基础部件"小、办、水、永"等的合体字，如"孙、尔、尕、尜、尘、尖、协、胁、苏、汞、佘、杏、沓、泳、咏"等，在写其中的部件"小、办、水、永"时，也是先写中间后写两边。

3. 在基础部件中，除了成字基础部件"小、办、水、永"以外，还

有不成字部件"氺、⺌、ˇ、小、⺍"等，需要先写中间再写两边。其中"氺、⺌、ˇ"是先写中间一竖后写两边；"小、⺍"的笔顺是先写中间2画后写左右两边的。含这些部件的合体字如"泰、慕、恭、尚、肖、赤、赭、赫、栾、挛、峦"等，在写其中的部件"氺、⺌、ˇ、小、⺍"时，也是先写中间后写两边。

4. 在独体字中，还有字的局部先写中间后写两边的例。例如"业、亚"中的4画组合体"⺌"，是先写中间两竖，后写两边的。含独体字"业、亚"的合体字有"邺、凿、哑、桠、娅、垭、恶、垩"等，其中的部件"业、亚"中的4画组合体"⺌"，也需要先写中间两竖，后写两边。

5. 合体字中没有整体先写中间后写两边的，但是合体字的局部有先写中间后写两边的例。例如，左下右三包合体字"函、幽、圝"中被外框"凵"包围的部分，要先写中间后写两边。上下结构的合体字"丞、巫"，其上部，先写中间"了"，后写"了"的两边。上中下结构的"率"的中间部分，也是先写中间后写两边的。特殊结构的"巫"除了首笔、末笔以外，其余部分也是先写中间后写两边的。含"函、丞、巫、率、巫"合成部件的合体字有"涵、菡、蒸、殛、蟀、摔、诬、鹀"等，其中相应部分先写中间后写两边。

"小"字结构的字，有"中间高、两边低"的特点，"先中间后两边"写，体现了"从上到下"规则。所以它也是基础规则的一条衍生规则。

值得注意的是"忄"的笔顺，跟"小"的笔顺不一样，它不是先写中间后写两边，而是先写两边的点后写中间1竖。我们的解释是："小"字两边的笔画偏于下，先中间后两边体现了"从上到下"规则，"忄"的两边的点偏于上，先两边后中间也是体现了"从上到下"规则，杨泽生《笔画规则新探》也认为"忄"的笔顺是"从上到下"。[①]

[①] 杨泽生：《笔画规则新探》，《佛山科学技术学院学报》（社会科学版），2002（3）。

五、余论：基础规则只有 4 条，衍生规则可以增添

我们说，前 4 条笔顺规则是基础规则，后 3 条规则是从前 4 条基础规则衍生出来的。但衍生规则远不止这 3 条。近些年来，一些论著、教材、辞书又补充了一些笔顺规则，这些补充规则其实都是 4 条基础规则的衍生规则。例如：李行健《现代汉语规范字典》（第 3 版）[①]、李行健《现代汉语规范词典》（第 3 版）[②]附录《汉字笔顺规则表》中的 8 条"补充规则"：

1. 点在正上或左上，先写：文、为；
2. 点在右上或字内，后写：龙、瓦；
3. 左上、右上两包围结构的字：先外后内；
4. 左下两包围结构中"走之""建之"的字，先内后外：过、延；
5. 左下两包围结构中"走之""建之"以外的字，先外后内：毡、起；
6. 左上右三包围结构的字，先外后内：同、凤；
7. 左下右三包围结构的字，先内后外：凶、函；
8. 上左下三包围结构的字，先上后内再左下：区、匠。

这 8 条规则，很有道理，非常实用。它们也可以算是本文所说的汉字笔顺基础规则的衍生规则。其中第 6 条，同该表基本规则 5，同本文"衍生规则 1"。

汉字笔顺的衍生规则是开放的，如有需要，仍可以再增添一些衍生规则，例如关于点的笔顺规则等。

汉字笔顺问题，比较复杂，主要靠 4 条基础规则及其衍生规则来处

[①] 李行健：《现代汉语规范字典》（第 3 版）"附录"9 页，外语教学与研究出版社，2011。

[②] 李行健：《现代汉语规范词典》（第 3 版）"附录"9 页，外语教学与研究出版社，2014。

理。至于现有笔顺规则管不到或者管得不很明确的字和部件，则应当比照这些笔顺规则管得到的字的笔顺来写。总之，细心领会以上基础规则和衍生规则，对照国家公布的语言文字规范文件，笔顺问题就能够彻底解决。

点的笔顺规则之新探索

近年来，不少著述在讲汉字笔顺"从上到下、从左到右、先横后竖、先撇后捺、先外后内、先开门后进人再关门、先中间后两边"等 7 条基本规则的时候，增加了一些补充规则，其中之一就是"点的笔顺规则"。本文拟对他们所讲的"点的笔顺规则"进行审视，评价其得失，然后再提出笔者的进一步的论述。

一、关于点的笔顺规则问题

点的笔顺规则，近年来逐渐被多种著述重视，成为讲汉字笔顺规则的内容之一。

有的著作把它明确称之为"点的笔顺规则"。如陈宗明（2016）《汉字符号学：一种特殊的文字编码》书中，专门列出了"点的笔顺规则"小标题，指出："点的笔顺规则：点在左上先写，例如'为''斗'。点在右上后写，例如'我''求''伐'。点在里面后写，例如'瓦'。"[1] 兰宾汉、邢向东（2007）《现代汉语（上册）》也列出了"点的笔顺规则"。指出："点的笔顺规则：如果出现在字的上面或左上角，先写点，如'广'；如果出现在右上角或字的里面，就后写点，如'瓦''犬'。"[2]

有的著作虽没有明确提出"点的笔顺规则"这一说法，但在讲汉字

---

[1] 陈宗明：《汉字符号学：一种特殊的文字编码》81 页，东方出版中心，2016。
[2] 兰宾汉、邢向东：《现代汉语（上册）》160 页，中华书局，2007。

笔顺时具体讲述了点的"先写"和"后写"规则。如李行健（2004）《现代汉语规范词典》的附录《汉字笔顺规则》中指出："正上、左上的点，必须先写。如：立、头。""右上、里边的点，必须后写。如：戈、瓦。"[①]齐沪扬（2007）《现代汉语》指出："点在上边或左上，先写点，例如'主、为'。""点在右上或里边，后写点，例如'戈、叉'"[②]。汉语大字典编纂处（2014）《现代汉语词典》的附录《汉字笔顺规则表》中指出："正上、左上的点，必须先写。如：六、头。""右上、里边的点，必须后写。如：戈、夕。"[③] 其他讲到点的"先写""后写"规则的著作还有：林连通、郑张尚芳《汉字字音演变大字典》（江西教育出版社，2012）、陈阿宝《现代汉语概论》（北京语言大学出版社，2002）、张雪涛《现代汉语》（安徽人民出版社，2005）、邵霭吉、冯寿忠《现代汉语概论》（第2版，中国社会科学出版社，2016）、王世凯《新编现代汉语教程》（上海交通大学出版社，2016）等。

综观上述关于点的笔顺规则，共有4条，两个"先写"、两个"后写"规则，这就是：

1. 点在上边，先写点：广、六、主、立；
2. 点在左上，先写点：为、斗、头；
3. 点在右上，后写点：我、求、伐、犬、戈；
4. 点在里面，后写点：瓦、叉、夕。

讲得比较少一点的，也有只讲两个"后写"规则的，如邵敬敏（2001、2007、2016）《现代汉语通论》（第1、2、3版）讲笔顺时指出："包在主体内的点和右上角的点最后写。前者例如'瓦''兔'，后者例如

[①] 李行健：《现代汉语规范词典》附录8，外语教学与研究出版社，语文出版社。
[②] 齐沪扬：《现代汉语（上册）》149页，中华书局，2007。
[③] 汉语大字典编纂处：《现代汉语词典》1074页，四川辞书出版社，2014。

'犬''求'。"①也有只讲一个"后写"规则的,如黄伯荣、廖序东(2017)《现代汉语》(增订六版):"点在右上角,最后写点:书、犬、我、尤、戈、龙、成、戒、钱、术。"②该教材举出的例字比其他教材多。

通过对比可以发现,在20世纪出版的《现代汉语》,讲笔顺时一般不讲点的笔顺规则,如胡裕树(1962、1979、1981)《现代汉语》,北京大学中文系现代汉语教研室(1958、1993)《现代汉语》,都没有讲到点的笔画规则。而21世纪出版的《现代汉语》讲笔顺时则大都讲到点的笔顺规则,如兰宾汉、邢向东(2007)《现代汉语》,齐沪扬(2007)《现代汉语》,邵敬敏(2001、2007、2016)《现代汉语通论》(第1、2、3版)等。黄伯荣、廖序东《现代汉语》教材发行畅销40年,前30多年8个版本都没讲点的笔顺规则,到2011年出版黄廖本的第9个版本——"增订五版"时,则在汉字笔顺的"特殊规则"里讲到了点的笔顺问题,讲"点在中间或右上后写"③。

不过,我觉得,虽然点的笔顺规则渐被重视,但这些讲法还有一些需要推敲的地方,还有一些新的关于点的规则需要建立。

二、点的笔顺规则的重新审视

现有的关于点的笔顺规则共有4条,现在我们来逐条审视一下。

(一)关于"点在最上边,先写"

"点在上边,先写点",这一提法符合汉字的基本笔顺规则"从上

---

① 邵敬敏:《现代汉语通论(第3版)上册》55页,上海教育出版社,2016。
② 黄伯荣、廖序东:《现代汉语(增订六版)上册》152页,高等教育出版社,2017。
③ 黄伯荣、廖序东:《现代汉语(增订五版)上册》154页,高等教育出版社,2011。

到下",例字很多。

独体字:

广、亡、义、之、六、文、方、户、主、立、永、亦、衣、产、玄、言、京

合体字:

亢、夜、充、辛、宠、宜、审、宙、官、交、庄、庆、床、库、庇、妄、盲、客、音、章、辛、变、疟、疡、疗、疲、扁、房、启、肩

但是,如果仅限于"字的上边"(兰宾汉、邢向东,2007),或者"正上""上面"而不涉及"部件",则许多字中点的笔顺还得不到解决。例如:

旻、芒、茫、蔴、雯、景、芝、菅、芦、萨、警、詈

像这样点在部件的最上边而不在字的最上边的字,也有几千个,无法置之不理。理想的办法是提出"点在部件的最上边,写这个部件时先写点"规则,来规范它们。

(二)关于"点在左上角,先写"

因为汉字笔顺的基本规则是"从上到下"和"从左到右",所以"点在左上,先写点"这条规则是有道理的。典型的例字是"斗、头、为"3个。它们的与众不同之处在于,其需要先写的点,或在横竖交叉的左上角(斗),或在横撇交叉的左上角(头),或在横折跟撇交叉的左上角(为)。除了这3字之外,还有一个"门"字,以及"门"部首的字,例如:

门、闩、闪、闫、闭、问、闯、闰、闱、闲、闳、间、闵、阅、闷、闸、闹、闺、闻、阀、阄、阐、阁、阀、阁、阗、阎、

不过,有一些点在左上角的字,却不能先写点,或者是根据其他规则先写点。

点在左上角,根本就不能先写的,例如:

1. 与部件"⺌"有关的字，比如"肖、堂、光、辉、耀、党、当、尚、裳、棠、常、敞、尝、赏"等，虽然"点在左上角"，却不能"先写"。它们前3笔是"竖、点、撇"，依据"先中间后两边"的笔顺规则，第1笔先写竖，第2笔才写点。

2. 与部件"业"有关的字，比如"凿、粥、邺、黼、黻"等，虽然"点在左上角"，也不能"先写"。因为写"业"的时候需要依据"先中间后两边"的笔顺规则，第1、2两笔写竖，第3笔才写左上角的点。含"业"部件的合体字在写"业"的时候需要依据"先中间后两边"的笔顺规则，第1、2两笔写竖，不能先写"点"。

3. 以走之（辶）为部首的字，例如"这、迷、送、迎、达、追、逃、透、通、退、造、逛、边、遍"等，虽然"点在左上角"，却也不能"先写"，因为这个点是属于部件走之的。这类合体字，需要依据"先内后外"的笔顺规则，先写被走之包围的字心，再写走之（辶），到写走之（辶）时才写点。

以上3类字，数量还不少。在《通用规范汉字表》中，单是以"走之"为部首的字，就有100多个。以"走之"为部首的字作合成部件用的，还有不少。

其他"点在左上"而可以"先写点"的字，大多是一种巧合，它们是依据别的规则而先写点的。比如，"兰、关、益、首、美、羊、半、米"等字，它们首先写的是"点撇组合"，由于点在左而撇在右，所以根据"从左到右"的规则先写点。"举、学、觉、誉"等合体字，最上边是"点点撇组合"，也是根据"从左到右"先写"点"。一些左右结构的字，如"说、话、谜、语、讲、课"之类言旁字，"神、礼、祈、社、视、祥"之类示旁字，"补、衫、袖、袍、袄"之类衣旁字，"江、湖、河、海、滩"之类三点水旁字，"冰、冻、冷、准、次"之类两点水旁字，这些合体字都是根据"从左到右"的笔顺规则，先写左边部件后写右边部件，在先写左边部件时根据"从上到下"规则先写了点。

看来，笼统地讲"点在左上角，先写"，不怎么准确。

（三）关于"点在右上角，后写"

"点在右上角，后写"规则，有大批例字佐证，比如：

独体字：

犬、书、术、戍、尤、龙、甫、我、求、戈、戋、弋

合体字：

吠、状、献、獃、沭、怵、犹、就、猊、鈗、泷、拢、捕、铺、浦、哺、饿、哦、俄、娥、球、俅、赇、波、拔、跛、祓、伐、戏、战、伐、戍、成、城、戎、狱、贼、绒、截、载、哉、栽、戴、贱、溅、践、钱、残、钱、线、贰、腻、代、玳、袋、式、试、弑、武、赋、斌、斌

据我们统计，《通用规范汉字表》中，"点在右上角，后写"的字有170多个。

但在《通用规范汉字表》中还有640多字，虽然"点在右上角"却不能"后写"。

第一类是"犬、龙、甫、戈、戋、弋、术、求"等以部件身份处于上下结构合体字的上部或右上角，或处于左右结构合成字右上角、或处于走之框（辶）中被包围，它们右上角的点只能在写字的过程中间写，而绝不能"最后写"。例如：

袭、龚、耆、聋、垄、感、戤、盛、惑、盔、鸢、裘、然、赞、犁、袋、贷、黛、稽、傅、膊、缚、搏、溥、博、憾、鳡、燃、遒、述、逑

第二类是左右结构的合体字，右侧部件的首笔为点，它虽在"右上角"却不能"后写"。这类字更多，《通用规范汉字表》中有400多个。例如：

佧、撞、幢、曈、辘、瀌、炉、护、垆、浪、狼、琅、哼、障、樟、璋、獐、惇、凉、谅、晾、璃、漓、防、肪、坊、仿、编、鳊、停、婷、淳、蹄、塘、糖、搪

第三类是"父、谷、小、少"等独体字，以及"父、谷、小、少"作部件在上、在右的合体字，它们右上角的点绝不能"后写"。例如：

父、爸、斧、釜、滏、爷、爹、嗲、谷、浴、裕、俗、茶、尖、省、劣、尘

既然反例多于正例，说明"点在右上角，后写"这条规则还需要推敲，不能这么笼统地讲"点在右上角，后写"。

（四）关于"点在里面，最后写"

"点在里面，最后写"这条规则，上述著作中的例字有"瓦、叉、夕、兔"几个。

这条规则的问题是，"里面"这一说法太含糊，"里面"一词前面缺少必要的限定语，应该指出"在（什么）里面"的点才需要"后写"，否则不好掌握。

有少数著作，曾经指出"点在（什么）里面"必须"后写"，可惜又不怎么妥当。比如，兰宾汉、邢向东（2007）说是在"字的里面"的点"后写"，但我们发现，"习、匀、今、芝、蔴、芒、旻、罾、留、买、予、矛、甬"等字的里面虽有点，却不能"后写"，"夜、液、腋、丹、戌、鸟、岛、枭、凫"等"字的里面"的点，也不能"最后写"。

又如，邵敬敏（2016）说是"包在主体内"的点"后写"，但是这"字的主体"是什么，现在好像还没有一个公认的确定的说法。比如上面说到的"习、匀、今、芝、液、腋、丹、戌、鸟、岛、枭、凫"等字，其中的点是不是"包在主体内"的呢？如果是的话，怎么不后写呢？所以，如果不说清楚"字的主体"指的是什么，也就无法掌握什么样的点必须最后写。

综观上述4条规则，问题还不少，很需要再作一些新的探索。

三、点的笔顺规则的重新表述

据我统计，《通用规范汉字表》中含点的字共有 5812 个，占全表字的 71.7%。上述 4 条规则，只能解决一小部分字中点的笔顺写法，绝大部分含点的字中点的笔顺问题并没有解决。

为了解决所有含点的字中点的笔顺问题，我们打算从以下三个方面入手：

一是增加点所在的"方位"。不能只从"上边、左上角、右上角、里面"4 个方位探讨点的笔顺，起码得从"上边、左上角、右上角、里面、左边、右边、左下角、右下角、下边"9 个方位来探讨点的笔顺问题。例如"卜""外"的"右边"是点，"氐""太"的"下边"是点，"寸""守"的"左下角"是点，"下""卞""卡"的"右下角"是点，等等。只有把各种方位说全了，论说才会无遗漏。

二是增加"基础部件"为论述对象。不能仅仅局限于从"字"的某个方位来谈点的笔顺，而更多的是要从基础部件的"上边、左上角、右上角、里面、左边、右边、左下角、右下角、下边"来探讨点的笔顺问题。比如"逋""逑"两字，如果从"字"的角度看，它的左上角是点，右上角也是点，可是，它们的在左上角的点不能最先写，在右上角的点也不能最后写；但如果我们从"基础部件"的角度看，"逋""逑"是由"甫""求""辶"3 种基础部件构成的，在写"甫""求"这两个"基础部件"时，右上角的点必须后写，在写"辶"这个"基础部件"时，上边的点必须先写，这就很容易地把问题解决了。再如"薄"字有 4 个点，如果从"字"的角度说，这些点既不在"字的左上角"，也不在"字的右上角"，更不在"字的最上边"，它们在"字"的哪个方位是说不清楚的；但如果从"部件"的角度说，就容易了：点在基础部件"氵"中是最上边的点，点在基础部件"甫"中是右上角的点，点在基础部件"寸"中是左下角的点，方位说清楚了，规则就容易制定了。

三是增设"笔簇"这个比部件更小的构形单位来讨论点的笔顺问题。"笔簇"是李瑛《通用规范汉字独体字研究》[①]首先使用的一个概念，我们把它定义为从基础部件当中拆分出来的两个及两个以上笔画的组合体。例如，基础部件"丫、米、业、亚、半"中的"丷"，它们由两个笔画组成，尽管它们跟基础部件倒八（丷）极为相像，但根据国家公布的语言文字规范，"基础部件"是"按照规则不再拆分的"，因此就不能说从"丫、米、业、亚、半"等"基础部件"中再拆分出基础部件"丷"了，如果我们把它称之为笔簇"丷"就没有问题了。再如，部件"宀、穴"中的"冖"也不宜称之为"部件"，只能称之为"笔簇"。笔簇的种类也挺多，不限于"丷""冖"两个，下详。

基于上述考量，我们重新提出点的笔顺规则10大类，44条细则于下。

（一）点在独体字、基础部件、笔簇的最上边，先写

1. 点在独体字的最上边，先写。例如"方、广、户、立、六、亡、文、言、衣、永、之"等独体字中处于最上边的点，要先写。

2. 点在基础部件的最上边，先写。除了"方、广、户、立、六、亡、文、言、衣、永、之"等成字部件以外，点还在不成字部件"宀、疒、礻、衤、宀、氵、辶、氵、冫"等的最上边，在合体字中写这些基础部件时，首先写它上边的点。例如"宫、病、神、补、玄、记、近、汁、冰、庆、矿、芳、护、房"等。

3. 点在合体字的最上边，先写。

点在合体字的最上边，有两种情形：

一是点作为一个基础部件，跟另一个部件组成的合体字，如"良、主、义"等，写这个合体字时要先写点。《信息处理用GB 13000.1字

[①] 李瑛：《通用规范汉字独体字研究——兼评〈现代常用独体字表〉和〈简化汉字独体字表〉》，《内蒙古师范大学学报》2016（3）：90-96。

符集汉字部件规范》认为"良、主、义"都是合体字，它的最上边的部件是点，这3字分别可以拆分为[丶]+[艮]、[丶]+[王]、[丶]+[乂]，是合体字。写这类合体字时，一定是先写上边的点。

　　二是点处在基础部件的最上边，这个基础部件跟另一个部件构成上下结构的合体字，如"亦、亥、亩"的上边部件是"亠"，"宁、它、宇、守、宅、字、安、宋、牢、灾"的上边部件是"宀"，左上包围结构合体字"庆、床、库、应、庐"上边（左上）的部件是"广"，上下结构合体字"妄、忘、盲、育"上边的部件是"亡"，上下结构合体字"紊、齐、吝、斋、忞"上边的部件是"文"，上下结构合体字"裔"上边的部件是"衣"，左上包围结构合体字"病、痛、疼、疫、疗"上边（左上）的部件是"疒"。写这类合体字时，先写上边部件的第一画点。

　　4.上述很多合体字可以作为合成部件跟别的部件组成多层次合体字，例如"粮、阆、狼、注、疰、议、仪、迹、核、孩、刻、苧、柠、佗、陀、蛇、诧、按、氨、案、裤"等。在写多层次结构合体字中的"良、主、义、亦、亥、宁、它、安"等合成部件时，首先写它上边的点。

　　5.点在"丫"等笔簇中处于最上边，在基础部件、独体字中写这个笔簇时先写它上边的点。例如"爿、水、疒、习、兆、求"等基础部件中的笔簇"丫"。

（二）点在独体字和特定基础部件的左上角，先写

　　不是在所有字、所有部件左上角的点都必须先写，但在独体字和特定基础部件左上角的点一定需要先写。

　　1.在"为、门"等独体字中处于左上角的点，先写。

　　2.在基础部件中，除了成字部件"为、门"以外，还有不成字部件"尢、疒"等基础部件左上角的点，需要先写。

　　3.含基础部件"为、门、尢、疒"的合体字，有"伪、沩、们、问、阁、间、沈、枕、鸩、农、雀"等。在写合体字中的基础部件"为、门、

尤、宀"时，需要先写左上角的点。在《信息处理用 GB 13000.1 字符集汉字部件规范》中，"宀"是基础部件，"农、雀"是合体字。在《现代常用独体字规范》中，"农"是独体字。在《现代常用字部件及部件名称规范》中"农、雀"是"部件"。

4. 在合体字中，"斗、头"左上角的点，需要先写。在《信息处理用 GB 13000.1 字符集汉字部件规范》中，"斗、头"也是合体字，各由两个基础部件组成。但在《现代常用独体字规范》中，"斗、头"是独体字。"斗、头"在《现代常用字部件及部件名称规范》中是"部件"，"斗"的部件序号是 85，"头"的部件序号是 365。

5. 在以"农、雀、阁、间、斗、头"为合成部件的多层次结构合体字中，在写其中合成部件"农、雀、阁、间、斗、头"时，左上角的点先写，例如"浓、侬、哝、脓、鹳、榷、搁、简、涧、铜、裥、枓、蚪、斿、斛、买、卖、读、续"等。

（三）点在独体字、基础部件、笔簇的最下边，后写

一个点（丶）、两个点（丷）、4 个点（灬）都是基础部件。

1. 在"专"独体字中，点处于最下边，最后写。

2. 点（丶、丷、灬）作为一个基础部件，跟它上面的部件组成上下结构合体字，例如"太、氐、冬、尽、寒、枣、点、烹、羔、然、焦"等，点（丶、丷、灬）在以上合体字的最下面，在写这些合体字时，最后写点。

3. 点在"マ、专、黑、熏[①]"等基础部件中处于最下边，在写合体字中"マ、专、黑、熏"等基础部件时，最后写下面的点。例如"甬、涌、勇、疑、令、传、转、默、黔、薰"等。

4. 在以"太、氐、冬、尽、羔、然、焦"等作合成部件的多层次结

[①] 依《信息处理用 GB 13000.1 字符集汉字部件规范》，"黑、熏"为基础部件，不是合成部件。

构合体字中，在写其中"太、氐、冬、尽、羔、然、焦"等合成部件时，最后写它们下面的点。例如"态、汰、底、低、抵、图、疼、终、烬、糕、燃、蘸"等。

5. 在基础部件"予"中，点在笔簇"マ"的最下边，写这个笔簇时，后写它下边的点。含基础部件"予"的合体字有"预、序、豫、鹬"等，在写其中的笔簇"マ"时，点后写。在《信息处理用 GB 13000.1 字符集汉字部件规范》中，"予"是基础部件。

（四）点在独体字和基础部件的右上角，后写

并不是在所有字、所有部件右上角的点都必须后写，只有在以下独体字和基础部件中右上角的点需要后写。

1. 点在独体字"甫、求、弋、戈、戋、戊、我、戬、犬、龙、尨、书"等独体字中处于右上角，写这些独体字时，最后写点。

这些字的结构特征有四：

一是点在"横与竖交叉"的右上角，如"甫、求"；

二是点在"横与斜钩交叉"的右上角，如"弋、戈、戋、戊、我、戬"；

三是点在"横与撇交叉"的右上角，如"犬、龙、尨"；

四是点在"竖与横折交叉"的右上角，如"书"。

在这些独体字中，最后一笔写"点"。

2. 在基础部件中，除了成字部件"甫、求、弋、戈、戋、戊、我、犬、龙、尨、书"以外，还有不成字部件"戌、戋、戬"等，在合体字中写这些基础部件时，必须最后写点。

含基础部件"甫"的合体字，有"逋、傅、簿、薄、榑、辅"等，在写其中基础部件"甫"时，最后写点。

含基础部件"求"的合体字，有"逑、球、裘、俅、毬、赇、救"等，在写其中基础部件"求"时，最后写点。

含基础部件"弋"的合体字,有"代、岱、贷、杙、黛、袋、鸢"等,在写其中基础部件"弋"时,最后写点。

含基础部件"弋"的合体字,还包括"式、试、拭、轼、武、赋、斌、鹉、弌、贰"等,"式、武、弌、贰"是上右包围结构,倒数第 2 画写斜钩,最后一画写点。

含基础部件"戈"的合体字,有"伐、战、戏、划、戗、戕、戟、戡"等,在写其中基础部件"戈"时,最后写点。

含基础部件"戈"的合体字,还包括"或、戎、戒、哉、栽、载、戴、裁、截"等,在写这些合体字时,最后一笔写右上角的点。"或、戎、戒"等还可以作合成部件跟别的部件组成多层次结构合体字,例如"域、械、惑、绒、贼、诫、械"等,写这些合体字中的合成部件"或、戎、戒"时,最后一笔写点。

含基础部件"戋"的合体字,有"钱、划、盏、箋、贱、浅、笺"等,在写其中基础部件"戋"时,最后写点。

含基础部件"戊"的合体字,有"茂、戌、戍、成、威、戚、咸"等。在写合体字"茂"时,最后写"戊"的点。在写"戌、戍、成、威、戚、咸"这些合体字时,最后一笔写点。以"戌、成、威、戚、咸"为合成部件的多层次结构合体字,有"蔑、篾、城、诚、盛、蒇、崴、喊、减、碱"等,在写其中合成部件"戌、戎、戒、成、威、戚、咸"时,最后写右上角的点。

含基础部件"我"的合体字,有"鹅、蛾、俄、峨、娥"等,在写其中基础部件"我"时,最后写点。

含基础部件"犬"的合体字,有"伏、哭、然、器、吠、倏、狱、状"等,在写其中基础部件"犬"时,最后写点。

含基础部件"龙"的合体字,有"笼、砻、垄、拢、珑、胧、聋、詟、袭"等,在写其中基础部件"龙"时,最后写点。

含基础部件"龙"的合体字,有"牝、庞"等,在写其中基础部件

"龙"时，最后写点。

含基础部件"戉"的合体字，有"钺、越、樾"等，在写其中基础部件"戉"时，最后写点。

含基础部件"𢍰"的合体字，有"羲、曦、爔"等，在写其中基础部件"𢍰"时，最后写点。

含基础部件"𢦒"的合体字，通用规范汉字中有"戬"，在写其中基础部件"𢦒"时，最后写点。

含基础部件"𢦏"的合体字，通用规范汉字中有"或"，在写这个字时，最后写点。

3. 在合体字"尢、朮、犮、发"中，点处于右上角，最后写。根据《信息处理用 GB 13000.1 字符集汉字部件规范》，"尢、朮、犮、发"是合体字。"尢、朮"由两个基础部件构成，"犮、发"由 3 个基础部件构成。

4. "尢、朮、犮、发"可以作为合成部件，组成结构更为复杂的合体字，在合体字中写合成部件"犮、尢、朮、发"时，最后写点。

含合成部件"尢"的合体字，有"犹、疣、就、忧、优、疣、魷"等。在写其中合成部件"尢"时，最后写点。

含合成部件"朮"的合体字，有"沭、述、怵、秫"等，在写其中合成部件"朮"时，最后写点。

含合成部件"犮"的合体字，有"拔、鲅、跋、菝、魃"等，在写其中合成部件"犮"时，最后写点。

含合成部件"发"的合体字，有"泼、拨、钹、酦、废"等，在写其中合成部件"发"时，最后写点。

（五）点在独体字、基础部件、笔簇的最左边，先写

1. 在独体字"州、心、必"中处于最左边的点，先写。
2. 在基础部件中，点在最左边的，除了成字部件"州、心、必"以

外，还有不成字部件"丷、冖、丿"等。在合体字中写这些基础部件时，点要先写。例如："洲、芯、蕊、秘、关、半、兑、兽、冗、写、冠、冢、冤、罕、军、晖、晕、班、辨"等，在这些合体字中，写其中基础部件"州、心、必、丷、冖、丿"时，先写左边的点。

3. 在基础部件"䒑、羊、羊、丫、米、业、火"中的笔簇"丷"，在基础部件"宀"中的笔簇"冖"，点处于最左边，在写这些笔簇时，先写左边的点。

（六）点在独体字、基础部件、笔簇的最右边，后写

1. 在独体字"八、卜、心、必"中处于最右边的点，最后写。

2. 在写合体字中的基础部件"八、卜、心、必"时，最后写点。例如"只、兵、浜、兴、具、俱、真、镇、积、竣、俊、梭、唆、讣、盐、仆、扑、朴、补、沁、思、想、忠、志、忑、忒、芯、蕊、秘、泌、密、蜜、嘧、祕、宓"等字中的"八、卜、心、必"，必须后写点。

3. 基础部件"⺌、小、六、父、乐、东、示"中的笔簇"八"，点处于最右边，写这些基础部件中的笔簇"八"时，后写点。

（七）点在"横与竖钩交叉"的左下角，后写

1. 点在独体字"寸"中处于"横与竖钩交叉"的左下角，最后写这个点。

2. "寸"也是一个基础部件，能出现在合体字的多种部位。在写合体字中"寸"这个基础部件时，最后写左下角的点。例如"守、夺、导、讨、肘、付、符、府、附、缚、傅、薄、博、簿、过、挞、等、待、纣、苻、将、镪、得、碍、尊、遵"等。

（八）点在独体字和基础部件的右下角，后写

1. 在独体字中处于右下角的点，最后写。例如"乓、下、卡、不"等。

2.在合体字中写"下、卡、不"等基础部件时,这些基础部件右下角的点后写。例如"吓、虾、忑、咔、胩、杯、怀、丕、否、痞、还"等。

3.在合体字中处于右下角的基础部件"㇏",最后写。例如"终、馋、搀、鳏、於、淤"等。

(九)点在三面包围框里面,或在折笔里面,后写

1.点在三面包围框里面,先写三面包围框,后写里面的点。例如成字部件"叉、夕、歹、凡、雨"中的点,不成字部件"夗"中的点,以及合体字"权、叔、汐、多、杈、列、歼、残、殊、巩、恐、赢、漏"里面被三面包围的点,写这些字时,都是先写包围框,后写点。

2."玉、圡"中的点,被三面包围,先写"王、土",后写点。例如"玉、珏、宝、钰、国、掴、蝈、帼、腘、压"。

3.折笔里面有点,先写折,后写点。例如:基础部件"癶",先写"𠃌"后写它里面的点。"兔、心"等字,先写"乚"后写它里面的点。"鸟、岛、枭"等字,先写"𠃌"后写它里面的点。

(十)点与别的笔画相交,后写点

1.点与竖相交,先竖后点。例如"斥、诉、拆、柝"等。

2.点与撇相交,"先撇后点"。例如"乂、冈、爻、艾、支、文、囟、杀、刈、凶、匈、赵、希、区、呕"等。

3.点与折相交,先折后点。例如"又、邓、双、对、观、鸡、叔、叙、欢、凤、轰、聂、桑、叠、叕、缀"等。

4.在独体字"丸"中,点与"九"的撇相交,先写"九",后写点。

5.在合体字"匆、葱、偬"中,点与两撇相交,先写两撇,再写点。

6.在基础部件"豖"中,点与第4、5两撇中的一撇相交,先写两撇,再写点。在"冢、涿、琢"等字中,"豖"也是这样写。

笔者说过,汉字笔顺的基本规则有"基础规则"和"衍生规则"之分。本文所论"点的笔画规则",也是一条"衍生规则"。

四、余论:是"先撇后捺"还是"先撇后点"

以前,大家一般都说"先撇后捺",而不说"先撇后点"。笔者(2016)《汉字笔顺基本规则之新表述》[①]中,把"先撇后捺"改成了"先撇后点"。黄伯荣、廖序东(2017)《现代汉语》(增订六版)也说:"先撇后点:乂、人、入、八。"[②]黄伯荣、廖序东(2018)《现代汉语》(增订六版)精简本也说:"撇点相交者,先撇后点。例如:乂(刘、肴、爻、冈、凶、区、赵)。"[③]

为什么要把"先撇后捺"改说成"先撇后点"呢,因为国家公布的多部语言文字规范中都认为"点"是主笔形,"捺"是"点"的附笔形。汉字笔画的5种主笔形是"横、竖、撇、点、折",其中没有"捺","捺"归入"点"中。

黄伯荣、廖序东(2011)《现代汉语》(增订五版)指出:

1965年文化部和文改会发布的《印刷通用汉字字形表》和1988年国家语委、新闻出版署发布的《现代汉语通用字表》规定了五种基本笔形,即一(横)、丨(竖)、丿(撇)、丶(点)、乛(折),又称"札字法"。[④]

[①] 邵霭吉:《汉字笔顺基本规则之新表述》,《阜阳师范学院学报》(社会科学版),2016(6):51-54。

[②] 黄伯荣、廖序东《现代汉语》(增订六版)上册152页,高等教育出版社,2017。

[③] 黄伯荣、廖序东《现代汉语》(增订六版)精简本82页,高等教育出版社,2018。

[④] 黄伯荣、廖序东《现代汉语》(增订五版)上册148页,高等教育出版社,2011。

1988年以后，国家语委、新闻出版署1997年发布《现代汉语通用字笔顺规范》也指出，该规范"同笔画数的字依笔顺以'横、竖、撇、点、折'为序"。国家语委1999年发布《GB 13000.1字符集汉字笔顺规范》指出："最基本的笔形有五种，为主笔形，其排列顺序为一（横）、丨（竖）、丿（撇）、丶（点）、乛（折）。"教育部、国家语委2021年发布《通用规范汉字笔顺规范》指出："汉字的五种基本笔形横（一）、竖（丨）、撇（丿）、点（丶）、折（乛）称为主笔形。"

所以，改"先撇后捺"为"先撇后点"是历史的必然。

通用规范汉字问题研究

形声字及其他问题

《通用规范汉字表》读半边字的统计与思考

——兼谈几种不同范畴的形声字概念

通用规范汉字中有一些字是可以"读半边"的,读半边字跟形声字有一些交集。下面先统计《通用规范汉字表》8105字中的读半边字,然后讨论4种不同范畴的"形声字"概念:"形声字1"是字源形声字,"形声字2"是现代通用形声字,"形声字3"是现代汉字学形声字,"形声字4"是纯形声字,即本文所说的"读半边字"中的形声字,最后谈谈人们常说的"现代汉字中形声字占90%以上"问题。

一、从"秀才识字读半边"说起

中国有句俗话,叫"秀才识字读半边"。照我们理解,这句话有两层意思,其一层意思是,确实有一些汉字可以读半边。秀才用这一方法读一些不认识的字,居然读对了。例如他把"宬、珹、晟、铖"读成"成"(chéng),把"芭、邑、疤、蚆、笆、豝、粑、鲃"读成"巴"(bā),把"佖、邲、苾、咇、泌、玜、毖、铋、秘、駜"读成"必"(bì)",把"堾、瑃、椿、蝽、鰆"读成"春"(chūn)",把"嗷、遨、獒、璈、鏊、熬、聱、螯、鳌"读成"敖"(áo)",都没有读错。

"秀才识字读半边"这句话的另一层意思是,秀才用这一方法去读一些不认识的字,却读错了,成了笑话。这一层意思,有一点讥笑秀才所学不精,"满瓶不动半瓶摇"的意味,因为字读半边,读错的概率相当大。例如，把"钓、约、趵、豹、酌、灼、妁、的、炝"读成"勺（sháo）"，把"糯、儒、孺、蠕、嚅"都读成"需（xū）"，那都是笑话。汉字中这样的情况也很多，例如"畴、筹、涛、梼、祷、焘"等字不能读成"寿（shòu）"，"屈、诎、咄、茁、拙、础"等字不能读成"出（chū）"，"诗、等、持、特、痔、侍、待"等字不能读成"寺（sì）"，如此等等。

总体来说，汉字中可读半边的字不多，远不如不可读半边的字多。比如下面这首诗：

小时候，乡愁是一枚小小的邮票，我在这头，母亲在那头。

长大后，乡愁是一张窄窄的船票，我在这头，新娘在那头。

后来啊，乡愁是一方矮矮的坟墓，我在外头，母亲在里头。

而现在，乡愁是一湾浅浅的海峡，我在这头，大陆在那头。

全诗共 88 字，去除重复使用的，共用了 42 个不同的汉字，其中合体字 20 多个，可读半边的合体字仅有"邮、湾、啊"3 个，其余合体字，如"时、候、愁、是、枚、的、票、这、亲、那、张、窄、船、新、娘、矮、坟、墓、外、浅、海、峡、陆"等，都是不可读半边的，如果像秀才那样都读半边，读错的几率是很高很高的。

汉字学界对于读半边字的研究，较早的有丁西林（1952）《现代汉字及其改革的途径》[①]，文中对 334 个"手"部字进行抽样统计，结果是：整字和声旁读音完全相同的为 87 个字，占"手"部字总数的 26%。

叶楚强（1965）《现代通用汉字读音的分析统计》[②] 研究的是"字中字"读音和整字读音之间的关系，他所说的"字中字"大致相当于一般人所说的"形声字中能够独立成字的声旁"，也可以说是"字之半边"。他统计了《新华字典》（1962 年版），发现有 77 个"字中字"分别跟

---

① 丁西林：《现代汉字及其改革的途径》，《中国语文》1952（8）。
② 叶楚强：《现代通用汉字读音的分析统计》，《中国语文》1965（3）。

包含它们的 355 个合体字读音"完全相同"。也就是说，这 355 个汉字中有 21.7% 是可以"读半边"的。

范可育、高家莺、敖小平（1984）《论方块汉字和拼音文字的读音规律问题》[①]也涉及形声字的声旁和形声字整字的读音相同问题。他从声旁着手，统计到倪海曙《现代汉字形声字字汇》一书 5990 个形声字中有声旁 1522 个，去掉不成字声旁和多音字声旁，得到一音字声旁 1090 个，再去掉其中半表音声旁和不表音声旁，得到完全表音的一音声旁 244 个，这些声旁参与构成了分别跟它们声、韵、调全同的 1578 个形声字，也就是说，在倪海曙《现代汉字形声字字汇》5990 个形声字中，有 1578 个形声字是可以"读半边"的。

李燕、康加深（1993）《现代汉语形声字声符研究》[②]指出，《现代汉语通用字表》7000 字中，形声字跟其声符声、韵、调全同的有 2292 字，也就是说，有 32.74% 的字是可以"读半边"的。

跟读半边字有关联的术语是"形声字"，读半边字的绝大多数是形声字，但形声字的大多数是不能读半边的。所以，读半边字与形声字不是同一概念。

二、《通用规范汉字表》读半边字统计

现在来统计《通用规范汉字表》中的读半边字。我们选用《通用规范汉字字典》做依据来进行统计。《通用规范汉字字典》是由《通用规范汉字表》研制组组长王宁主持编写的，是"一部配合《通用规范汉字

---

① 范可育、高家莺、敖小平：《论方块汉字和拼音文字的读音规律问题》，《文字改革》1984（3）。

② 李燕、康加深：《现代汉语形声字声符研究》，《语言文字应用研究论文集》38—45 页，语文出版社，1995。

表》实施的字典"[①]。

我们的做法是，以《通用规范汉字字典》的字头注音为准，凡是可以分成左右、上下、内外两部分的合体字，如果其读音跟这个字的"半边"的读音声、韵、调完全相同，都统计进来。可读半边的整字后面用括号注明可读的"字半边"及其拼音，同音的整字连排在一起。

跟整字读音相同的"字半边"必须可以独立成为《通用规范汉字表》中的规范字，否则不予统计。

整字、"字半边"有不止一个音项的，分别统计。

汉语拼音首字母相同的，组成一个自然段。

啊锕（阿 ā）/锿（哀 āi）/砹（艾 ài）/嫒嫒瑷叆暧（爱 ài）/垵桉氨鮟鞍（安 ān）/昂（卬 áng）/嗷遨嗷廒璈獒熬聱螯鳌（敖 áo）/隩薁澳懊（奥 ào）/

扒叭朳（八 bā）/芭吧岜疤蚆笆粑粑鲃（巴 bā）/菝（拔 bá）/灞（霸 bà）/佰（百 bǎi）/瘢（斑 bān）/搬瘢（般 bān）/伴拌绊柈鞶（半 bàn）/帮哴梆（邦 bāng）/苞孢枹胞炮龅（包 bāo）/葆堡褓（保 bǎo）/瀑曝爆（暴 bào）/椑碑鹎（卑 bēi）/狈狈钡（贝 bèi）/悖（孛 bèi）/惫（备 bèi）/褙（背 bèi）/蓓（倍 bèi）/锛（奔 bēn）/倴（奔 bèn）/苯（本 běn）/嘣（崩 bēng）/比（匕 bǐ）/芘吡沘妣秕舭（比 bǐ）/荜哔筚跸（毕 bì）/陛狴（坒 bì）/佖邲苾咇泌珌毖铋秘祕（必 bì）/痹箅（畀 bì）/蔽弊（敝 bì）/薜壁避嬖臂璧襞（辟 bì）/笾（边 biān）/匾碥褊（扁 biǎn）/抃苄汴忭（卞 biàn）/邴昺（丙 biǎn biàn）/婊脿裱（表 biǎo）/傧滨缤槟镔（宾 bīn）/邴柄昺炳蛃（丙 bǐng）/菠钹（波 bō）/渤（勃 bó）/襮礴（薄 bó）/箔（泊 bó）/卟补（卜 bǔ）/钚（不 bù）/怖（布 bù）/埗（步 bù）/蔀（部 bù）/

[①] 王宁：《通用规范汉字字典》1页，商务印书馆，2014。

形声字及其他问题 | 309

材财（才 cái）／彩睬踩（采 cǎi）／菜（采 cài）／骖（参 cān）／璨（粲 càn）／伧苍沧鸧舱（仓 cāng）／嘈漕槽□蟛艚（曹 cáo）／涔（岑 cén）／噌（曾 céng）／权（叉 chā）／搽（茶 chá）／嵖猹碴□（查 chá）／檫（察 chá）／衩（叉 chǎ）／汊杈衩（叉 chà）／婵禅蝉（单 chán）／潺骣（孱 chán）／瀍躔（廛 chán）／浐铲（产 chǎn）／菖猖阊娼鲳（昌 chāng）／苌（长 cháng）／偿鲿（尝 cháng）／嫦（常 cháng）／氅（敞 chǎng）／嘲潮（朝 cháo）／砗（车 chē）／宸晨（辰 chén）／诚城宬峸晟盛铖（成 chéng）／埕珵程裎酲（呈 chéng）／嗤媸（蚩 chī）／茺流玩（充 chōng）／㫪（春 chōng）／漴（崇 chóng）／杻（丑 chǒu）／邮（出 chū）／雏（刍 chú）／滁（除 chú）／橱蹰（厨 chú）／㯥齾（楚 chǔ）／搐（畜 chù）／氚（川 chuān）／倕陲捶棰锤（垂 chuí）／堾珺椿蝽鰆（春 chūn）／莼（纯 chún）／慈磁鹚糍（兹 cí）／泚玼鴜（此 cǐ）／佽（次 cì）／莿（刺 cì）／丛（从 cóng）／猝（卒 cù）／催摧（崔 cuī）／

莕硒钛鴖（达 dá）／轪（大 dài）／垈岱玳贷袋黛（代 dài）／靆（逮 dài）／郸殚瘅箪（单 dān）／但担萏（旦 dàn）／珰铛裆筜（当 dāng）／谠榯（党 dǎng）／垱挡档（当 dàng）／菪（宕 dàng）／叨忉舠魛（刀 dāo）／捣（岛 dǎo）／倒（到 dào）／噔璒蹬（登 dēng）／低羝（氐 dī）／荻（狄 dí）／邸诋坻抵苰底柢砥骶（氐 dǐ）／递娣睇（弟 dì）／谛蒂嫡缔琗褅碲（帝 dì）／巅癫（颠 diān）／碘（典 diǎn）／惦（店 diàn）／癜（殿 diàn）／叼汈（刁 diāo）／铞（吊 diào）／仃叮玎耵町钉疔虰酊（丁 dīng）／萣啶腚碇锭（定 dìng）／铥（丢 diū）／崠鸫蝀（东 dōng）／咚氡（冬 dōng）／懂（董 dǒng）／蔸篼（兜 dōu）／抖枓蚪（斗 dǒu）／逗痘（豆 dòu）／嘟（都 dū）／䄱（杜 dù）／渡镀（度 dù）／端（耑 duān）／塅缎瑖椴煅锻（段 duàn）／籪（断 duàn）／怼（对 duì）／墩礅镦蹾（敦 dūn）／遁（盾 dùn）／哆（多 duō）／踱（度 duó）／垛哚躲（朵 duǒ）／

屙婀（阿 ē）/扼苊呃轭（厄 è）/噁（恶 è）/蒽（恩 ēn）/陑
胹鸸鲕（而 ér）/迩（尔 ěr）/饵洱珥铒（耳 ěr）/

垡阀筏（伐 fá）/幡翻（番 fān）/矾钒（凡 fán）/礬（繁 fán）/
返（反 fǎn）/邡坊芳枋牥钫蚄（方 fāng）/菲啡猆绯扉蜚霏鲱（非
fēi）/淝（肥 féi）/榧篚（匪 fěi）/镄（费 fèi）/芬吩纷玢氛翂酚
（分 fēn）/棻（芬 fēn）/份坋忿（分 fèn）/沣（丰 fēng）/渢枫砜
疯（风 fēng）/葑葻（封 fēng）/缝（逢 féng）/俸（奉 fèng）/呋
玞肤砆铁麸跗（夫 fū）/佛拂苿怫绋氟（弗 fú）/俘郛垺莩浮珨蜉
（孚 fú）/茯洑袱（伏 fú）/菔（服 fú）/辅脯黼（甫 fǔ）/俯腑腐
（府 fǔ）/滏（釜 fǔ）/汊（父 fù）/附咐驸鲋（付 fù）/腹蝮馥（复
fù）/

嘎（戛 gā）/钙（丐 gài）/玕杆肝矸虷竿酐（干 gān）/坩苷
泔柑疳（甘 gān）/澉橄（敢 gǎn）/鳡（感 gǎn）/旰（干 gàn）/
刚岗纲棡钢（冈 gāng）/堽（罡 gāng）/槔（皋 gāo）/膏篙（高
gāo）/糕（羔 gāo）/郜诰锆筶（告 gào）/歌（哥 gē）/搁（阁
gé）/隔塥嗝滆膈镉（鬲 gé）/硌铬（各 gè）/茛（艮 gèn）/浭（更
gēng）/赓鹒（庚 gēng）/功攻（工 gōng）/躬（弓 gōng）/蚣（公
gōng）/供共 gòng）/沟钩（勾 gōu）/佝枸（句 gōu）/构购（勾
gòu）/菇（姑 gū）/膏（骨 gū）/菰（孤 gū）/诂牯呫罟蛄鸪
（古 gǔ）/馉鹘（骨 gǔ）/臌瞽（鼓 gǔ）/堌崮锢痼鲴（固 gù）/
呱胍（瓜 guā）/褂（卦 guà）/倌棺（官 guān）/莞（冠 guān）/
鳤（管 guǎn）/贯（毌 guàn）/掼惯（贯 guàn）/垙咣洸珖桄铓胱（光
guāng）/犷（广 guǎng）/邽闺珪硅鲑（圭 guī）/鹎（规 guī）/鲑（轨
guǐ）/滚磙（衮 gǔn）/埚涡锅（呙 guō）/帼涸腘（国 guó）/馃蜾
粿（果 guǒ）/

骇氦（亥 hài）/嗐（害 hài）/浛琀晗焓（含 hán）/峆涵菡（函
hán）/焊捍悍焊（旱 hàn）/蔊（焊 hàn）/瀚（翰 hàn）/绗（行

形声字及其他问题 | 311

háng）/嚆（蒿 hāo）/壕嚎濠（豪 háo）/淏（昊 hào）/灝（颢 hào）/和盉龢（禾 hé）/邰诒狧盒颌（合 hé）/鹖鞨（曷 hé）/荷（何 hé）/菏（河 hé）/阖（盍 hé）/鹤（雀 hè）/嘿嚜（黑 hēi）/哼（亨 hēng）/珩桁鸻（行 héng）/蘅（衡 héng）/泓（弘 hóng）/荭（红 hóng）/鋐（宏 hóng）/喉猴瘊瘊篌糇（侯 hóu）/郈垕逅鲘（后 hòu）/呼轷烀（乎 hū）/唿滹惚（忽 hū）/葫猢湖瑚煳鹕蝴糊醐（胡 hú）/槲（斛 hú）/唬琥（虎 hǔ）/冱（互 hù）/护沪戽戽扈（户 hù）/哗骅铧（华 huá）/华（化 huà）/婳（画 huà）/换唤涣焕痪（奂 huàn）/漶（患 huàn）/慌（荒 huāng）/凰隍喤遑徨湟惶媓瑝煌锽蝗篁艎鳇（皇 huáng）/潢璜镄癀蟥簧（黄 huáng）/幌（晃 huǎng）/滉（晃 huàng）/诙咴恢（灰 huī）/茴洄蛔（回 huí）/荟浍绘桧烩（会 huì）/慧鏸（彗 huì）/蟪蟪螻螻（惠 huì）/阍惛婚碈（昏 hūn）/伙钬（火 huǒ）/惑（或 huò）/藿嚯㸌（霍 huò）/

讥叽饥玑机肌矶（几 jī）/剞犄畸觭（奇 jī）/伋岌汲级极笈（及 jí）/佶姞（吉 jí）/殛亟（亟 jí）/垐（即 jí）/疺（急 jí）/蒺嫉（疾 jí）/戟（戢 jí）/藉籍（耤 jí）/纪妃（己 jǐ）/虮麂（几 jǐ）/跽（忌 jì）/暨鱀（既 jì）/漈穄鱀（祭 jì）/骥（冀 jì）/悸（季 jì）/瀍（蘮 jì）/伽茄泇迦珈枷痂笳袈跏嘉（加 jiā）/浃梜（夹 jiā）/稼（家 jiā）/郏荚铗颊峡（夹 jiá）/岬胛钾（甲 jiǎ）/槚（贾 jiǎ）/笺（戋 jiān）/鲣（坚 jiān）/涧（间 jiān）/搛蒹缣鹣鲣（兼 jiān）/谫（剪 jiǎn）/梀（束 jiǎn）/舰（见 jiàn）/健楗犍腱键踺（建 jiàn）/涧（间 jiàn）/溅（贱 jiàn）/槛（监 jiàn）/茳（江 jiāng）/鳉（将 jiāng）/犟糨（强 jiàng）/郊茭峧姣胶鵁蛟跤鲛（交 jiāo）/僬蕉燋礁鹪（焦 jiāo）/缴璬曒（敫 jiǎo）/漖（教 jiào）/喈湝楷（皆 jiē）/蝍（劫 jié）/檞（解 jiě）/芥玠界疥蚧骱（介 jiè）/诫悈（戒 jiè）/斤（斤 jīn）/衿矜（今 jīn）/襟（禁 jīn）/谨馑廑瑾槿（堇 jǐn）/荩浕赆烬（尽 jìn）/琎（进 jìn）/溍缙瑨（晋 jìn）/噤（禁 jìn）/

獍惊鲸麔（京 jīng）/阱浄肼（井 jǐng）/憬璟（景 jǐng）/境獍镜（竟 jìng）/氿（九 jiǔ）/玖灸疚（久 jiǔ）/桕舅（臼 jiù）/僦嗾鹫（就 jiù）/据崌琚椐腒裾（居 jū）/焗锔（局 jú）/榉（举 jǔ）/讵拒苣岠炬钜秬距（巨 jù）/俱惧惧飓（具 jù）/锩（卷 juǎn）/倦圈（卷 juàn）/劂蕨獗瀎橛镢蹶（厥 jué）/桷觖（角 jué）/嚼爝（爵 jué）/攫貜（矍 jué）/莙鲪（君 jūn）/皲（军 jūn）/筠（均 jūn）/俊（俊 jùn）/

咔胩（卡 kǎ）/莰（坎 kǎn）/墉慷槺鱇（康 kāng）/伉抗闶炕钪（亢 kàng）/拷洘栲烤（考 kǎo）/犒（靠 kào）/蝌（科 kē）/坷岢炣（可 kě）/氪（克 kè）/啃（肯 kěn）/控崆箜（空 kōng）/控碚（空 kòng）/筘（扣 kòu）/蔻（寇 kòu）/裤（库 kù）/姱（夸 kuā）/侩郐哙狯脍鲙（会 kuài）/筷（快 kuài）/髋（宽 kuān）/诓哐洭筐（匡 kuāng）/诳鵟（狂 kuáng）/喹蝰（奎 kuí）/魋（魁 kuí）/媦琨焜鹍锟醌鲲（昆 kūn）/

啦（拉 lā）/瘌蝲鯻（剌 là）/俫莱崃徕涞梾铼（来 lái）/濑癞籁（赖 lài）/拦栏（兰 lán）/谰澜斓镧襕（阑 lán）/揽缆榄（览 lǎn）/廊榔螂（郎 láng）/萌塱朗（朗 lǎng）/蒗（浪 làng）/塝唠崂铹痨（劳 láo）/佬荖姥栳铑（老 lǎo）/簕鳓（勒 lè）/缧缧（累 léi）/擂檑礌镭（雷 léi）/诔（耒 lěi）/骊鹂鲡（丽 lí）/喱（厘 lí）/萵漓缡璃篱醨（离 lí）/藜檡（黎 lí）/俚浬娌理锂鲤（里 lǐ）/历枥（力 lì）/坜呖疠沥枥疬雳（历 lì）/励疠砺蛎粝（厉 lì）/笠粒（立 lì）/郦俪（丽 lì）/俐莉猁涖痢（利 lì）/傈溧溧篥（栗 lì）/唳（戾 lì）/莲涟梿褳鲢（连 lián）/濂镰蠊（廉 lián）/蔹（敛 liǎn）/俍莨粮（良 liáng）/椋（梁 liáng）/俩莴魉（两 liǎng）/钌（了 liǎo）/洌冽洌烈鴷裂趔（列 liè）/啉淋琳箖霖（林 lín）/躏（蔺 lìn）/伶坽苓图泠姈玲柃聆瓴铃鸰聆蛉舲翎羚零龄（令 líng）/澪（零 líng）/棂（灵 líng）/岭领（令 lǐng）/呤（令 lìng）/浏（刘 liú）/馏骝榴飗镏鹠瘤（留 liú）/鎏（流

形声字及其他问题 | 313

liú）/ 茏咙泷珑栊昽砻眬聋笼（龙 lóng）/ 瀭癃窿（隆 lóng）/ 哢（弄 lòng）/ 偻喽蒌喽溇楼媵耧蝼髅（娄 lóu）/ 垆泸栌轳胪鸬舻颅舻鲈（卢 lú）/ 掳（虏 lǔ）/ 澛橹鲁（鲁 lǔ）/ 菉渌逯骆绿璐禄碌箓（录 lù）/ 潞辘簏麓（鹿 lù）/ 蕗潞璐鹭露（路 lù）/ 橺（闾 lú）/ 侣梠铝稆（吕 lǚ）/ 膂（旅 lǚ）/ 葎（律 lǜ）/ 滤（虑 lǜ）/ 滦（栾 luán）/ 伦论囵沦纶轮錀（仑 lún）/ 萝啰逻猡椤锣箩（罗 luó）/ 落（洛 luò）/

吗犸玛码妈（马 mǎ）/ 荬（买 mǎi）/ 唛鿁（麦 mài）/ 谩墁蔓幔漫慢嫚缦镘（曼 màn）/ 硭（芒 máng）/ 牻（龙 máng）/ 漭蟒（莽 mǎng）/ 牦氂（毛 máo）/ 茅蟊（矛 máo）/ 峁泖昴铆（卯 mǎo）/ 懋（楙 mào）/ 帽瑁（冒 mào）/ 郿嵋湄猸楣镅鹛（眉 méi）/ 浘媄镁（美 měi）/ 们扪钔（门 mén）/ 焖（闷 mèn）/ 嵘幪檬朦鹲礞艨獴蠓（蒙 méng）/ 獴蠓（蒙 měng）/ 獼（弥 mí）/ 谜醚（迷 mí）/ 藦（靡 mí）/ 醾（糜 mí）/ 咪洣脒籹（米 mǐ）/ 嘧（密 mì）/ 密蜜（宓 mì）/ 勉娩冕鮸（免 miǎn）/ 沔（丏 miǎn）/ 描鹋瞄（苗 miáo）/ 渺缈（眇 miǎo）/ 苠岷珉（民 mín）/ 悯（闵 mǐn）/ 鳘（敏 mǐn）/ 茗洺铭（名 míng）/ 溟暝瞑螟（冥 míng）/ 嬷（麽 mó）/ 蘑（磨 mó）/ 摩（摩 mó）/ 蓦漠寞镆瘼貊（莫 mò）/ 抹茉沫秣鮇（末 mò）/ 糢（磨 mò）/ 纆（墨 mò）/ 侔眸蛑（牟 móu）/ 拇姆鉧踇（母 mǔ）/ 苜钼睦（目 mù）/ 沐（木 mù）/

镎（拿 ná）/ 挪娜（那 nà）/ 艿奶氖（乃 nǎi）/ 萘（奈 nài）/ 萳喃楠（南 nán）/ 囔（囊 nāng）/ 馕（囊 náng）/ 伲坭呢泥怩铌（尼 ní）/ 撵（辇 niǎn）/ 埝（念 niàn）/ 茑（鸟 niǎo）/ 脲（尿 niào）/ 嗫镊颞蹑（聂 niè）/ 嵲闑槷（臬 niè）/ 拧苧咛狞柠聍（宁 níng）/ 拧泞（宁 nìng）/ 侬哝浓脓秾酦（农 nóng）/ 孥驽笯（奴 nú）/ 钕（女 nǚ）/

讴抠瓯欧殴鸥（区 ōu）/ 藕（耦 ǒu）/

琶（琶 pá）/ 簰（牌 pái）/ 湃（派 pài）/ 潘（番 pān）/ 膀磅螃鳑（旁

páng）／霈（沛 pèi）／湓（盆 pén）／堋溯弸棚硼鹏（朋 péng）／澎膨蟛（彭 péng）／邳伾坯狉駓（丕 pī）／陂铍疲鲅（皮 pí）／芘（匹 pǐ）／痞嚭（否 pǐ）／僻澼甓鹎䴙（辟 pì）／偏犏篇翩（扁 piān）／娲楩（便 pián）／薸嘌漂骠（票 piào）／蘋颦（频 pīn）／评坪苹泙玶枰蚲鲆（平 píng）／萍（泙 píng）／钷笸（叵 pǒ）／葡匍（甫 pú）／谱氆镨（普 pǔ）／

郪凄萋（妻 qī）／慽（戚 qī）／荠脐蛴（齐 qí）／萁淇骐琪棋祺綦蜞鲯麒（其 qí）／埼萪崎骑琦锜（奇 qí）／憇鳍（耆 qí）／汔（气 qì）／碶（契 qì）／仟阡圲扦芊迁杄釺（千 qiān）／签（佥 qiān）／壖（乾 qián）／遣缱（遣 qiǎn）／蒨（倩 qiàn）／茮歉（欠 qiàn）／蜣（羌 qiāng）／弶（强 qiáng）／襁（强 qiǎng）／侨荞峤桥鞒（乔 qiáo）／窃（切 qiè）／嵌（钦 qīn）／嗪溱（秦 qín）／擒噙檎（禽 qín）／圊清蜻鲭（青 qīng）／顷（顷 qǐng）／䓖（穷 qióng）／筇（邛 qióng）／邱蚯（丘 qiū）／萩湫楸鹙鳅（秋 qiū）／遒蝤（酋 qiú）／泅（囚 qiú）／俅述球赇銶裘（求 qiú）／岖岴驱躯（区 qū）／岫蛐（曲 qū）／崫（屈 qū）／蕖磲（渠 qú）／灈氍癯衢（瞿 qú）／娶（取 qǔ）／佺诠荃辁铨痊筌（全 quán）／醛（荃 quán）／璿鳈（泉 quán）／畎（犬 quǎn）／

燃（然 rán）／苒翗（冉 rǎn）／任（壬 rén）／仞讱纫韧轫（刃 rèn）／䭾（日 rì）／狨绒（戎 róng）／嵘蝾（荣 róng）／蓉溶瑢榕熔镕（容 róng）／揉糅蹂鞣（柔 róu）／茹铷（如 rú）／润（闰 rùn）／䈱偌婼箬（若 ruò）／蒻（弱 ruò）／

噻（塞 sāi）／叁（三 sān）／饊（散 sǎn）／铯（色 sè）／穑（啬 sè）／瑟（瑟 sè）／刹铩（杀 shā）／莎痧裟鲨（沙 shā）／舢（山 shān）／煽（扇 shān）／骟（扇 shàn）／墠禅（单 shàn）／鄯墡缮膳蟮鳝（善 shàn）／墒熵（商 shāng）／绱（尚 shàng）／苟（勺 sháo）／潲（稍 shào）／邵劭绍（召 shào）／麝（射 shè）／伸呻绅珅砷（申 shēn）／糁鯵（参 shēn）／婶（审 shěn）／葚椹（甚

shèn）/昇（升 shēng）/牲笙甥（生 shēng）/鸤（尸 shī）/狮浉鲺（师 shī）/虱（虱 shī）/什（十 shí）/炻祐鼫（石 shí）/埘莳鲥（时 shí）/使驶（史 shǐ）/仕（士 shì）/眎（示 shì）/试拭栻轼弑（式 shì）/禔媞（是 shì）/贳（世 shì）/噬（筮 shì）/襫（奭 shì）/舐（氏 shì）/柿铈（市 shì）/艏（首 shǒu）/授绶（受 shǒu）/菽淑（叔 shū）/蔬（疏 shū）/塾熟（孰 shú）/薯曙（署 shǔ）/述沭秫（术 shù）/唰（刷 shuā）/蟀（率 shuài）/孀骦礵鹴（霜 shuāng）/瞬（舜 shùn）/搠蒴槊（朔 shuò）/咝鸶（丝 sī）/蚵（司 sī）/偲楒飔锶（思 sī）/厮澌撕嘶渐（斯 sī）/汜祀（巳 sì）/泗驷（四 sì）/淞菘崧凇（松 sōng）/瞍（叟 sǒu）/骕鹔（肃 sù）/偡嗉愫（素 sù）/缩蹜（宿 sù）/僳（粟 sù）/濉（睢 suī）/隧璲鐆燧镂穟襚（遂 suì）/荪狲（孙 sūn）/榫（隼 sǔn）/溹（索 suǒ）/

铊（它 tā）/踏（沓 tà）/苔胎（台 tāi）/邰抬苔骀炱跆鲐（台 tái）/汰态肽钛酞（太 tài）/谭潭镡镡（覃 tán）/碳（炭 tàn）/铴（汤 tāng）/郎塘搪溏瑭螗糖（唐 táng）/鄌樘膛镗螳（堂 táng）/藤（滕 téng）/沺（田 tián）/湉（恬 tián）/舔（忝 tiǎn）/鲦（条 tiáo）/萜（帖 tiē）/莛庭蜓霆（廷 tíng）/停葶渟婷（亭 tíng）/哃（通 tōng）/硧（仝 tōng）/诇垌茼峒洞桐烔铜酮鲖（同 tóng）/僮潼橦曈瞳穜翙（童 tóng）/葖（突 tū）/吐钍（土 tǔ）/堍菟（兔 tù）/煺褪（退 tuì）/坉囤饨忳鲀（屯 tún）/

佤（瓦 wǎ）/塆湾（弯 wān）/芄纨（丸 wán）/烷（完 wán）/菀惋婉琬椀碗畹（宛 wǎn）/沥（万 wàn）/尪（尢 wāng）/惘辋魍（罔 wǎng）/葳（威 wēi）/薇（微 wēi）/潍（维 wéi）/违围帏闱沣（韦 wéi）/涠（围 wéi）/沩（为 wéi）/娓艉（尾 wěi）/逶萎痿（委 wěi）/昧（未 wèi）/喂碨（畏 wèi）/谓猬渭煟（胃 wèi）/蔚慰蝟霨鳚（尉 wèi）/蕰（温 wēn）/芠驳纹玟炆蚊雯（文 wén）/嗡滃鎓鹟（翁 wēng）/邬呜钨（乌 wū）/诬（巫 wū）/芜（无 wú）/

郚唔峿浯珸梧鋙鼯（吾 wú）/蜈（吴 wú）/伍（五 wǔ）/仵迕忤旿（午 wǔ）/斌鹉（武 wǔ）/屼扤靰（兀 wù）/芴物（勿 wù）/雾（务 wù）/

汐穸（夕 xī）/茜恓牺硒舾粞（西 xī）/惜（昔 xī）/薪淅晰晳蜥（析 xī）/俙郗唏浠晞烯睎稀豨（希 xī）/傒溪蹊谿螇（奚 xī）/螅熄（息 xī）/曦爔（羲 xī）/窸蟋（悉 xī）/鄢鱐（寓 xī）/燨禽（禽 xī）/樨（犀 xī）/蓰屣（徙 xǐ）/熹禧镭鱚（喜 xǐ）/潟（舄 xì）/遐瑕暇霞（叚 xiá）/吓（下 xià）/厦（夏 xià）/酰（先 xiān）/娴痫鹇（闲 xián）/諴（咸 xián）/藓（鲜 xiǎn）/苋岘现蚬睍（见 xiàn）/芗（乡 xiāng）/厢葙湘缃箱（相 xiāng）/骧缰瓖镶（襄 xiāng）/晌（向 xiàng）/像橡（象 xiàng）/削逍消宵绡硝蛸霄魈（肖 xiāo）/潇蟏（萧 xiāo）/哮涍（孝 xiào）/滧（效 xiào）/斜（斜 xié）/撷缬颉（xié）/楈（屑 xiè）/薢獬邂廨澥懈蟹（解 xiè）/瓊躞（燮 xiè）/芯（心 xīn）/莘锌（辛 xīn）/薪（新 xīn）/猩惺瑆腥煋（星 xīng）/型硎铏（刑 xíng）/悻婞（幸 xìng）/匈讻汹（凶 xiōng）/胸（匈 xiōng）/咻庥鸺貅鏅（休 xiū）/馐（羞 xiū）/鮋（脩 xiū）/绣琇锈（秀 xiù）/嗅溴（臭 xiù）/媭（须 xū）/繻（需 xū）/谞（胥 xū）/墟嘘（虚 xū）/浒（许 xǔ）/垿（序 xù）/溆（叙 xù）/蓄（畜 xù）/萱喧愃瑄暄煊（宣 xuān）/痃玹痃（玄 xuán）/漩璇瞕（旋 xuán）/荥（穴 xué）/鳕（雪 xuě）/薰獯纁曛醺（熏 xūn）/郇询荀峋洵恂珣栒（旬 xún）/鄩荨浔璕峳鲟（寻 xún）/嗊（巽 xùn）/

伢芽岈玡蚜（牙 yá）/珌（玡 yá）/娅氩（亚 yà）/鄢塮漹嫣（焉 yān）/綖蜒筵（延 yán）/掩罨（奄 yǎn）/澟（弇 yǎn）/滟（艳 yàn）/嬿（燕 yàn）/谚（彦 yàn）/餍（厌 yàn）/赝（雁 yàn）/映泱殃鸯秧鞅（央 yāng）/佯垟徉洋烊鲜（羊 yáng）/漾（羕 yàng）/吆（幺 yāo）/妖（夭 yāo）/埦腰（要 yāo）/侥峣（尧 yáo）/崾（要 yào）/倻椰（耶 yē）/揶（耶 yé）/邺（业 yè）/掖液腋（夜 yè）/

依铱（衣 yī）/ 咿㖑（伊 yī）/ 漪（猗 yī）/ 荑咦姨胰痍（夷 yí）/ 嶷（疑 yí）/ 簃（移 yí）/ 钇（乙 yǐ）/ 苡（以 yǐ）/ 议（义 yì）/ 刈艾（乂 yì）/ 呓（艺 yì）/ 杙釴（弋 yì）/ 侎弈奕（亦 yì）/ 挹浥悒（邑 yì）/ 埸蜴（易 yì）/ 溢缢镒鹢螠（益 yì）/ 薏缢臆镱癔（意 yì）/ 鹢（鹝 yì）/ 茵洇姻骃细氤铟（因 yīn）/ 荫（阴 yīn）/ 慇（殷 yīn）/ 喑愔（音 yīn）/ 夤（寅 yín）/ 霪（淫 yín）/ 吲蚓（引 yǐn）/ 瘾（隐 yǐn）/ 茚鲫（印 yìn）/ 媖瑛锳（英 yīng）/ 撄嘤缨瓔樱鹦（婴 yīng）/ 楹（盈 yíng）/ 滢（莹 yíng）/ 潆（萦 yíng）/ 瀛（嬴 yíng）/ 廊埔慵鏞鯒（庸 yōng）/ 壅灉臃饔（雍 yōng）/ 咏泳栐（永 yǒng）/ 俑勇埇涌愚蛹踊鲬（甬 yǒng）/ 佣烔（用 yòng）/ 悠（攸 yōu）/ 犹疣鱿（尤 yóu）/ 莸（犹 yóu）/ 邮油柚铀蚰（由 yóu）/ 铕（有 yǒu）/ 佑祐（右 yòu）/ 蚴（幼 yòu）/ 淤瘀（於 yū）/ 邘盂竽（于 yú）/ 狳畲艅（余 yú）/ 揄崳逾渝愉瑜榆觎褕揄蝓（俞 yú）/ 渔（鱼 yú）/ 隅喁嵎愚髃（禺 yú）/ 谀萸腴（臾 yú）/ 屿（与 yǔ）/ 郚瑀（禹 yǔ）/ 钰（玉 yù）/ 堉淯（育 yù）/ 煜（昱 yù）/ 蕷滪（预 yù）/ 蔚熨（尉 yù）/ 潏遹燏鹬（矞 yù）/ 芫园沅妧鼋（元 yuán）/ 圆（员 yuán）/ 援瑗嫒（爰 yuán）/ 猿辕（袁 yuán）/ 塬源嫄骦螈源（原 yuán）/ 橼（缘 yuán）/ 刖玥钥（月 yuè）/ 栎（乐 yuè）/ 樾（越 yuè）/ 瀹爚籥（龠 yuè）/ 芸沄妘纭耘（云 yún）/ 昀（匀 yún）/ 狁（允 yǔn）/ 蕴（缊 yùn）/

咂（匝 zā）/ 酂瓒（赞 zàn）/ 唣（皂 zào）/ 慥簉（造 zào）/ 啧帻箦赜（责 zé）/ 昃（仄 zè）/ 鄫增憎缯罾矰翻（曾 zēng）/ 揸喳渣楂（查 zhā）/ 诈柞炸痄蚱（乍 zhà）/ 瘵（祭 zhài）/ 沾毡粘（占 zhān）/ 谵瞻（詹 zhān）/ 搌辗（展 zhǎn）/ 崭（斩 zhǎn）/ 战站（占 zhàn）/ 鄣獐彰漳嫜璋樟暲蟑（章 zhāng）/ 仗杖（丈 zhàng）/ 诏（召 zhào）/ 鮡（兆 zhào）/ 蜇（折 zhē）/ 哲晢蜇（折 zhé）/ 啫锗赭（者 zhě）/ 侦帧浈桢祯（贞 zhēn）/ 禛（真 zhēn）/ 征钲症（正

zhēng）/挣峥狰睁铮筝诤（争 zhēng）/蒸（烝 zhēng）/证怔政症（正 zhēng）/芝（之 zhī）/吱枝肢（支 zhī）/帜织（只 zhī）/栀（卮 zhī）/蜘（知 zhī）/值埴植殖（直 zhí）/絷（执 zhí）/址芷沚祉趾（止 zhǐ）/枳轵咫（只 zhǐ）/指酯（旨 zhǐ）/郅桎轾眰铚窒蛭（至 zhì）/梽痣（志 zhì）/欓锧踬（质 zhì）/骘（陟 zhì）/忠盅钟舯（中 zhōng）/仲（中 zhòng）/茽（仲 zhòng）/辀鵃（舟 zhōu）/洲（州 zhōu）/啁婤赒（周 zhōu）/荮（纣 zhòu）/邾侏诛茱洙珠株铢蛛（朱 zhū）/槠（诸 zhū）/潴猪（猪 zhū）/槠（诸 zhū）/竺（竹 zhú）/拄麈（主 zhǔ）/胕砖（专 zhuān）/啭（转 zhuàn）/桩（庄 zhuāng）/骓椎锥（隹 zhuī）/椓晫（卓 zhuó）/嗞嵫孳滋镃（兹 zī）/仔耔虸籽（子 zǐ）/倧综棕腙踪鬃（宗 zōng）/揍（奏 zòu）/崒（卒 zú）/镞（族 zú）/蕞（最 zuì）/噂遵樽镩鳟（尊 zūn）/佐（左 zuǒ）/唑座（坐 zuò）/

经过对《通用规范汉字表》8105字的考察，共得到其中可以读半边的字2508个，占30.09%。

三、几种不同范畴的形声字概念

现在谈谈形声字的问题。

当今有几种不同范畴的形声字，一是字源形声字，二是现代通用形声字，三是现代汉字学形声字，四是纯形声字，下面分别说明。

（一）形声字 1：字源形声字

字源形声字，指最初是用"形声"造字法造出来的汉字。

许慎《说文解字》对形声造字法的解释是："形声者，以事为名，取譬相成，'江''河'是也。"

用形声法造出来的字是字源形声字。最早认定字源形声字的著作是许慎《说文解字》。《说文解字》收小篆体汉字 9353 个，其中大部分被解说为形声字。据李国英（1996、2020）《小篆形声字研究》①，《说文解字》正篆 9421 字中，有 8233 个形声字，这里所说的形声字，是字源形声字。

《说文解字》之后的后起字中也有很多用形声法造出来的形声字，比如《广韵》中收录的《说文解字》未收录的字，有不少是形声字。据邹敏敏《现代通用规范汉字形声字研究》②，《通用规范汉字表》8105 字中，"在字源上属于形声字……《说文》未收而《广韵》收录的有 1691 字"，例如"砂、吨、哄、哈、咬、航、途、爹、胰、脆、逛、狸"等。

现代新造字中也有不少是形声法造出来的。据贾娇燕《谈纯粹新造字》③统计，被 1988 年《现代汉语通用字表》收录、而《康熙字典》尚没有收录的新造字有 271 个，其中包括"叨、氘、氚、氖、氩、钇、钍、钛、钬、铯、铱、酚、酞、癌、砷、砼"等 258 个是新造的形声字，这些新造形声字也属于字源形声字。

1964 年《简化字总表》中的简化字，其中也有一些是用形声法造出的。例如："響"简化为"响"、"驚"简化为"惊"，是既改换形旁又改换声旁造出的形声字；"階"简化为"阶"、"礎"简化为"础"，是改换声旁所造的形声字；"竄"简化为"窜"、"態"简化为"态"，是改会意字为形声字。这些用形声法新造的规范字，它们也属于字源形声字。

总体来说，字源形声字就是用"形声"造字法造出的字，产生于

---

① 李国英：《小篆形声字研究》（修订本），中华书局，2020。
② 邹敏敏：《现代通用规范汉字形声字研究》，硕士学位论文，山东大学，2016。
③ 贾娇燕：《谈纯粹新造字》，《山东师大学报》（人文社会科学版）2001（1）。

古代的字源形声字很多，有近万个；产生于近现代的字源形声字有几百字，产生于《简化字总表》的字源形声字为数也不少。

（二）形声字2：现代通用形声字

现代通用形声字，指人们基于对形声字的认识从"现代汉语通用字"中分析出来的形声字。

由于汉字历史久远，使用了几千年，字形、字义、字音都发生了一些程度不等的变化，尤其是《说文解字》所收的那些"小篆"体汉字，后来经过隶变、楷化，字形发生了很大的变化。其中有一些小篆形声字，到现在已经分不出"形"和"声"两部分了，这样它们就不能算是现代通用的形声字了。还有些字源形声字，虽然还能够分得出"形"和"声"两部分，但其"表形"部分已经不能够准确"表义"、"表声"部分已经不能够准确"表音"，那它们也就不能算是现代通用形声字了。

现代汉语通用字只有七八千个。在这些通用字中有多少个形声字，是大家关心的问题，也是汉字学家关注的问题。

倪海曙《现代汉字形声字字汇》[1]是现代通用形声字研究的一个较早的成果。该书以1962年版《新华字典》所收7737字为范围，从中确定现代通用形声字，初稿于1965年完成，并内部印行，1973年又根据1971年版《新华字典》所收8075字加以增订，1975年出版。该书从《新华字典》所收字中确定了现代通用形声字5990个，占《新华字典》所收8075字的74%。

李燕、康加深、魏励、张书岩（1992）《现代汉语形声字研究》[2]是国家语委语言文字应用研究所汉字整理组承担的"现代汉语形声字研

---

[1] 倪海曙：《现代汉字形声字字汇》，语文出版社，1982。
[2] 李燕、康加深、魏励、张书岩：《现代汉语形声字研究》，《语言文字应用》1992（1）。

究"课题的研究成果。该课题研究以《现代汉语通用字表》7000字为范围，从中认定"现代汉语形声字"（即现代通用形声字）。该课题研究走出了这样一条研究形声字的路子：首先以《说文》《广韵》等文献为依据确定现代汉语通用字中哪些为"字源上的形声字"，然后以"结构"为依据确定那些"字源上的形声字"现在还是不是"形声结构"，最后以"声符是否表音""形符是否表义""繁简体对照"等为考量，确定那些"形声结构"中有哪些是"现代汉语形声字"。

该研究成果认为："由于语音的发展、文字的演变，有些字源上属形声字的汉字已经失去了形声结构"，像"年""春""奥"这些字，它们的"形声结构已被破坏"，已经不是一个"形声结构"了。

该研究成果认为：有些字源的形声字，今天还属于"形声结构"，像"等"，可以看得出它的声符是"寺"，形符是"竹"，但"从现代汉语的角度看，表音、表义的特点都不存在了"，"仅仅是保留了形声结构"而已。"等"在现代汉语中已经不是一个形声字了，它只是一个"形声结构"。

该研究结构表明，在7000个现代汉语通用字中属于"形声结构"的字为5356字。

在确定"形声结构"的声符是否表音时，《现代汉语形声字研究》把声符的读音与整字的读音，依据声、韵、调的组合关系，分为8种情况：

①声、韵、调全同；
②声、韵同，调不同；
③声、调同，韵不同；
④韵、调同，声不同；
⑤声同，韵、调不同；
⑥韵同，声、调不同；
⑦调同，声、韵不同；
⑧声、韵、调全不同。

《现代汉语形声字研究》"称前 6 类结构为表音结构",后两类结构为非表音结构。最终确定,在 5356 个"形声结构"中有"表音结构"4520 字,"非表音结构"1116 字。

在确定"形声结构"的形符是否表义时,《现代汉语形声字研究》也制定了详细的规定,明确了"确定字义的依据""确定形符义的依据",把"形符表义度"分为"形符义和字义完全相同""形符义和字义有一定的联系,但不等同""形符义和字义已经没有任何联系"3 级,依据"形符表义度确定的细则"(10 条),最终确定,5356 个"形声结构"中有形旁"不表义"的字 748 个。

该项研究的最后结论是,在现代汉语 7000 个通用字中,有形声字 3975 个,占 56.78%。

贾玲(2015)《〈通用规范汉字表〉(2013)形声字声旁和字音联系研究》[①]也采用了李燕等《现代汉语形声字研究》的研究路子,先确定"形声结构"字数,再在其中确定形声字的字数,"在《字表》8015 个汉字中,统计得出形声结构共 6594 个",去除"不易判断出声旁及某些省声情况"的 80 字后,得到 6514 个"形声结构"。该文又在这 6514 个形声结构中确定了《通用规范汉字表》中的形声字"5528 个","占《字表》总数的 68.20%"。

邹敏敏(2016)《现代通用规范汉字形声字研究》[②]"以《通用规范汉字表》中 8105 字为研究范围,也采用了李燕等《现代汉语形声字研究》的研究路子,通过三个步骤进行测查,即字源上的形声字、形声结构、现代通用规范汉字形声字,进而确定了现代通用规范汉字形

---

① 贾玲:《〈通用规范汉字表〉(2013)形声字声旁和字音联系研究》,硕士学位论文,广西大学,2015。

② 邹敏敏:《现代通用规范汉字形声字研究》,硕士学位论文,山东大学,2016。

声字的具体范围。"测查的结果是，在 8105 个通用规范汉字中，"在字源上属于形声字的有 7162 字"，"属于形声结构的有 6822 字"，最终确定，"现代通用规范汉字形声字有 5240 字，占通用规范汉字总数的 64.65%。"

总体来说，现代通用形声字在数量上比字源形声字要少，因为它是在《新华字典》《现代汉语通用字表》《通用规范汉字表》所收字中认定的。现代通用形声字在形旁表义度和声旁表音度上比字源形声字有所提高，但仍不能做到形旁完全表义和声旁完全表音。

（三）形声字 3：现代汉字学形声字

20 世纪后期改革开放以来，作为"一门新学科"的现代汉字学，逐渐发展成长起来，出版了多本现代汉字学专著和教材，例如张静贤《现代汉字教程》（1992）、高家莺、范可育、费锦昌《现代汉字学》（1993）、苏培成《现代汉字学纲要》（1994）、尹斌庸、罗圣豪《现代汉字》（英文版，1994）、李禄兴《现代汉字学要略》（1998）、杨润陆《现代汉字学通论》（2000）等。

现代汉字学也讲形声字，但它所讲的形声字，指的是由"意符 + 音符"构成的合体字，跟字源形声字、现代通用形声字是有许多不同的。

现代汉字学认为，现代汉字的合体字都是由"意符、音符、记号" 3 种字符两两组合而成的。这 3 个字符术语源于裘锡圭（1988）《文字学概要》一书。苏培成（1994）《现代汉字学纲要》[1]运用"意符、音符、记号" 3 种字符来讲"现代汉字的构字法"。苏培成（2001）《现代汉字学纲要》（增订本）给这 3 种字符的解说是："字符根据它和整字的音义关系，可以分为三类：意符、音符和记号。凡是和整字在意义上有联系的是意符，和整字在读音上有联系的是音符，和整字在意义和读音

---

① 苏培成：《现代汉字学纲要》，北京大学出版社，1994。

上都没有联系的是记号。"还特别指出:"整字的意义指的是现代意义而不是古义,……整字的读音指的是现代的读音而不是古音。"①

根据"意符、音符、记号"3种字符说,苏培成《现代汉字学纲要》(增订本)中,提出了"现代汉字的新六书"说②,即:

①会意字:由"意符+意符"构成;
②形声字:由"意符+音符"构成;
③半意符半记号字:由"意符+记号"构成;
④半音符半记号字:由"音符+记号"构成;
⑤独体记号字:由一个"记号"构成;
⑥合体记号字:由两个或多个"记号"构成。

其中的形声字,"由'意符+音符'构成",是形声字3,即现代汉字学形声字。

北京大学中文系现代汉语教研室《现代汉语》增订本也讲了"现代汉字的新六书"③,与上述"现代汉字的新六书"说大同小异。

现代汉字学形声字的"音符"是"既包括声韵调完全相同的,也包括声韵同而调不同的"④,所以它在表音方面,"音符"跟整字的读音的关系如下:

①声、韵、调全同;
②声、韵同,调不同。

这就不像李燕等《现代汉语形声字研究》那样,把"声、调同,韵不同""韵、调同,声不同""声同,韵、调不同""韵同,声、调不

---

① 苏培成:《现代汉字学纲要》(增订本)93页,商务印书馆,2001。
② 苏培成:《现代汉字学纲要》(增订本)93—101页,北京大学出版社,2001。
③ 北京大学中文系现代汉语教研室:《现代汉语》(增订本)156页,商务印书馆,2012。
④ 苏培成:《现代汉字学纲要》(第3版)102页,商务印书馆,2014。

同"统统都认为是"表音"了。这样，现代汉字学形声字（形声字3）的数量，就比现代通用形声字（形声字2）要少得很多。

高家莺、范可育、费锦昌（1993）《现代汉字学》认为，"从汉字记录汉语的方法来考察，近代汉字和现代汉字是由意符、音符、记号等组成的字，它们中间有表意字，有形声字，有假借字，还有记号字和半记号字。"[1] 这里所说的形声字是现代汉字学形声字，即"形声字3"。

钱乃荣（1995）《汉语语言学》[2] 对3500个"现代汉语常用字"的分析结果是：形声字2016个，占57.6%，会意字184个，占5.26%；半音符半记号字216个，占6.17%；半意符半记号字453个，占12.94%；合体记号字384个，占10.97%；独体字247个，占7.06%。这里所说的形声字也是现代汉字学形声字，即"形声字3"。

现代汉字学分析现代汉字构造，也有"现代汉字4种基本类型"说。杨润陆（2017）《现代汉字学》（第2版）认为，"现代汉字可以归纳为4种基本类型，即记号字、半记号字、表意字、意音字。"他说："意音字由一个意符与一个音符构成"，可知他的"意音字"即"形声字3"。他认为，在3500个常用字和次常用字中，形声字（意音字）占58%左右，跟钱乃荣《汉语语言学》的统计结果十分接近。

现代汉字学分析现代汉字构造，也有持"现代汉字三书说"的。齐沪扬（2007）《现代汉语》指出："现代汉字的造字方式有以下几种：①记号字；②会意字；③形声字。"[3] 他所说的形声字无疑是指"形声字3"。柳建钰、王晓旭（2019）《基于字料库的通用规范汉字构形属性调查研究》[4] 指出："记号半记号字大量出现，与表意字、形声字形

---

[1] 高家莺、范可育、费锦昌：《现代汉字学》27页，高等教育出版社，1983。
[2] 钱乃荣：《汉语语言学》417页，北京语言学院出版社，1995。
[3] 齐沪扬：《现代汉语》153页，商务印书馆，2007。
[4] 柳建钰、王晓旭：《基于字料库的通用规范汉字构形属性调查研究》，《渤海大学学报》（哲学社会科学版）2019（5）。

成了三分现代汉字天下的局面。"他们所说的形声字也是"形声字3"。

把现代汉字学形声字(形声字3)写入教材的有：齐沪扬《现代汉语》(商务印书馆，2007)，刘焱、汪如东、周红《现代汉语概论》(上海教育出版社，2009)，北京大学中文系现代汉语教研室编《现代汉语》(增订本，商务印书馆，2012)，邵敬敏《现代汉语通论精编》[①](上海教育出版社，2012)，沈阳、郭锐《现代汉语》(高等教育出版社，2014)，黄伯荣、廖序东《现代汉语》增订六版精简本[②](高等教育出版社，2018)等。

(四)形声字4：纯形声字

还有一种形声字4，李禄兴《现代汉字学要略》把这种形声字称为"纯形声字"，该书指出："可以把形旁表意、声旁完全表音的形声字称为纯形声字，而把音近、形旁表意的形声字称为准形声字。"

本文所统计到的"读半边字"，99%以上都是"纯形声字"，即"形声字4"。

笔者认为，可以采取"声旁表音从严、形旁表义从宽"的原则来认定纯形声字(形声字4)。"声旁表音从严"，就是说，形声字必须是读半边字，它的声韵调必须跟声旁的声韵调完全相同。"形旁表义从宽"，就是说，形声字的意义只要有某个义项、义素跟形旁的某个义项、义素有关联，就算形旁表义。

形声字4是沿着从形声字1到形声字2再到形声字3的路子，在对声旁表音度要求越来越高的基础上提出的。

———

① 邵敬敏《现代汉语通论精编》在"六书分析法"一节中讲形声，即形声字1，在"现代汉字的造字分析"一节讲"音符音符字"，即形声3。

② 黄伯荣、廖序东《现代汉语》(增订六版)精简本在"古文字的四种构造方式"一节中讲形声字，即形声字1；在"现行汉字的六种构造方式"一节讲"意符+音符：形声字"，即形声字3。

从声旁表音的角度来看，在形旁表意的前提下，形声字 4 跟前 3 种形声字的区别见下表。

形旁	声旁	形声字 1	形声字 2	形声字 3	形声字 4
表意	①声、韵、调全同	形声字	形声字	形声字	形声字
	②声、韵同，调不同				准形声字或非形声字
	③声、调同，韵不同			非形声字	
	④韵、调同，声不同				
	⑤声同，韵、调不同				
	⑥韵同，声、调不同				
	⑦调同，声、韵不同		非形声字		
	⑧声、韵、调全不同				

也就是说：

（1）形声字 1（字源形声字），把上述表中①②③④⑤⑥⑦⑧共 8 种情况全算声旁表音，因而从现在的读音来看，形声字 1 的声旁中只有一部分是完全表音的，其余部分则是"不完全表音"（②—⑥）和"完全不表音"（⑦⑧）的。

（2）形声字 2（现代通用形声字）把上述表中①②③④⑤⑥共 6 种情况算声旁表音。也就是说，形声字 2 的声旁中只有一部分是完全表音的，另一部分是声旁"不完全表音"（②—⑥）的，但是没有声旁"完全不表音"（⑦⑧）的。

（3）形声字 3（现代汉字学形声字）只把上述表中①②两种情况算是声旁（音符）能够表音。其中的①"声、韵、调全同"的声旁是完全表音的，其中的②"声、韵同，调不同"的声旁则是"不完全表音"的。

（4）形声字 4（纯形声字）只承认上述但表中的①"声、韵、调全同"这一种情况是声旁表音的，没有声旁"不完全表音"（②—⑥）和"完全不表音"（⑦⑧）的。

有些现代汉字学著作，把下列读半边字分析为"半音符半记号字"，我们有不同意见：

球：从玉求声，本指一种美玉。后假借为"毬"，意符"玉"成为记号。（苏培成《现代汉字学纲要》1994年版，第78页）

诛：从言朱声，本指用言语谴责，故从言。后变为诛杀，意符成为记号。（同上）

我觉得，"球"仍可分析为形声字4。"球"，《说文解字》说它"从玉，求声"。《说文解字注》说："商颂：小球大球。傅曰：球，玉也。"球就是一种玉，以玉为材料制成的。形声字的形旁表义中，表材料是其意义之一。尹斌庸说过："形声字的形旁实际上并不直接表示汉字（语素）的意义，它只表示出与汉字意义的某种联系，如范围、种属、材料、工具等。"①

"诛"更可以分析为形声字4。声旁跟整字读音相同。至于形旁"言"，《现代汉语词典》列出了"诛"的"谴责处罚"义项，例词则有"口诛笔伐""诛求""诛心之论"等，这个义项跟形旁"言"的义有关联。把"诛"分析为形声字4是没有问题的。

苏培成《现代汉字学纲要》（第3版）第109页"半音符半记号字"举例中删去了"诛"，但仍保留"球"，又增加了"荀""蓦"等读半边字，但我认为，"荀""蓦"也是可以分析为形声字4的。

"荀"，《说文解字》："草也。从艸，旬声。"它是古代的一种香草，《山海经》中有记载，叫荀草。虽然现在"荀"主要用作姓氏，但也否认不了它古有"草也"一义。加之声旁也能够完全表音，把"荀"分析为形声字4是没有问题的。

"蓦"，《说文解字》："上马也。从马，莫声。"段玉裁说，"上马"必然迅捷，所以引申为突然之意。现有"蓦地""蓦然"等词从古

---

① 尹斌庸：《关于汉字评价的几个基本问题》，载中国社会科学院语言文字应用研究所《汉字问题学术讨论会论文集》，语文出版社，1988。

沿用而来，"骛"的形旁"马"的迅捷之义不可否认。"骛"可分析为为形声字4。

苏培成《现代汉字学纲要》（第3版）曾经指出："意符表意具有模糊性，有的意符可以兼通古今"[①]，应该也适用于上述几例。

四、关于"现代汉字中形声字占 90% 以上"问题

现在，好多著作中都说，现代汉字中形声字占90%以上，这个"形声字"是"形声字1"还是"形声字2""形声字3""形声字4"呢，值得研究。先看例句：

今天的汉字中，形声字占90%以上。（苗东霞《高级汉语写作教程》第195页，北京语言大学出版社，2015）

现代汉字里，形声字占90%以上。（解正明《汉字国学》第113页，吉林文史出版社，2019）

现代汉字中形声字占90%以上。（张应杭、蔡海榕《中国传统文化概论》第273页，上海人民出版社，2013）

特别是现在，形声字占90%以上。（裴瑞玲、王跟国《汉语词义问题研究》第120页，光明日报出版社，2013）

今天的汉字中，形声字占90%以上。（艾星雨《汉字传奇》第109页，山西教育出版社，2015）

在现代汉字中，形声字所占比例在90%以上。（童一秋《语文大辞海·语言文字词汇卷》第271页，黑龙江人民出版社，2002）

现代汉字中，形声字占到90%以上。（哈森《现代汉语》第116页，内蒙古大学出版社，2004）

现代汉语中的形声字占90%以上。（张明华《中国字典词典史话》

[①] 苏培成：《现代汉字学纲要》（第3版）第106页，商务印书馆，2014。

第 67 页，商务印书馆，1998）

形声字占了现代汉字的 90% 以上。（董兆杰《基础教育识字教学研究》第 28 页，广东教育出版社，2015）

在现代汉字中，形声字占 90% 以上。（吴启主《现代汉语教程》172 页，湖南师范大学出版社，2003）

现在来分析上述引例中的"现代汉字中的形声字"指的是"形声字 1"，还是"形声字 2""形声字 3""形声字 4"问题。

乍看上去，"现代汉字中的形声字"是"形声字 2（现代通用形声字）"，其实不是，因为"形声字 2"（现代通用形声字）的占比只有 60% 左右。前面已经说到，李燕等《现代汉语形声字研究》指出，在《现代汉语通用字表》7000 字中，有形声字 3975 个，占现代汉语通用字的 56.78%。邹敏敏《现代通用规范汉字形声字研究》则指出："现代通用规范汉字形声字有 5240 字，占通用规范汉字总数的 64.65%。"远远达不到 90% 这个数。

上述引例中的"现代汉字中的形声字占 90% 以上"中的形声字，也不可能是指"形声字 3（现代汉字学形声字）"，因为钱乃荣《汉语语言学》对 3500 个"现代汉语常用字"的分析结果是：形声字为 2016 个，占 57.6%[①]。杨润陆《现代汉字学》指出，"在 3500 个常用字和次常用字中"，形声字（意音字）占 58% 左右[②]。

上述引例中的"现代汉字中的形声字占 90% 以上"中的形声字，更不可能是指"形声字 4（纯形声字）"，因为"形声字 4"的占比又比"形声字 3"少了许多。本文统计到《通用规范汉字表》中的读半边字，只占 30% 左右，"形声字 4"的占比肯定不会超过这个数。

细细分析，以上引文中的"现代汉字中形声字"，极有可能指的是

[①] 钱乃荣：《汉语语言学》417 页，北京语言学院出版社，1995。
[②] 杨润陆：《现代汉字学》（第 2 版）132 页，北京师范大学出版社，2017。

"形声字 1"（字源形声字）。

不过，把"字源形声字"称为"现代汉字中的形声字"，是没有多少实际意义的。因为"由于语音的发展，文字的演变，有些字源上属形声字的汉字已经失去了形声结构，成为非形声字了。"① "由于汉字楷化和简化，古代的一部分……形声字，在现代汉字中变成了记号字。"② 你如果说篆书的"年、春、奥、贼、更"是形声字，我信，因为我能够从这些篆书中看出哪部分是形旁，哪部分是声旁；你若说楷体的"年、春、奥、贼、更"是形声字，我则不信了。原因是，我从这些"现代汉字"中看不出哪部分是形旁，哪部分是声旁。你要是说繁体的"鄧、僅、雞、歡、觀"是形声字，我还有点儿信，因为"登、堇、奚、雚"还可以说是它们的声旁，你若说简体的"邓、仅、鸡、欢、观"是形声字，我则不信了，因为这些字中的"又"已经不是它们的声旁了。

总之，"现代汉字中形声字占 90% 以上"的说法十分可疑。如果要证明"现代汉字中形声字占 90% 以上"，必须给出一个具体的基于"现代汉字总表"的"形声字字表"才行。不过我觉得，这样的"形声字字表"很可能现在还没法给出。因为我们现在还没有一个完整的"现代汉字总表"，皮之不存，毛将焉附，怎么能够知道现代汉字中有 90% 以上的形声字呢。我们现在能有的是 3500 字的"现代汉语常用字表"、7000 字的"现代汉语通用字表"和 8105 字的"通用规范汉字表"，而这几个字表中，都不是"形声字占 90% 以上"的。

---

① 李燕、康加深、魏励、张书岩：《现代汉语形声字研究》，语言文字应用，1992（1）。

② 齐沪扬：《现代汉语》153 页，商务印书馆，2007。

谈《通用规范汉字表》中"溚、浬、喷"的音义

2013年6月,国务院公布《通用规范汉字表》之后,《新华字典》《现代汉语词典》等辞书都依据《通用规范汉字表》做了相应的修订,出版了新版,面貌喜人,更加实用。但美中不足的是,其中对通用规范汉字"溚、浬、喷"等字的释义,跟旧版相比,或改动较少,或根本没变,因而还不能算是修订得十全十美。

一、溚

在《通用规范汉字表》公布之前,《新华字典》《现代汉语词典》就有"溚"字条:

【溚】tǎ "焦油"的旧称。用煤或木材制得的一种黏稠液体,颜色黑褐,是化学工业上的重要原料,通常用作涂料,有煤焦油和木焦油两种。(《新华字典》第10版,第464页,商务印书馆,2004)

【溚】tǎ 焦油的旧称。[英 tar](《现代汉语词典》第2版1107页,商务印书馆,1983;第5版1314页,2005;第6版1253页,2012)

在《通用规范汉字表》公布之后,"根据《通用规范汉字表》等规范标准,增、删、改、调"了的《新华字典》(第12版),和"全面落实2013年6月由国务院公布的《通用规范汉字表》"的《现代汉语词典》(第7版),"溚"的释义跟旧版相比,却改变较少,或根本没变。

【溚】tǎ 焦油的旧称,用煤或木材制得的一种黏稠液体,黑褐色,

是化工原料。(《新华字典》第 12 版 469 页，商务印书馆，2020）

【𤮽】tǎ 焦油的旧称。[英 tar]（《现代汉语词典》第 7 版 1260 页，商务印书馆，2016）

我们觉得，这样的注音和释义不能令人满意。人们不禁疑虑，作为焦油的"旧称"的"𤮽"（tǎ），怎么忽然变成"通用规范汉字"了呢？难道《通用规范汉字表》公布之后，要用"𤮽"这个旧称来取代"焦油"吗？难道通用规范汉字"𤮽"就这一个读音、就这一个义项吗？

我们并不反对《新华字典》《现代汉语词典》把"𤮽"注音为 tǎ，解释为"焦油的旧称"，而是觉得，在《通用规范汉字表》公布之后，仍然把"𤮽"只注音为 tǎ，只解释为"焦油的旧称"，是不太适合的。"𤮽"绝不是因为它只读 tǎ 并只表示"焦油的旧称"而被收入《通用规范汉字表》中的。

我们知道，1964 年的《印刷通用汉字字形表》和 1988 年的《现代汉语通用字表》，其中都没有"𤮽"这个字，说明在 2013 年《通用规范汉字表》公布之前，作为"焦油的旧称"的"𤮽"，是一个通用性不怎么够的汉字。那么，到 2013 年《通用规范汉字表》，"𤮽"被认定为"通用"且"规范"，这其中一定是有其原因的。

查《通用规范汉字表》，"𤮽"被收在"三级字表"里，字号为 7426。我们知道，《通用规范汉字表》一、二级字表收的是"出版印刷、辞书编纂和信息处理等方面的一般用字"，而三级字表收的是"姓氏人名、地名、科学技术用语和中小学语文教材文言文用字中未进入一、二级字表的较通用的字"（《通用规范汉字表·说明》），可见，"𤮽"不是在"一般用字"领域的"通用字"，而是在特定领域"较通用"的字。以往的《印刷通用汉字字形表》《现代汉语通用字表》没有收它是有道理的。

再查由《通用规范汉字表》研制工作组组长王宁主编、有该研制组几位成员参与编写的《通用规范汉字字典》，"𤮽"的注音和释义，跟上述两部辞书的释义都迥然不同。

【溚】dá 用于地名：～水（在山东）。（王宁《通用规范汉字字典》第 61 页，商务印书馆，2013）

由此我们可以知道，"溚"其实是以"地名用字"（读音 dá）的身份进入《通用规范汉字表》的。

可以这样说，"溚"有两个读音。在 2013 年《通用规范汉字表》公布之前，"溚"作为"焦油的旧称"，读 tǎ，这时，它还不是国家公布的语言文字规范认定的"通用字"。但到 2013 年 6 月《通用规范汉字表》公布之后，它获得了"通用规范汉字"的身份，是一个由国家语言文字规范认定的、"用于地名"的"通用规范汉字"，读 dá。

为此，我们建议，《新华字典》《现代汉语词典》增加"溚"的读音 dá，和"用于地名"的释义，体现"溚"作为"通用规范汉字"的基本意义。就像商务国际辞书编辑部《通用规范汉字字典》、说字解词辞书研究中心《通用规范汉字字典》那样，给"溚"两个读音、列两个字头一样：

【溚】① dá 地名用字：～水（在山东）。② tǎ 焦油的旧称。干馏煤或木材所得到的黑褐色有臭味的黏稠液体，有煤焦油、木焦油等。（商务国际辞书编辑部《通用规范汉字字典》第 104 页，商务印书馆国际有限公司，2019）

【溚】dá 地名用字：～水（在山东省）。另见 385 页 tǎ。（说字解词辞书研究中心《通用规范汉字字典》67 页，华语教学出版社，2014）

【溚】tǎ 焦油的旧称，用煤或木材等经干馏生成的油状物，是重要的化工原料。另见 67 页 dá。（说字解词辞书研究中心《通用规范汉字字典》385 页，华语教学出版社，2014）

二、浬

《通用规范汉字表》公布之后修订出版的《新华字典》（第12版）和《现代汉语词典》（第7版）对通用规范汉字"浬"的释义，也没有体现出"浬"作为"通用规范汉字"的基本意义。

"浬"曾经收入1964年《印刷通用汉字字形表》，那时它是一个"通用汉字"。但到1977年7月20日，中国文字改革委员会、国家标准计量局发出《关于部分计量单位名称统一用字的通知》，"浬"作为长度单位用字被淘汰。《通知》指出："一个计量单位名称，人们口头说的都是双音，书面却只印一个字，……就违反言文一致的原则，人为地造成口头语言同书面语言脱节。""浬"读 hǎilǐ，是"双音"，书面上却只印一个字，违反了"言文一致的原则"。此后，"浬"没能进入1988年国家语委和新闻出版署发布的《现代汉语通用字表》，一般认为，"浬"在1977年7月就被淘汰了。不过，1977年之后出版的《新华字典》《现代汉语词典》，为了便利人们阅读1977年以前的现代汉语文本文献，根据他们的编写规则，仍然保留了"浬"这个条目：

【浬】lǐ 也读作 hǎilǐ。计量海洋上距离的长度单位，1浬合1852米。现写作"海里"。符号 n mile，只用于航程。（《新华字典》第10版287页，商务印书馆，2004）

【浬】lǐ 又 hǎilǐ。海里旧也作浬。（《现代汉语词典》第5版835页，2005；第6版795页，商务印书馆，2012）

2013年6月，《通用规范汉字表》公布，"浬"获得了"通用规范汉字"的身份认证。但是我们必须清楚的是，它不是凭"海里"的过去写法进入《通用规范汉字表》的，而是作为一个"地名"用字进入《通用规范汉字表》的。请看由《通用规范汉字表》研制工作组组长王宁主编、有该研制组几位成员参与编写的《通用规范汉字字典》对它的解释：

【浬】lǐ 用于地名：~浦（在浙江）。（王宁《通用规范汉字字典》

第 216 页，商务印书馆，2014）

可见，作为通用规范汉字的"浬"，是由于有浙江省"浬浦"这样的"地名"而被收入《通用规范汉字表》的。"用于地名"是通用规范汉字"浬"的基本意义。《通用规范汉字表·说明》指出："地名用字，主要来源于民政部和国家测绘地理信息局提供的乡镇以上地名用字、部分村级地名和部分自然实体名称的用字、主要汉语工具书中标明为'地名'的用字。"

作为通用规范汉字的"浬"，已经不能"读作 hǎilǐ"了。

在《通用规范汉字表》公布之后修订出版的李行健《现代汉语规范词典》，在《补编（一）单字条目》里增加了"浬"，解释了它作为"通用规范汉字"的基本意义：

【浬】lǐ 用于地名：如浬浦，在浙江。（李行健《现代汉语规范词典》第 3 版 1775 页，外语教学与研究出版社，2014）

但是《通用规范汉字表》公布之后新修订出版的《新华字典》（第 12 版）、《现代汉语词典》（第 7 版），却依然缺失"浬"作为"通用规范汉字"的这个基本意义：

【浬】lǐ 又读 hǎilǐ，现写作"海里"，计量海洋上距离的长度单位，1 海里合 1852 米。（《新华字典》第 12 版 289 页，商务印书馆，2020）

【浬】lǐ 又 hǎilǐ，海里旧也作浬。（《现代汉语词典》第 7 版 799 页，商务印书馆，2016）

甚至在《通用规范汉字表》公布后，一些专门诠释"通用规范汉字"的《通用规范汉字字典》，也没有把"浬"作为"通用规范汉字"进行说解：

【浬】lǐ（又读 hǎilǐ）现写作"海里"。计量海洋上距离的长度单位，1 浬合 1852 米，只用于船只航行的路程。（说词解字辞书研究中心《通用规范汉字字典》第 234 页，华语教学出版社，2014）

【浬】lǐ 又 hǎilǐ 海里旧也作浬，现写作"海里"，计算海洋上距离的长度单位，1 海里等于 1852 米。（商务国际辞书编辑部《通用规范汉字字典》第 360 页，商务印书馆国际有限公司，2019）

查网络《百度百科》，他们也没有把"浬"作为一个"通用规范汉字"进行解释，而仅仅把"浬"解释为一个 1977 年之前有、1977 年之后被淘汰的汉字：

【浬】双音节汉字，海里的旧称 [nautical mile]，念作"海里"，是一个航海使用的长度单位，通常相等于国际单位制 1852 米，1977 年 7 月 20 日，中国文字改革委员会、国家标准计量局联合发出的《关于部分计量单位名称统一用字的通知》规定仅用"海里"，淘汰"浬"。（《百度百科》）

看来，没有准确解释通用规范汉字"浬"字的辞书，还不止《新华字典》《现代汉语词典》两部。

三、唝

在 2013 年《通用规范汉字表》之后修订出版的《新华字典》第 12 版、《现代汉语词典》第 7 版对"唝"的注音和释义也是有问题的：

【唝】gòng[唝吥]（~ bù）柬埔寨地名。今作"贡布"。（《新华字典》第 12 版 157 页，商务印书馆，2020）

【唝】gòng 唝吥（Gòngbù），柬埔寨地名。今作贡布。（《现代汉语词典》第 7 版 459 页，商务印书馆，2016）

"唝"不见于 1964 年《印刷通用汉字字形表》，亦不见于 1988 年《现代汉语通用字表》。这次，《通用规范汉字表》把它收入"三级字表"，显然不是因为柬埔寨地名"贡布"曾经写作"唝吥"，而是另有考虑。

查王宁《通用规范汉字字典》，它的注音和释义是：

【唝】hǒng。〘罗唝曲〙古词牌名。又称"望夫歌"。（王宁《通

用规范汉字字典》第 138 页，商务印书馆，2014）

根据《通用规范汉字表》三级字表的 4 个来源，我们认为，"唝"字是一个"文言文用字"，"来源于中小学语文教材中的文言文和普及性文言文的语料"。

《康熙字典》收有"唝"字，解释说："《广韵》呼孔切。《集韵》《韵会》虎孔切。《玉篇》：啰唝，歌曲也。《通雅》：啰唝，犹来罗。《云溪友议》元稹赠刘采春曰：'选词能唱望夫歌'，即啰唝曲也。"王宁《通用规范汉字字典》注音和释义与古同。

"唝"有两音、两用，商务国际辞书编辑部《通用规范汉字字典》、说字解词辞书研究中心《通用规范汉字字典》对它的解说，是没有什么问题的：

【唝】① hǒng〖啰唝曲〗（啰：luó）古词牌名。也称望夫歌。② gòng〖唝吥〗（吥：bù），柬埔寨地名。今作贡布。（商务国际辞书编辑部《通用规范汉字字典》第 233 页，商务印书馆国际有限公司，2019）

【唝】gòng〖唝吥〗（Gòngbù），地名，在柬埔寨。另见 151 页 hǒng。（说字解词辞书研究中心《通用规范汉字字典》126 页，华语教学出版社，2014）

【唝】hǒng〖啰唝曲〗（luóhǒngqǔ）古曲名，也叫望夫歌。另见 126 页 gòng。（说字解词辞书研究中心《通用规范汉字字典》151 页，华语教学出版社，2014）

类似的情况还有一些。我们希望，《新华字典》《现代汉语词典》将来修订时，在"漎""浬""唝"三个单字条目下，能够修订它们的音义，体现它们作为"通用规范汉字"的基本意义。

《通用规范汉字表》十年研究综述

2013年6月5日,国务院公布了由教育部、国家语委组织制定的《通用规范汉字表》,这是一部贯彻《中华人民共和国国家通用语言文字法》,适应新形势下社会各领域汉字应用需要的重要的汉字规范,是一个具有里程碑意义的重大成果,是新中国成立70多年中,几代语言文字工作者研究当代通用规范汉字成果的集大成者。

10年来,对《通用规范汉字表》的研究广泛开展,不断深入,取得了丰硕的成果。

一、《通用规范汉字表》的整体研究

王宁(2013)《〈通用规范汉字表〉解读》是《通用规范汉字表》的"权威解读版本"。该书主编王宁是《通用规范汉字表》研制组组长,4位编者则是该研制组主要人员。《〈通用规范汉字表〉解读》全书分总论、分级与收字、简繁关系、正异关系、字形问题、编排形式、字表效力七个方面,对《通用规范汉字表》加以解读,介绍了《通用规范汉字表》研制的意义和必要性、研制的过程、研制的原则、字表的总体特点、字表与相关字表的差异等[①]。

王敏、陈双新(2016)《〈通用规范汉字表〉七十问》,以答问形式全面解读《通用规范汉字表》,共70个专题。两位作者曾参加《通

[①] 王宁:《〈通用规范汉字表〉解读》,商务印书馆,2013。

用规范汉字表》研制第一阶段(2001年4月—2004年10月)的研制工作。《〈通用规范汉字表〉七十问》全书从《通用规范汉字表》的名称、研制、内容、效力、应用等五个方面，用尽可能通俗易懂的方式解答有关字表的研制设想、研制过程、学术思路、内容构成、应用范围以及与原有规范标准之间的差异等字表本身难以直观反映的问题，解答了与《通用规范汉字表》相关的问题。[1]

王宁（2013）《通用规范汉字字典》，是"一本解读《通用规范汉字表》的字典"，"它的主要任务是：反映《通用规范汉字表》所收规范汉字的字形、字量、字级和字用，确立规范汉字中简化字与繁体字、正字与异体字的对应关系，提示《通用规范汉字表》与此前规范的差异，说明人名、地名、科技和基础教育教材的文言文四个专门领域里搜集的三级字的来源与用途，并给出规范汉字的国际编码码位，以帮助读者正确使用规范汉字。"[2] 该字典"义项设置较为简约"，"以能说明其使用的特点和职能的分工为度"，具有"阐释《通用规范汉字表》、指导规范汉字使用的特殊功能"[3]。

教育部语言文字信息管理司（2015）《信息时代汉字规范的新发展——〈通用规范汉字表〉文献资料集》集中收录了十余年中有关《通用规范汉字表》的政策文件、领导讲话、新闻报道、学者文章和大事记[4]，不但具有重要的史料价值，而且也是我们学习、理解、使用《通用规范汉字表》的重要的指导性文件。

解读《通用规范汉字表》的字典很多，例如：

李行健《〈通用规范汉字表〉使用手册》，人民出版社，2013；

---

[1]　王敏、陈双新：《〈通用规范汉字表〉七十问》，语文出版社，2016。
[2]　王宁：《通用规范汉字字典》"凡例"3页，商务印书馆，2013。
[3]　王宁：《通用规范汉字字典》"前言"2页，商务印书馆，2013。
[4]　教育部语言文字信息管理司：《信息时代汉字规范的新发展——〈通用规范汉字表〉文献资料集》，商务印书馆，2015。

说词解字辞书研究中心《通用规范汉字字典》，华语教学出版社，2014；

汪东波、翟喜奎《通用规范汉字属性字典》，国家图书馆出版社，2016；

王玮《部首演绎通用规范汉字字典》，四川辞书出版社，2016；

商务国际辞书编辑部《通用规范汉字字典》，商务印书馆国际有限公司，2019。

2014年，北京语言大学陈双新教授主持申报的国家社科基金重大项目"《通用规范汉字表》8105字形音义源流研究"获准立项，2022年8月结项。该课题所搭建的"《通用规范汉字表》8105字形音义源流电子检索系统"，集《通用规范汉字表》中8105字字形、字音、字义源流演变为一体，框架合理，信息准确，查询方便，实现了科学性和实用性很好的结合，是对《通用规范汉字表》全面、深入、科学的解读。"为大众准确理解与使用《字表》带来很大便利"[1]。罗薇（2017）《〈通用规范汉字表〉8105字形音义源流电子检索系统的构建》指出："该系统的构建既服务于国家语言文字规范标准的宣传解读，又弘扬以汉字为载体的传统文化知识，拉近学术研究与普通大众之间的距离，为民众正确使用汉字提供尽多可能的便利。""任何一个使用计算机的人都可以通过点击鼠标的方式，方便快速地获得从不同角度解读与《字表》汉字相关的信息。"[2]

---

[1] 国家社科基金重大项目"《通用规范汉字表》8105字形音义源流研究"结项鉴定会顺利召开，北京语言大学新闻网（blcu.edu.cn）。

[2] 罗薇：《〈通用规范汉字表〉8105字形音义源流电子检索系统的构建》，《现代语文》2017（10）。

二、《通用规范汉字表》字量字形字音字序研究

汉字规范化、标准化,要做到四定,即定量、定形、定音、定序,所以《通用规范汉字表》的字量、字形、字音、字序问题,是极受关注的研究课题。

(一)《通用规范汉字表》字量研究

《通用规范汉字表》的字量是 8105 个。王敏、陈双新(2016)《〈通用规范汉字表〉七十问》认为,《通用规范汉字表》的这个字量,"是以国家语委现代汉语平衡语料库统计为基础,参考了多个语料库的统计结果,经过适当人工干预,又多方征求意见之后确定下来的","这个字量是与信息时代现代汉语生活相适应的"[①]。

《通用规范汉字表》公布后,有学者觉得 8105 字少了。郭小武(2017)《关于〈通用规范汉字表〉兼容性问题的考察论证》[②]建议把表中一、二级字各扩充到 4000 字,总约 8000 个,再把表中三级字独立出来,名为"专用备查汉字",扩充到 12000 字,加上一、二级字,总共约 20000 字。他还建议《字表》收录"〇、囧"等字。杨泽生(2016)《一份仍需完善的现代通行字表》[③]也建议《字表》收录"〇、囧"等字。王新娟、章瑾(2018)《"棕"字在农业科技语中的应用》[④]认为,棕是李的一个变种或新类型,在农业类书刊杂志中被广泛应用,《通用

---

① 王敏、陈双新:《〈通用规范汉字表〉七十问》18 页,语文出版社,2016。
② 郭小武:《关于〈通用规范汉字表〉兼容性问题的考察论证》,《汉字文化》2017(3)。
③ 杨泽生:《一份仍需完善的现代通行字表》,发表于澳门《说文论语》,澳门汉字学会,2016。
④ 王新娟、章瑾:《"棕"字在农业科技语中的应用》,中国南方果树,2018(2)。

规范汉字表》在以后修订时可以考虑增收"椊"字。

程荣在"纪念《通用规范汉字表》公布5周年座谈会"上指出,《通用规范汉字表》不是封闭的系统,应当"根据语言生活的发展变化和实际需要,在适当的时候进行必要补充和调整。对于《字表》未收录的字可以报请国家语委在适当时候补录,并指出适当补录的重要性和科学性。如新出现的元素字(如113号的nǐ、115号的mò、117号的tián、118号的ào)和民族地区使用比较广泛的字(如'铓'),都可以走正常程序进行补录"[1]。

有学者觉得8105字多了,应当把"三级字表"删去。杨澄(2014)《谈〈通用规范汉字表〉的第三表》认为,"《通用规范汉字表》里的三级字不是通用字,而是罕用字,设立第三表没有充足的理由,只是加大了推行三级字的力度,弊大于利。""第三表应该从《字表》里删除出去。"[2] 姚姝婧(2015)《〈通用规范汉字表〉增减字研究》[3] 也认为,三级字表的设立不符合"通用"标准。许征(2015)《〈通用规范汉字表〉研读》[4] 认为,三级字表没有统计数据作依据,其中很多都是使用领域窄、使用频率低的生僻字,把这些字也叫作通用字名实不符。

范可育(2014)在《科学定量,合理分级——学习〈通用规范汉字表〉四人谈》[5] 中认为,《通用规范汉字表》的三级字表收录乡镇以上

---

[1] 陈双新:《总结过往、指导当前、谋划未来——纪念〈通用规范汉字表〉公布5周年座谈会会议纪要》,《语言规划学研究》2018(2)。

[2] 杨澄:《谈〈通用规范汉字表〉的第三表》,《北华大学学报》(社会科学版)2014(1)。

[3] 姚姝婧:《〈通用规范汉字表〉增减字研究》,硕士学位论文,辽宁师范大学,2015。

[4] 许征:《〈通用规范汉字表〉研读》,《现代语文》2015(12)。

[5] 费锦昌、高家莺、颜逸明、范可育:《科学定量,合理分级——学习〈通用规范汉字表〉四人谈》,语言文字周报,2014-1-1。

的地名用字，将给户籍、邮政、金融、科技、旅游和护照等用字带来很大的便利。

（二）《通用规范汉字表》字形研究

《通用规范汉字表》在"说明"中指出："本表的字形依据《现代汉语通用字表》确定"。而《现代汉语通用字表》是在《印刷通用汉字字形表》的基础上制定的，其"字形标准未作新的调整"。因此，三个字表的字形标准是一样的。

也就是说，《通用规范汉字表》收入的《现代汉语通用字表》中的6962字完全依据了《现代汉语通用字表》的字形，新增的1143字则是依据《印刷通用汉字字形表》《现代汉语通用字表》确定字形的原则和方法确定的。比如新增字"迳"的左上角是一点而不是两点，"骠"的右边作"录"而不作"彔"，"镕、综"等字右边上头的点作侧点而不作竖点，等等。新增字不在《简化字总表》中而需要简化的，都依据《简化字总表》的偏旁类推方法作了简化。"迳、骠、镕、综"等都是新增加的简化字。

导夫、马子豪（2014）《〈通用规范汉字表〉研究（一）》对《通用规范汉字表》的字形分布进行了统计，指出：《通用规范汉字表》收录 CJK 统一汉字 7829 个，收录 CJK Ext-A 区汉字 77 个，收录 CJK Ext-B 区汉字 36 个，收录 CJK Ext-C 区汉字 44 个，收录 CJK Ext-D 区汉字 8 个，收录 CJK Ext-E 区汉字 108 个。只有"渌跶镞"3 个汉字的字形，尚未被 Unicode 的最新版本收录。[①]

牟晓明（2021）《〈通用规范汉字表〉的规范价值与改进建议》认为，"《通用规范汉字表》确立了新时期通用汉字的统一规范，体现了

[①] 导夫、马子豪：《〈通用规范汉字表〉研究（一）》，《宁夏大学学报》（人文社会科学版）2014（6）。

汉字规范的科学性和社会性，也推动了汉语汉字的国际化进程，但是没能解决字形变化系统化方面存在的问题，没有兼顾表外字形和常用字形，也没有进一步统一宋体与楷体的字形。"①例如"望"的第三笔竖折提，是由竖折横转变而来的，而《通用规范汉字表》中"邙、氓"等字的相应笔画仍是竖折横，没有转变为竖折提。竖弯钩在字的左下位时需要变成竖折提，如"切、改、刿、剞"等，而《通用规范汉字表》中"创、戗、刨、鸧"等字没有遵循这一规则。

字体问题，《通用规范汉字表》跟《印刷通用汉字字形表》《现代汉语通用字表》一样采用了宋体字体。许征（2017）《论标准字体》认为，当今汉字的标准字体应为楷体，《通用规范汉字表》以宋体为标准字体是错误的。将来有机会修订《通用规范汉字表》，应该把标准字体改为楷体②。王敏、陈双新（2016）《〈通用规范汉字表〉七十问》则指出，现代汉字的字形结构规范用宋体的字形来揭示，是因为宋体字是最广泛使用的印刷字形，横、竖、撇、点、折等各种笔形结构区别清晰，也最能代表字模印刷时代的书面字体风格。③

王敏、陈双新（2016）《〈通用规范汉字表〉七十问》一书透露，"由于字形规范对汉字信息化具有重要意义，为了比较全面地解决存在的问题，新的字形标准已经在另行研制。"④

（三）《通用规范汉字表》字音研究

《通用规范汉字表》公布不久，就有王宁《通用规范汉字字典》（商务印书馆，2013）、李行健《〈通用规范汉字表〉使用手册》（人民出

---

① 牟晓明：《〈通用规范汉字表〉的规范价值与改进建议》，《连云港师范高等专科学校学报》2021（4）。

② 许征：《论标准字体》，《语言与翻译》2017（1）。

③ 王敏、陈双新：《〈通用规范汉字表〉七十问》101 页，语文出版社，2016。

④ 王敏、陈双新：《〈通用规范汉字表〉七十问》27 页，语文出版社，2016。

版社，2013）等字典出版。两部字典都给 8105 个通用规范汉字标注了读音。有文章指出，有位 73 岁老人利用两个月时间，把王宁《通用规范汉字字典》与李行健《〈通用规范汉字表〉使用手册》这两本辞书的汉字注音进行比较分析，发现有 403 个多音字的注音不一致[①]。

2016 年，上海辞书出版社出版了王建堂《通用规范汉字正音字典》。从字典名称就可以看出，该字典特别关注通用规范汉字的读音问题。该字典收录了《通用规范汉字表》和 10 部辞书（《新华字典》《现代汉语词典》《现代汉语规范词典》等）9600 多个单字，按同一表声部件的组合方式，把所收的单字和部件，共组合划分成 1133 组，音变求源，正音求真，是研究当代通用规范汉字读音源流的重要文献。

李晓光、张万有《〈通用规范汉字表〉三级字音注》《〈通用规范汉字表〉二级字音注》《〈通用规范汉字表〉一级字音形比注研究》[②]对《通用规范汉字表》8105 字的读音进行了标注。

洪飚、姚姝婧（2017）《〈通用规范汉字表〉增减字研究》[③]指出，《通用规范汉字表》新增 1143 字，这些字在《现代汉语词典》（第 6 版）中标注为多音字的有 70 余个，标注为同音字的有 1 个；而王宁《通用规范汉字字典》中仅标注出多音字 15 个，无同音字。例如"尢"在《现代汉语词典》（第 6 版）中有 wāng 和 yóu 两个读音，而在《通用规范汉字字典》仅有 wāng 一个读音。还有注音全不同的，如"芘"在《现代汉语词典》（第 6 版）中注音 bì，而在《通用规范汉字字典》注音 bǐ，"掞"在《现代汉语词典》（第 6 版）中注音 shàn，而在《通用规

[①] 《老人钻研汉字 30 载，找出两本字典 403 处不符读音》，《长春日报》2013 年 10 月 31 日。

[②] 李晓光、张万有对《通用规范汉字表》8105 字的音注，共 21 篇，分别发表于 2014—2016 年《赤峰学院学报》（自然科学版），2019—2020 年《赤峰学院学报》（汉文哲学社会科学版）。

[③] 洪飚、姚姝婧：《〈通用规范汉字表〉增减字研究》，《汉字文化》2017（1）。

范汉字字典》中注音 yàn。

钱玉趾（2014）《〈通用规范汉字表〉献疑》[①]指出，《字表》三级字表中的"卣"，王宁《通用规范汉字字典》上的注音是 ǒu，不妥，应该是 hàn，他的家乡有"卣山"，在江苏金坛，当地人称呼"卣山"为"hàn 山"，不是"ǒu 山"。

（四）《通用规范汉字表》字序研究

《通用规范汉字表》篇首"说明"指出：本表的"字序遵循《GB 13000.1 字符集汉字字序（笔画序）规范》的规定"。

邵霭吉（2020）《折笔规范和〈通用规范汉字表〉的字序问题》指出，《通用规范汉字表》的"三级字表"中"6597 杳、6598 冏"的排序，没有"遵循《GB 13000.1 字符集汉字字序（笔画序）规范》的规定"。《字表》附录 2《〈通用规范汉字表〉笔画检字表》也存在同样的问题。在《GB 13000.1 字符集汉字字序（笔画序）规范》中，"杳、冏"二字的字序是："1705 冏、1706 杳"，是"冏"先于"杳"，两字"同笔画数、同笔顺"，必须"按主附笔形逐笔比较主附笔形定序，主笔形先于附笔形"[②]。

教育部、国家语委 2020 年 11 月 23 日发布《通用规范汉字笔顺规范》，"规定了《通用规范汉字表》所包含的 8105 个汉字的笔顺规范"。《通用规范汉字笔顺规范》的主体部分是"通用规范汉字笔顺表"，表中 8105 字字序基本同于《通用规范汉字表》的"附件 2"，但也调整了《通用规范汉字表》中"6597 杳、6598 冏"的错误排序，改为"6598

---

① 钱玉趾：《〈通用规范汉字表〉献疑》，文史杂志，2014（4）。
② 邵霭吉：《折笔规范和〈通用规范汉字表〉的字序问题》，《盐城师范学院学报》（人文社会科学版）2020（4）。

冏、6597 杏"顺序①。由于《通用规范汉字笔顺规范》字头所用的序号都是《通用规范汉字表》中的序号，所以这两字的序号错误还无法改正过来。

邵霭吉（2020）《折笔规范和〈通用规范汉字表〉的字序问题》还指出，教育部、国家语委 2001 年 12 月 19 日发布的《GB 13000.1 字符集汉字折笔规范》，对《GB 13000.1 字符集汉字字序（笔画序）规范》规定的折笔的主附笔形及其先后顺序有所调整，是对《GB 13000.1 字符集汉字字序（笔画序）规范》的有益补充，《通用规范汉字表》给通用规范汉字排序时，没有引用《GB 13000.1 字符集汉字折笔规范》，是"一个小小的疏忽"。

邵霭吉（2020）《折笔规范和〈通用规范汉字表〉的字序问题》指出，依据《GB 13000.1 字符集汉字字序（笔画序）规范》和《GB 13000.1 字符集汉字折笔规范》两个规范，《通用规范汉字表》的字序还有几个地方需要调整，附件 2《〈通用规范汉字表〉笔画检字表》"0324 永、6521 礽"应调整为"6521 礽、0324 永"，"一级字表"和"附件 2"的"0050 凡、0051 丸、0052 及"应调整为"及、凡、丸"并把序号改正。还有其他几组含"凡、丸、及"部件的合体字字组，如一级字表中的"巩、圾"、二级字表中的"芃、芨"、附件 2 中的"巩、圾"、"芃、芃、芨"等的字序也需要调整。

三、《通用规范汉字表》字的字际关系研究

当代通用规范汉字的字际关系研究，主要是规范字跟繁体字、异体字之间的关系研究。

---

① 教育部、国家语委：《通用规范汉字笔顺规范》44 页，商务印书馆 2021 年 2 月第 1 版，2021 年 2 月第 1 次印刷。

（一）《通用规范汉字表》与简繁字研究

根据《通用规范汉字表》附录1《规范字与繁体字、异体字对照表》，《通用规范汉字表》中共有简化字2546个，对应2574个繁体字。《通用规范汉字表》篇首"说明"中说，有226个简化字是这次新收录的、"在《简化字总表》和《现代汉语通用字表》之外"的"类推简化字"。王宁《〈通用规范汉字表〉解读》具体列出了新增加的这226个简化字。

范可育在（2014）《坚持简化，保持稳定——学习〈通用规范汉字表〉四人谈》中指出，简化汉字已经成为国内外大多数汉字使用者的习惯，根据文字使用的社会性原则，坚持简化方向完全正确。①

张萌萌（2014）《从〈通用规范汉字表〉和〈常用国字标准字体表〉看两岸字用字形差异》认为，《字表》附录1《规范字与繁体字、异体字对照表》对96组一个规范字对应多个繁体字（或传承字）的字际关系进行了分解，表现出其处理相关问题的科学性。②

邵霭吉（2017）《〈通用规范汉字表〉简化字统计与思考》指出，《字表》共收简化字2546个，占全表规范字的31.4%。有2204个来源于《简化字总表》，2251个来源于《现代汉语通用字表》（其中2134个亦见于《简化字总表》，117个不见于《简化字总表》），另有225个既不见于《简化字总表》又不见于《现代汉语通用字表》，是这次新增加的。③

邵霭吉（2017）《〈通用规范汉字表〉简化字统计与思考》还将225个新增简化字，跟王宁《〈通用规范汉字表〉解读》所列226个简化字作了相比较，发现225字中无"墕"而226字中有"墕"，而"墕"并不是用《简化字总表》中的"简化偏旁"类推出来的，且《通用规范

---

① 费锦昌、高家莺、颜逸明、范可育：《坚持简化，保持稳定——学习〈通用规范汉字表〉四人谈（三）》，语言文字周报，2014-1-8。

② 张萌萌：《从〈通用规范汉字表〉和〈常用国字标准字体表〉看两岸字用字形差异》，《云南师范大学学报》（哲学社会科学版）2014（6）。

③ 邵霭吉：《〈通用规范汉字表〉简化字统计与思考》，《汉字文化》2017（4）。

汉字表》的附录1《规范字与繁体字、异体字对照表》2546个简化字中也没有收录"堉",因此《字表》"新增226个简化字"说法不确。该文还认为《字表》附录1说《对照表》中有"2574个繁体字"也值得商榷,因为表中2574个繁体字中有"蘋、噁、鍾"3字"重见",计算总字数时应该减去3字。

《通用规范汉字表》附件1的注释说:"锺:用于姓氏人名时可简化作'锺'。"高家莺(2014)在《坚持简化,保持稳定——学习〈通用规范汉字表〉四人谈》中认为,这样既保持把"鐘""鍾"都简化为"钟"这一繁简关系不变,又照顾到了社会民众已经在姓氏人名中广泛使用"锺"这一现实状况[①]。曹国军、岳康(2016)《姓"钟"还是姓"锺"》认为,"'锺'不宜用作'姓氏',可限定它的使用范围:仅用作人名。"[②]

姚德怀(2014)《读〈通用规范汉字表〉有感》建议把"干"分化为"干""幹""乾",建议"余""馀"也可以分立。[③]

魏励(2016)《对〈通用规范汉字表〉的点滴意见》认为,"《简化字总表》无条件地把'穀、嚮、濛'简化为'谷、向、蒙'欠妥,《通用规范汉字表》不应该照搬"。[④]

许多学者讨论了《字表》外的繁体字是否类推简化的问题。

王宁(2013)《〈通用规范汉字表〉解读》指出:"今后表外字不再类推。"王敏、陈双新(2016)《〈通用规范汉字表〉七十问》指出,"关于表外字是否类推简化,在字表研制过程中不断被提出,'表外字不类推简化'是一贯的精神。"2007年"字表研制工作扩大会议"做出了"表

---

① 费锦昌、高家莺、颜逸明、范可育:《坚持简化,保持稳定——学习〈通用规范汉字表〉四人谈》,语言文字周报,2014-1-8(4)。
② 曹国军、岳康:《姓"钟"还是姓"锺"》,《汉字文化》2016(5)。
③ 姚德怀:《读〈通用规范汉字表〉有感》,《北华大学学报》(社会科学版)2014(2)。
④ 魏励《对〈通用规范汉字表〉的点滴意见》,发表于《辞书研究》2016(6)。

外字不再类推"的正式决定。2009 年"《规范汉字表》表外字使用问题专家研讨会"又一次明确做出了"表外字不再类推"的总结①。胡双宝（2013）《对〈通用规范汉字表〉的认识》认为，"表外字不再类推简化，这一原则对于维护汉字特点，保持汉字形体稳定十分重要。无限制的类推简化，跟乱造简化字属同一性质"。②

张书岩（2013）《〈通用规范汉字表〉以外的字应准许类推简化》认为，表外字不准类推简化，必将导致当代用字中出现繁体字，进而从根本上动摇国家的汉字简化政策，应该停止"表外字不可类推简化"的宣传③。另外，苏培成（2014）《"表外字不再类推"的要害是恢复繁体字》④、苏培成（2014）《"表外字不类推简化"不是国家的政策》⑤、袁建民（2014）《〈简化字总表〉的类推简化原则不能丢》⑥等文章，也不同意"表外字不再类推简化"的说法。

（二）《通用规范汉字表》与异体字研究

《通用规范汉字表》对《第一批异体字整理表》有一些调整，附录1《规范字与繁体字、异体字对照表》收录了 794 组共计 1023 个异体字，对在部分义项和用法上可作规范字使用的异体字，加注说明其使用范围

---

① 王敏、陈双新：《〈通用规范汉字表〉七十问》21 页，语文出版社，2016。
② 胡双宝：《对〈通用规范汉字表〉的认识》，《汉字文化》2013（6）。
③ 张书岩：《〈通用规范汉字表〉以外的字应准许类推简化》，光明日报，2013-12-14。
④ 苏培成：《"表外字不再类推"的要害是恢复繁体字》，《北华大学学报》（社会科学版）2014（1）。
⑤ 苏培成：《"表外字不类推简化"不是国家的政策》，《通化师范学院学报》2014（5）。
⑥ 袁建民：《〈简化字总表〉的类推简化原则不能丢》，《北华大学学报》（社会科学版）2014（1）。

和用法。跟《第一批异体字整理表》810组1055个异体字相比，减少了16组，32个异体字。

颜逸明（2014）在《调整正异，求稳务实——学习〈通用规范汉字表〉四人谈》中认为，《通用规范汉字表》研制组对异体字的处理，遵从了科学、稳定、求实三项原则，对汉字的规范化起到十分积极的作用。[①]

赵晓丽（2014）《对〈通用规范汉字表〉异体字转正的思考》认为，"32个姓氏人名异体字转正，体现了对这些群体的关注和关怀，以及对老百姓用字智慧的尊重。""《通用规范汉字表》将'桠、椀、刳'等涉及科技、物理、医药等专门领域的异体字转为规范字，一方面符合时代发展的客观要求，二是大众阅读层面的拓宽对用字要求提高所带来的必然。除此之外，也体现了新时代全新的文字理念。"[②]

杜丽荣、邵文利（2015）《谈谈〈通用规范汉字表〉异体字整理中存在的问题》认为，《字表》沿袭《一异表》的某些做法，将个别完全不具备异体字条件的字组确定为异体关系，对社会用字具有误导作用。例如《一异表》《字表》都认为，"劵"是"券"的异体字，其实"劵"和"券"二字音形义俱异，实非异体字。再如《一异表》《字表》都认为，"韜"是"诤（諍）"的异体字，其实"诤"和"韜"二字音义全然无关，亦非异体字。该文建议将《对照表》中的非异体字尽快删除。[③]

杜丽荣、邵文利（2015）《谈谈〈通用规范汉字表〉异体字整理中存在的问题》还认为，《字表》异体字整理范围只限于《一异表》已整理字，置很多客观存在的表外异体字于不顾，有回避问题之嫌，不利于

[①] 费锦昌、高家莺、颜逸明、范可育：《调整正异，求稳务实——学习〈通用规范汉字表〉四人谈》，语言文字周报，2014-1-15（4）。

[②] 赵晓丽：《对〈通用规范汉字表〉异体字转正的思考》，《湖北第二师范学院学报》2014（4）。

[③] 杜丽荣、邵文利：《谈谈〈通用规范汉字表〉异体字整理中存在的问题》，学术界，2015（2）。

国家通用语言文字的规范化和标准化。例如"为""爲""為"自古至今音义完全相同，因《一异表》中未涉及"為"，《对照表》也就只列"为（爲）"简繁字，未列异体字"為"。该文建议，《一异表》尚未收录而现代社会用字中又确实存在的异体字，应尽快整理，在《对照表》中予以补充。

魏励（2016）《对〈通用规范汉字表〉的点滴意见》认为，"《第一批异体字整理表》把'紬'作为'绸（綢）'的异体字欠妥，《简化字总表》已纠正，类推作'䌷'，《通用规范汉字表》不应该走回头路。"又说，"有的异体字属于误收，如'谄'字后误列异体字'諂'。""有的异体字应补。……《通用规范汉字表》在'佛'字之后列出了异体字'彿'，而'仿'字之后却漏收'彷'。""有些异体字应加注。如'週'不用于救济、朝代、姓，与'周'不是全同异体字，如果不加注释便容易令读者误解。"①

褚静（2020）《基于语言文字规范化背景下的〈通用规范汉字表〉异体字整理与研究刍议》认为，《通用规范汉字表》在异体字定义、整理原则、收字范围等方面对《第一批异体字整理表》采取了认同态度，没有正面处理《第一批异体字整理表》中涉及的异体字，只规定规范字形，不再简单地淘汰、废除异体字，体现了我国文字规范工作的时代性、科学性和社会性。②

四、《通用规范汉字表》字的结构研究

通用规范汉字的结构研究，包括构形构件研究、独体字研究、形声

---

① 魏励：《对〈通用规范汉字表〉的点滴意见》，《辞书研究》2016（6）。
② 褚静：《基于语言文字规范化背景下的〈通用规范汉字表〉异体字整理与研究刍议》，《辽宁工业大学学报》（社会科学版）2020（3）。

字研究等。

（一）《通用规范汉字表》字的构形构件研究

刘芳芳（2015）《通用规范汉字构件分析及其在对外汉语教学和中文信息处理中的应用》对从有理据和无理据两个维度对《通用规范汉字表》8105字进行了构件（部件）的切分，分别得到了562个和407个基础构件，该文认为，合体字在通用规范汉字中占绝对优势，大多数合体字是由两部分构件通过左右、上下或包围的结构方式组建而成的。[①]

付海燕（2016）《通用规范汉字构件及构形模式研究》，以《通用规范汉字表》的8105个汉字为研究对象，运用李运富的"二十书"构形学理论，依照既定的构件拆分及构形模式判定原则，对通用规范汉字穷尽性地进行构件拆分和构形模式分类。"经过穷尽性统计可以发现，在《字表》中，一级字表构件共有6718个，其中不重复构件1293个；二级字表构件共计5996个，其中不重复构件1254个；三级字表构件总数为3224个，其中不重复构件有921个。"[②]这些构件可以分为象形构件、表义构件、示音构件、标志构件、记号构件5类。

侯冬梅（2017）《通用规范汉字构形属性研究》提出现代汉字的直观构形理论，构建了通用规范汉字构形属性数据库。她认为，"《通用规范汉字表》包含独体字351个，合体字7754个"。"独体字包含基础部件351个，合体字包含部件1954个，其中基础部件508个，合成部件1446个。独体字和合体字共有的基础部件310个，独体字独有的基础部件41个，合体字独有的基础部件有198个。""《通用规范汉

[①] 刘芳芳：《通用规范汉字构件分析及其在对外汉语教学和中文信息处理中的应用》，硕士学位论文，山东大学，2015。

[②] 付海燕：《通用规范汉字构件及构形模式研究》，硕士学位论文，渤海大学，2016。

字表》共包含部件 1995 个，其中基础部件 549 个，合成部件 1446 个。"①

孙亭文（2018）《通用规范汉字偏旁统计与研究》以《通用规范汉字表》所收的 8105 个汉字为研究对象，通过字源分析与现代汉字字形分析相结合的手段，一共统计得出 1690 个汉字偏旁。独体字偏旁 313 个，其中孤立偏旁 26 个；形声字表音偏旁 1426 个，表义偏旁 278 个；会意字和形声字表义偏旁一共 710 个，记号字中记号偏旁 136 个，汉字偏旁中变体偏旁一共 102 个。②

据柳建钰、王晓旭（2019）《基于字料库的通用规范汉字构形属性调查研究》，他们建设了"通用规范汉字字料库"，"在汉字构形学理论及其衍生理论的指导下，考索字源理据，结合现代汉字字形，对 8105 个通用规范汉字进行了穷尽性拆分，并对其构件属性进行了比较科学的标注。"他们从 8105 个通用规范汉字中拆分出的直接构件共有 16073 个，去重后共有 1926 个，基础构件共 552 个。8105 个通用规范汉字中，左右结构 5316 字，占 65.59%，上下结构 1680 字，占 20.73%，包围结构 775 字，占 9.6%，独体字 220 字，占 2.71%。③

李晓光、张万有《〈通用规范汉字表〉一级字音形比注研究》对 3500 个一级字进行了"造构字类型"标注，逐一标注出一级字的"造字法"和"构字法"，造字法分象形、指事、会意、形声 4 种；构字法分为意符字、意音字、记号字、意号字、音号字、意音号字、合音合意字 7 种构字类型（意符是指跟整字在意义上有联系的字符；音符是指跟整字在读音上有联系的字符；记号是指跟整字在意义和读音上都没有联系的字

---

① 侯冬梅：《通用规范汉字构形属性研究》147 页，科学出版社，2017。
② 孙亭文：《通用规范汉字偏旁统计与研究》，硕士学位论文，东北师范大学，2018。
③ 柳建钰、王晓旭：《基于字料库的通用规范汉字构形属性调查研究》，《渤海大学学报》（哲学社会科学版）2019（5）。

符）。①

导夫、马子豪（2014）《〈通用规范汉字表〉研究（一）》对《通用规范汉字表》的笔画进行定量分析，指出：《通用规范汉字表》8105个汉字总画数为88444画，平均每字为10.91画。笔画最少者为1画，最多者为36画。各笔画数统属汉字最少者为26画、30画、36画等3个笔画，它们均统属1个汉字。最多者为9画，它统属899个汉字。②

（二）《通用规范汉字表》独体字研究

李瑛（2016）《通用规范汉字独体字研究——兼评〈现代常用独体字表〉和〈简化汉字独体字表〉》"参照教育部、国家语委《现代常用字部件及部件名称规范》"，认为《通用规范汉字表》中有独体字315个，其中127个为由笔画和笔画直接组成的"笔画字"，例如"一、乙、二、十、丁、厂、水、气、手、毛"等，188个为由笔画和部件组成的"笔部字"，例如"扎、犬、太、户、尺、引、孔、办、良、局、其、或、画、韭"等。③

付海燕（2016）《通用规范汉字构件及构形模式研究》统计到《通用规范汉字表》8105字中有独体字382个，其中独体象形字6个，它们是："口、丫、凹、凸、田、伞"；独体标志字1个：它是"一"；独体变异字13个，例如"七、刁、乌、申、毋"等；独体记号字362个，

---

① 李晓光、张万有：对《〈通用规范汉字表〉一级字音形比注研究》共10篇，分别发布《赤峰学院学报》（汉文哲学社会科学版）2019—2020。
② 导夫、马子豪（2014）《〈通用规范汉字表〉研究（一）》，《宁夏大学学报》（人文社会科学版）2014（6）。
③ 李瑛：《通用规范汉字独体字研究——兼评〈现代常用独体字表〉和〈简化汉字独体字表〉》，《内蒙古师范大学学报》（哲学社会科学版）2016（3）。

例如"乙、人、门、女、马、水"等。①

侯冬梅（2017）《通用规范汉字构形属性研究》依据"现代汉字的直观构形理论"，认为"《通用规范汉字表》包含独体字351个"，"包含基础部件351个"，其中310个是"独体字和合体字共有的基础部件"，41个是独体字独有的基础部件，这"41个基础部件在《通用规范汉字表》中只能构成独体字，不能参与组构合体字"。②

柳建钰、王晓旭（2019）《基于字料库的通用规范汉字构形属性调查研究》③认为，《通用规范汉字表》8105字中有独体字220个。

邵霭吉（2021）《〈通用规范汉字表〉独体字统计与思考》认为，"独体字是不能拆分和不宜拆分的汉字"。如果依据《信息处理用GB 13000.1字符集汉字部件规范》的"基础部件"，可以确定《通用规范汉字表》中的独体字为230个。如果依据《现代常用独体字规范》，可以确定《通用规范汉字表》中有256个常用独体字，为弥补其覆盖面的不足，还需加上依据前一部规范有而依据本规范无的"不常用的"39个独体字，可以确定《通用规范汉字表》中一共有295个独体字。如果依据《现代常用字部件及部件名称规范》的"部件"，可以认定出《通用规范汉字表》中有342个独体字，加上依据第一部规范有而依据本规范无的"不常用的"独体字9个，加上依据第二部规范有而依据本规范无的1个，可以确定《通用规范汉字表》中有352个独体字④。该文期盼国家语委早日颁布"通用规范汉字独体字规范"。

---

① 付海燕：《通用规范汉字构件及构形模式研究》，硕士学位论文，渤海大学，2016。
② 侯冬梅：《通用规范汉字构形属性研究》147页，科学出版社，2017。
③ 柳建钰、王晓旭：《基于字料库的通用规范汉字构形属性调查研究》，《渤海大学学报》（哲学社会科学版）2019（5）。
④ 邵霭吉：《〈通用规范汉字表〉独体字统计与思考》，《盐城师范学院学报》（人文社会科学版）2021（3）。

(三)《通用规范汉字表》形声字研究

贾玲(2015)《〈通用规范汉字表〉形声字声旁与字音联系研究》采用字源分析与应用分析的原则,确定《通用规范汉字表》8105字中有字源形声字6594个,"在借鉴李燕、康加深'形声结构'观点的基础上,总结出《字表》的形声结构共有6514个",其声旁总数是1318个,形声结构"声旁的表音率为64.58%","而声旁完全表音的比率是比较少的,只占形声结构的39.85%,也就是说绝大多数的声旁不能表示完全正确的读音。""在6514个形声结构中,形声字的总数为5528个,占《字表》总数的68.20%。"①

邹敏敏(2016)《现代通用规范汉字形声字研究》认为,《通用规范汉字表》8105个通用规范汉字中,有字源形声字7161个,这些字源形声字中有"形声结构"6822个,形符共200个,声符1282个。形符的表意度为70.29%,声符的表音度为83.35%。在这些"形声结构"中,有形声字5240个,占字表总字数的64%,仍然是汉字的主要组成部分。该文认为,"现代通用规范汉字形声字有着较高的理据度"。②

晏黎丹(2016)《现代汉字声旁研究与对外汉字教学》从形声字研究入手,以声旁为具体切入点,以《通用规范汉字表》为研究范围,通过对声旁的示音情况进行测查分析,梳理出声旁与形声字之间存在相同、相近与不同三种读音对应关系。该文统计得到的形声字数据为:《通用规范汉字表》中形声字共有6524个,约占总体的80.5%。其中,一级字表中的形声字为2389个,占总形声字的36.7%;二级字表共有2704个形声字,占总形声字的41.4%;三级字表中共有形声字1431个,占

---

① 贾玲:《〈通用规范汉字表〉(2013)形声字声旁与字音联系研究》,硕士学位论文,广西大学,2015。
② 邹敏敏:《现代通用规范汉字形声字研究》,硕士学位论文,山东大学(威海),2016。

总形声字的 22%。总共 6524 个，约占总体的 80.5%。同时在此基础上整理出《通用规范汉字表》中一致性高的理想声旁 429 个。记住 429 个字的读音，就可实现认识 1800 左右汉字的目标。①

五、《通用规范汉字表》的修订完善研究

《通用规范汉字表》也需要适时修订，进一步完善。《通用规范汉字表》篇首"说明"指出："本表可根据语言生活的发展变化和实际需要适时进行必要补充和调整。"2013 年 10 月 9 日《教育部等十二部门关于贯彻实施〈通用规范汉字表〉的通知》要求："姓氏和地名用字中如需补充进字表的，由各地语委、民语委负责收集这些字的字形、读音、来源、用途等详细属性信息，定期报至国家语委，以便《通用规范汉字表》修订时适当补入。"②

陈双新（2018）《总结过往、指导当前、谋划未来——纪念〈通用规范汉字表〉公布 5 周年座谈会会议纪要》中说："《字表》公布后，相关工作非常重要且任重道远。下一步需要继续做好《字表》的贯彻实施以及《字表》配套标准的研制和今后《字表》的完善工作。"③

王翠叶（2020）《简论〈通用规范汉字表〉制定的特点及问题的解决》提出要"为《字表》修订做准备"，"要做好这项工作，应设立专门研究机构，有常态化工作机制，采取有效方式跟踪了解《字表》使用情况，收集研究需要补充的姓氏和地名用字。这是确保《字表》有效实

---

① 晏黎丹：《现代汉字声旁研究与对外汉字教学》，硕士学位论文，南昌大学，2016。

② 王敏、陈双新：《〈通用规范汉字表〉七十问》篇首 2—4 页，语文出版社，2016。

③ 陈双新：《总结过往、指导当前、谋划未来——纪念《通用规范汉字表》公布 5 周年座谈会会议纪要》，《语言规划学研究》2018（2）。

施、适时修订的长久之计。"①

杜丽荣、邵文利（2017）《再谈〈通用规范汉字表〉异体字整理中存在的问题》建议，"除应删除《字表》所附《对照表》中的讹误'异体字'、补充《一异表》未收而现代社会用字中又确实存在的异体字外，对《对照表》中收录的交叉'异体字'和异体字包容选用字的包孕'异体字'以及需要按异形复音词整理的字组也须重新甄别审视，或分化整理，或诠注说明，或据词规范，或径予删除，以维护《字表》的科学性和权威性，进一步提升通用规范汉字的规范化和标准化水平。希望国家有关部门尽快启动《字表》附表《对照表》的修订程序。"②

大家都希望《通用规范汉字表》能经过必要补充和调整而更加完善。正如一篇论文所说，"《字表》是建国以来汉字规范化研究工作的最新成果，为我国语言文字的使用确立了新的标准。然白璧微瑕，希望不断地加以完善，更好地嘉惠人类社会"③。笔者的希望也是这样。

---

① 王翠叶：《简论〈通用规范汉字表〉制定的特点及问题的解决》，《陕西师范大学学报》（哲学社会科学版）2020（2）。
② 杜丽荣、邵文利：《再谈〈通用规范汉字表〉异体字整理中存在的问题》，《学术界》2017（2）。
③ 洪飏、姚姝婧：《〈通用规范汉字表〉增减字研究》，《汉字文化》2017（1）。

后　记

　　《通用规范汉字表》是一部由国务院公布的非常重要的语言文字规范。它是新中国成立以来几代语言文字工作者研究成果的集大成者，是新时代贯彻《中华人民共和国国家通用语言文字法》、适应社会各领域汉字应用需要的最重要的语言文字规范文件。

　　十年来，我在研读《通用规范汉字表》之余，写了些有关汉字问题的文章，其中大多数都是基于《通用规范汉字表》有感而发的。承《语言规划学研究》《汉字文化》《现代语文》《学语文》《阜阳师范学院学报》《盐城师范学院学报》等多家期刊不弃，得以面世。谨对这些期刊的领导和编辑们的辛勤努力，表示诚挚的衷心的感谢！

　　这次编辑成书，又对其中部分文章作了一些小小的改动，主要是加上了当初因篇幅限制而没有写进去、没有发表出来的一些段落，目的是想把话说得更清楚一点。

　　这些年，在参加黄伯荣廖序东《现代汉语》修订的同时，还跟修订组的多位专家研讨过汉字相关问题，得到了多位专家的热情帮助和指教，我对他们表示诚挚的衷心的感谢！

　　感谢中国书籍出版社鼎力相助，对出版社的领导和编辑表示感谢，亦向阅读此书的朋友致敬！

　　书中不当之处，欢迎方家批评指正。

作者　2023 年 10 月